Schnitzen

Meisterliche Übungen

von
Kurt Koch

ISBN 3-924 952-42-6

6. Auflage
jetzt erweitert und verbessert.

schnitzen - MEISTERLICHE ÜBUNGEN

Alle Rechte vorbehalten. Nach dem Urheberrecht sind auch für Zwecke der Unterrichtsgestaltung im privaten, gewerblichen und öffentlichen Bereich die Vervielfältigungen, Speicherungen, das Kopieren und Übertragungen des ganzen Werkes oder einzelner Text- und/ oder Bildabschnitte nur nach vorheriger schriftlicher Vereinbarung mit dem Autor gestattet.

Die Verarbeitungs- und Anwendungsempfehlungen erfolgen nach bestem Wissen. Da kein Einfluß auf die Ausführung einzelner Arbeiten besteht, lassen sich aus den Empfehlungen keine Ansprüche ableiten. Die einschlägigen Unfallverhütungsvorschriften sind zu beachten. Auch die Übersetzung und Benutzung im fremdsprachlichen Bereich bedarf der Erlaubnis des Autors.

Die Anschrift des Autors und Verlegers lautet:

Kurt Koch
D-67685 EULENBIS
Im Steineck 36, Tel. 06374-993099

Copyright Kurt Koch, D-67685 EULENBIS
Fotos, Zeichnungen und Satz KURT KOCH
Im Internet: eMail: info @ KOCH:DE
                   www:http://Koch.de

ISBN 3-924 952-42-6

Ein Lehr- und Übungsbuch
zum Schnitzen lernen

Meisterliche Übungen I
6. Auflage

von
Kurt Koch

Ein Vorwort zur 6. Auflage

Liebe Schnitzerfreundin und lieber Schnitzerfreund,
Sie haben hiermit, nach 1987, die **6.** erweiterte und verbesserte Auflage von **MEISTERLICHE ÜBUNGEN**. Ein stolzer Erfolg. Viele Tausende Exemplare sind mittlerweile bei unseren Schnitzerfreunden und helfen mit zur Verbreitung der Schnitzerei allgemein. Ganz speziell helfen sie vorhandene Techniken zu verbessern und Talente zu fördern.

MEISTERLICHE ÜBUNGEN ist mittlerweile zu einem begehrten Standardwerk in der Schnitzerei geworden. Es ist auch im fremdsprachigen Ausland gefragt und wird gekauft, auch wenn der Textteil bislang nur in Deutsch zur Verfügung steht. Im kommenden Frühjahr wird die erste Auflage mit der französischen Übersetzung erscheinen. Die Nachfrage in USA und England ist weiter kräftig gewachsen, so daß die englische Version ebenfalls bald erscheinen kann.

Die Bedeutung des Buches hat seit Herbst 1994 weiter zugenommen, denn da erschien das Buch:
<MEISTERLICHE ÜBUNGEN II>
Es ist dies nicht nur eine Weiterführung der Themen aus dem vorliegenden Buch. In **MEISTERLICHE ÜBUNGEN II** sind Skulpturen abgebildet, zu denen jeweils die Schnitzanleitung, besonders zum Ausschnitzen der Gesichter beigegeben ist. Auf bis zu 21 präzisen Abbildungen, aus jeweils anderem Blickwinkel, sind die Gesichter perfekt wiedergegeben. Alle anderen, für die Identifikation wichtigen Daten der Skulptur, wie Art, Größe, Zuordnung, Schwierigkeitsgrad nach <KOCH> u.a. sind beigeordnet.

100 Skulpturen werden so abgehandelt. Von Krippenfiguren über Madonnen, vom Gekreuzigten bis zu verschiedenen Heiligen, vom Nachtwächter bis zum Clown, den Handwerkern, Putten, Karrikaturen, sind auf ca. 240 Seiten vorgeführt. Dabei ist das Buch in Großformat gehalten, d.h. im Format von DIN-A4. Das bedruckte Papier ist kräftig, dicker gehalten, so daß es auch einer "intensiven Behandlung" in einer Hobbyschnitzerwerkstatt standhält.

In Ergänzung der Arbeiten mit den Büchern <Meisterliche Übungen> können Sie jetzt regelmäßig das <SCHNITZER-KOLLEG> erhalten. Es sind Hefte, die ein ausgewähltes Thema, abgeschlossen bis in alle Einzelheiten, Arbeitsschritt für Arbeitsschritt, behandeln. Auch bei diesen Heften werden in regelmäßigen Zeitabständen Anatomie-Details behandelt. Ansonsten gibt es vom Relief, über die Skulpturen, der Kerbschnitzerei, den Ornamenten, alles was den Profi und das Hobby bewegt. Von A - Z. Für Anfänger und Experten! Bestellen Sie sich ein Probeexemplar. Besser: Vereinbaren Sie ein Abonnement. Alle Ausgaben sind immer ab meinem Lager oder über Ihren Fachhändler lieferbar.

Übrigens, wenn Sie Mitglied im *<Schnitzer-Club>* sind, erhalten Sie pro Jahr 3 Ausgaben kostenlos. Sie sparen sich Geld und haben immer das Neueste pünktlich auf dem Tisch.

Zum <Schnitzer-Club>: Jeder kann Mitglied werden, der sich dafür interessiert und der die Bedingungen für den Beitritt gemäß der Satzung erfüllt. Es ist ein eingetragener Verein mit Mitgliedern in Deutschland und aus dem umliegenden Ausland. Mit einer geringen Aufnahmegebühr und einem verhältnismäßig geringen Jahresbeitrag finanzieren Sie sich beachtliche Vorteile. Fordern Sie bei meiner Verlagsadresse Informationen dazu an. Wir leiten die Anfragen weiter.

Anmelden können Sie sich im *<Schnitzer-Club>* formlos, d.h. mit einer einfachen Erklärung auf einer Postkarte. Sie erhalten dann das entsprechende Aufnahmeformular, das Sie mit Ihren persönlichen Daten an die angegebene Adresse zurückschicken. Sie erhalten dann Ihren Ausweis und können alle Vergünstigungen sofort in Anspruch nehmen.

Danken möchte ich an dieser Stelle wieder allen, die diese gewaltigen Anstrengungen mittragen und zum Erfolg verhelfen. Meine Mitarbeiter setzen sich dafür besonders ein. Ich danke auch wieder ganz herzlich meiner lieben Frau Anne-Marie und meinen Kindern Monika, Florian und Pascal. Sie zeigen immer Verständnis und vermitteln mir die erforderliche Kraft.

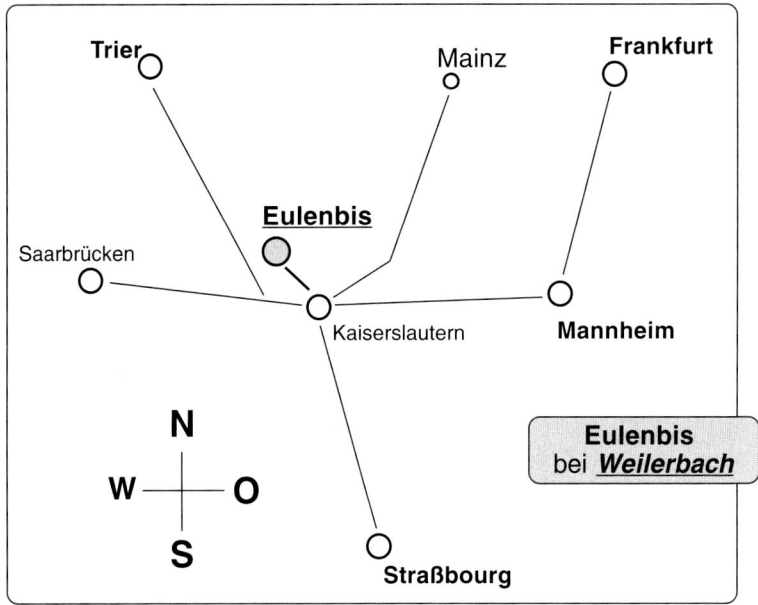

Bahnstation ist **KAISERSLAUTERN Hauptbahnhof**.
EULENBIS liegt ca. 17 km in nordwestlicher Richtung.
EULENBIS gehört zur Verbandsgemeinde **WEILERBACH**.
EULENBIS hat ca. 500 Einwohner.
EULENBIS liegt auf einem ca. 400 m hohen Berg.
EULENBIS liegt im Pfälzer Bergland.
EULENBIS hat die Postleitzahl **67685**.
EULENBIS hat die Telefon-Vorwahlnummer **06374**.
EULENBIS hat keinen Durchgangsverkehr.
EULENBIS ist nur über eine Kreisstraße erreichbar.
EULENBIS ist also ein sehr ruhiges Dorf, ist die Ruhe selbst.
EULENBIS ist ein schönes Dorf.
EULENBIS liegt ca. 60 km von Frankreich entfernt.
EULENBIS liegt inmitten einer lieblich-romantischen Landschaft
EULENBIS liegt fast am Rande des Pfälzer Waldes.
EULENBIS ist Teil eines Landschaftsschutzgebietes.
EULENBIS ist Teil eines Vogelschutzgebietes.
EULENBIS ist die Heimat seltener Pflanzen in viel Natur.
EULENBIS bietet gesunde Erholung mit kreativer Tätigkeit.
EULENBIS grüßt Sie und erwartet Sie!

Inhaltsverzeichnis

	Teil 1	Seite
1	Das Auge - seine herausragende Bedeutung	10
1.1	Das lebendige Auge	12
1.2	Das Auge - mehr als ein Sehorgan	13
1.3	Das "Normauge"	14
1.4	Das Auge - Fenster zur Seele	14
1.5	Das Auge - ein Charakterbild	16
1.6	Bedeutungen von Veränderungen im Umfeld des Auges	17
1.7	Das Auge in der praktischen Ausarbeitung	18
1.8	Techniken beim Darstellen von Iris und Pupille	18
1.9	Die Lage beider Augen	19

Teil 2
Die korrekte Ausarbeitung der Nase in Verbindung mit der Darstellung, wie geschlossene Augen ausgeschnitzt werden. 24
Die Nase 27

Teil 3
Der Mund wird geschnitzt 30
Der Mund im Gesichtsausdruck 32
Aufbau und Abweichungen beim Mund 33

Teil 4
Das Ohr 42

Teil 5
Das Gesicht 46

Teil 6
Eine Haartracht mit Hohlschnitten 52

Teil 7
Eine Haartracht, ausgestochen mit Hohlbeiteln 55

Teil 8
Vollbart und Schnurrbart mit Hohlschnitten 58

Teil 9
Ausgestochener spitzer Vollbart mit Schnurrbart 61

Teil 10
Arbeiten am Rohling - wo starten? Empfehlungen 65

	Seite
Teil 11	
KOCH-Schnitzprogramm <Kindergesicht>	68
Teil 12	
KOCH-Schnitzprogramm	
Die Büste eines Mannes von ca. 50 Jahren	83
Teil 13	
Büste älterer Mann mit großem Bart	96
Teil 14	
Koch-Schnitzprogramm	
Übung Gesichtsstudie < zorniger junger Mann>	122
Teil 15	
KOCH-Schnitzprogramm	
Übung Gesichtsstudie <Büste freundlicher Herr>	137
Teil 16	
Fotoserie mit Übungsbeispiel <traurig, erschöpft>	152
Teil 17	
Ausarbeiten einer Büste <Junger Mann>	165
Teil 18	
KOCH-Schnitzprogramm <eine Kinderhand>	180
Teil 19	
Schnitzprogramm <offene, ausgestreckte Hand>	188
Teil 20	
KOCH-Schnitzprogramm <verschlungene Hände>	195
Teil 21	
KOCH-Schnitzprogramm <offene Hand>	199
Teil 22	
KOCH-Schnitzprogramm <Kinderfuß>	210
Teil 23	
KOCH-Schnitzprogramm <Fuß Erwachsener>	217
Teil 24	
Ausarbeitung <Fuß Erwachsener flach stehend>	224
Teil 25	
Ausarbeitung <Fuß Erwachsener in Bewegung>	233
Teil 26	
Ausarbeitung <gestreckter Fuß>	241

Teil 27   Seite
Übung: <Das Ornament>
   Eine freigestellte Eckverzierung   252
   Ornament als Hochrelief auf Hintergrund   258
Teil 28
Übungsstück <Madonna von Lourdes>   265
Teil 29
Übungsstück <Christus auferstanden>   280
Teil 30
Übungsstück <Hlge. Elisabeth, eine Büste>   292
Teil 31
Übungsstück <David nach M. Angelo>   297
Teil 32
Montageanleitung für die Arme am Corpus   304
Teil 33
Die Punktiermaschine, Hinweise zum
Arbeitsablauf in einer Fotoserie   324
Teil 34
Die Modellgliederpuppe   364
Teil 35
Eine Reliefarbeit - <Der Holzschnitzer>   370
Teil 36
Reparaturen an Schnitzartikeln   388
Teil 37
Merkmale für <Handschnitz>Artikel   396
Teil 38
Das geschnitzte Übungsstück - ein Andenken?   398
Teil 39
Qualität/Preis eines Rohlings   400
Teil 40
Schnitzkurse   403
Teil 41
Wissenswertes in Kurzfassung   404
Teil 42
Verwirklichung eines Kunstwerkes - Überlegungen   408

Teil 1

Übungselemente zum Schnitzen des Kopfes allgemein und des Gesichtes im besonderen.

1 Das Auge - seine herausragende Bedeutung.

Das bzw. die Augen entscheiden weit mehr als jeder andere Körperteil über die Aussagekraft einer Holzbildhauerarbeit. Die Qualität allgemein wird davon entscheidend mitgeprägt, sie kann damit <stehen oder fallen>.

Die Grundform eines menschlichen Auges erfährt wenig Abweichungen; die Natur an sich bleibt der gefundenen Idealentwicklung weitestgehend treu. Trotzdem gibt es praktisch so viele Unterschiede wie es Menschen auf diesem Planeten gibt. Die weitaus meisten Unterschiede ergeben sich aber aus dem unmittelbaren Umfeld der Augen.

Es hängt immer entscheidend davon ab, was wir aus der vorgegebenen Grundform, im Verbund mit dem Umfeld, machen. Als ich das vorliegende Buch zum ersten Mal niederschrieb, vertrat ich die <Ansicht> - ich werde es in diesem Kapitel nochmals erwähnen - daß eine Entscheidung "für oder gegen" eine geschnitzte Figur zu ca. 3/4 von der Gestaltung der Augen abhängt. Interessanterweise trifft diese Feststellung auch bei anderen Kunstwerken wie z.B. Gemälden zu. Wenn ich nun so allgemein von <den Augen> spreche, dann versteht sich das immer das Umfeld mit eingeschlossen.

Unterdessen, einige Jahre später, wurde diese Feststellung durch wissenschaftliche Studien einer renommierten Universität in den USA, fast bis auf die Stelle hinter dem Komma bestätigt.

In aufwendigen Versuchsreihen hatten sie mit raffinierten optoelektronischen Geräten praktisch zum gleichen Ergebnis gefunden. Menschen suchen bei einer Begegnung oder Gegenüberstellung den Augenkontakt. Dabei werden Bündnisse fürs Leben geschlossen, Feindbilder aufgebaut, es kommt vielleicht <nichts Zündendes> zustande und viele andere Möglichkeiten ergeben sich bei diesem bestimmten <Augenblick>.

Man stelle sich das vor, welche Wichtigkeit also die Augen beim menschlichen Miteinander spielen! Lediglich die restlichen ca. 25 % des menschlichen Erscheinungsbildes teilen sich in das, was für die zwischenmenschlichen Beziehungen so wichtig ist. Da wären der Mund, die Nase, die Ohren, die Kopfform, die Frisur, die Statur allgemein, der Beruf, der körpereigene Geruch, die Sprachgewandtheit, und was es da noch so alles an Eigenheiten und <Festeingebautem> beim Menschen gibt. Das Auge hat eine herausragende Bedeutung.

Wenn Sie eine geschnitzte Skulptur kaufen, sollten Sie sich unbedingt vergewissern: <Entsteht ein Blickkontakt?>, <Sagt dieser etwas aus?>, <Sagt er Ihnen zu?>, <Können Sie sich mit ihm "anfreunden"?>

Eine Holzfigur zu kaufen ist kein Geschäft wie z.B. ein modischer Artikel, der dann irgendwann in naher oder nicht so naher Zukunft "ausgewechselt" wird, die Müllberge vergrößernd. Mit einer geschnitzten Skulptur lebt man für längere Zeit zusammen. Sie ist, umschrieben, wie ein Mitbewohner, dem man tagtäglich begegnet, der seinen festen Platz in der Wohnung oder auch in der Familie oder Wohngemeinschaft hat. <Er gehört dazu!>

Wenn Sie ihm aber nicht in die Augen sehen können, "er" oder "sie" Sie aus keinem Blickwinkel <eines Blickes würdigt>, dann vergessen Sie die hölzerne Darstellung bald, niemand liebt diese Figur und der letzte Tag seiner Duldung naht. Niemand wird in seiner Wohnung einen ungebetenen, unsympathischen, unerwünschten, unfreundlichen Gast oder Mitbewohner auf Dauer dulden. Der würde doch nur Verdruß bringen und keine Freude. Freude soll aber eine geschnitzte Figur bringen. Für Verdruß braucht man nicht zu zahlen, der kommt ungebeten <frei Haus>.

Einer Skulptur aber, der man jeden Tag in die Augen sehen kann, sie sozusagen begrüßen kann, die einem mit lebendigem Ausdruck <entgegenkommt>, mit der macht es Spaß zu leben, sie zu erleben. Sowas schmeißt man nicht bei nächstbester Gelegenheit hinaus.

Ich möchte Ihnen hier die wichtigsten Elemente an die Hand geben, das zu lernen, was Sie wissen und können sollten, um <lebendige Augen> zu schnitzen.

Es klingt immer wenig überzeugend, wenn für die mangelnde Lebendigkeit der Augen bei einer Figur dargelegt wird: *"Das ist ein rustikaler Ausdruck"* oder *"die Augen sind stilisiert"*. Vielfach sind das nur Ausreden jener, die es sowieso nicht schaffen, lebendige Augen zu schnitzen. Es sei denn die ganze Skulptur ist stilisiert oder rustikal - nun dann ist es eben ein <Kunstgebilde> und keine dem Menschen nachempfundene Skulptur.

Wenn wir aber eine naturgetreu ausgearbeitete Figur haben wollen, dann sind die Augen das Wichtigste. Keine Madonna kann stilisierte oder rustikale Augen haben, ein <blinder> Nachtwächter ist eben kein Nachtwächter, ein <Lausbub> muß auch über seine Augen das ausdrücken, was wir an ihm so lieben, und der Gekreuzigte hat nie und nimmer stilisierte oder rustikale Augen gehabt. Übrigens, im Schmerz geschlossene Augen haben immer noch eine eigene Ausdruckskraft!

1.1 Das lebendige Auge.

Ausgehend von der Grundform können Sie beim Schnitzen technisch und physisch korrekt ein einwandfreies Auge formen. Trotzdem bleibt es tot, wenn es ohne lebendigen Ausdruck zwischen oberem Lid und unterem Augenrand ausdruckslos eingepaßt ist.

Wie Sie ein Auge mit lebendigem Ausdruck erzielen, zeige ich Ihnen anhand von Übungsbeispielen. Ohne Zweifel können auch Sie durch Einhalten weniger Regeln ein Gesicht mit lebendigem Augenausdruck schnitzen. Doch auch an dieser Stelle betone ich - wie in meinen vorangegangenen Schnitzbüchern - <nur durch ehrliches Üben gelangen Sie ans Ziel. Mein Lehrsystem ist zwar

überzeugend, aus Erfahrung überzeugend, doch eine Erfolgsgarantie gebe ich Ihnen nur, wenn Sie ernsthaft den Vorgaben entsprechend üben.

1.2 Das Auge - mehr als ein Sehorgan.
Zum Auge gehört naheliegend der Augapfel mit seinen sichtbaren Teilen:
1. Das Weiße (im Auge).
2. Die verschiedenfabene Iris und
3. inmitten der Iris die schwarz erscheinende Pupille.

Der Umfang der Iris ist immer gleich groß; die Pupille paßt sich durch Verkleinern bzw. Vergößern den herrschenden Lichtverhältnissen an. Muskeln halten den Augapfel nach allen Seiten beweglich. Die Blickrichtung kann dadurch, unabhängig von Körper- oder Kopfbewegungen, verändert werden.

Die Stellung der Blickrichtung unterstreicht und ergänzt die angezeigte Körperhaltung. Wenn Sie also einen Augapfel nur als <solchen Aug-"Apfel"> ausschnitzen, schaffen Sie praktisch etwas <Unvollendetes> oder Gebrechliches - günstigstenfalls einen Blinden. Das Auge wird dann zumindest als unvollendetes Sehorgan herabgewürdigt oder auch entwertet. Es kann sich unter Umständen ausnehmen wie ein ordinäres Fett-"Auge", das auf einer Suppe schwimmt oder wie ein in Salzwasser schwimmendes Ei. Um eine derart ausgestattete Figur können Sie "herumschleichen", aus keiner Position schauen Sie ihr in die sog. Augen oder Sie werden daraus angeschaut.

Beileibe ist nun ein zum <geschnitzten Leben> erwecktes Auge nicht die ganze Wahrheit. Zum Auge gehört auch das Umfeld, wie die darüber liegenden Augenbrauen, das Augenlid, der untere Augenrand und der darunter liegende Tränensack. Die Wimpern unter und über dem Auge können aus naheliegenden Gründen vernachlässigt werden. Doch nicht nur dieses erwähnte nähere Umfeld gehört zu den Augen. Es gibt kaum eine Muskelpartie im Gesicht, die durch ihre Funktion nicht auch das Umfeld der Augen beeinflußt. Ob wir lachen oder weinen, ob wir gut gelaunt sind oder zornig, ob ein Mensch gütig oder böse ist, alles kann man an seinen Augen und seinem Umfeld ablesen.

1.3 Das "Normauge."

Es ist eine vielleicht häßliche Bezeichnung, das <Normauge>. Ich möchte es als Basis unseren Bemühungen zugrunde legen. Das <Normauge> - im weiteren Verlauf möchte ich mir die "Krähenfüße" sparen - ist am ehesten bei einem jungen Menschen, so um die 20 Jahre alt, zu erwarten.

Meist besitzt es ebenmäßig geformte Brauen. Relativ festes Füll- oder Bindegewebe bildet fließend formschön den Übergang bis zum Rande des Lides. Unter dem Auge finden wir eine klare, elegante Linienführung, und von einem Tränen-"Sack" ist weit und breit nichts zu sehen. Die Natur bietet den Idealzustand.

Bis zum Erwachsensein wächst das Auge in seine Rolle hinein, und das nicht nur als reines Sehorgan. Sehen, gesehen werden, Signale und Botschaften aussenden, interpretiert werden, sind u.a. die Mehrfachaufgaben des Auges. "Augen"-Blicke entscheiden oft bei zwischenmenschlichen Beziehungen über den zukünftigen ggf. gemeinsamen Lebensablauf. Auge und "Umfeld" sind Teil, sogar ein wesentlicher Teil der nach außen gerichteten <menschlichen Darstellung>. Das Auge ist demnach nicht nur <Nachrichtenempfänger>, sondern auch - vielleicht gleich wichtig - <Nachrichtenübermittler>. Der letzte Punkt ist bei Ihrer Schnitzarbeit entscheidend.

1.4 Das Auge - Fenster zur Seele.

Das noch verhältnismäßig vergrößerte Auge eines Kleinkindes saugt gewissermaßen die Liebesbezeugungen seiner Eltern und seiner Umwelt in sich hinein. Glänzende, freudige, strahlende, glückliche, lebhafte u. ä. ausdrucksvolle Kinderaugen danken uns die Fürsorge. Das Umfeld des Auges ist formvollendet ohne Wenn und Aber in das Kindergesicht eingebettet. Keck laufen die Augenwinkel aus.

Umgekehrt muß das Kind mit und über seine Augen auch manchen Kummer an sein zuständiges Seelenleben weiterleiten. Solcher Kummer kann im <Ping-Pong-System> wieder zurückgespiegelt werden. Die Augen geben dann das ganze Elend wieder. (Das Auge als Spiegel der Seele). Man kann dann gequälte Augen, enttäuschte, resignierende, erfahrungsbedingt frühzeitig gealterte, schreckhafte und ängstliche, verzweifelte oder ähnliche Augen unterscheiden. Das Umfeld ist nun verändert und an den Seelenzustand angepaßt. Tränensäcke können gequollen und geschwollen sein. Das Augenlid senkt sich schwer über den Augapfel. Krankhaft können der untere Teil oder die Teile rund um die Augen eingefallen erkennbar sein. Die äußeren Augenwinkel können sich schwermütig nach unten neigen.

Glück und Freude, Leid und Schmerzen können in jedem Lebensalter durch das Auge selbst, und besonders im Zusammenwirken mit seinem Umfeld, sichtbar werden und z.T. recht dauerhaft sichtbar bleiben. Krankheit oder Sucht können es klar und deutlich zeichnen. Aber erst nach dem Erwachsenwerden verändert sich effektiv, deutlich sichtbar und nachhaltig das Umfeld. Während die Darstellung des Auges selbst in seiner Form, Größe und Farbe sich kaum zu verändern scheint, macht das Umfeld größere Wandlungen durch.

Form und Größe der Augenbrauen verändern sich. Das Binde- oder Füllgewebe hinter und über dem Lid erschlafft, was allein altersbedingt sein *kann*. Durch Krankheit oder Suchtmittel kann es sich aber auch durch Anschwellen, Vergrößern, verändern. Die Partie unter den Augen unterliegt den größeren, sichtbaren Veränderungen. Erschlaffendes Gewebe folgt dem <Ruf der Schwerkraft> dieser Erde und läßt sich <durchhängen>. Demzufolge kann sich der untere Augenrand verdicken, vergrößern oder sich auch im Extremfall vom Augapfel teilweise lösen. Der Tränensack kann nun zum richtigen <Sack> werden. Andererseits können die Gewebeteile um das Auge herum zurückgebildet werden, wie blutleer wirken, das Auge selbst scheint in seine Höhle zurückgefallen. Außer dem Älterwerden hat diese Entwicklung im Augen-Umfeld vielfältige Gründe.

Zunächst gibt es die Erbanlage, die beispielsweise die Farbe der Iris und die äußere Form bestimmt. Das kann sogar bis zum Rassenmerkmal gehen. Im Zusammenwirken mit der Erbanlage wird die Entwicklung des Auges von äußeren Lebensumständen - und auch von der Lebensweise mit innerer Einstellung zum Leben - geprägt. Dabei ist die Kenntnis einer Grundregel der Psychologie von Vorteil: <Jede von außen einwirkende Lebens-

erfahrung prägt das Innere des Menschen>. Sein Verhalten nach außen wird davon mitbestimmt.

Selbstverständlich drückt sich bei der Augendarstellung zusammen mit seinem Umfeld nicht nur hier der Charakterzug, das Erbgut oder die Lebenserfahrung aus, aber doch in markantester Weise.

In ganz besonderem Maße wird der Ausdruck des gesamten menschlichen Auges durch die innere Einstellung im Zusammenwirken mit den Lebenserfahrungen gestaltet. <Keine Äußerlichkeit aus dem Lebensumfeld, die ohne Einfluß auf das Innere, Unsichtbare beim Menschen bliebe, und keine innere Einstellung, die sich im Laufe der Zeit nicht im äußeren Erscheinungsbild festsetzen und ausdrücken würde>. Eine Wechselwirkung ist erwiesen. Ein hohes Maß an Übereinstimmung mit dem wirklichen Charakterbild eines erwachsenen Menschen läßt sich von seinen Augen <ablesen>, wird von ihnen bloßgelegt.

1.5 Das Auge - Ein Charakterbild.

Als weitere <ins Gesicht geschriebene> charakteristische Entwicklungen und Gestaltungen sind natürlich die Punkte wie Erbanlage, Krankheiten, Suchtverhalten u.ä. Sie können aber von Fall zu Fall einmal mehr und einmal weniger ausgeprägt sein und sie können sich ändern. Ein ausgeprägter Charakterzug hingegen, bei einem Menschen von ca. 35 Lebensjahren und darüber, ist mehr und mehr unverrückbarer und nur schwer aufzulösender Bestandteil. Eine Änderung im äußeren Erscheinungsbild des Auges würde sich bei ernsthafter, dauerhafter, neuer charakteristischer Verhaltensweise nur sehr langsam - im Laufe von Jahren - vollziehen.

Wesentlich kräftiger als beim Kind und Jugendlichen, wird eine momentane oder auch dauerhafte Stimmungslage des erwachsenen Menschen durch das Auge mit seinem Umfeld herausgebildet. Wütend, wehleidig, zornig, gütig, unberechenbar, lauernd u.ä. kann unbewußt oder gezielt mit den nun besser ausgebildeten, zuständigen Muskeln bildlich dargestellt werden. Beispielsweise ziehen sich Augenbrauen hoch oder zusammen. Wülste bilden sich zwischen den Augen, der Sehschlitz zwischen

Lid und unterem Augenrand verkleinert sich oder das Auge ist (beispielsweise vor Schreck) weit aufgerissen. Hautfältchen zur richtigen Zeit an der richtigen Stelle können für Warnungen oder Lockungen, für Aggression oder Friedfertigkeit, für Zweifel, Glück oder Traurigkeit stehen.

1.6 Bedeutungen von Veränderungen im Umfeld des Auges.

Mein Ratschlag: Beachten Sie die besonders lehrreichen Fotografien und Abbildungen mit Personen oder groß aufgemachten Gesichtern auf Werbeanzeigen in Zeitungen, Illustrierten, Magazinen u.a. Alle darauf abgebildeten Menschen sollen ja durch den Ausdruck ihres Körpers, ihrer Stellung oder Haltung, der Kleidung, aber ganz besonders durch ihren <Gesichts-Ausdruck> etwas vorzeigen - suggerieren - ausdrücken und darstellen. Sie sollen Freude zeigen, weil sie ein neues Kleidungsstück gemäß der Werbung ihr eigen nennen. Sie zeigen Optimismus, weil es die werbende Sparkasse so will.

Sie strotzen vor Gesundheit, weil sie das Modemedikament geschluckt haben. Sie zeigen sich jugendlich sorgenfrei, weil sie nach der allerneuesten Mode abgespeckt haben. Sie zeigen sich herausfordernd überlegen, weil sie ihr ganzes Vertrauen in eine ganz besondere Magen-Alkohol-Sorte legen. Sie zeigen sich als Politiker zornig, weil sie in der Opposition sind. Sie zeigen sich in abgekämpfter aber doch Siegerlaune, weil sie wieder eine unerwartete Höchstleistung vollbrachten. Sie mahnen mit ernstem Gesicht zur Vorsicht, weil das Verbrechen überall lauert. Sie strahlen mit dem abgebildeten, hochglanzpolierten, neuen Auto um die Wette usw.

Sie haben an diesen modernen, sehr guten und noch mehr ausgefeilten Abbildungen eine wahre Fundgrube. Steckt doch hinter jeder, zu Werbezwecken freigegebenen Abbildung eine ganze Menge Arbeit mit <Kopf>. Da wird von Experten und Sachverständigen, Fachleuten unterschiedlichster Richtungen, ein Konzept von oben nach unten und hinten bis vorne wieder und wieder durchdacht, verworfen und neu geboren, bis alle - zahlende Auftraggeber und bezahlte Auftragsnehmer - davon überzeugt sind, daß es die werbewirksam überzeugendste Lösung ist. Jeder Lidschatten, jeder Wimpernschlag, jedes Hautfältchen ist wissenschaftlich untermauert und abgesegnet. Von diesen Leuten und ihren fein ausgetüftelten bzw. dargestellten Ideen können Sie - wir - als Holzbildhauer etwas abgucken und lernen.

1.7 Das Auge in der praktischen Ausarbeitung.

Was ich Ihnen auf den folgenden Seiten biete, ist eine einfache und sehr wirksame Methode, das Auge auszuschnitzen. Dabei macht es im Endeffekt keinen Unterschied, ob Sie das Gesicht aus dem vollen Material ausarbeiten oder eine vorgefräste Figur fertigschnitzen. Sie brauchen jeweils ein sicheres Gefühl, um schließlich bildlich das verständnisvoll und künstlerisch zu verwirklichen, wofür ich in diesem Kapitel die Grundlage gelegt habe.

Bedenken Sie, daß die jeweiligen Gemütsverfassungen, also das allgemein recht rasch Vergängliche kaum in einer Skulptur ausgedrückt wird. Krankheitsbedingte Äußerlichkeiten sind ebenfalls wenig gefragt. Was den Bildhauer mehr bewegt und herausfordert, ist die charakterlich-typische Darstellung. Um dazu den sicheren Weg zu finden, bzw. wer den wissenschaftlich exakten Weg einhalten möchte, dem empfehle ich das Studium der anatomischen Sonderheiten, wie die Lage der Knochen, die Befestigungen und Bewegungsrichtungen der z.T. kleinen Gesichtsmuskeln. Gerne empfehle ich Ihnen auf Anfrage die entsprechende Literatur.

Ich empfehle dazu, ggf. anhand der erwähnten Werbeabbildungen, anatomisch die Muskelpartien ausfindig zu machen, die für jeweils eine bestimmte Bewegung am Auge und um das Auge herum verantwortlich sind. Das ist auch schließlich der Schlüssel für ein einwandfreies Verstehen des von mir bisher Ausgeführten, sowie letztendlich die Voraussetzung für Ihr erfolgreiches künstlerisches Schaffen.

1.8 Techniken beim Darstellen von Iris und Pupille.

In der Regel wird die Iris auf dem Augapfel nicht mit ihrer vollen Rundung aus- oder eingearbeitet. In voller, kreisrunder Form erzielen Sie grundsätzlich einen schreckhaften Ausdruck (vor Schreck aufgerissene Augen). Vergleichbar übrigens mit einer Fotografie, bei der die Beleuchtung von unten her kommt.

Setzen Sie (in einer grundsätzlichen Ausführung) die Iris so, daß anschließend die Pupille - ausgebildet oder nicht ganz ausgebildet - voll auf dem Augapfel sichtbar ist aber mit ihrem oberen Rand an das Lid angrenzt. Wenn Sie drumherum die Iris markieren oder ausschneiden, dann grenzt ihr unterer Rand an den Augenrand, während der obere Rand unter das Augenlid hineinläuft. Siehe meine Abbildungen dazu.

Wenn Sie diese vorgeschlagene Lösung umkehren, also der untere Rand der Iris verdeckt ist, der obere dagegen frei, dann erzielen Sie einen gespensterhaften, keinesfalls freundlichen Ausdruck.

Sowohl bei er Iris als auch bei der Pupille haben Sie die Möglichkeit der Randmarkierung durch ein geeignetes Messer oder einen Beitel. Zeichnen Sie sich die Umrisse stets mit einem Bleistift vor. Sie kernen die jeweilige Umrandung in den Augapfel. Bei einem weichen Gesichtsausdruck wie bei der Madonna oder einem Kleinkind ist dies die geeignetere Methode.

Alternative: Sie kerben die Umrandung der Iris ein, bohren aber mit einem schmalen Hohleisen (Bohrer) eine Vertiefung. Diese Methode bringt besonders bei klein ausgearbeiteter Pupille einen <stechenden> oder gar <scharfen> Blick. Es wäre beispielsweise bei einem Soldaten oder Jäger angebracht.

Alternative: Sie schneiden die Form der Iris mit einem genau angepaßten Hohleisen in Richtung Augenlid aus. Dazu müssen Sie am Lidrand senkrecht einschneiden. Die Pupille können Sie jetzt wie gehabt markieren oder ausstechen. Weniger umständlich ist der zweimalige Einstich mit einem schmalen Hohleisen. Eine gut halbmondförmige Kerbe wird dabei ungleich breit herausgehoben. Der breiteste Teil der halbrunden Kerbe liegt nach unten.

1.9 Die Lage beider Augen.
Vorausgesetzt, daß Ihre Darstellung nicht schielen soll - keine Parallaxenverschiebung weder in der Höhe noch seitlich - dann achten Sie bei der Ausarbeitung peinlich auf gleiche Größe und Lage der Iris mit Pupille. Markieren Sie auf dem sauber ausge-

arbeiteten Augapfel mit einem Bleistift die Lage und kontrollieren Sie <Auge in Auge> das Ergebnis. Bleistiftstriche können Sie korrigieren; bei ausgeschnitzten <Blickpunkten> gibt das ein echtes Problem. Markieren Sie schließlich nach Auffinden der gewünschten und korrekten Iris- und Pupillenlage den Mittelpunkt durch einen feinen Einstich mit Ihrem Zirkel. Dieser geschilderte Arbeitsvorgang ist um so wichtiger beim seitlich versetzten Blick.

Zum Abschluß der Theorien noch ein paar Hinweise. Bedenken Sie, daß zu tief in ihren Höhlen liegende Augen regelrecht zu düster wirken. Eine Reihe weiterer negativer "Gesichts"-Punkte wären dazu noch aufzuführen. Vermeiden Sie jedenfalls, die Augen zu tief zu legen.

Backenknochen, höchste Erhebung des Augapfels und oberer Knochenrand der Augenhöhle - also in der Regel knapp unterhalb der Augenbraue - sollten auf einer gedachten gleichen Höhe liegen. Sie können das bei sich selbst mit einem aufgelegten Bleistift und geschlossenen Augen ausprobieren.

Weiter hervorquellende Augäpfel, eventuell mit verdickter unterer Randpartie, sind als sehr charakteristisch einzustufen und nur bei dafür ganz spezifisch vorgesehenen Arbeiten einzusetzen. In diesem Zusammenhang weise ich nochmals auf meine allgemeinen Angaben über Größe, Lage und Proportionen der Augen hin, wie sie in meinem Buch EXPERTENKURS detailliert sind.

Üben Sie mit trockenem Lindenholz. Pappel ist völlig ungeeignet. Jedes Holz mit ausgeprägten, sichtbaren Jahresringen, mit eigener Struktur, behindert Sie. Wenn Sie die Technik beherrschen, empfinden Sie das <Eigenleben> eines Holzes nicht mehr als so störend - nachteilig.

Entsprechend vorbereitete <Übungsleisten> können Sie über Ihren Fachhandel oder direkt von mir beziehen. Aus Kostengründen sind die Zeichenvorlagen hier im Buch nicht beigefügt. Sie erhalten sie aber in Verbindung mit den *<Schnitzer-Kollegs>*, in denen das Thema **Gesichter** behandelt wird. Ebenso sind dort alle Arbeitsschritte beschrieben und kommentiert.

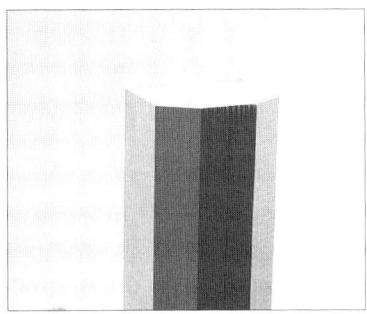

Bild Nr. 1
Teilansicht der Übungsleiste

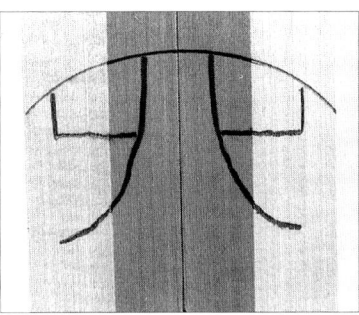

Bild Nr. 2
Die Vorzeichnung für die Übung Augen.

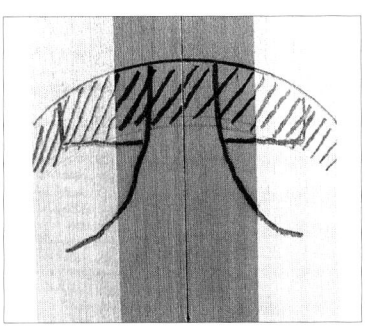

Bild Nr. 3
Der markierte erste Schritt

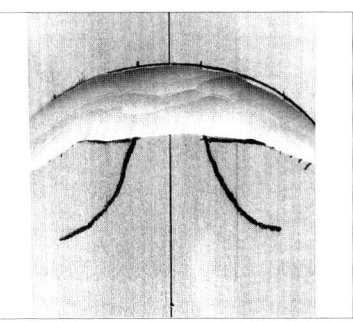

Bild Nr. 4
Der erste Schnitt mit dem Hohleisen 12 mm, Stich 8

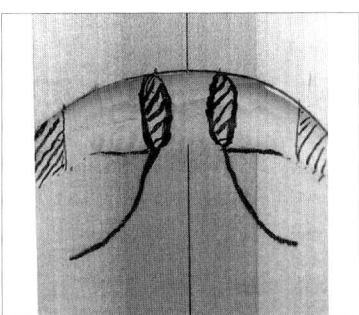

Bild Nr. 5
Der markierte zweite Schritt

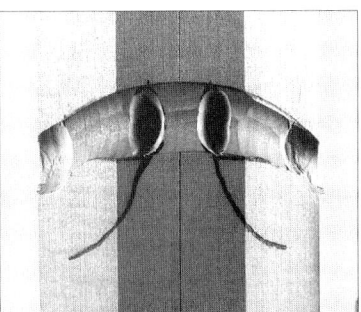

Bild Nr. 6
Die Ausführung mit dem Hohleisen 12 mm, Stich 8

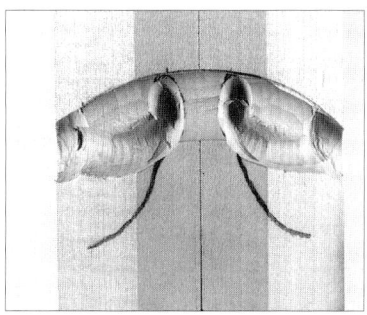

Bild Nr. 7
Die untere Begrenzung mit dem Bohrer 8 mm, Stich 10

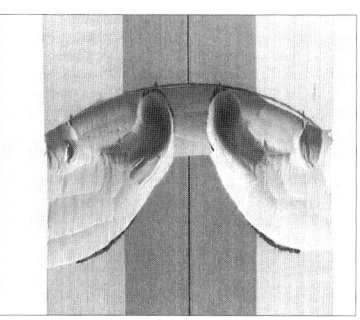

Bild Nr. 8
Freischneiden des Augenumfeldes, Hohleisen 12 mm, Stich 6

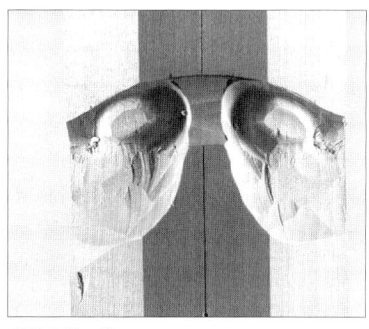

Bild Nr. 9
Anlegen des Augapfels, Bohrer 6 mm - Stich 9, Hohleisen 12 mm - Stich 6, schräges Balleisen 10 mm,

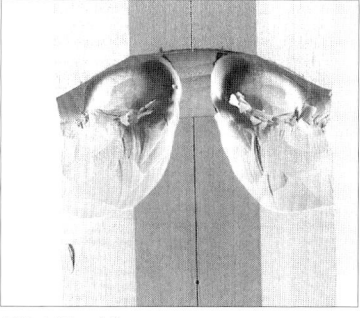

Bild Nr. 10
Stich 9 - 6 mm, Stich 2 1/2 - 6 mm, Stich 2 - 6 mm.

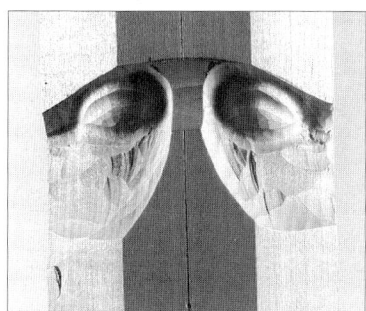

Bild Nr. 11
Säubern und festlegen Oberlid, Stich 9 - 6 mm

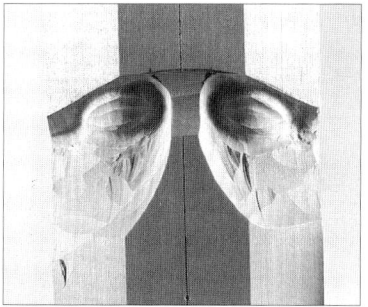

Bild Nr. 12
Festlegen Unterlid, Stich 8 - 12 mm

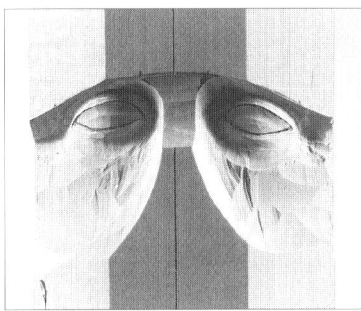

Bild Nr. 13
Anzeichnen der Lidlinien

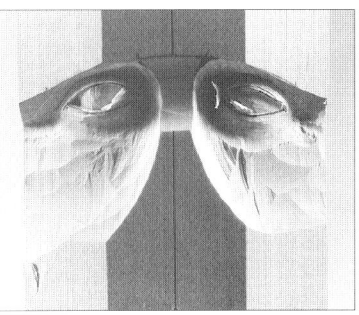

Bild Nr. 14
Einstechen der Lidlinien, scharfe Kante über Auge, Stich 2 ½-6 mm, Stich 3-10 mm, Stich 2-4 mm

Bild Nr. 15
*Abrunden des Augapfels
Stich 2-4 mm*

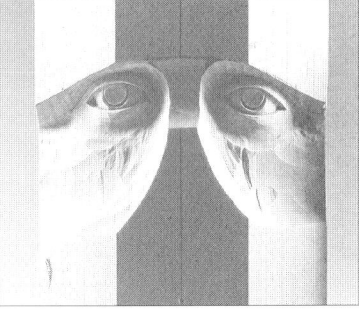

Bild Nr. 16
Abflachen des Augapfels und Einstechen der Iris, Stich 4-8 mm, Stich 9-6 mm

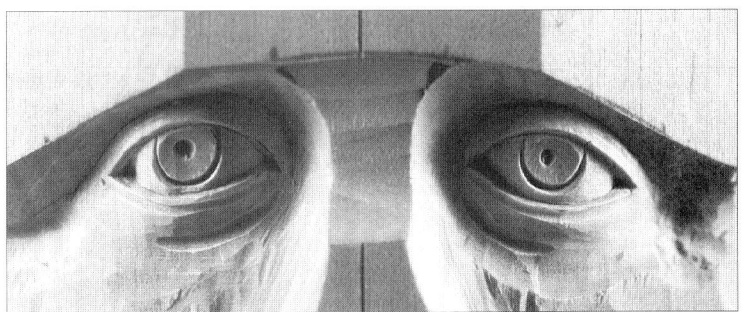

Bild Nr. 17 *Der letzte Schliff, das Augenumfeld und die Pupille, Ziereisen 1½ mm, Ziereisen 2 mm, Stich 10-4 mm*
Kurze Erklärung: *Die Kurzbezeichnungen, z. B. Stich 10-4 mm, bedeuten:* ***Beitel mit Stichbild 10 bei 4 mm Breite.***

Teil 2
Die korrekte Ausarbeitung der Nase in Verbindung mit der Darstellung, wie geschlossene Augen ausgeschnitzt werden.

Diese werden z.B. für den leidenden Corpus Christi am Kreuz benötigt.

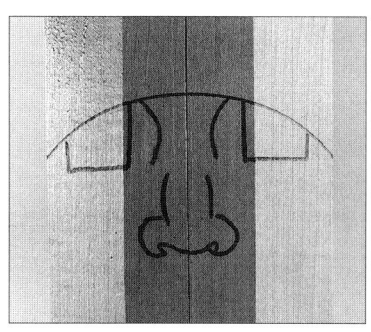

Bild Nr. 18
Die Vorzeichnung für die Übung Nase

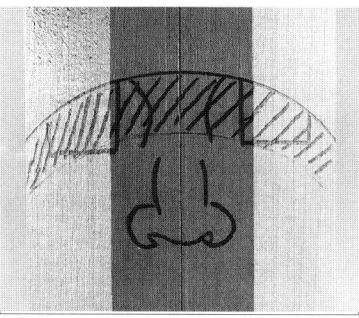

Bild Nr. 19
Der markierte erste Schnitt

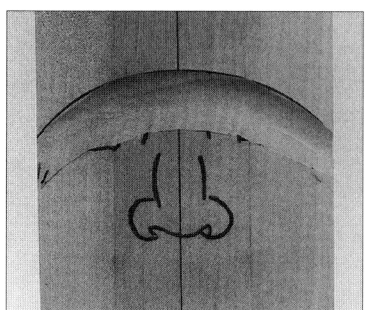

Bild Nr. 20
Der erste Schnitt mit Hohleisen 12 mm Stich 8

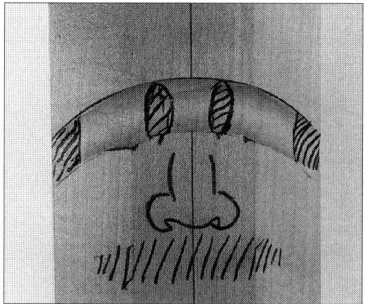

Bild Nr. 21
Der markierte 2. Schnitt

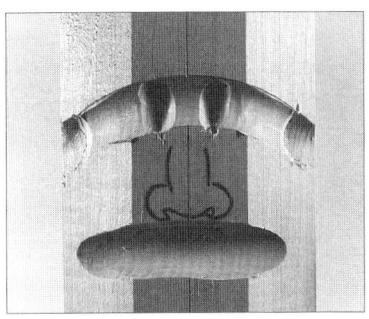

Bild Nr. 22
Die Ausführung mit Stich 8 - 12 mm

Bild Nr. 23
Anlegen der Schrägung des Nasenrückens mit Stich 2 ½ - 20 mm

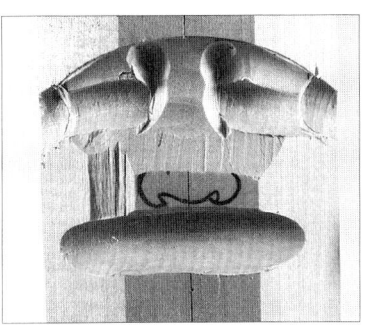

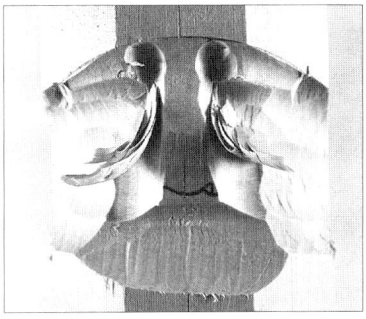

Bild Nr. 24
Untere Augenbegrenzung mit Stich 8 - 12 mm

Bild Nr. 25
Abschrägen der Wangen und der Nasenseiten mit Stich 8 - 20 mm

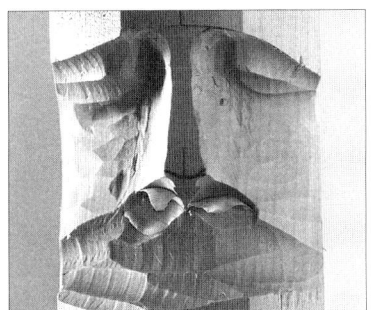

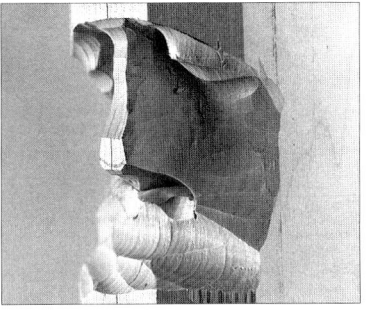

Bild Nr. 26 Nachschneiden der Nasenseiten mit Stich 2 ½ - 20 mm, Stechen der Nasenflügel mit Stich 8 - 20 mm

Bild Nr. 27 Die Augenwinkel werden mit Stich 8 - 12 mm gesäubert, unterhalb der Nase mit Stich 8 - 20 mm freigeschnitten.

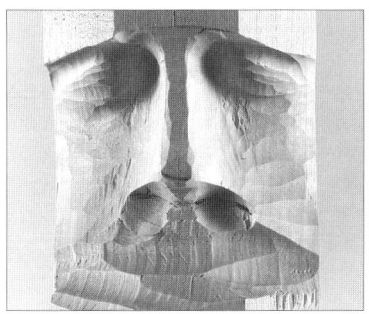

Bild Nr. 28 *Nachschneiden des Nasenrückens u. Abrunden der Augäpfel mit Stich 4 - 10 mm u. Stich 2 - 10 mm*

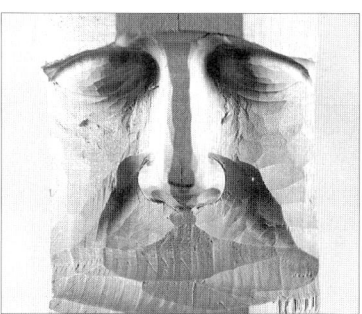

Bild Nr. 29 *Anlegen der Nasenflügel mit Stich 6-8 mm, Stich 10-4 mm, Stich 8-20 mm, Stich 8-12 mm, Stich 1-10 mm*

Bild Nr. 30 *Markieren der Lidlinien der geschlossenen Augen (Beispiel "leidender Christus")*

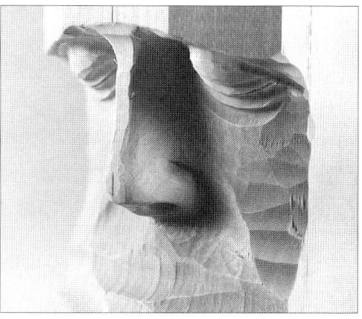

Bild Nr. 31 *Nachschneiden der Lidlinien mit Stich 2-4 mm und des Augenumfeldes mit Stich 9-6 mm*

Bild Nr. 32 *Die Nasenlöcher werden mit Stich 10-4 mm, Stich 2-4 mm und Ziereisen 2 mm geformt.*

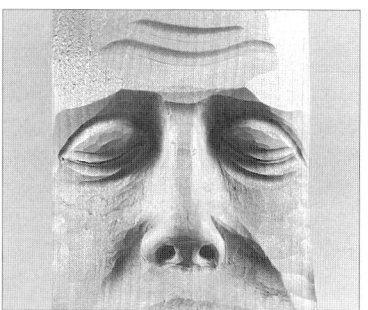

Bild Nr. 33 *Die Schrägung der Stirn und die Stirnfalten mit Stich 8-20 mm und Stich 9-6 mm schließen die Arbeit ab.*

Die Nase.

Die Nase als Körperteil ist in ihrer Form durch Knochen und Knorpel vorbestimmt. Unter anderen prägt auch die Funktion die Größe und Form. Muskeln spielen durchweg eine unbedeutende Rolle. Sie trägt bei der Gestaltung des Gesichtsfeldes bei weitem nicht so entscheidend bei wie die Reihenfolge Augen und Mund.

Doch auch die Nase ist nicht nur ein den Riechorganen vorgesetzter, technisch bedingter Vorbau; sie hat ebenfalls ihre Besonderheiten. Zunächst ist ihre Form und Größe bis etwa zum 20. Lebensjahr erblich vorgegeben. Sie kann auch Rassenmerkmal sein. Nach dem 20. Lebensjahr kann sie sich - wenngleich in ihrer Entwicklung langsamer als muskelbeeinflußte Gesichtspartien - dem Lebensrhythmus anpassen. Sie wird Teil der Charakterspiegelung. Auch sie kann bewußte und unbewußte Lebenseinstellungen widerspiegeln. Das Erkennen, das Ablesen von charakterlichen Einzelheiten ist, von wenigen Ausnahmen abgesehen (Schnapsnase beispielsweise), von fachlicher Bildung und/oder Erfahrungswerten abhängig.

So teilt eine psychologische Lehrmeinung die Nase der Länge nach, genau wie auch das Gesicht insgesamt, in drei gleiche Abschnitte. Jedem Abschnitt kommt eine besondere Aussagekraft zu. Grundsätzlich ist dabei das obere Drittel für die "geistige Lage" zuständig, das mittlere Drittel spiegelt die Seelenlage wieder, während das untere Drittel über die körperliche Verhaltensweisen und Entwicklungen Aufschluß gibt.

Ausgeprägte Merkmale bilden sich allerdings - wie schon erwähnt - bedeutend langsamer und später als die Augen- und Mundpartien aus. Sie sind aber auch dauerhafter. Dagegen sind praktisch vorsätzlich herbeigeführte Änderungen, oder auch krankheitsbedingte Abweichungen vielfach bis zu einer gewissen Grenze korrigierbar. Ein Alkoholiker kann damit rechnen, daß sich seine "Säufergurke" nach einer "Trockenstellung" wieder zurückbildet. In einem solchen Falle ist ja auch ausgeprägt der fleischige und z.T. knorpelige Teil - das untere Drittel - von den Ausschweifungen betroffen. Die oberen zwei Drittel werden mehr vom Knochenbau des Nasenbeines gebildet.

Die Betrachtung der Nase von vorne gibt, von Ausnahmen abgesehen, wenig her. Im Profil ist die markante Aussagekraft deutlicher erkennbar. Von daher gibt es eine Vielzahl von treffenden, klassifizierenden Bezeichnungen, die z.T. auch jedem geläufig sind.

Da gibt es die Hakennase, Sattelnase, Adlernase, Himmelfahrtsnase, Stupsnase, Spitznase, Knollen- oder Kartoffelnase u.a. Alle sagen schon ziemlich treffend über Form, Größe und Zustand aus. Einige interessante Details möchte ich trotzdem noch zugeben.

Ich gehe dabei von einer Persönlichkeit im letzten Drittel des Lebenslaufes aus. Ihr steht z.B. eine Adlernase in der Regel im Gesicht, wenn sich dieser Mensch von Berufs wegen mit durchweg geistigen Dingen beschäftigt hatte. Nicht zu verwechseln mit dem "Flaschengeist". Dieser erzeugt eine Verdickung des Drittels, das über das "Körperliche" - die "Fleischeslust" Zeugnis ablegt.

Die Kerbe, der Einschnitt an der Nasenwurzel zwischen Stirn und Nase, gibt beispielsweise Einblick in die Auffassungsgabe des Besitzers. Allerdings haben da die Brillengestelle, die dort in der Regel aufsitzen, aufliegen oder mehr aufdrücken, die wahrheitsgemäße Aussagekraft behindert, verfälscht oder verzerrt.

Eine breit und niedrig aufliegende Nase sagt erklärtermaßen anderes über den Besitzer aus als eine schmale, lange Nase mit hohem Rücken.

Eine spitz zulaufende, kurze "Himmelfahrtsnase" ist schließlich Menschen zu eigen, die eine Neigung haben - unter vielen anderen, sicher auch mehr positiven Gesichtspunkten - etwas <kurz angebunden> und eventuell schnippisch und besserwisserisch zu sein. In ihrem Fall kann aber auch das obere und mittlere Drittel diesen "Tatbestand" überdecken, ihn als Charakterzug mehr in das zweite Glied drängen.

Für die technische Ausarbeitung in Holz haben wir aber eine zumindest mehr gleichförmige Nase in unserer Vorstellung.

"Charakternasen" mit präziser Zuordnung, sind Arbeiten, zu denen man die psychologischen Hintergründe vorweg ausführlich studieren sollte. In der Regel reicht uns eine Beschäftigung mit unseren Vorlagen aus der Werbebranche, Modellen aus dem Familienkreis oder eben das Einüben einer mehr oder weniger abgeänderten "Normnase" gemäß meiner, diesem Kapitel zugeordneten Fotoserie.

Für Ihre Madonna benötigen Sie eine schön gleichmäßig verlaufende, feingliedrige Nase. Die Nase bei einem schon mal wetterbedingt trinkfesten Nachtwächter kann dagegen im unteren Drittel verdickt ausgearbeitet sein; auf eine gleichmäßige Ausarbeitung sollte jedenfalls dabei keinen Wert gelegt werden. Auch bei Ihren Übungsarbeiten sollten Sie beachten, daß die Nase normal in ihrer gesamten Länge im Grund gleich breit ist. Die Breite zwischen den Augen ist auch die Breite bei den Nasenflügeln. Der Nasenrücken, von der Nasenwurzel bei der Stirn bis zur Nasenspitze, ist unterschiedlich geformt und breit.

Die Übergänge vom Nasenrücken zur Grundlinie der Nase haben große Bedeutung. Sie verlaufen niemals mathematisch konkret, sondern sind in jedem Punkt so geschwungen, um die Nase nicht als unabhängiges, fremdkörperartiges Gesichtsteil aus dem Gesicht abzukapseln. Alle Linien und alle Einzelteile sind in einer schönen Proportion dem Gesicht zugeordnet und können nicht isoliert dargestellt werden.

Den Teil zwischen Oberlippe bis zur Nase betrachten Sie bitte bei Ihren Übungen als der Nase zugehörig. Dessen ungeachtet empfehle ich, auch bei Übungen mit dem Mund diesen Bereich mit einzubeziehen. Der Übergang und Zusammenhang wird Ihnen in der praktischen Arbeit schließlich leichter fallen. So oder so sind bei der charakterlich einwandfreien Darstellung, mit Linien und Falten, Mundbereich und Nase nicht voneinander zu trennen.

Vorbereitete Übungsstücke in Linde - Übungsleisten - können Sie von mir direkt oder über Ihren Fachhandel beziehen. Die Bezeichnung lautet: <Übungsleiste für Nase>.

Teil 3

Der Mund wird geschnitzt.

Der Mund mit seiner <näheren Umgebung> bringt die zweitwichtigste Aussage zur Persönlichkeit.

Seine Form selbst und sein Aussehen ist in hohem Maße erblich bedingt. Er kann auch Rassenmerkmal sein.

Mehr über die Veranlagung und den Charakter seines Inhabers sagt das "Umfeld" aus; z.B. die Form und Lage der Mundwinkel, aber auch Falten und Grübchen bis zu den Wangen. Genau wie beim Auge wird dieses Umfeld durch die Wechselwirkungen des Lebens zwischen äußeren Einwirkungen und einer inneren Einstellung geprägt.

Eine Vielzahl von teilweise sich kreuzenden und vereinigenden Muskeln sind in erster Linie für die sichtbare Wirkung direkt verantwortlich. Aber eben nur physiologisch. Der psychologische Anteil bestimmt in hohem Maße mit.

Schließlich ist das zu den Muskelpartien gehörende Gewebe und die Muskeln selbst bis zum ca. 20. Lebensjahr fest genug, um sich selbst am vorbestimmten Platz zu halten. Nur unter extremen Voraussetzungen, wie sie bereits für Kinder das Auge betreffend beschrieben sind, stellen sich bereits vor dem 20. Lebensjahr, oder gar schon im Kindesalter, deutlich sichtbare Auswirkungen des Erlebten oder Durchlittenen bei den <Mundzügen> ein.

Danach aber, und besonders ab ca. 35 Lebensjahren, erschlafft Gewebe; eine Art Verwelkungsprozeß tritt ein. Um fortan die Muskeln unter Kontrolle zu halten, bedarf es der persönlichen, wissentlichen oder unbewußten Mitwirkung des einzelnen Menschen.

Ein physischer oder auch psychischer Schmerz läßt den Menschen bestimmte Muskeln auch dann in Spannung halten, wenn sie gerade nicht in Funktion zu sein brauchen. Entsprechende

Verzerrungen - Verkrampfungen - können zum Dauerzustand werden. Auch wenn der schmerzhafte Kummer gerade nicht verspürt wird, gewöhnt sich die bisher beanspruchte Muskulatur an die Vorgabe und verharrt, mehr oder weniger unbewußt, an der <eingeübten> Stelle.

Kann der Mensch diese Verhaltensweisen in einem frühen Stadium noch steuern und kontrollieren, so wird doch mehr und mehr die Macht der Gewohnheit die Oberhand gewinnen. Eine gewünschte oder gewollte Rückbildung ist kaum noch möglich, es sei denn unter Aufbietung einer recht gewaltigen Willensäußerung. Der Mund kann <Züge> der Verbissenheit - Zähne zusammenbeißen - aufweisen.

Die Züge können verkrampft sein - die Muskulatur hat sich außerhalb der natürlichen Position in einer krampfartigen Lage verspannt.

Der Ausdruck: <Mund halten>! kann seinen tieferen Sinn darin haben, daß die Gesichtsmuskeln für den Mund diesen verschlossen halten. Ein <verschlossener Charakter> kann sich daraus entwickeln und damit dargestellt sein.

<Gelöste Züge> können ein untrügliches Zeichen für eine entspannte Lebensweise sein; die zugehörigen Muskeln sind durch äußere und innere Einwirkung nicht außerhalb ihrer vorbestimmten Lage gezwungen worden.

Bei einem starken Raucher kann beispielsweise eine stets im gleichen Mundwinkel gehaltene Zigarette die betroffene Muskulatur verstärkt aktivieren. Bleibende Abweichungen sind die Folge. Auch wenn der Raucher eines Tages zum Nichtraucher wird, kann sich, wenn überhaupt, die sichtbare, asymmetrische Verspannung nur in einem relativ langen Zeitraum zurückbilden.

Es ist im Grunde wie mit allen unseren Muskeln. Nur wenn sie gebraucht werden, also mit ihnen gearbeitet wird, wenn sie beansprucht werden, sind und bleiben sie gut ausgebildet und das durchweg auch bis ins hohe Alter. Eine Vernachlässigung führt zur Rückbildung oder Verkümmerung. Geforderte Muskeln beanspruchen ihren Platz

Ein fröhliches Gemüt bemüht andere Gesichtsmuskeln als ein trauriges, deprimiertes. Die Folge wird, nach einer gewissen Gewöhnungszeit für die Muskeln, klar und deutlich <ins Gesicht geschrieben> sein.

Aggressivität aktiviert andere Muskeln - sie werden ihren Stempel hinterlassen. Machen Sie Ihre eigenen Erfahrungen.

Unabhängig von diesen mehr unbewußten Einflüssen ergeben sich auch Konsequenzen aus der täglichen Lebensweise. Ein zum guten und reichlichen Essen neigender Mensch muß mit gutgefüllten Fettpolstern zwischen den Muskeln rechnen. Die Wirkung der Muskeln selbst ist nicht mehr so klar erkennbar. Die durch die fettgefüllten Zellen angespannte Haut wird mehr durch ihre eigene Prallheit als von den Muskeln am Platz gehalten. Die natürlichen Charakterzüge zeigen sich bestenfalls verschwommen.

Ein von Hunger, Kummer, Ärger, Sorgen, Schwerarbeit und dergleichen individuell oder im Zusammenwirken verschiedener Einflüsse gekennzeichnetes Gesicht gibt klar und deutlich über die Hintergründe Auskunft. Diese <Zeichen> treten um so klarer zutage, weil in diesen Fällen die Muskelhaltungen kaum von einem Fettgewebe abgedeckt werden.

Der Mund im Gesichtsausdruck.
Wenn Sie sich in der Anatomie die Anordnung der Muskeln im Gesicht betrachten, dann erkennen Sie auf einen Blick, daß diese zwischen der Stirn und dem Kinn zusammenwirken. Daher können sie kaum eine Gemütsregung zeigen, ohne den größten Teil des Gesichtes mit einzubeziehen.

Ein Lachen mit dem <Hauptdarsteller> Mund bringt das Umfeld der Augen in Bewegung. Weinen beispielsweise - mit dem Hauptdarsteller <Augen> - bringt Muskelpartien, die direkt zum Mund gehören, zur Aktion.

Nur durch vorbedachtes Training ist der Mensch in der Lage, einzelne Muskeln im Gesichtsfeld zu steuern, ohne daß im gesamten Bereich noch andere <mitziehen>. Beispiel: Schauspieler, Mimen, Politiker u.ä.

Mund und Augen mit ihren Umfeldern bilden also in erster Linie das Gesicht - das Gesichtsfeld - das begrenzte Feld, das beim Gegenübertreten eines Menschen <eingesehen> wird.

Für die Erkennung vieler Hinweise aus dem Leben des Gegenüber sind die im Gesichtsfeld beschriebenen Muskeln zuständig. Seitlich sitzen als wichtige Muskeln nur noch die Kaumuskeln; sie haben eine andere Funktion, eine rein technische, sie sind durch den Charakter kaum beeinflußbar.

Die holzbildhauerische Gestaltung des <Gesichtsfeldes> ergibt bei einfacheren Darstellungen - nach meinen Beobachtungen - bis zu ca. drei Viertel des vom Laien beobachteten Gesamtausdruckes. Die Mehrzahl der Käufer einer Holzbildhauerarbeit lassen sich vom Gesichtsausdruck und dabei wieder überwiegend vom <Augenblick> leiten.

Der <gelernte Fachmann> beachtet und bewertet natürlich mehr ausgewogen einesteils Einzelkomponente und andernteils die Gesamtdarstellung. Wird aber bei einer insgesamt gelungenen Darstellung der Gesichtsausdruck als nicht zugehörig empfunden, leidet bis zur völligen Ablehnung das gesamte Werk. Sicher werden auch Sie Beispiele kennen. Einige zur Erinnerung:
- Die Madonna hat ein herbes, grobes, kantiges und ein zu altes Gesicht.
- Das scheinbar gewichtslose Jesuskind auf den Armen der Madonna ist mehr ein Bengel von mehr als 12 bis 14 Jahren - wenn nicht sogar mit dem Ausdruck eines reifen Mannes geschlagen.
- Der Nachtwächter hat anstatt Augen, durch Rillen gekennzeichnete Löcher mit diversen Erhebungen.
- Der Jäger, die Madonna oder der Nachtwächter <glotzen> mit ausdrucklosen, hervorquellenden, kugelähnlichen Gebilden wie blind an jedem Betrachter vorbei.

Sie finden diese Beispiele u.a. bei jedem Schaufensterbummel im Kaufhaus, bei Ihren Nachbarn und Bekannten evtl. ebenso.

Aufbau und Abweichungen beim Mund.
Bedingt durch die beschriebene Anatomie können wir wieder

von einem Grundaufbau, von einer Grundausführung beim Schnitzen eines Mundes sprechen. Die nachfolgend gezeigte, fotografisch gut aufgeschlüsselte Übungsserie gibt ausgezeichnete Anleitung. Üben Sie diese Grundausführungen mit allerlei Abwandlungen ausführlich. Erst danach ergänzen Sie die Arbeiten mit dem <Umfeld>. Bilden Sie die Lippen einmal breiter und schmaler, dann einmal fleischiger und danach wieder strenger, den Mund insgesamt breiter und schmaler oder ähnlich aus.

Halten Sie sich an die Regel, daß die Oberlippe ca. 2/5 bis 1/3 der Unterlippenbreite einnimmt.

Ergänzen Sie danach den Mund mit der Weiterführung der Unterlippe bis zum Kinn. Erst danach suchen Sie sich die jeweils dazugehörigen Falten von den Nasenflügeln bis zum Kinnrand. Benutzen Sie dazu wieder ganz bewußt Vorlagen, die uns tagtäglich über die Werbemedien frei Haus geliefert werden. Auch Familienfotos oder selbst erstellte Fotoserien sind eine gute Fundgrube. Das Beste von allem ist aber das Abgucken bei sich selbst oder beim Familienmitglied.

Der geöffnete Mund, der <aussagende>, ist individuell auf eine figürliche <Aussage> abgestimmt. Besonders die Augen sind noch Teil dieser Aussage. Üben Sie den geöffneten, <aussagenden> Mund nur im Zusammenwirken, im Rahmen des gesamten Gesichtsausdruckes.

Abschließend, aber von enorm wichtiger Bedeutung für die Aussage eines Mundes, ist folgende Regel: Je jünger Ihr dargestelltes Gesicht, um so weiter ist die Oberlippe vorgeschoben oder gar über die Unterlippe mehr oder weniger überhängend. Je älter das dargestellte Gesicht, um so weiter schiebt sich die Unterlippe vor.

Beachten Sie dies besonders beim Ausschnitzen eines Madonnengesichtes. Gewünscht wird hier allgemein - strittig oder unstrittig ist persönliche Ansicht - ein unschuldiges Mädchengesicht. Sie können unschuldige Augen und eine Kindernase <einbauen>, wenn aber die Unterlippe auf gleicher Höhe mit der Oberlippe liegt oder gar nach vorn übersteht, dann ist Ihr Ziel verfehlt.

Es ist eben nun mal eine Art Naturgesetz, daß sich, besonders bei der Frau, nach dem Abschluß ihrer Jugendzeit, die Unterlippe mehr nach vorn bewegt. Selbstverständlich unterliegt dieser Prozeß wieder Einschränkungen gerade weil es eine Regel ist, die erbbedingt sein oder durch persönliche Lebenseinstellung beeinflußt werden kann.

Schließlich ist diese Entwicklung nicht gerade vom Erreichen bzw. Überschreiten eines bestimmten Lebensalters abhängig. Es gibt ja auch keine präzise biologische Schwelle, ab der ein Mädchen als Frau zu gelten hat oder gar gelten will. Die beschriebene Entwicklung des Mundes geht auch nicht von heute auf morgen vonstatten. Als Bildhauer sollten wir uns aber an diese Regeln halten, solange wir keine lebensechte, personenbezogene Büste oder ein vorbestimmtes Gesicht allgemein zu schnitzen haben oder zu schnitzen beabsichtigen.

Benutzen Sie zum Üben am besten getrocknetes Lindenholz. Entsprechend vorbereitete Holzpartien können Sie von mir oder über Ihren Fachhandel beziehen. Bezeichnung: <Übungsleisten für den Mund.>

Regeln:
Über die genauen Einordnungen der Augen, der Nase, dem Mund und den Ohren im Gesichtsfeld, ist hier in diesem Buch nur noch wenig beschrieben. Die entsprechenden Regeln sind bereits in meinem Buch EXPERTENKURS eingebracht.

Gesichterstudien werden in den verschiedenen
<Schnitzer-Kollegs> Nr. 10 und 12
ausführlicher abgehandelt. Dort ist dann auch die jeweilige korrekte Anordnung und Position von Augen, Nase, Mund und Ohren beschrieben und gezeigt. Alle diese Elemente ordnen sich gewissen Größenverhältnissen unter. Das kann auch unterschiedlich bei verschiedenartigen Charakter-Gesichtern sein.

Vereinbaren Sie mit uns ein Abonnement für *<Das Schnitzer-Kolleg>*. So sind Sie immer bestens informiert und haben die Lernmittel aus erster Hand und stets "druckfrisch".

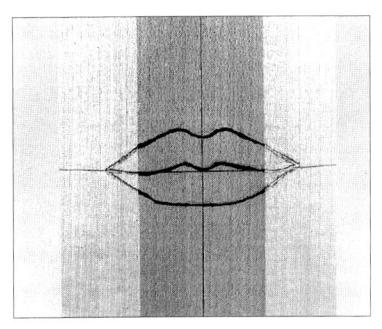

Bild Nr. 34
Die Vorzeichnung für die Übung <Mund>.

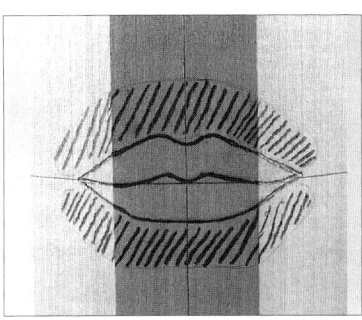

Bild Nr. 35
Der markierte 1. Schritt

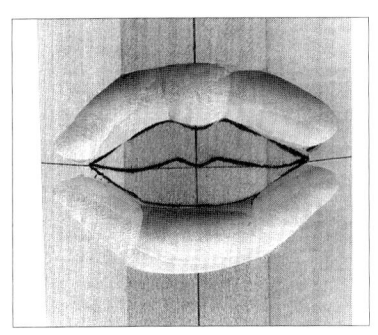

Bild Nr. 36
Der erste Schritt mit Stich 9 - 14 mm

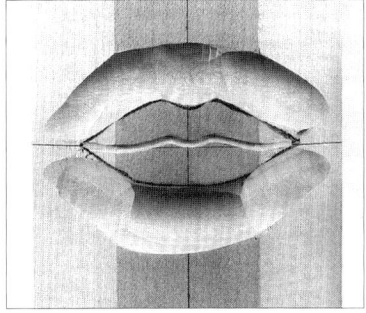

Bild Nr. 37
Die Mundlinie mit dem Ziereisen 2 mm

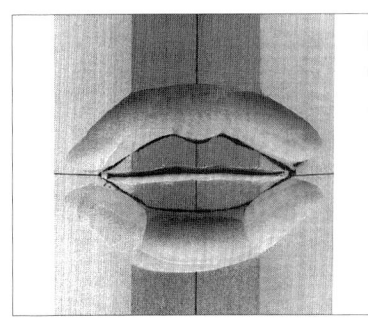

Bild Nr. 38
Nachschneiden der Mundlinie mit Stich 2 - 4 mm

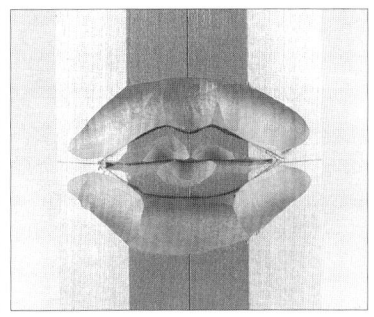

Bild Nr. 39
Vorläufiges Festlegen der Massen mit Stich 8 - 12 mm, Stich 9 - 14 mm und Stich 2 - 10 mm

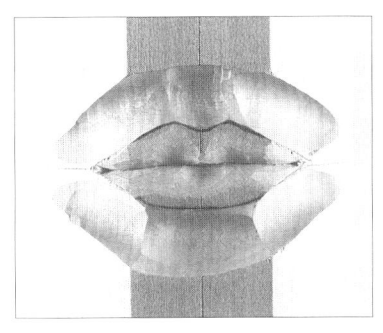

Bild Nr. 40
Abrunden der Lippen mit Stich 2 - 10 mm

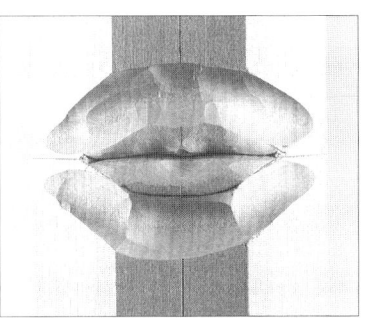

Bild Nr. 41 *Nachschneiden der Außenkante Oberlippe und der Mundlinien mit Stich 6 - 12 mm, Stich 2 - 4 mm.*

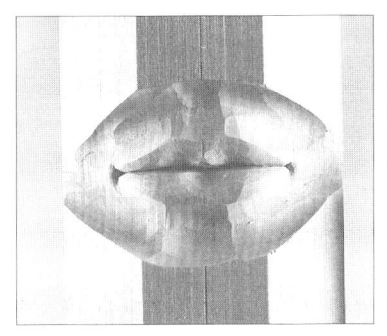

Bild Nr. 42 *Nachschneiden der Außenkante Unterlippe und Einschneiden der Mundwinkel mit Stich 8 - 12 mm, Stich 2 - 4 mm und Stich 2 ½ - 6 mm*

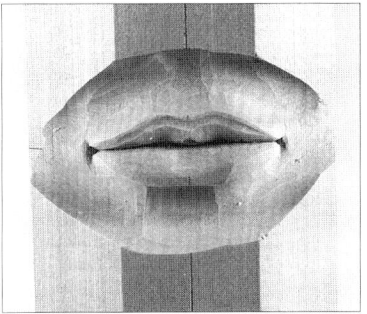

Bild Nr. 43
Schneiden einer Zierkante an der Oberlippe mit Stich 10 - 4 mm

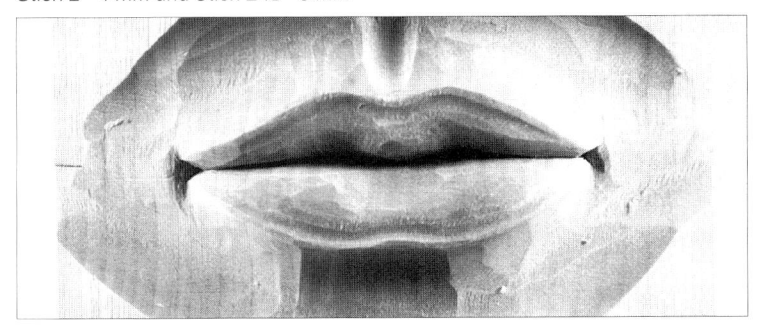

Bild Nr. 44 *Schneiden der Zierkante an der Unterlippe mit Stich 10 - 4 mm und der Rinne über der Oberlippe mit Stich 10 - 8 mm*

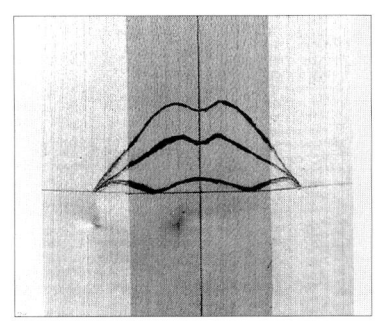

Bild Nr. 45
Die Vorzeichnung für die
Übung <ein trauriger Mund>

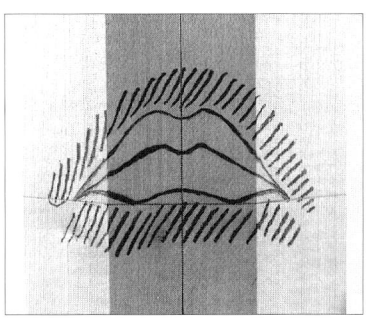

Bild Nr. 46
Der markierte erste Schritt

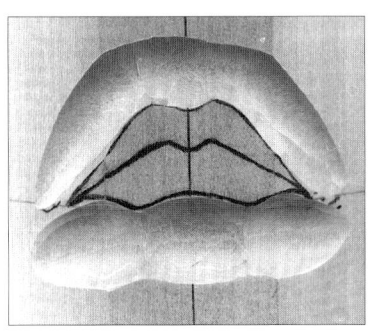

Bild Nr. 47
Die Ausführung mit Stich 9 -
14 mm

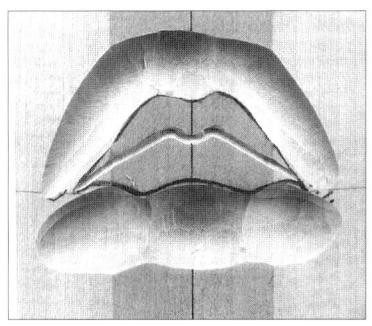

Bild Nr 48.
Die Mundlinie mit Ziereisen 2 mm

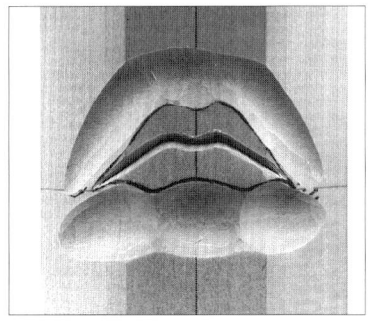

Bild Nr. 49
Nachschneiden der Mundlinie
mit Stich 2 - 4 mm

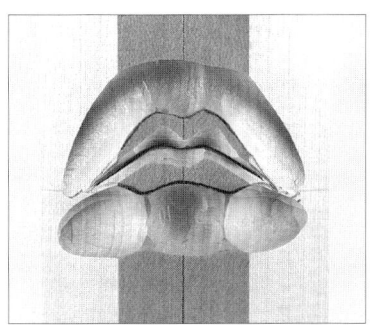

Bild Nr. 50
Festlegen der Massen mit Stich
8 - 12 mm, Stich 9 - 14 mm und
Stich 2 - 10 mm

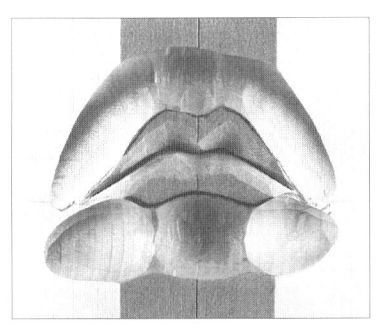

Bild Nr. 51 Abrunden der Lippen mit Stich 2 - 10 mm

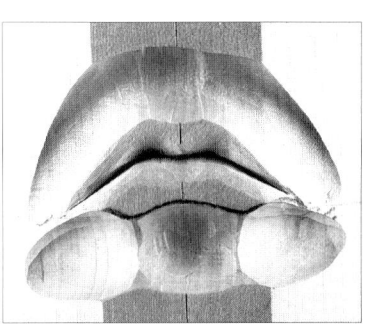

Bild Nr. 52 Nachschneiden der Außenkante Oberlippe und der Mundlinie mit Stich 6 - 12 mm und Stich 2 - 4 mm

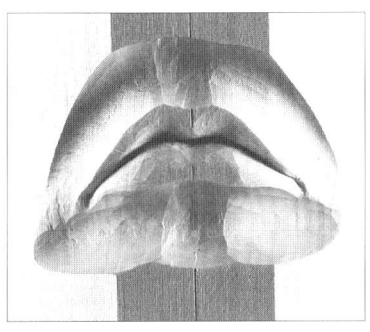

Bild Nr. 53 Nachschneiden Außenkante Unterlippe und Einstechen der Mundwinkel mit Stich 8 - 12 mm, Stich 4 - 6 mm und Stich 2 - 4 mm

Bild Nr. 54 Schneiden einer Zierkante an Ober- und Unterlippe mit Stich 10 - 4 mm

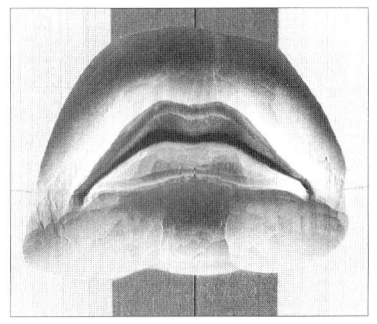

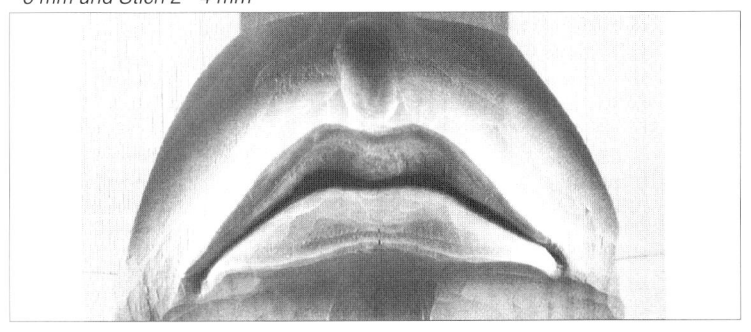

Bild Nr. 55 Schneiden der Rinne über der Oberlippe mit Stich 10 - 8 mm

Der gezeigte Ausdruck des <traurigen Mundes> ist extrem. Alle Abwandlungen zwischen "normal" und dieser Mundform sind möglich.

Koch, Schnitzen MEISTERLICHE ÜBUNGEN I

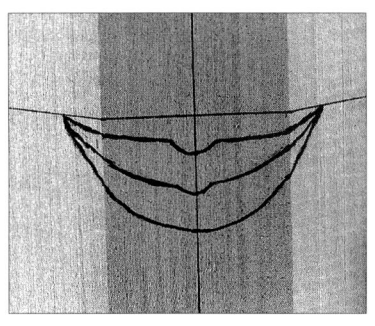

Bild Nr. 56
Die Vorzeichnung für die Übung
<Mund mit fröhlichem Ausdruck>

Bild Nr. 57
Der markierte erste Schritt

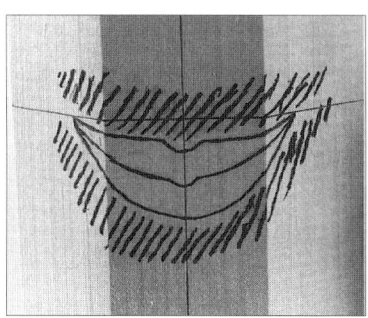

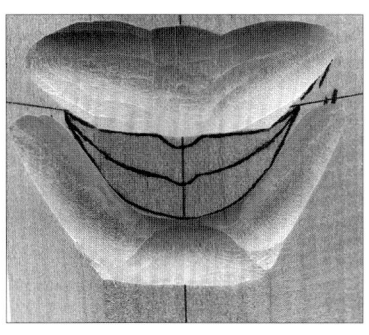

Bild Nr. 58
Die Ausführung mit Stich 9 -
14 mm

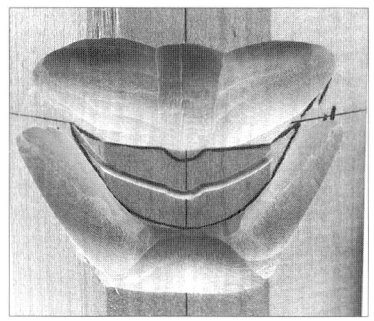

Bild Nr. 59
Die Vorzeichnung der Mundlinie mit
Ziereisen 2 mm

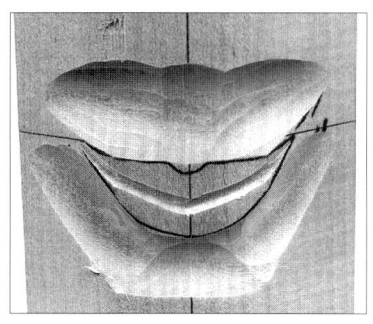

Bild Nr. 60
Vertiefung der Mundlinie
mit Stich 10 - 4 mm

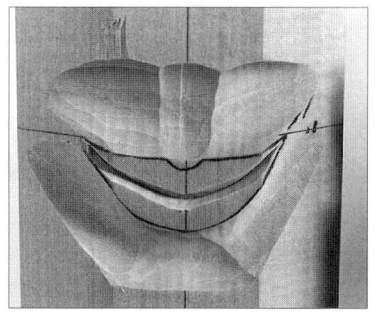

Bild Nr. 61
Nachschneiden der Mundlinie mit
Stich 2 - 10 mm

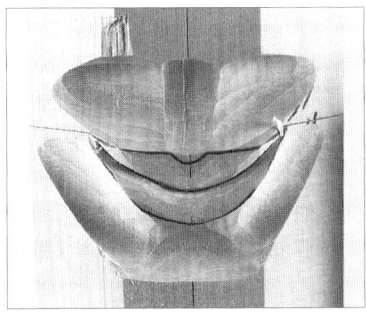

Bild Nr. 62
Festlegen der Massen mit Stich 2
½ - 10 mm

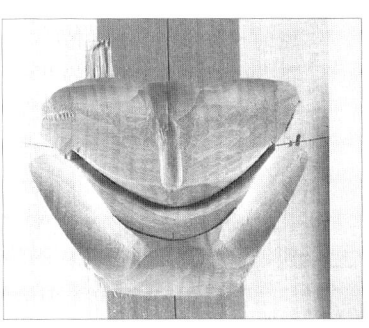

Bild Nr. 63 *Abrunden der Lippen, Stich 2-10 mm, Anlegen Kontur und Rinne über Oberlippe mit Stich 10-8 mm, Stich 4-6 mm*

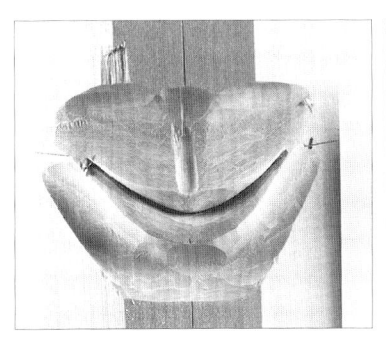

Bild Nr. 64 *Nachschneiden der Außenkante Unterlippe mit Stich 8 - 12 mm*

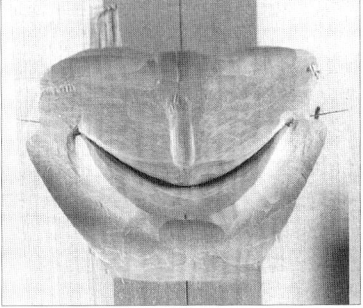

Bild Nr. 65 *Einschneiden der Mundwinkel mit Stich 2 - 4 mm, Ziereisen 2 mm, Stich 4 - 6 mm*

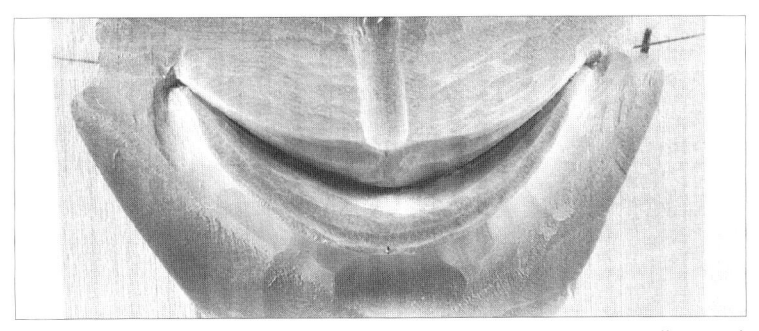

Bild Nr. 66 *Schneiden einer Zierkante am Oberrand Unterlippe mit Stich 10 - 4 mm*

4. Kapitel

Das Ohr.

Beim Ausschnitzen eines Ohres *können* Sie in der Praxis tatsächlich von einer <Einheitsform> ausgehen. Obwohl die äußere Form recht unterschiedlich gestaltet sein kann, fällt dies bei der geschnitzten Figur kaum oder gar nicht ins Gewicht.

Zudem kommt es äußerst selten vor, daß ein Käufer dem ausgeschnitzten Ohr deutbare Beachtung schenkt, geschweige denn ihm eine besondere Bedeutung beimißt. Doch die völlige Vernachlässigung sollte nicht auftreten. Schnitzen Sie im Rahmen der erforderlichen Qualität das Ohr - die Ohren jeweils sauber aus.

Üben Sie gemäß den Vorgaben der folgenden Fotoserie. Üben Sie in Lindenholz. Bilden Sie auch im Maßstab verkleinerte Ohren aus. Das Ohrläppchen brauchen Sie nicht unbedingt freizuschnitzen; eine hochreliefartige Ausbildung ohne Unterschneiden genügt in der Regel allen Ansprüchen.

Auch zu dieser Übung können Sie direkt von mir oder über Ihren Fachhandel vorbereitetes Lindenholz erhalten. Die Bezeichnung: <Übungsleiste für Ohren>.

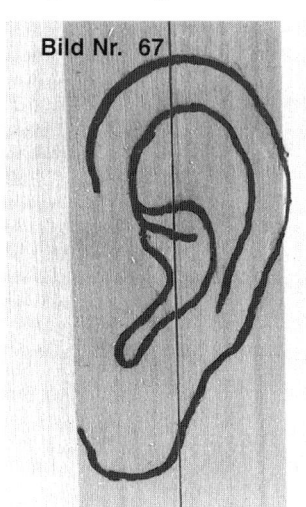

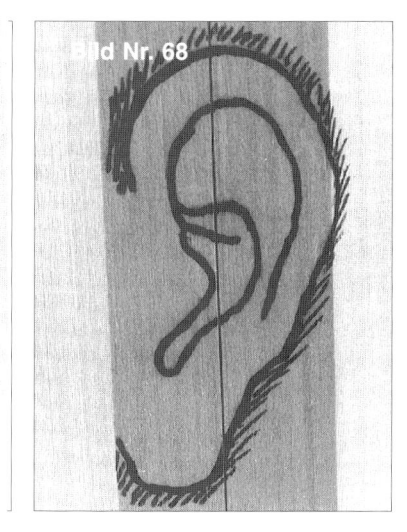

Bild Nr. 67

Bild Nr. 68

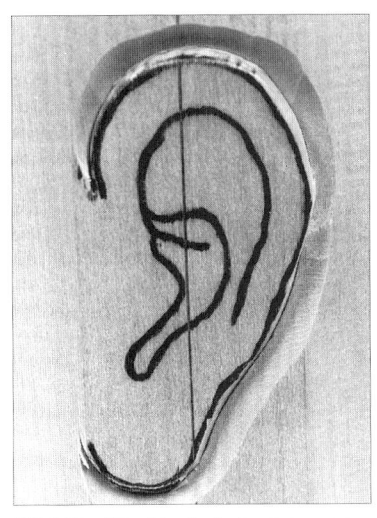

Bild Nr. 69 Nach Aufzeichnung und Markieren nun der Begrenzungsschnitt mit Stich 4 - 16 mm und Stich 8 - 20 mm

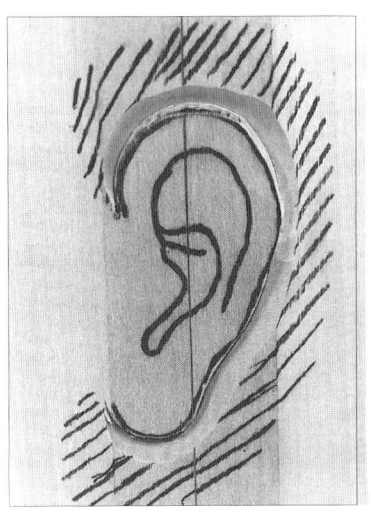

Bild Nr. 70 Die Markierung für den zweiten Schnitt

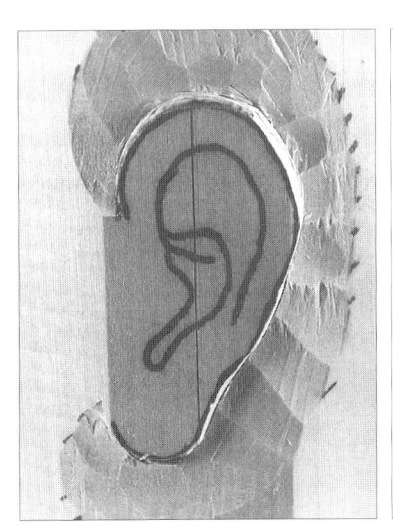

Bild Nr. 71 Das freigeschnittene Umfeld, Stich 5 - 25 mm und Stich 4 - 16 mm

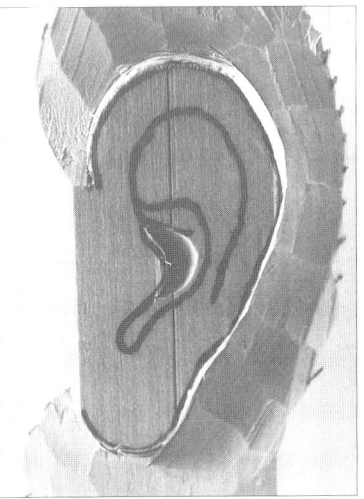

Bild Nr. 72 Die erste Ohröffnung mit Stich 6 - 10 mm und Stich 8 - 12 mm

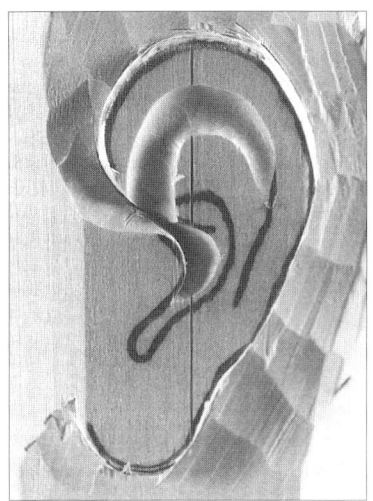

Bild Nr. 73
Die obere Ohrwölbung mit Stich 10 - 8 mm und Stich 8 - 20 mm

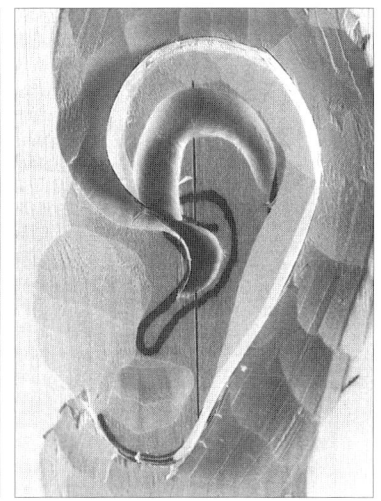

Bild Nr. 74 *Die Formgebung in der Fläche mit Stich 1 - 20 mm, Stich 5 - 25 mm und Stich 6 - 12 mm*

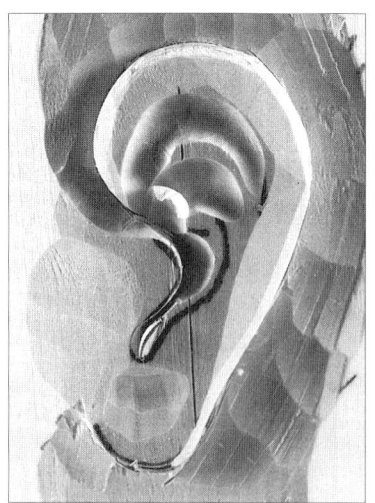

Bild Nr. 75
Die innere Ohrform mit Stich 8 - 12 mm, Stich 4 - 10 und Stich 5 - 4 mm

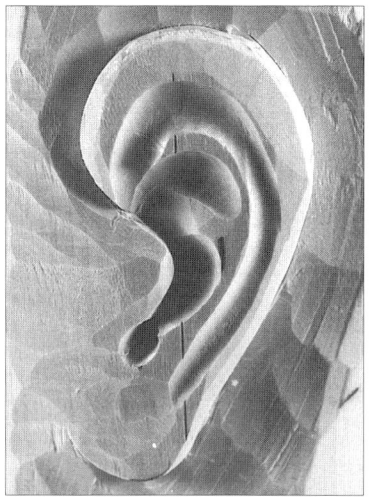

Bild Nr. 76 *Säubern und Erweitern der "Birnenform" mit Stich 4 - 10 mm, Stich 5 - 4 mm, Stich 10 - 8 mm, Stich 2 - 4 mm*

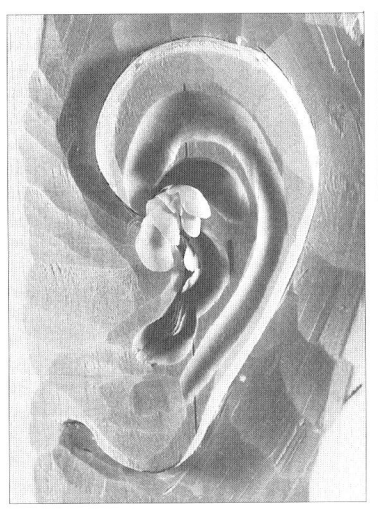

Bild Nr. 77
Erweitern der Ohröffnung mit Stich 9 - 6 mm, Stich 6 - 6 mm und Stich 5 - 4 mm und ....

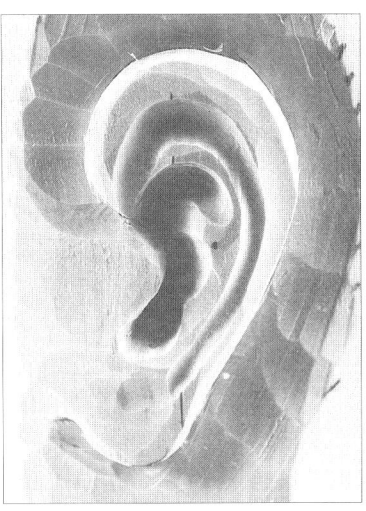

Bild Nr. 78 ...Säubern und Begrenzung des Ohrläppchens nach innen

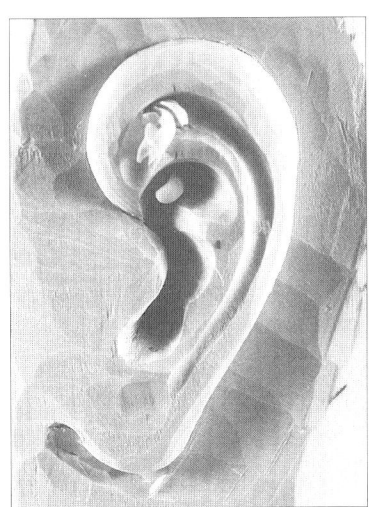

Bild Nr. 79 Vertiefen der oberen Ohrwölbung und Abrunden der Ohraußenseite mit Stich 9 - 6 mm und Stich 4 - 10 mm

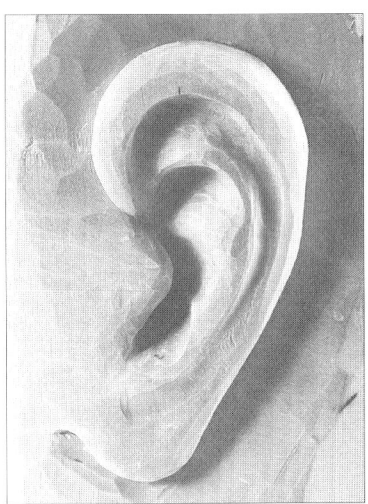

Bild Nr. 80 Endgültiges Feinschneiden der Oberfläche mit Stich 2 ½ - 10 mm, Stich 5 - 4 mm und Stich 2 - 10 mm

45

Teil 5

Das Gesicht.

Auf der folgenden Fotoserie sind die Einzelteile, Augen, Nase, Mund und Ohren zum Gesicht zusammengefaßt. Die einzelnen Schritte bis zum fertig ausgearbeiteten Gesicht sind damit technisch problemlos nachvollziehbar. Die Ausarbeitung stellt den grundsätzlichen Aufbau zum Schnitzen eines Gesichtes von einem erwachsenen Menschen dar. (Normgesicht?)

Lassen Sie mich bitte lediglich noch einmal betonen: Mit dem Erfolgserlebnis einer oder zweier so erstellten Gesichter ist es nicht getan. Üben Sie bitte! Üben Sie; geben Sie sich nicht mit Halbheiten, mit Beinahe-"Werken" oder "Ungefähr-Produkten" zufrieden.

An dieser Stelle noch meine weitere Empfehlung: Kommen Sie, wenn auch nur für eine Woche, zu mir in meine Schnitzschulung zu einem Schnitzkurs. Sie erhalten dadurch die nötige Sicherheit, qualitative Maßstäbe und Anforderungen allgemein zu erkennen und zu beherrschen. Sie werden sich dadurch sicher fühlen und auch die letzten Zweifel beseitigen können - sozusagen persönlich über Ihre Fähigkeiten sicher sein können. Machen Sie sich vorher eine Checkliste Ihrer Probleme, Zweifel und Fragen. Wir werden alle Punkt für Punkt durchgehen und garantiert Lösungen finden.

Zum Stichwort GARANTIE:
Ich kann Ihnen garantieren, daß Sie mit Wille und Interesse so weit schnitzen lernen, bis zu dem Grad der Perfektion, den Sie wählen bzw. anpeilen. Verlangen Sie über meine Verlagsadresse nach näheren Informationen.

Benutzen Sie zum Üben trockenes Lindenholz. Vorbereitete Übungsstücke können Sie über Ihren Fachhändler oder direkt von mir beziehen.
Bezeichnung: Übungsleisten für Gesichter.
Verlangen Sie auch meine Informationen zu meinem Lernmittel <Das Schnitzer-Kolleg> mit abgeschlossenen Übungsserien.

Bild Nr. 81
Vorzeichnung der Übung <Gesicht> und Markierung des ersten Schrittes

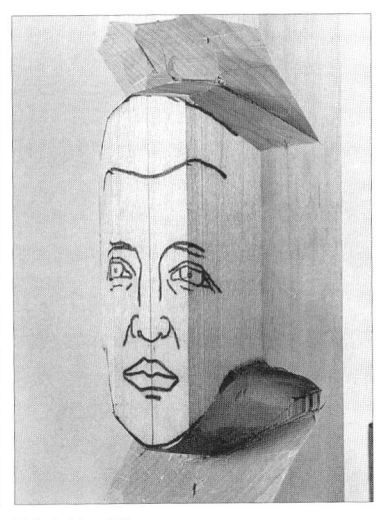

Bild Nr. 82
Die Ausführung mit Stich 1 - 20 mm und Stich 8 - 20 mm

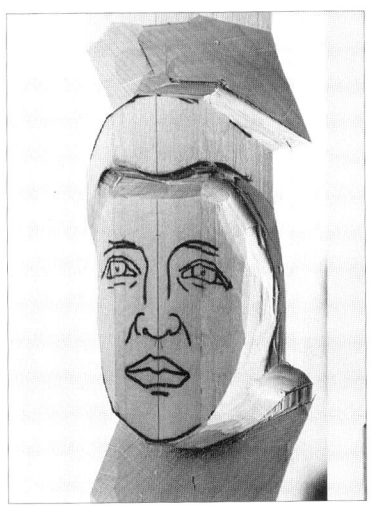

Bild Nr. 83
Formschneiden der Gesichtsränder mit Stich 1 - 20 mm und Stich 5 - 25 mm

Bild Nr. 84
Einzeichnen des provisorischen Profils von der Seite

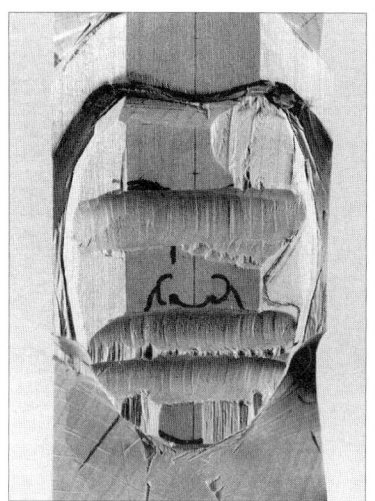

Bild Nr. 85
Anlegen des Profils mit Stich 9 - 14 mm und Stich 8 - 12 mm

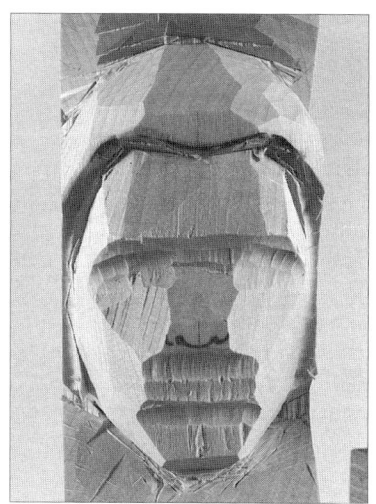

Bild Nr. 86 *Anlegen der Augenhöhlen und Abrunden der Wangen mit Stich 9 - 14 mm, Stich 2 ½ - 18 mm und Stich 1 - 20 mm*

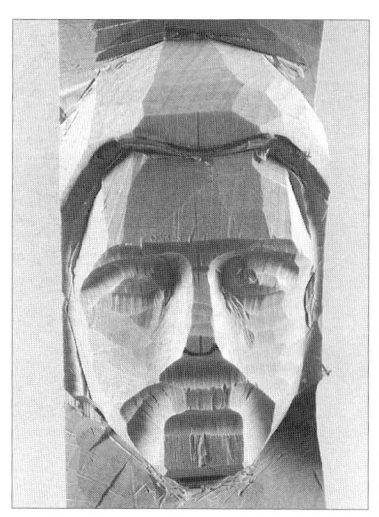

Bild Nr. 87 *Anlegen der Massen von Augen, Nase und Mund mit Stich 8 - 12 mm, Stich 10 - 8 mm, Stich 9 - 14 mm und Stich 5 - 10 mm*

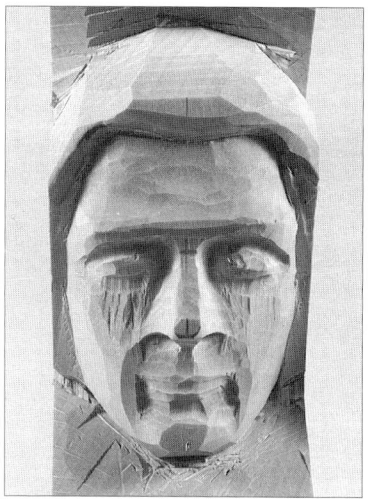

Bild Nr. 88 *Weitere Ausformung von Stirn, Nase und Mund mit Stich 5 - 10 mm, Stich 6 - 12 mm, Stich 10 - 8 mm, Stich 2 ½ - 18 mm und Stich 1 - 20 mm*

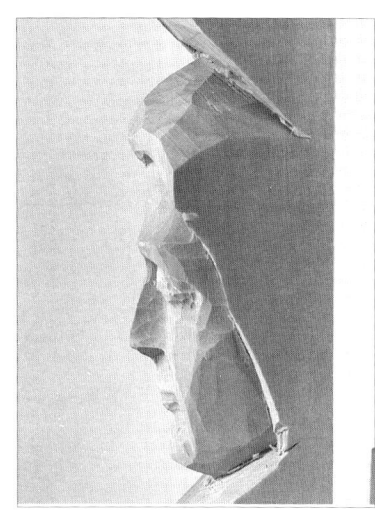

Bild Nr. 89
Seitenansicht des letzten Schrittes

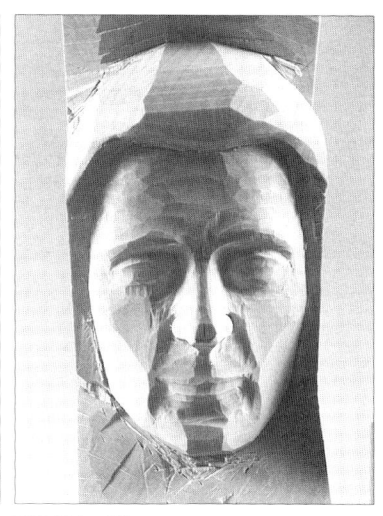

Bild Nr. 90 *Definieren der Formen von Augenbrauen, Augen, Nasenflügeln und Mundwinkeln, Stich 10 - 4 mm, Stich 6 - 12 mm, Stich 5 - 6 mm, Stich 5 - 10 mm, Stich 8 - 12 mm, Stich 1 - 10 mm*

Bild Nr. 91
Einschneiden von Oberlidern und Mundlinie mit Stich 2 - 4 mm und ....

Bild Nr. 92
...Säubern der Oberlippe mit Stich 2 ½ - 10 mm, Stich 5 - 10 mm und Stich 6 - 12 mm

Bild Nr. 93 *Abrunden aller Kanten und Einschneiden der Mundwinkel mit der Stirnfalte....*

Bild Nr. 94 *.....Stich 2 ½ - 10 mm, Stich 4 - 6 mm, Stich 5 - 10 mm, Stich 6 - 12 mm, Stich 8 - 12 mm......*

Bild Nr. 95 *......Stich 10 - 4 mm, Stich 1 - 10 mm, Stich 2 - 4 mm und Ziereisen 2 mm*

Bild Nr. 96 *Einstechen der Lider und Abrunden des Augapfels mit Stich 2 ½ - 6 mm, Stich 3 - 10 mm und Stich 2 - 4 mm*

Koch, Schnitzen MEISTERLICHE ÜBUNGEN I

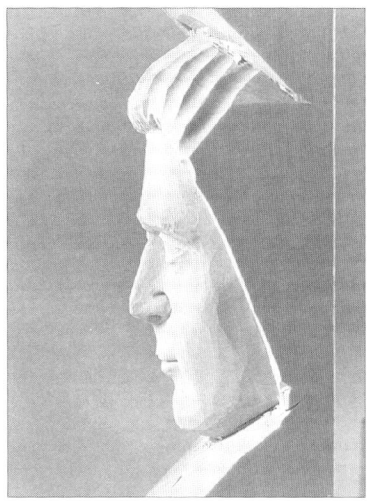

Bild Nr. 97
Anlegen der Haartracht mit Stich 9 - 14 mm und Stich 8 - 12 mm

Bild Nr. 98 Ausarbeiten der Augen und des Umfeldes mit Stich 4 - 8 mm, Stich 10 - 4 mm, Ziereisen 2 mm, Stich 9 - 6 mm

Bild Nr. 99
Schneiden der Zierkante der Lippen mit Stich 10 - 4 mm und ....

Bild Nr. 100
...Ausstechen der Nasenlöcher mit Stich 10 - 4 mm und Ziereisen 2 mm

51

Teil 6

Eine Haartracht -
Die Ausführung ist überwiegend mit Hohl-Schnitten gemacht.

Haare, die mit dem Gaißfuß geschnitten sind, zwingen dem Betrachter vielfach den Eindruck auf: Hier ist mit einer Menge Öl nachgeholfen worden, oder die ganze widerspenstige "Pracht" ist mit einer Menge Fett strähnig festgepappt worden. Mich erinnert dieser Umstand an die Zeit um 1945, wo man schon mal zweifelhafte "Nachkriegsöle" und Fette zu diesem Zweck feilbot.

Auf der folgenden Bildserie ist das Ausarbeiten, das Schnitzen der Haare, mit verschiedenen Hohlbeiteln gemacht.

Der Arbeitsablauf gleicht im Grunde der Ausarbeitung wie ein gleich geschnittener Vollbart entwickelt wird. Sehen Sie die Bildserie im übernächsten Teil.

Legen Sie die einzelnen Haarschnitte nicht regelmäßig nebeneinander. Beginnen Sie des öfteren mit neuen Schnitten am Haaransatz. Beginnen Sie ebenfalls öfters im Verlauf eines Schnittes mit einem neuen Schnitt. Alle Schnitte dieser Art sollten unterschiedlich lang sein. Wechseln Sie von Fall zu Fall mit einem der schmaleren Hohlbeitel im Schnitt die (hohle) Seite - also nicht absolut in einem bestehenden Schnitt parallel schneiden. Der gleiche Schnitt kann auch in Wellenform geschnitten sein.

Sie erhalten mit dieser Methode abwechslungsreiches, gefällig und lebendig gewelltes Haar. Für gelocktes und gekräuseltes Haar eignet sich das im folgenden Kapitel beschriebene System.

Benutzen Sie zum Üben vorteilhaft getrocknetes Lindenholz. Die Übungsstücke können Sie wieder über Ihren Fachhändler oder direkt von mir beziehen.
Bezeichnung: Übungsstück für die Kopfhaarausarbeitung.

Achten Sie bereits beim Aufzeichnen, daß einzelne "Haargruppen" in Verzweigungen und Verästelungen verlaufen.

Lassen Sie die Schnitte nicht alle auf einem Niveau verlaufen, schneiden Sie unterschiedliche, beulenartige Vertiefungen, schmale, rückenartige Erhöhungen oder auch kleine Wülste.

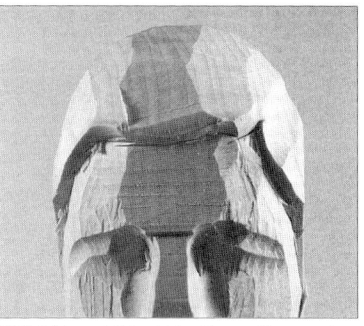

Bild Nr. 101 *Die Grundform des Kopfes, wie in der vorhergehenden Übung anlegen*

Bild Nr. 102
Grobe Aufzeichnung über den Verlauf der Haare

Bild Nr. 103
Die ersten Schnitte mit Stich 8 - 12 mm

Bild Nr. 104 *Unregelmäßiges Nachschneiden im angelegten Haarverlauf mit Stich 9 - 6 mm und Stich 10 - 4 mm*

Bild Nr. 105
Vertiefen verschiedener Schnitte mit Ziereisen 2 mm

Bild Nr. 106
Verfeinern der Haarstruktur mit Ziereisen 1,5 mm ....

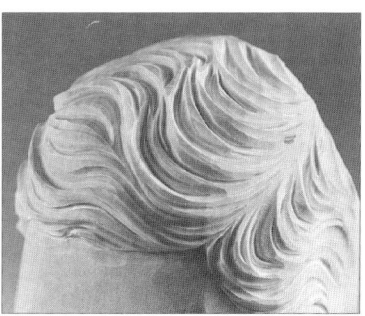

Bild Nr. 107
....und Ziereisen 1 mm

Bild Nr. 108
Abschließende Arbeit....

Bild Nr. 109
...mit dem Ziereisen 0,5 mm

unten: die fertige Haartracht

Bild Nr. 110

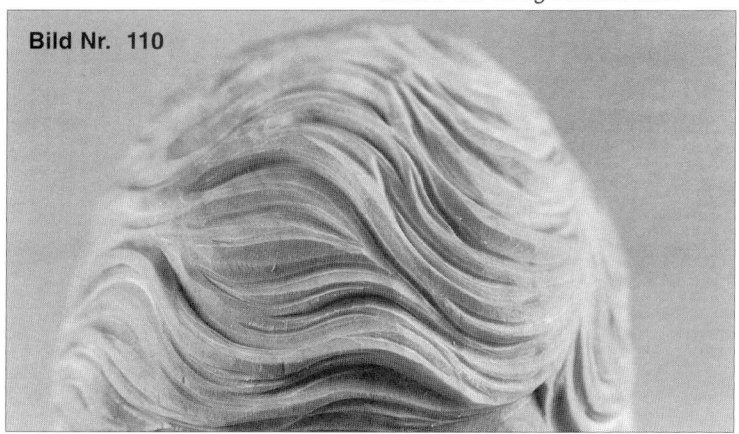

Teil 7

Die Haartracht.
Bei dieser Ausführungsart wird die Form überwiegend mit Hohlbeiteln ausgestochen.

Eine recht lebhafte, hohe und abwechslungsreiche Haartracht entsteht beim Ausarbeiten mit Hohlbeiteln, mit denen die Form überwiegend ausgestochen wird. Durch diese Ausarbeitungsart entsteht mehr der Eindruck von lockigem Haar.

Beim Vorbereiten der groben Form beachten Sie, daß der Übergang von der Stirn zum Haaransatz recht markant erfolgen muß. Dieser Übergang darf nicht zu flach von der Stirn aus verlaufen, so wie Sie es bei der Haarform machen können, wie sie im Teil 6 beschrieben bzw. bebildert ist. Das Ohr wird in die allgemeine Form mit einbezogen, d.h. die Haartracht läuft mehr oder weniger fließend über das jeweilige Ohr. Mit etwas Fantasie können Sie aber auch den einen oder anderen Lockenteil in die Stirn fallen lassen.

Mit der gleichen Methode lassen sich auch kleingelockte Haartrachten bis zur gekräuselten Haarform wie sie Afrikanern eigen ist darstellen. Der Unterschied wird durch Verwendung entsprechend kleinerer Hohleisen entschieden. Das Stichbild sollte dann aber auch geschlossener ausgewählt werden. Als Stichbild können Sie dann ohne weiteres mit bis zur Nr. 10 arbeiten.

Die erforderlichen Beitel sollten eine bestimmte Anschleifform haben. Eine zu flache Schneidenform behindert die vorgesehene Arbeitsweise. Das heißt, daß die "Zunge" der Hohlschneide, der mittlere Teil der Hohlschneide, weiter nach vorne überstehen sollte. Achten Sie darauf beim Anschleifen.

Zum Üben sollten Sie wieder trockenes Lindenholz verwenden. Die Übungsleisten, mit der Bezeichnung <Übungsleisten für die Haartracht> erhalten Sie über Ihren Fachhandel oder direkt von mir.

Bild Nr. 111
Die Grundform des Kopfes

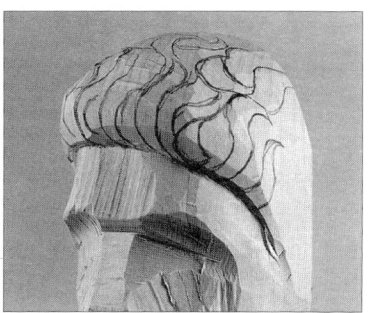

Bild Nr. 112
Der angezeichnete, ungefähre Haarverlauf

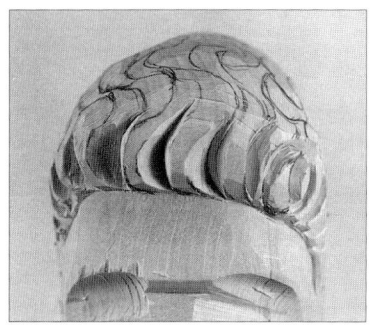

Bild Nr. 113
Der erste Schritt mit Stich 8 - 16 mm ....

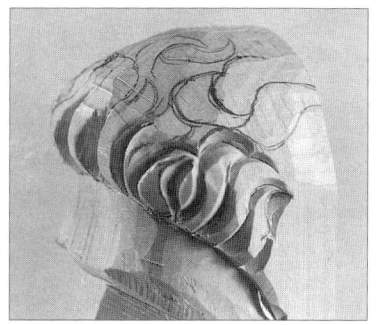

Bild Nr. 114
....und Stich 5 - 10 mm

Bild Nr. 115
Fortsetzung des Lockenaufbaus mit Stich 8 - 16 mm, Stich 6 - 12 mm ....

Bild Nr. 116
.... und Stich 5 - 10 mm

Bild Nr. 117
Verfeinerung der Lockenstruktur mit ....

Bild Nr. 118
.... Stich 6 - 12 mm und Stich 8 - 12 mm

Bild Nr. 119
Abrunden der Kanten mit Stich 2 - 10 mm, Stich 4 - 6 mm und Stich 5 - 10 mm

Bild Nr. 120
Abschließendes Modellieren der Locken mit Stich 6 - 16 mm
unten: die fertige Haartracht

Bild Nr. 121

Teil 8

Ein Vollbart mit Schnurrbart.
Die Haarform wird überwiegend mit verschiedenen Hohleisen geschnitten.
Das Ausschnitzen eines Bartes mit dem Gaißfuß vorzunehmen heißt, die Vorgabe der Natur gründlich zu mißachten. Der Gaißfuß bringt in die Barthaare eine strähnige Steifheit, die weit von der Wirklichkeit eines gepflegten Gesichtsschmuckes entfernt ist. Grundsätzlich ist die "Gaißfußmethode" dabei nicht einmal die schlechteste. Andererseits ist es eine schiere Unmöglichkeit, das gesamte <geordnete Chaos> eines Bartes vorgabengetreu nachzuschnitzen. Es gibt aber Wege wie die Gesamtansicht schön dargestellt werden kann.

Für die ersten Übungen nach meiner Methode müssen Sie nicht immer zunächst ein Gesichtsmodell vorarbeiten. Ein grob vorgeformtes Stück Holz reicht bereits aus.

Als Werkzeug brauchen Sie zwei unterschiedlich breite Hohlbeitel. Sie sollten im Stichbild möglichst gleich sein oder nicht weit voneinander abweichen. Zu empfehlen sind die Stichbilder 6 bis 8 bei Breiten von 2, 4, 6 und/oder 8 mm. Sie dienen der Sache genausogut in einem 7 cm hohen Gesicht wie bei einer lebensgroßen Büste.

Formen Sie im Gesicht Ihrer Schnitzarbeit zunächst mit den geeigneten Beiteln die grobe äußere Form des Bartes vor. Nehmen Sie nun den breitesten Hohlbeitel und schneiden Sie symmetrisch mehr oder weniger geordnete Wellenlinien wie auf der Bildserien angezeichnet. Bedecken Sie nicht die gesamte vorgearbeitete Bartform mit sich berührenden Schnitten. Belassen Sie noch freie Streifen auf der Originalform.

Nehmen Sie danach den ca. 4 mm breiten Beitel und schneiden Sie in der eingeschlagenen Form und Richtung weitere Schnitte. Folgen Sie dabei nicht zu treu den bereits eingeschnittenen Rillen und Kerben. Weichen Sie aus dem beginnenden Schema unregelmäßig und willkürlich heraus. Machen Sie keine durchgehend langen Schnitte, aber auch keine gleichlangen, kurzen Schnitte. Vertiefen Sie stellenweise die bereits vorhandenen Schnitte und legen Sie andere flacher auf noch nicht berührte Flächen.

Schließlich schneiden Sie mit dem 2 mm breiten Beitel ähnlich unregelmäßig wie mit dem vorangegangenen nach. Eine weiche, gefällige, naturnahe Bartausarbeitung wird als Ergebnis stets gefallen.

Arbeiten Sie zwischen der Gesichtsfläche und dem Bart einen sauber trennenden Übergang.

Zum Üben nehmen Sie wieder trockenes Lindenholz. Bereits vorbereitete Übungsstücke können Sie wie üblich über Ihren Fachhandel oder direkt von mir beziehen. Die Bezeichnung ist <Übungsleisten zum Bartschnitzen>.

Bild Nr: 122
Die Grundform mit der ungefähren Aufzeichnung des Bartverlaufes

Bild Nr: 123
Der erste Schritt mit Stich 8 - 12 mm und Stich 6 - 8 mm

Koch, Schnitzen MEISTERLICHE ÜBUNGEN I

Bild Nr: 124
Stich 8 - 6 mm

Bild Nr: 125
Stich 8 - 4 mm

Bild Nr: 126
Ziereisen 2 mm

Bild Nr: 127 *Vertiefung einiger Schnittstellen durch Einstiche mit Stich 8 - 12 mm und Stich 5 - 8 mm, wie vorhergehende Übung*

Teil 9

Ein spitzer Vollbart mit Schnurrbart.
Die Haarform wird überwiegend ausgestochen.
Gemäß der Zusatzbezeichnung <spitz> formen Sie mit den geeigneten Beiteln die äußere und grobe Form des Bartes vor. Zumindest zu Beginn Ihrer Übungen müssen Sie nicht jedesmal das Gesicht mit vorbereiten. Die Ausarbeitung der Haartracht nehmen Sie mit einem knapp augenbreiten, geraden Hohleisen mit Stichbild 8 oder 9 vor. Machen Sie damit aus zwei unterschiedlichen Stichwinkeln zwei Einstiche dergestalt, daß ein Span herausfällt. Das ausgekerbte Stichbild entspricht einer feinen Mondsichel.

Auf den Bildern können Sie erkennen, daß auf keinen Fall Stich genau neben Stich liegt. Bringen Sie auch eine "geordnete" Unregelmäßigkeit in das Gesamtbild. Die äußere Form des Bartes gibt Ihnen die Ordnung vor.

Den Schnurrbart unter der Nase arbeiten Sie dabei aus technischen Gründen, soweit erforderlich, mit verschiedenen Hohleisen, so wie Sie es beim Bart aus dem vorhergehenden Kapitel praktiziert haben. Die Nase selbst könnte nämlich das erforderliche, verschieden angewinkelte Ausstechen mit dem breiten Hohleisen verhindern - wäre auch nicht sehr realistisch. Einige Einstiche in die Schnitte machen sich dekorativ gut. Seitlich bilden Sie den Übergang von den ausgeschnittenen Schnurrbarthaaren unter der Nase zu den ausgestochenen Haaren des Bartes zunächst durch nicht zu tiefe Einstiche.

Wenn es Ihnen nicht gelingen sollte, den ausgestochenen Span so freizustechen, daß er von selbst herausfällt, können Sie von Fall zu Fall evtl. mit einem spitzen Kerbschnitzmesser mit kleinen Schnitten nachhelfen. Als reizvolle Variante können Sie auch abwechselnd zwei verschieden breite Hohlbeitel verwenden. Scheuen Sie sich nicht, im Interesse einer wirklichkeitsnäheren Ausarbeitung, auch bereits vorhandene Aus- oder Einstiche zu überschneiden.

Das erforderliche Übungsholz erhalten Sie wie üblich.

Koch, Schnitzen MEISTERLICHE ÜBUNGEN I

Bild Nr: 128
Die grobe Form des Übungsgesichtes

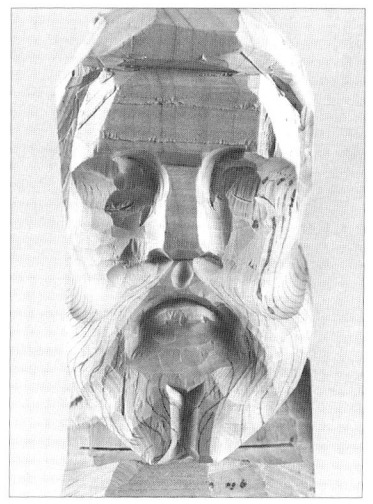

Bild Nr: 129
Der aufgezeichnete, ungefähre Verlauf der Barthaare

Bild Nr: 130
Die ersten Einstiche mit Stich 8 - 12 mm und ....

Bild Nr: 131
....der Gegenstich mit Stich 8 - 16 mm

62

Bild Nr: 132
Weitere Einstiche mit Stich 6 - 12 mm und Stich 8 - 12 mm

Bild Nr: 133
"Welliges" Nachschneiden mit Stich 9 - 6 mm

Bild Nr: 134
Kleinere Löckchen werden mit Stich 5 - 4 mm gestochen

Bild Nr: 135
Der fertige Bart

Weitergehende anatomische Detail-Übungen

Für die aufgezeigten Übungen werden Grundkenntnisse vorausgesetzt, wie sie beispielsweise die Bücher GRUNDKURS, FORTGESCHRITTENENKURS und EXPERTENKURS bieten. Wenn Sie sich mit den einen oder anderen Übungen noch nicht vertraut fühlen, scheuen Sie sich nicht in den genannten Büchern nochmals *die* Übungen durchzuschauen, und *das* zu wiederholen, von dem Sie glauben, daß es in Ihrer Praxis fehlt.

Wenn Sie die Lernserien noch kompletter, detaillierter bzw. ausführlicher haben möchten, dann empfehle ich Ihnen meine *<Kolleg-Hefte>.*
Darin sind, bei etwa der doppelten Anzahl von Bildern, mehr Einzelheiten mit mehr Ansichten dargestellt. Die Beschreibungen zu den einzelnen Abbildungen oder auch Arbeitsschritten sind wesentlich umfangreicher. So sind auch mehr Varianten aufgezeigt, z.B. Kindergesicht, Kinderfüße, ältere Menschen, Charaktergesichter oder andere Details.

Jede Ausgabe enthält komplette und jeweils abgeschlossene Übungsserien. Alles was mit der Anatomie zu tun hat, wo z.B. Teile des Körpers - z.B. auch Augen, Hände, usw. - aufgeführt sind, wird viersprachig veröffentlicht. Figuren, Reliefs, Kerbschnitzübungen oder -vorlagen, Ornamentschnitzereien bis zum Spiegelrahmen usw., werden in der Regel vorerst nur in Deutsch erscheinen; die Fotoserien sind aber immer aufschlußreich.

Die einzelnen Ausgaben von *<Das Schnitzer-Kolleg>* haben keine festen Seitenzahlen. Je nach Übungsthema können die Seitenzahlen zwischen ca. 20 bis 50 variieren. Danach richtet sich auch der Preis. Es gibt 5 - 6 Ausgaben pro Jahr.

Sie können diese *Kolleg-Hefte* bei unserer Verlagsanschrift abonnieren. Außerhalb Deutschlands können Sie das Abonnement bei unseren Vertretern oder Niederlassungen ebenfalls abonnieren. Jede einzelne Ausgabe wird bei Zusendung getrennt berechnet; es gibt also keine Vorauszahlung.

<Das Schnitzer-Kolleg> ist *das* ideale Lernmittel.

Teil 10

Arbeiten am Rohling - wo starten? Empfehlungen.

Was bei dem einen Rohling der richtige Anfang sein muß, kann bei einem anderen Modell schon grundverkehrt sein. Ich will damit kurz und bündig sagen, daß es für den Start der Arbeiten an einem Rohling keine allgemein gültige Regeln geben kann. Empfehlungen möchte ich Ihnen dagegen geben:

- Arbeiten Sie systematisch.
- Bringen Sie einen begonnenen Arbeitsteil zumindest so weit wie möglich und angebracht zu Ende. Meist ist es beim <ersten Durchgang> nicht sinnvoll bis zur letzten Feinheit auszuschnitzen. Setzen Sie sich ein bestimmtes Ziel, wie weit Sie den Arbeitsbereich wirklich fertigschnitzen wollen.
- Schnippeln Sie nicht ohne festes Ziel vor Augen mal hier mal dort.
- Planen Sie einen Arbeitsbereich, Abschnitt oder Grundzüge und versuchen Sie dieses gesteckte Ziel nach Möglichkeit zu erreichen. Beginnen Sie erst dann einen neuen Teilbereich.
- Der neue Teilbereich, die folgende Arbeit sollte sich nach Möglichkeit als Anschluß oder Fortsetzung der gerade beendeten Arbeit verstehen.
- Höchstwahrscheinlich wird es so sein, je nach Ausarbeitungsgrad des Rohlings, daß Sie die jeweiligen Arbeitsbereiche nicht gleich bis zur letzten Perfektion fertig schnitzen. Das sollten Sie sie aufheben für einen <zweiten und definitiven Durchgang>.

Es ist in den meisten Fällen empfehlenswert nicht mit dem Gesicht zu beginnen. Dagegen sollten Sie schon - je nach Möglichkeit - das Gesicht zumindest in seinen Grundzügen und Merkmalen anlegen.

Bei größerer Schnitzerfahrung wird es dagegen schon zum

Bestreben werden, dem Gesicht seine ersten unverrückbaren Konturen zu geben. Die letzten Feinheiten ergeben sich dann schließlich fast von selbst, wenn erst einmal die Details auf der Gesamtdarstellung ausgearbeitet sind. Die charakterliche Aussage der Darstellung der im übrigen nun fertiggestellten Skulptur oder Relief, <zwingt> gewissermaßen in engen Grenzen zur Einhaltung der zugehörigen Gesichts-Charakteristik. Beispiel: Einem wohlgenährten Mönch kann man schließlich schlecht das ausgemergelte, von Entbehrungen gezeichnete Gesicht eines betagten Bauern <aufsetzen>.

Die Ausdruckskraft des Gesichtes bringt andererseits einen sachgerechten - gewünschten oder erzielten - Gesamtausdruck zum Abschluß, rundet das Gesamtbild des Holzbildnisses ab.

Es ist meist von Vorteil das Fertigschnitzen eines Rohlings im Detail zunächst bei den Innenkanten, Ecken und besonders engen Höhlungen zu beginnen. Sie erhalten dabei eine Art von Bezugspunkten, Ausgangsstellungen, die Ihnen den Weg der Weiterentwicklung Ihrer Arbeit recht gut aufzeigen können. Die Flächen, Rundungen und Höhlungen die dazwischen liegen lassen sich im folgenden relativ einfach ausarbeiten bzw. gestalten.

Wenn Sie dagegen mit der Ausarbeitung der Flächen beginnen, dann werden Sie diese in der Regel zwangsläufig zu einem späteren Zeitpunkt noch einmal nacharbeiten müssen. Andersherum passen Sie nämlich diese Felder - Flächen konkave und konvexe Stellen - den vorgegebenen Tiefen und Abgrenzungen der bereits vorgearbeiteten Kanten, Ecken u.ä. in einem Zug an.

Die Schnittführung zur sauberen Kante.
Zwei gegeneinander geführte Stiche oder Schnitte finden sich entweder an einem Punkt - ideal an einem selbst vorbestimmten Punkt - oder sie laufen aneinander vorbei. In letzterem Falle führte schließlich Ihre Mühe oder Planung nicht zum gewünschten Ziel; die angestrebte Kante hat sich nicht ausgebildet.

Sie erinnern sich an eine Regel: Zuerst der (kürzere) Stich und anchließend der (längere) Schnitt. Treffen sich Stich und Schnitt, dann erhalten Sie einen sauberen Kantenausschnitt. Treffen sie sich nicht, dann bedeutet das zunächst eine fehlerhafte Leistung. Eine zumindest zeitaufwendige Nacharbeit wird erforderlich. Sie müssen Kompromisse eingehen. (Sie werden vielleicht einwenden:"Nun wegen einem oder zweier Stiche"! Zählen Sie mal zu welch großartigen Zeiten sich das im Laufe eines Tages summieren kann.) Es kann unter Umständen auch zu einer bedauerlichen Qualitätseinbuße führen.

Es ist eine Sache der Übung und des Augenmaßes, zwei Schnitte so zu führen, daß sie sich auf Anhieb an der gewünschten Stelle treffen. Der Span fällt ohne weiteres Zutun <freiwillig> heraus. Eine saubere, professionelle Schnittkante wird erzielt. Zugegeben, einem gestandenen Profi gelingt dies auch nicht immer. Aber, je geringer die Fehlerquote, um so professioneller wird die Arbeit. Auf keinen Fall sollten Sie dagegen mit der <Macht des günstig angesetzten Hebels> den nicht freigeschnittenen Span aus seiner <angestammten, gewachsenen> Umgebung herauszwingen. (Aber das habe ich ja bereits alles ausführlich in meinem Buch <GRUNDKURS> hervorgehoben.)

Stechen oder schneiden Sie nochmals mit aller Vorsicht und Umsicht dort nach, wo die erforderliche Tiefe noch nicht erreicht ist. Vermeiden Sie vor allem bei einem quer zur Faser - zum Stirnholz - verlaufenden Einschnitt fehlerhafte oder allgemein schlecht plazierte Einstiche. Ich benutze jetzt absichtlich auch den Begriff <Einstiche>. Während sich nämlich eine mit der Faser verlaufende Stich- oder Schnittverletzung durch Aufquellen beim abschließenden Beizen verschließt und unsichtbar wird, verbleibt die quer zur Faser verlaufende Schnittverletzung qualitätsmindernd sichtbar. Noch bedeutend häßlicher nehmen sich dabei die deutlich sichtbaren <Mehrfachverletzungen> aus, sichtbare Beweise für wiederholte, fehlgeschlagene Versuche, zwei Schnitte in einer Kante fachgerecht zu vereinen.

Kurven sind da eine besondere Falle in die Unerfahrene oder auch <eilige Schaffer> hineingeraten können. Sie verlaufen oftmals aus dem Faserverlauf kommend im Schwung quer zur Holzfaser. Schlecht der Rundung angepaßte Hohl- oder Flachbeitel können dann ebenso die Fehlerquelle sein, wie ein unkontrolliert geführter Schnitt, beispielsweise mit dem schräg angeschliffenen Balleisen.

Teil 11

Ein Kindergesicht
Übungen mit dem Rohling Bestell-Nr. 40320

Fotovorlagen mit den Schritt-für-Schritt Anleitungen zum Fertigschnitzen und Angaben zu den benutzten Schnitzwerkzeugen.

Die vorgesehene, nächste Spanabnahme ist mit einem Bleistift markiert.

Die Beitelführung ist bestmöglich sichtbar gemacht. Sollte es erforderlich sein, zeige ich auch grafisch die vorzuziehende Beitelführung auf.

Der Übungskopf ist auf einem Kleinteileaufsatz meines Kugel-Gelenk-Einspannbockes aufgesetzt. Er läßt sich damit stets in Sekundenschnelle in die bestmögliche Arbeitsposition bringen.

Kontrollieren Sie Ihre Werkzeuge auf den korrekten Anschliff,
d.h. richtiger Schneidenwinkel
richtige Schneidenform (Wichtig bei Hohleisen)
Rasiermesserschärfe, <Koch-Schärfe>.

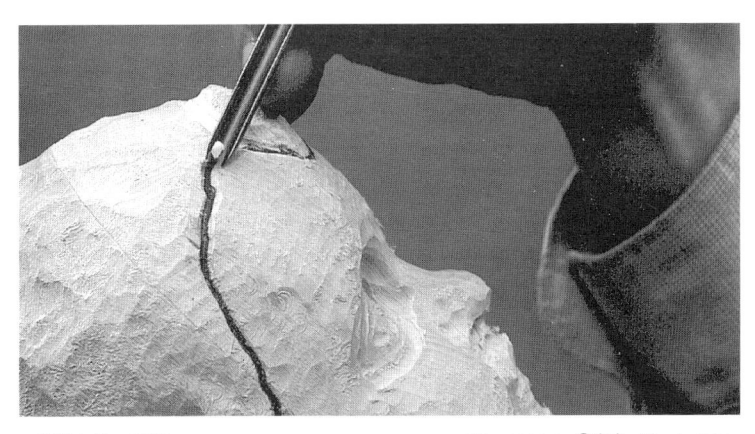

Bild Nr. 136   Ziereisen, Stich 11, 4 mm

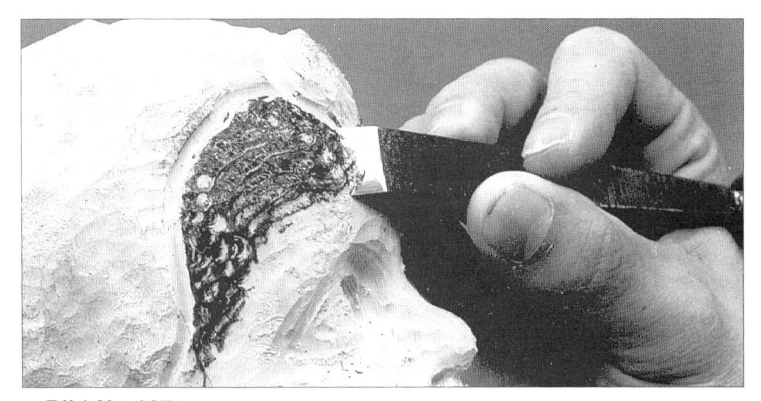

Bild Nr. 137   Gerades Balleisen, Stich 1, 20 mm

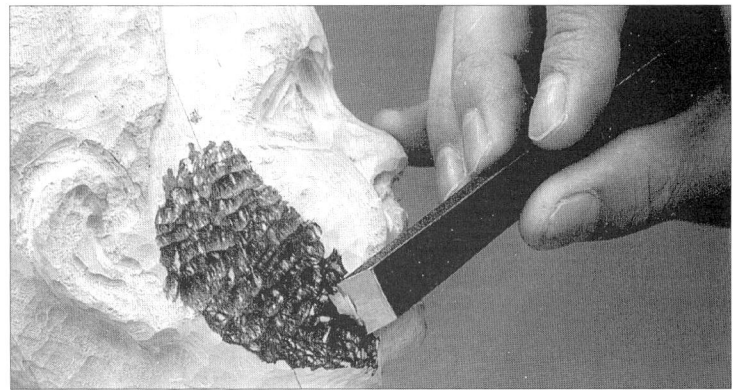

Bild Nr. 138   Gerades Balleisen, Stich 1, 20 mm

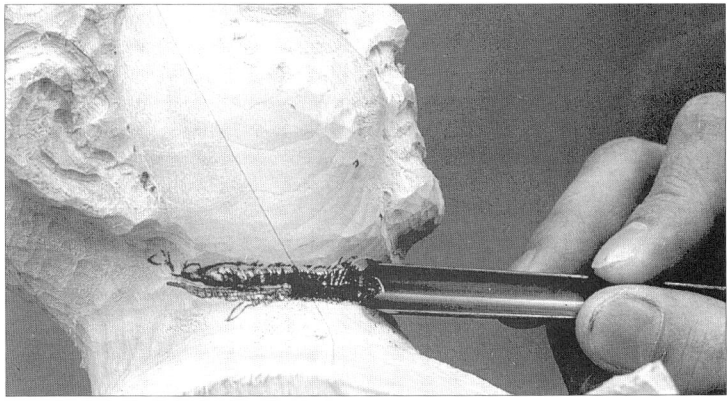

Bild Nr. 139   Gerades Hohleisen, Stich 10, 8 mm

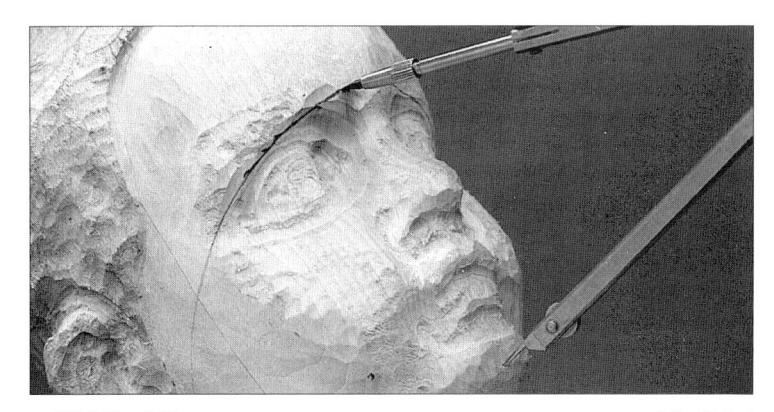

Bild Nr. 140 Ein Zirkel

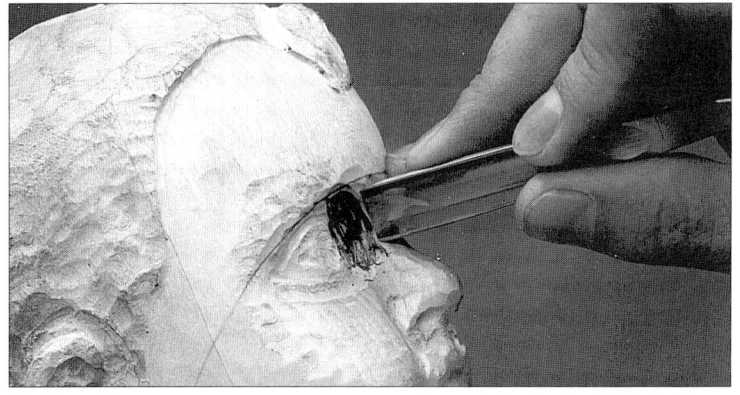

Bild Nr. 141 Kurzbeitel , Stich 8, 12 mm

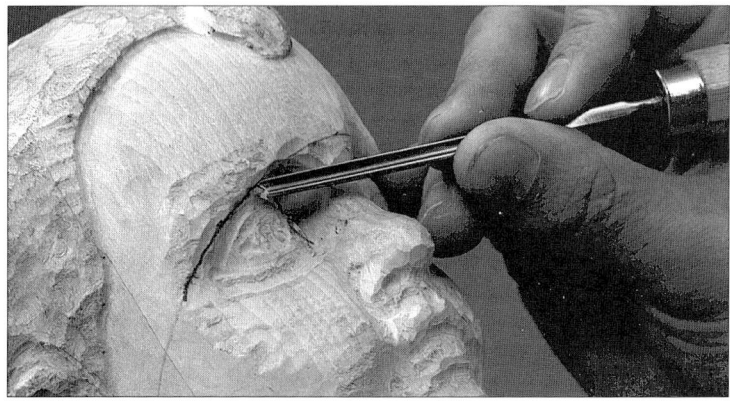

Bild Nr. 142 Ziereisen, Stich 11, 2 mm

Bild Nr. 143 Blumeneisen, Stich 4, 12 mm

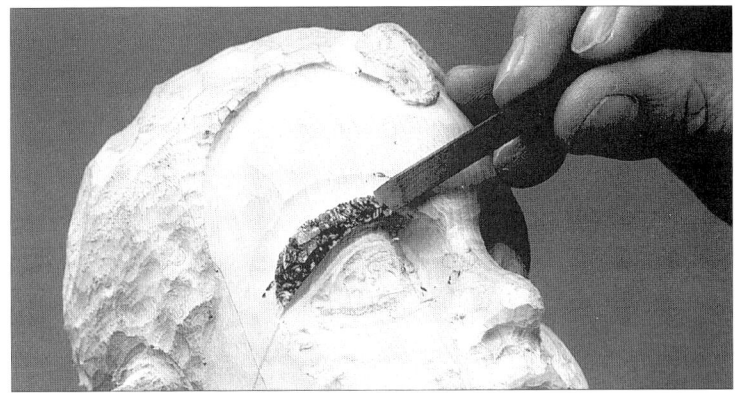

Bild Nr. 144 Gerades Balleisen, Stich 1, 10 mm

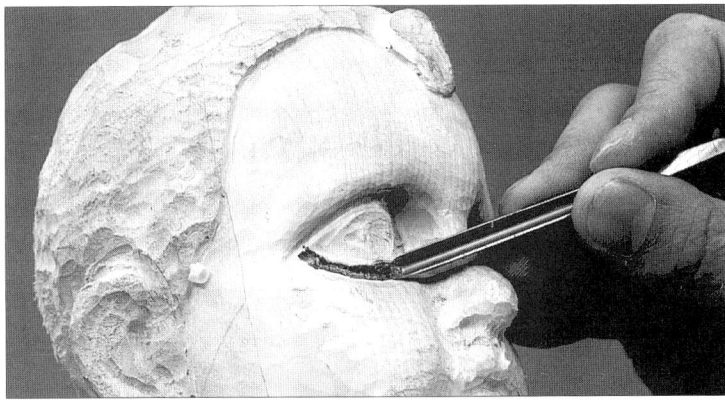

Bild Nr. 145 Ziereisen, Stich 11, 4 mm

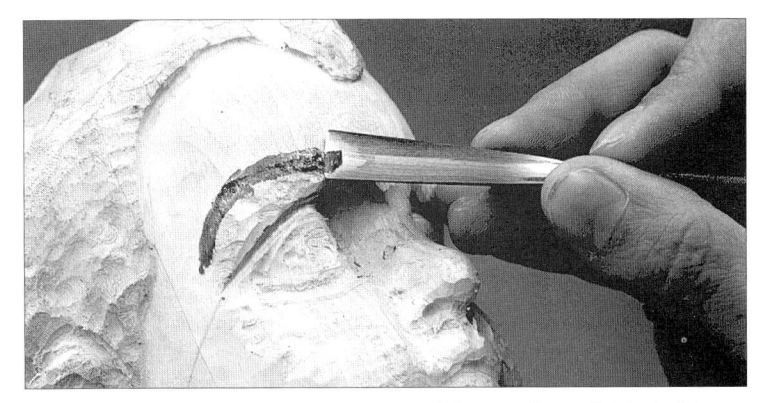

Bild Nr. 146 Kurzbeitel , Stich 8, 12 mm

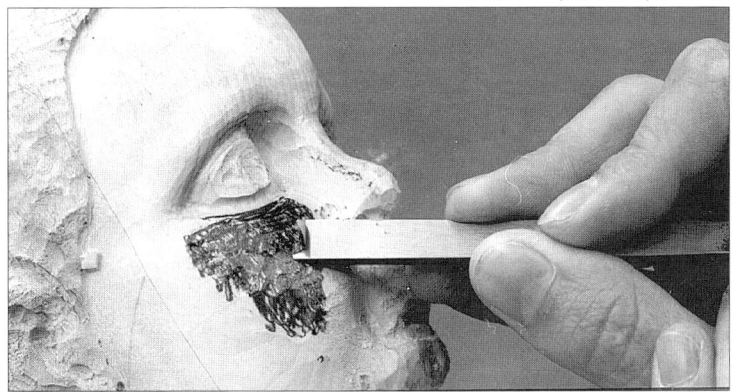

Bild Nr. 147 Gerades Balleisen, Stich 1, 10 mm

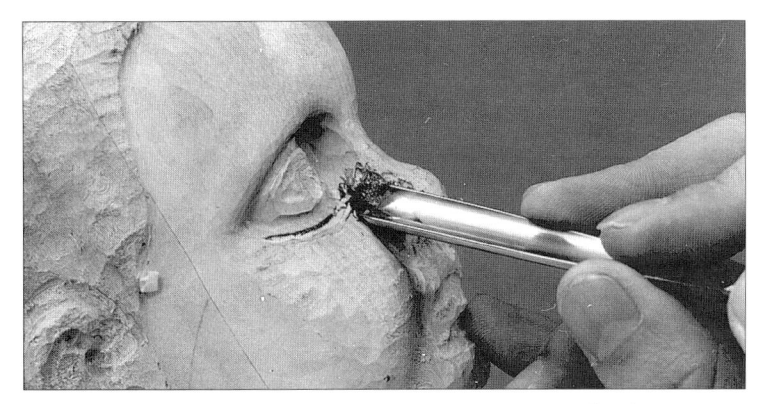

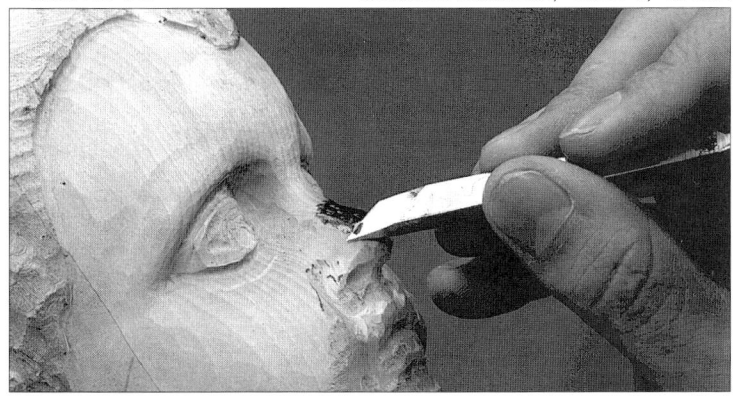

Bild Nr. 148 Kurzbeitel, schräge und gerade Schneide, St. 2, 8 mm

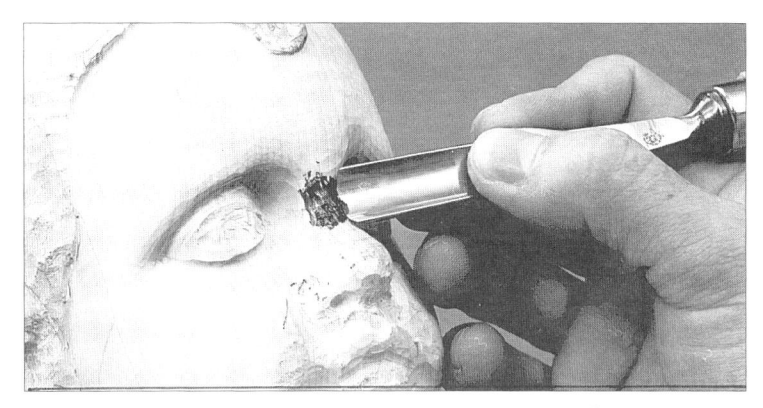

Bild Nr. 149 Kurzbeitel , Stich 8, 12 mm

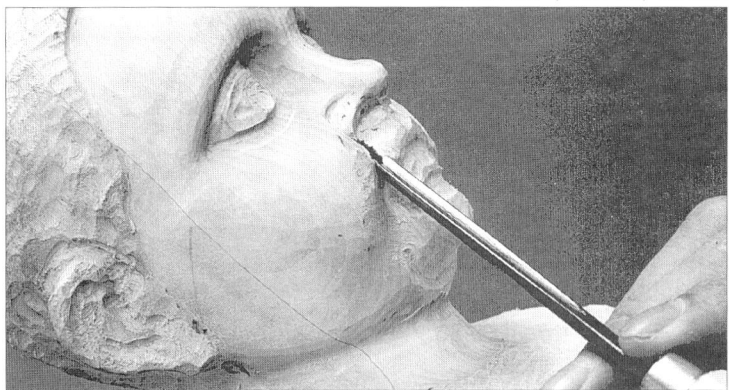

Bild Nr. 150 Gerades Hohleisen, Stich 6, 4 mm

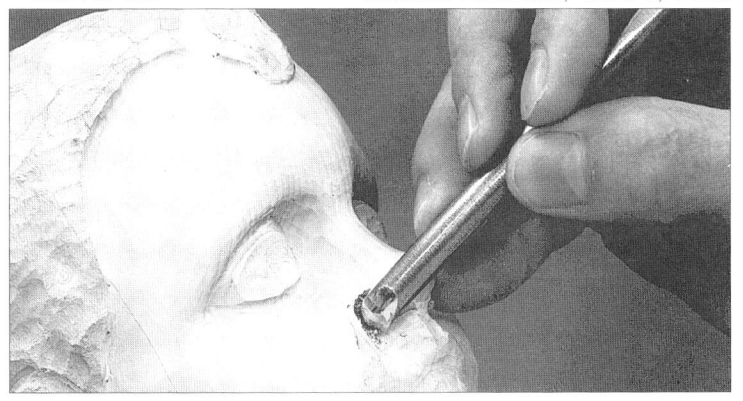

Bild Nr. 151 Gerades Hohleisen, Stich 8, 8 mm

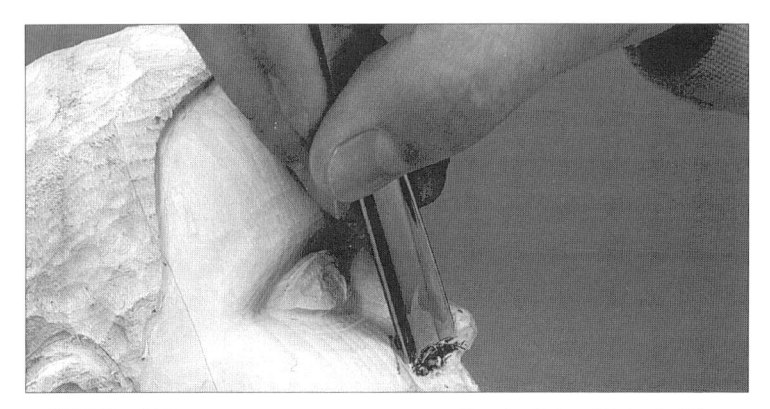

Bild Nr. 152 Kurzbeitel , Stich 6, 12 mm

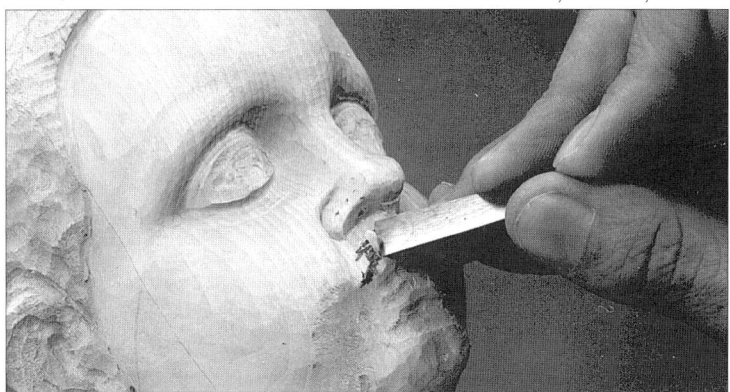

Bild Nr. 153 Blumeneisen , Stich 3, 10 mm

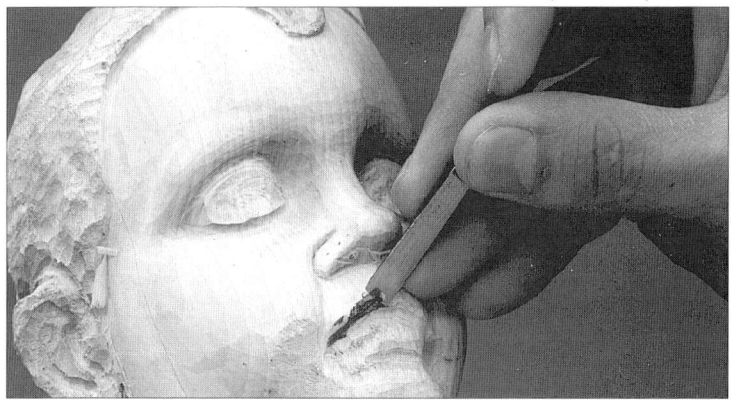

Bild Nr. 154 Blumeneisen , Stich 2, 6 mm

Bild Nr. 155 Ziereisen, Stich 11, 1,5 mm

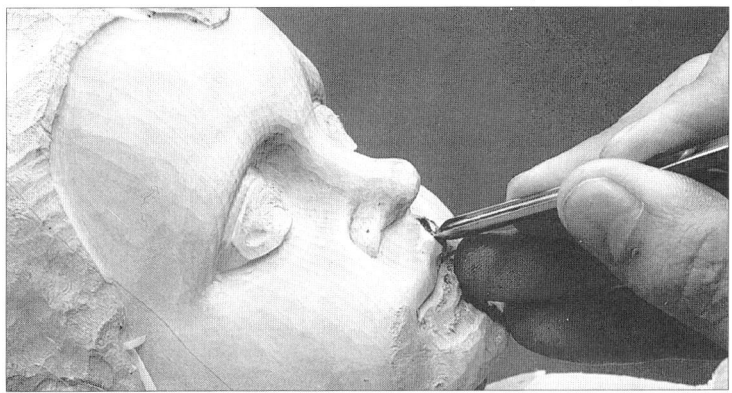

Bild Nr. 156 Gerades Hohleisen, Stich 8, 4 mm

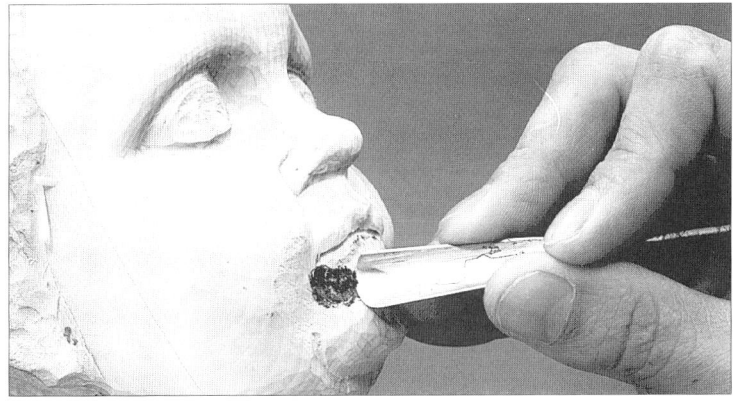

Bild Nr. 157 Blumeneisen , Stich 6, 12 mm

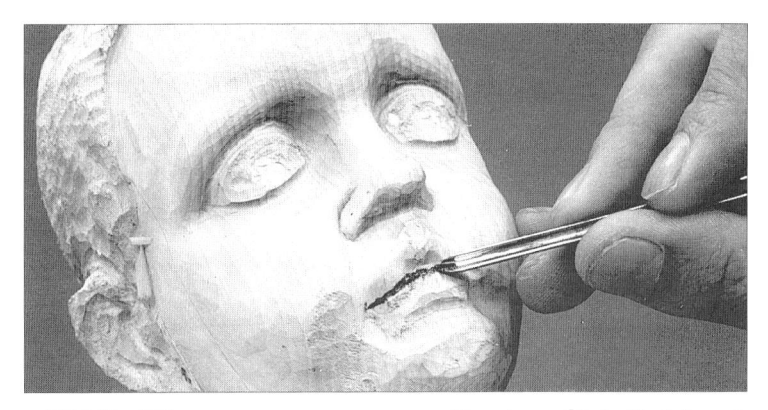

Bild Nr. 158 Ziereisen, Stich 11, 4 mm

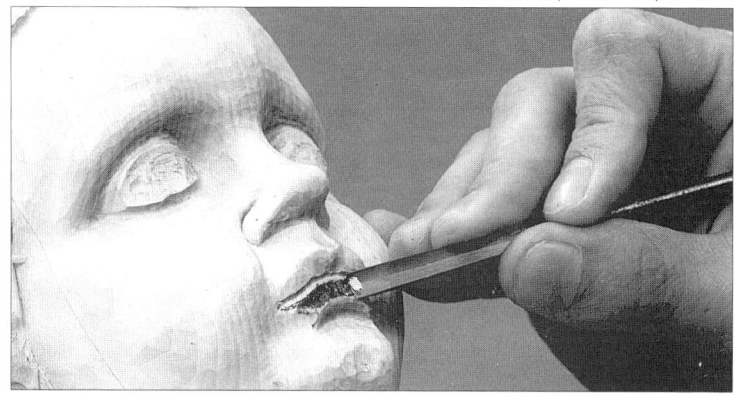

Bild Nr. 159 Blumeneisen , Stich 2, 6 mm

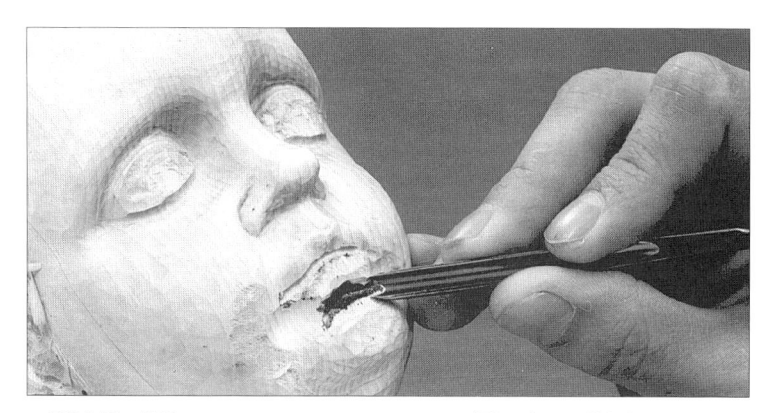

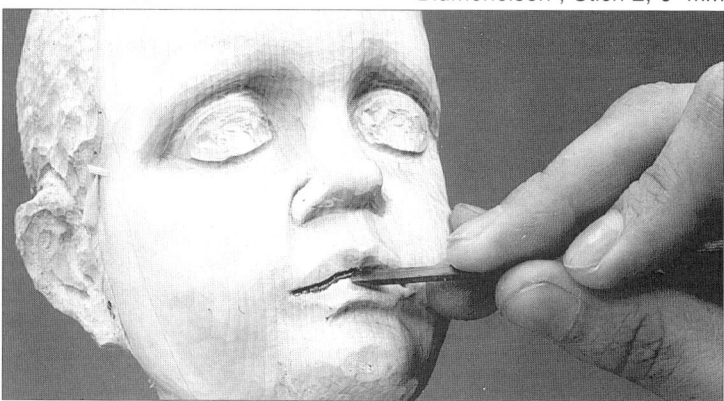

Bild Nr. 160 Gerades Balleisen, Stich 1, 4 mm

Bild Nr. 161 Blumeneisen, Stich 6, 6 mm

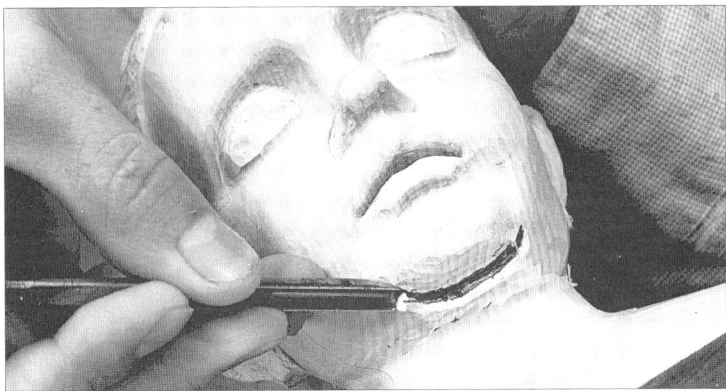

Bild Nr. 162 Ziereisen, Stich 11, 4 mm

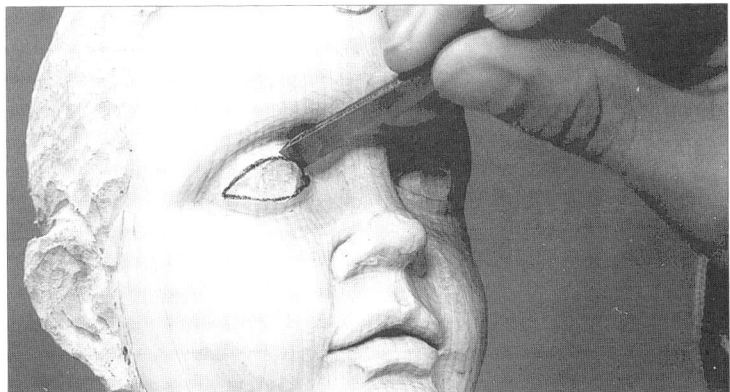

Bild Nr. 163 Blumeneisen, Stich 2, 6 mm

Bild Nr. 164 Gerades Flacheisen, Stich 2 1/2, 2 mm

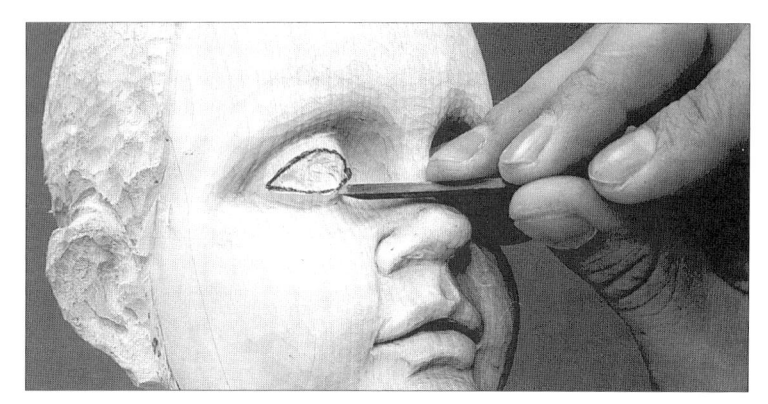

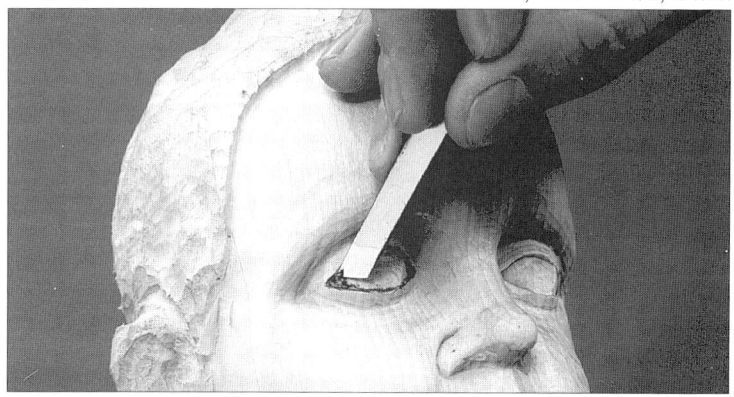

Bild Nr. 165 Kurzbeitel, schräge und gerade Schneide, St. 2, 6 mm

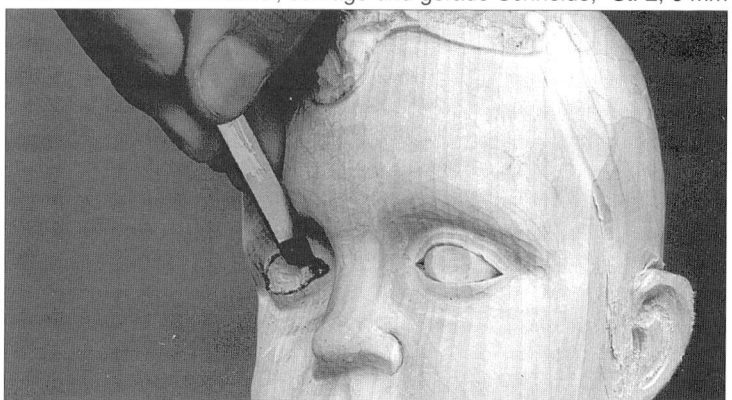

Bild Nr. 166 Kurzbeitel, schräge und gerade Schneide, St. 2, 6 mm

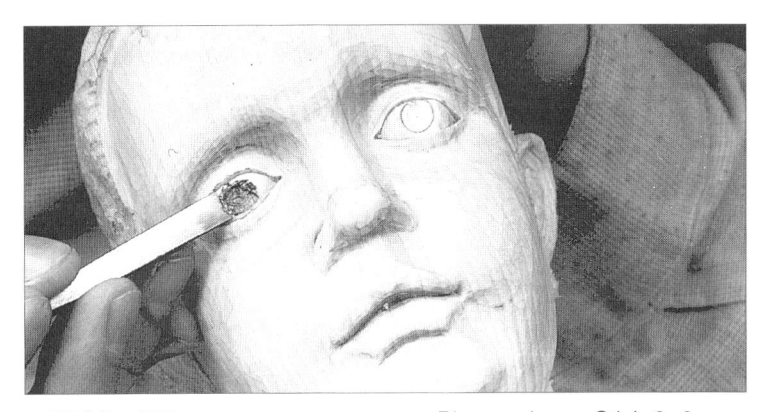

Bild Nr. 167 Blumeneisen, Stich 3, 6 mm

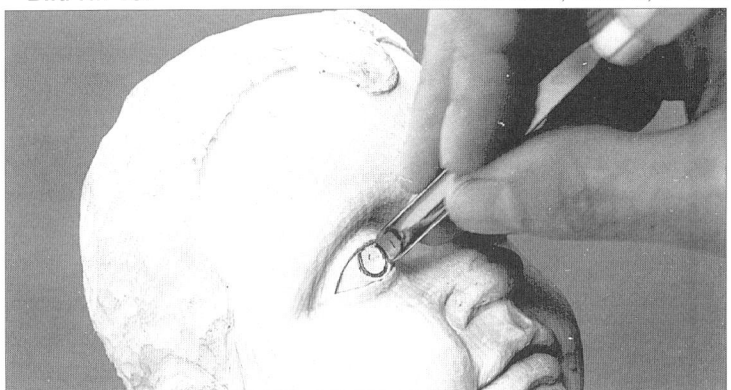

Bild Nr. 168 Kurzbeitel, Stich 8, 6 mm

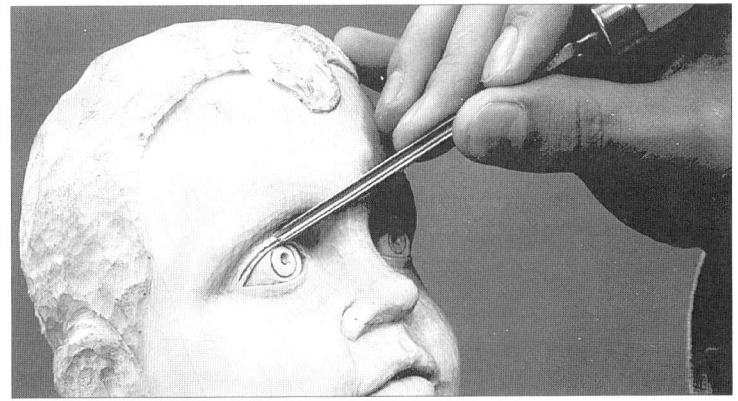

Bild Nr. 169 Ziereisen, Stich 11, 2 mm

Bild Nr. 170 Gerades Hohleisen, Stich 8, 14 mm

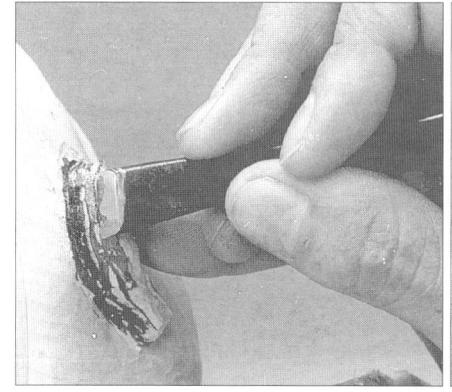

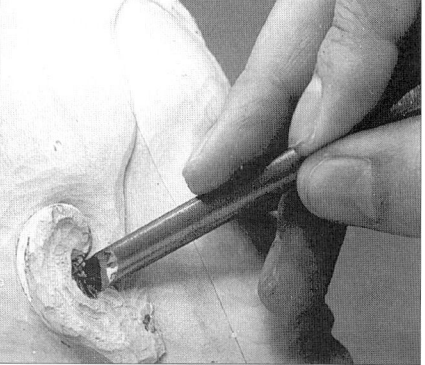

Bild Nr. 171 Blumeneisen , St.2, 14 mm **Bild Nr. 172** Gerades Flacheisen, 2 mm

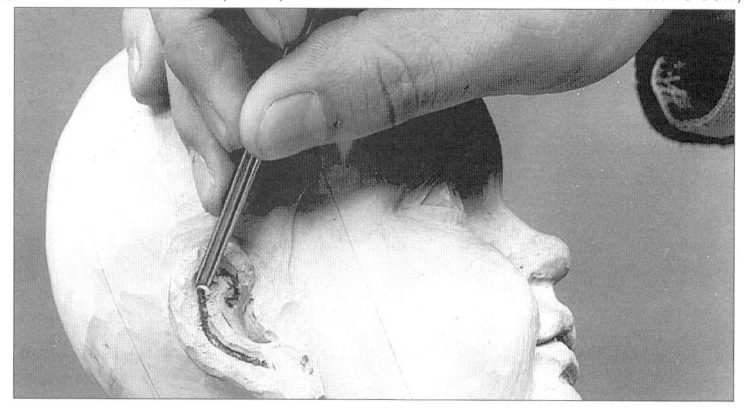

Bild Nr. 173 Ziereisen, Stich 11, 2 mm

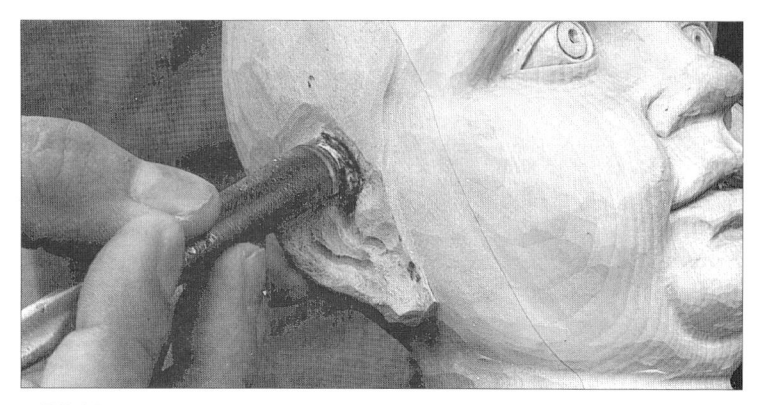

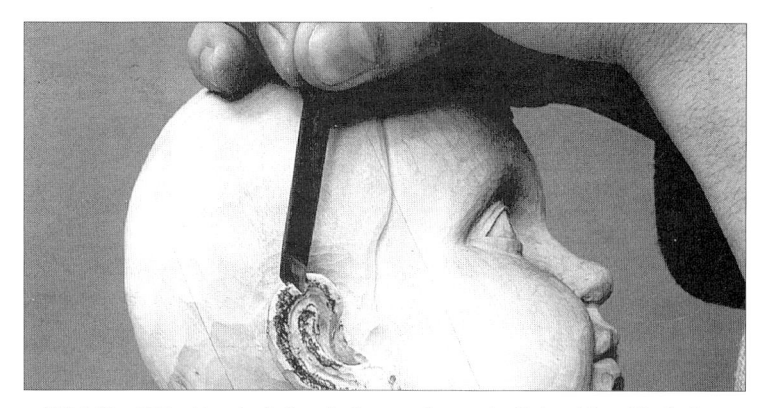

Bild Nr. 174 Kurzbeitel, schräge und gerade Schneide, St. 1, 6 mm

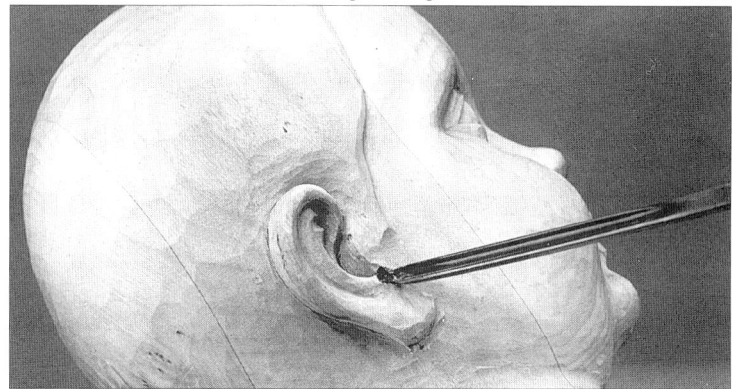

Bild Nr. 175 Ziereisen, Stich 11, 1,5 mm

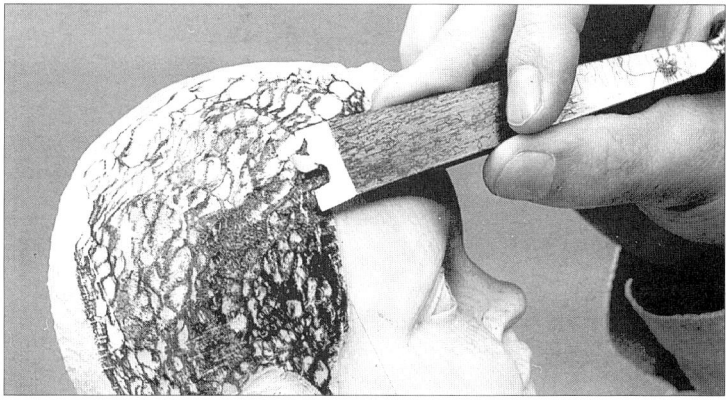

Bild Nr. 176 Gerades Balleisen, Stich 1, 20 mm

Bild Nr. 178 Kurzbeitel , Stich 10, 8 mm

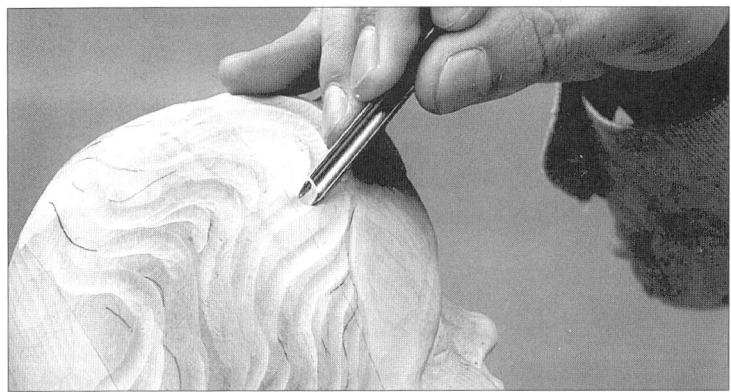

Bild Nr. 179 Ziereisen, Stich 11, 4 mm

Bild Nr. 180 Ziereisen, Stich 11, 2 mm

Teil 12

Die Büste eines Mannes von ca. 50 Jahren.
Übungen mit dem Rohling Bestell-Nr. 409.09

Fotovorlagen mit den Schritt-für-Schritt Anleitungen zum Fertigschnitzen und Angaben zu den benutzten Schnitzwerkzeugen.

Die vorgesehene, nächste Spanabnahme ist mit einem Bleistift markiert.

Die Beitelführung ist bestmöglich sichtbar gemacht. Sollte es erforderlich sein, zeige ich auch grafisch die vorzuziehende Beitelführung auf.

Der Übungskopf ist auf einem Kleinteileaufsatz meines Kugel-Gelenk-Einspannbockes aufgesetzt. Er läßt sich damit stets in Sekundenschnelle in die bestmögliche Arbeitsposition bringen.

Kontrollieren Sie Ihre Werkzeuge auf den korrekten Anschliff,
d.h. richtiger Schneidenwinkel
      richtige Schneidenform (Wichtig bei Hohleisen)
      Rasiermesserschärfe, <Koch-Schärfe>.

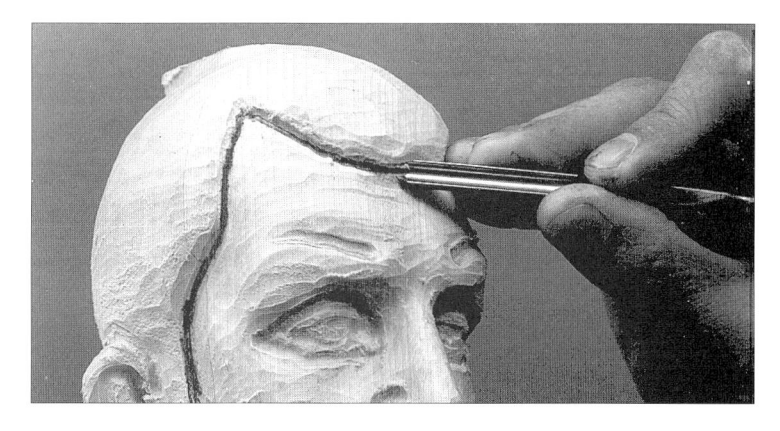

Bild Nr. 181   *Gerades Hohleisen, Stich 11, 4 mm*

Bild Nr. 182 *Blumeneisen, Stich 3, 14 mm*

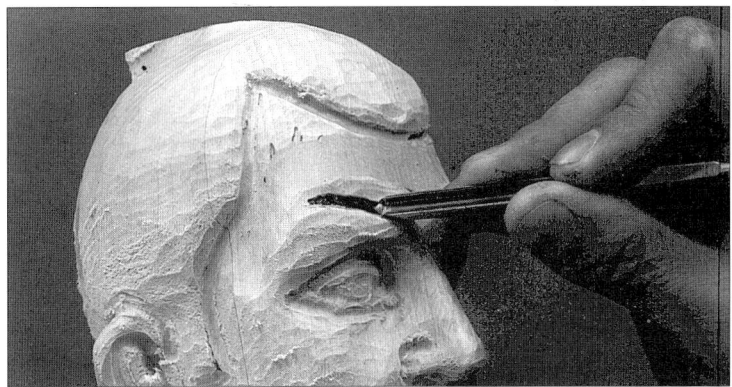

Bild Nr. 183 *Gerades Hohleisen, Stich 11, 4 mm*

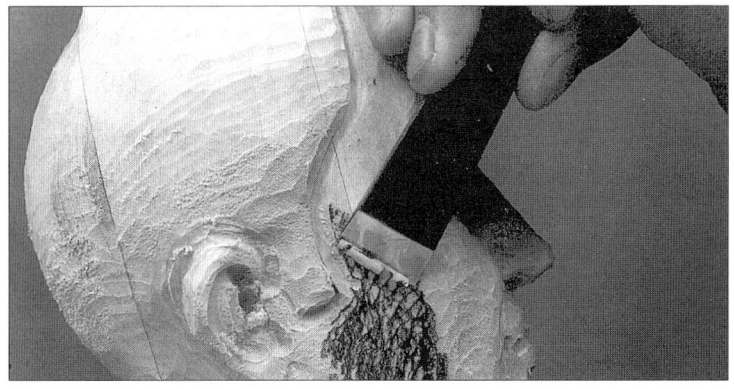

Bild Nr. 184 *Balleisen, Stich 1, 20 mm*

Bild Nr. 185 *Gerades Flacheisen, Stich 4, 12 mm*

Bild Nr. 186 *Balleisen, Stich 1, 10 mm*

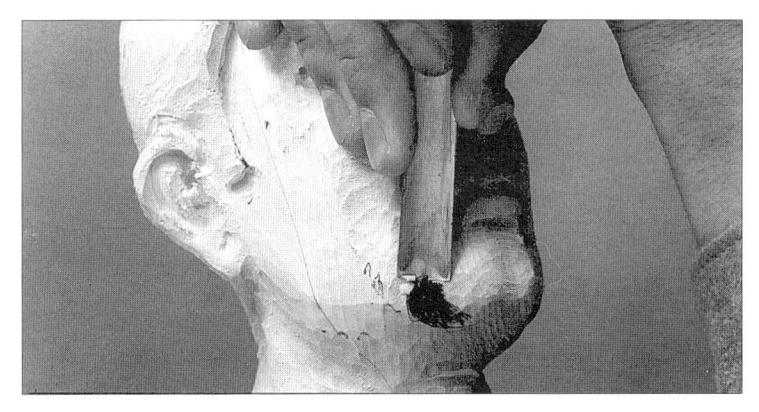

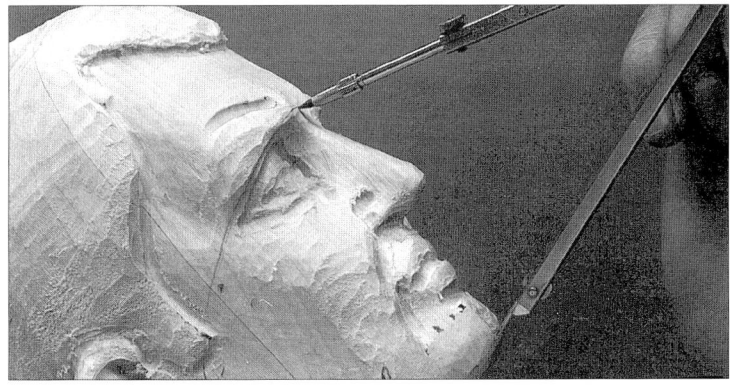

Bild Nr. 187 *Ein Zirkel*

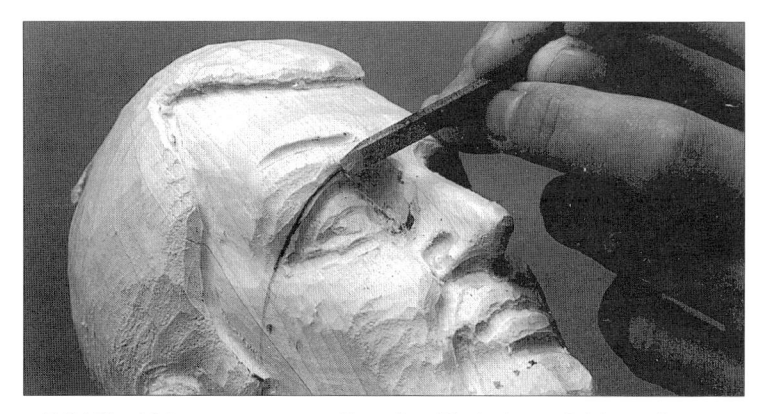

Bild Nr. 188 *Gerades Flacheisen, Stich 2 1/2, 4 mm*

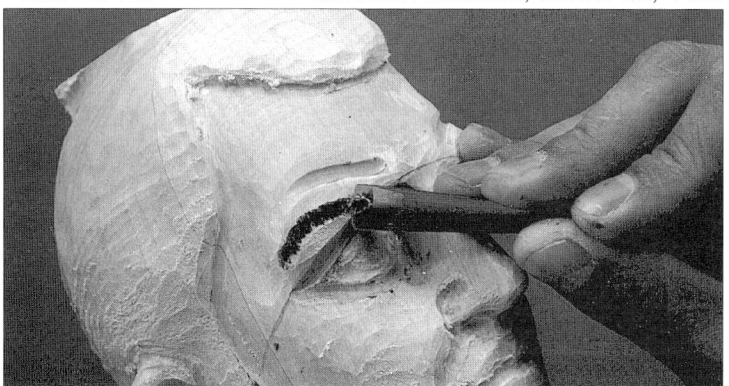

Bild Nr. 189 *Blumeneisen, Stich 3, 10 mm*

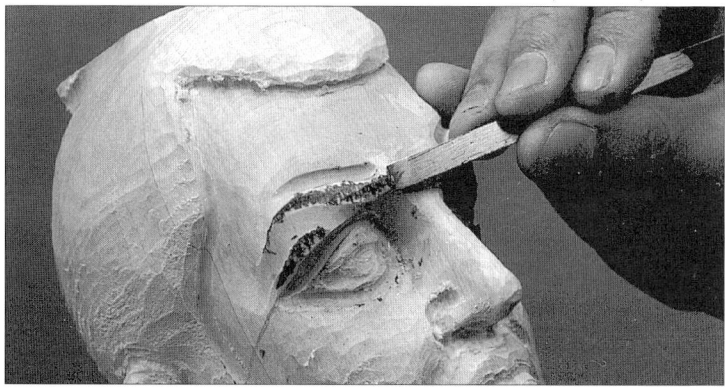

Bild Nr. 190 *Balleisen, Stich 1, 6 mm*

Bild Nr. 191 *Ziereisen, Stich 11, 1,5 mm*

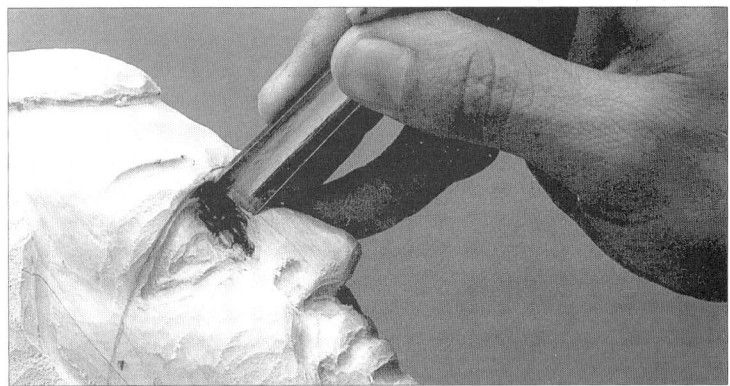

Bild Nr. 192 *Kurzbeitel, Stich 8, 12 mm*

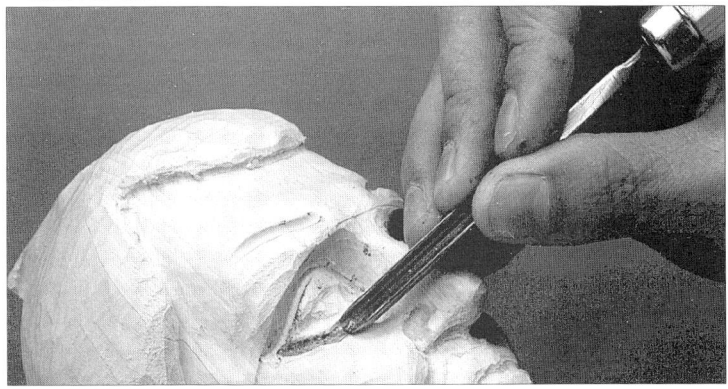

Bild Nr. 193 *Gerades Hohleisen, Stich 11, 4 mm*

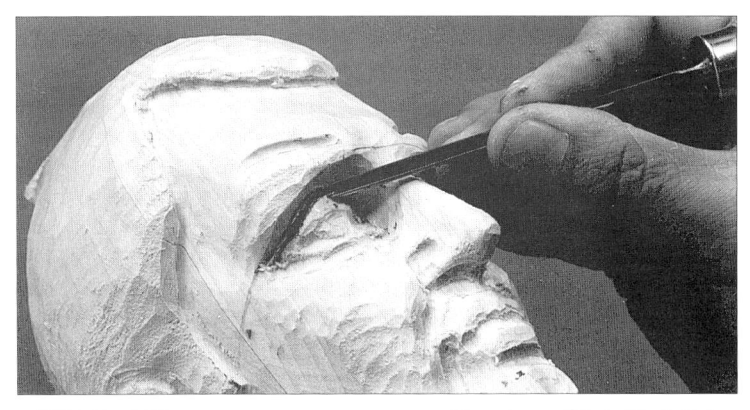

Bild Nr. 194 *Kurzbeitel, Stich 8, 12 mm*

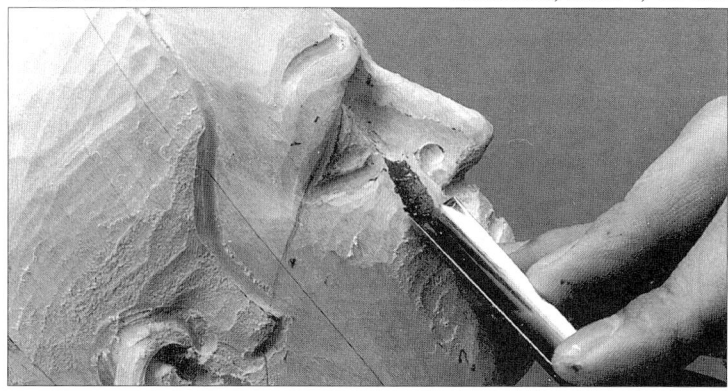

Bild Nr. 195 *Gerades Hohleisen, Stich 5, 12 mm*

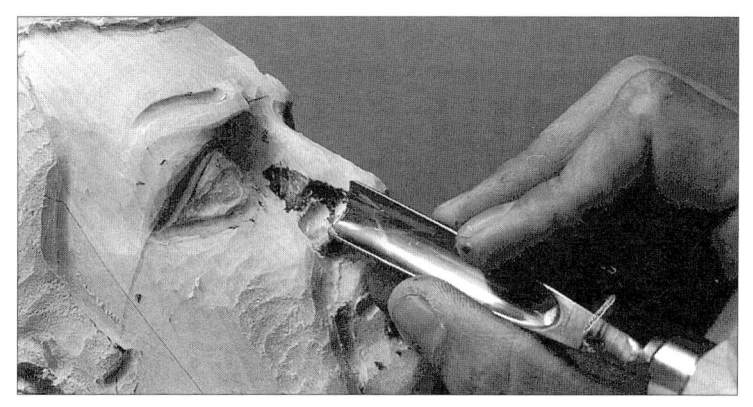

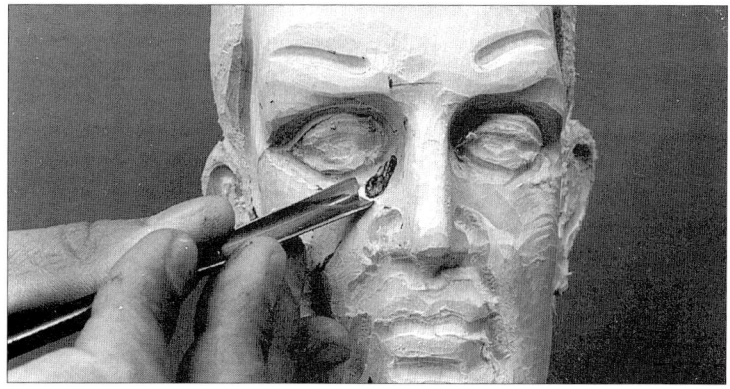

Bild Nr. 196 *Blumeneisen, Stich 5, 8 mm*

Bild Nr. 197 *Balleisen mit schräger Schneide, Stich 2,8 mm*

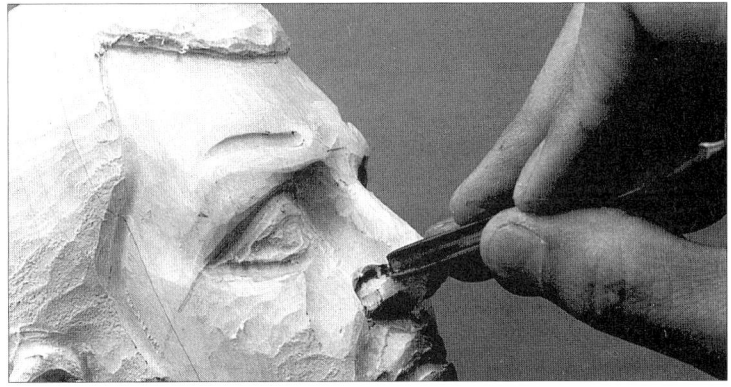

Bild Nr. 198 *Gerades Hohleisen, Stich 11, 20 mm*

Bild Nr. 199 *Gaißfuß, Stich 45, 6 mm*

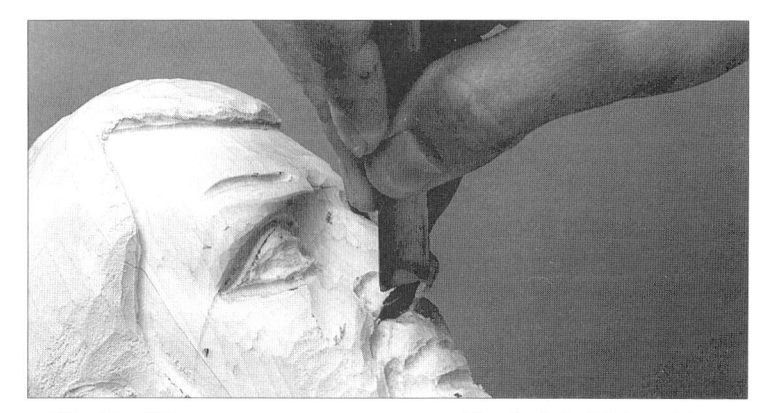

Bild Nr. 200 *Kurzbeitel, Stich 6, 12 mm*

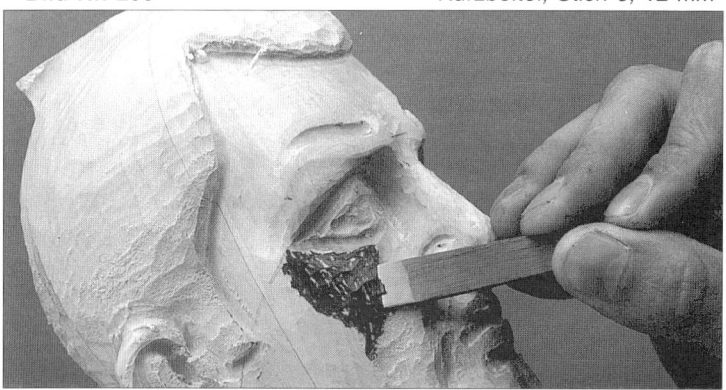

Bild Nr. 201 *Balleisen, Stich 1, 10 mm*

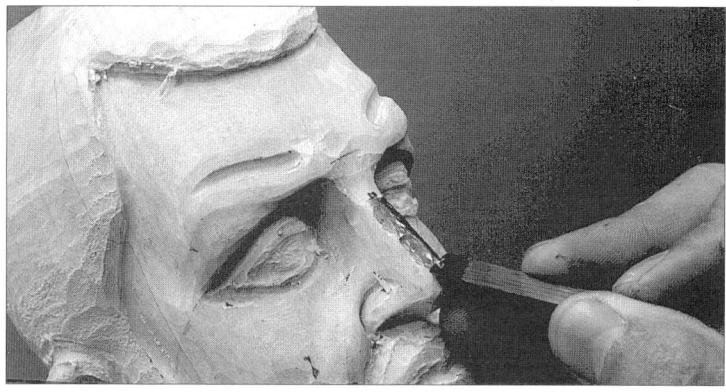

Bild Nr. 202 *Balleisen, Stich 1, 10 mm*

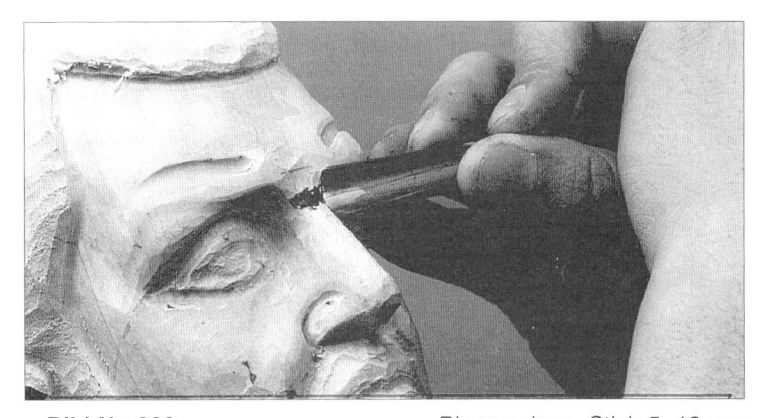

Bild Nr. 203 *Blumeneisen, Stich 5, 12 mm*

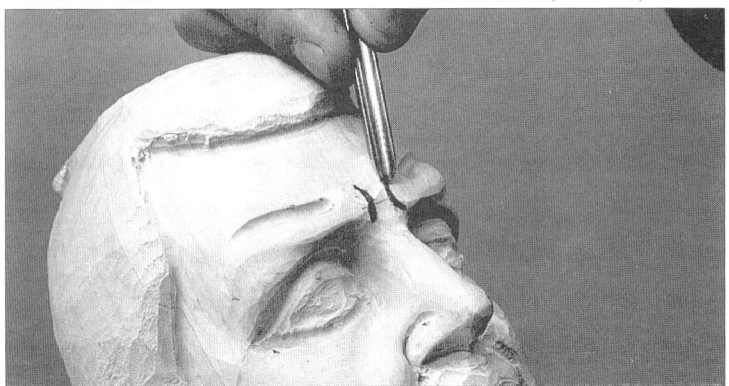

Bild Nr. 204 *Ziereisen, Stich 11, 2 mm*

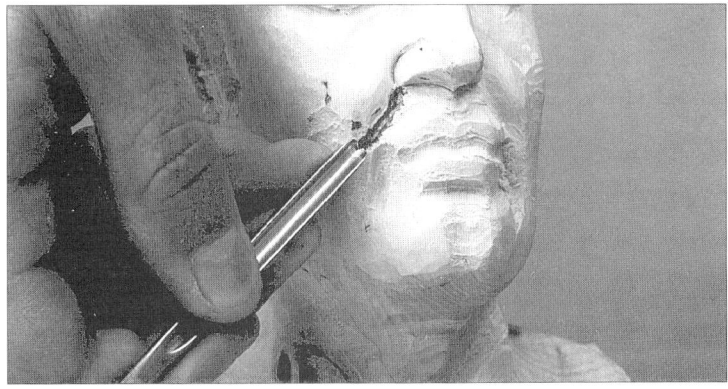

Bild Nr. 205 *Gerades Hohleisen, Stich 10, 4 mm*

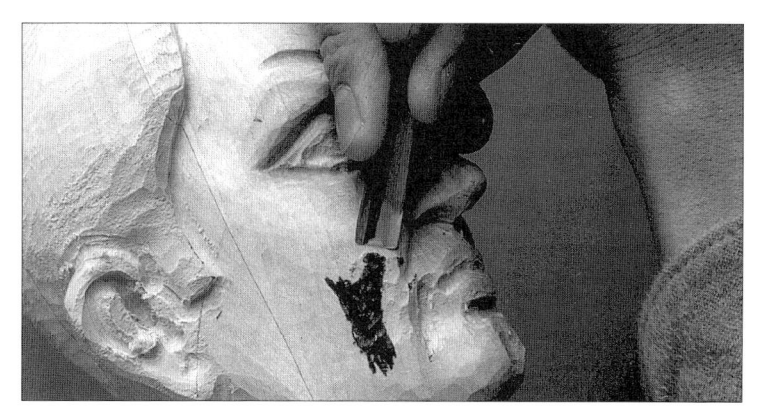

Bild Nr. 206 *Blumeneisen, Stich 3, 10 mm*

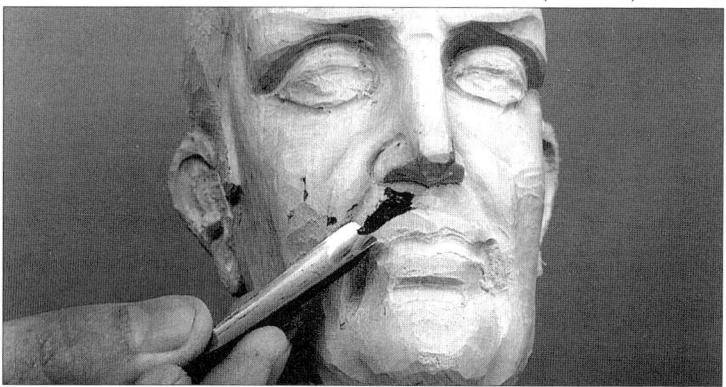

Bild Nr. 207 *Blumeneisen, Stich 3, 10 mm*

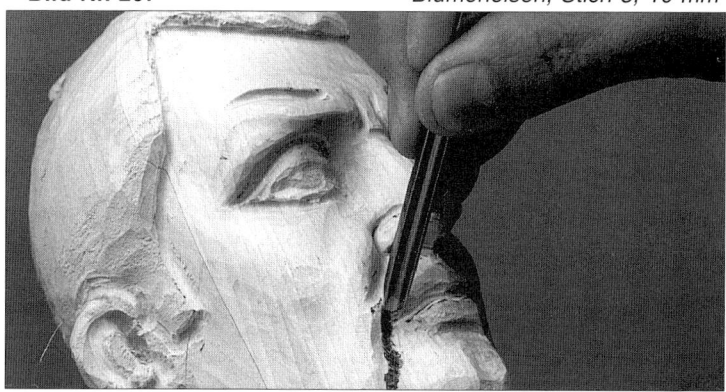

Bild Nr. 208 *Gerades Hohleisen, Stich 11, 4 mm*

Bild Nr. 209 *Gerades Hohleisen, Stich 11, 4 mm*

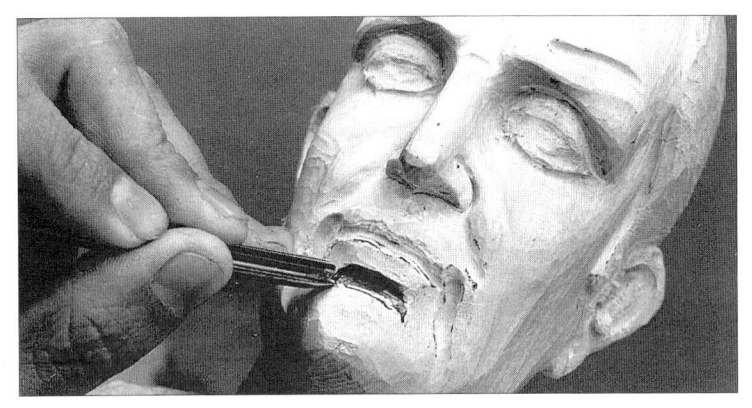

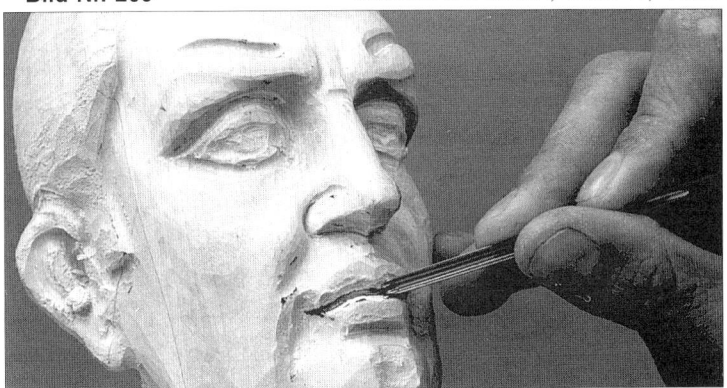

Bild Nr. 210 *Ziereisen, Stich 11, 1,5 mm*

Bild Nr. 211 *Blumeneisen, Stich 3, 4 mm*

Bild Nr. 212 *Blumeneisen, Stich 5, 12 mm*

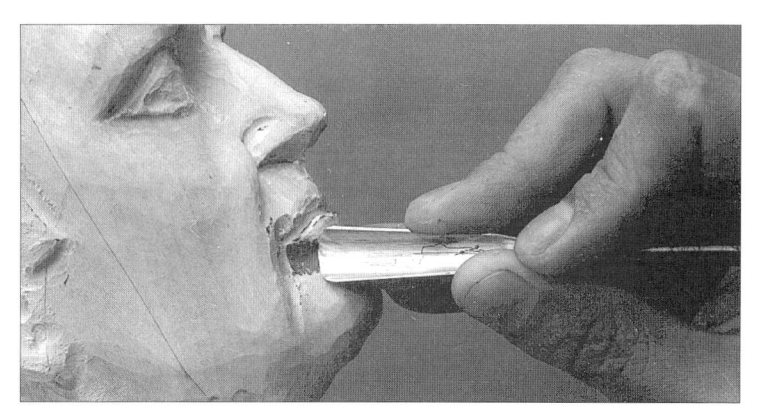

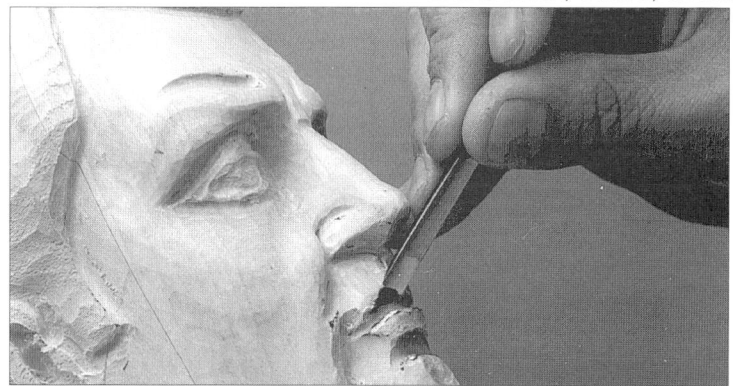

Bild Nr. 213 *Gerades Flacheisen, Stich 4, 4 mm*

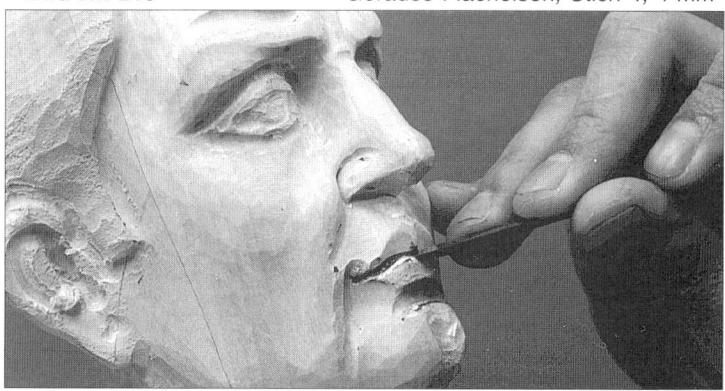

Bild Nr. 214 *Balleisen mit schräger Schneide, Stich 2, 2 mm*

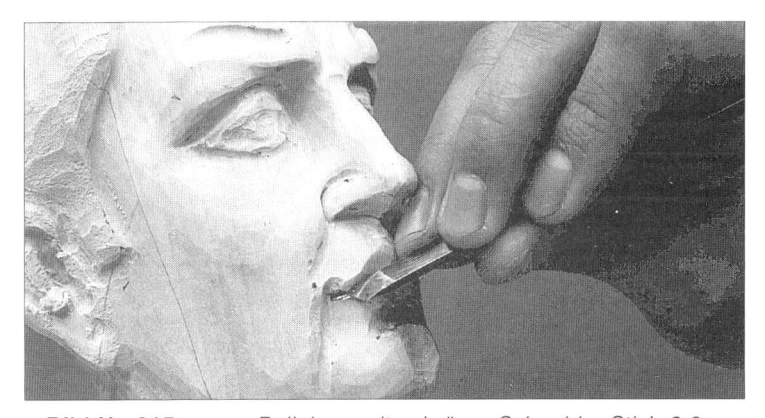

Bild Nr. 215 *Balleisen mit schräger Schneide, Stich 2,6 mm*

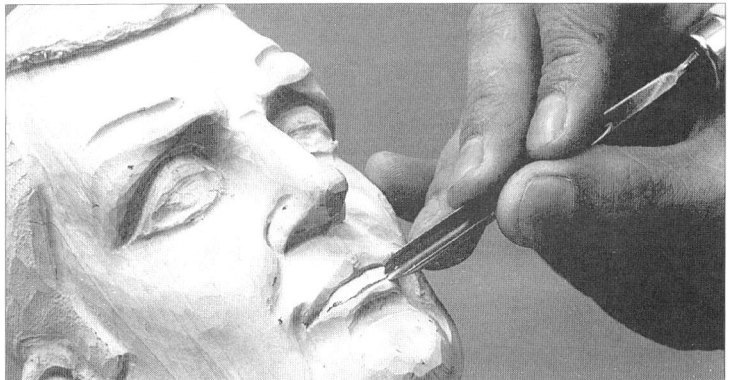

Bild Nr. 216 *Gerades Hohleisen, Stich 11, 4 mm*

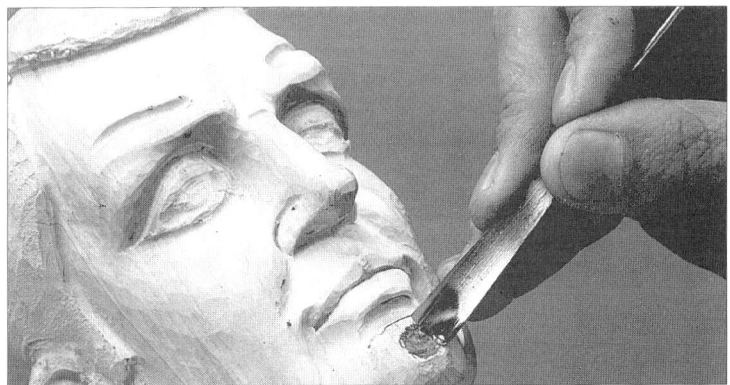

Bild Nr. 212 *Blumeneisen, Stich 5, 8 mm*

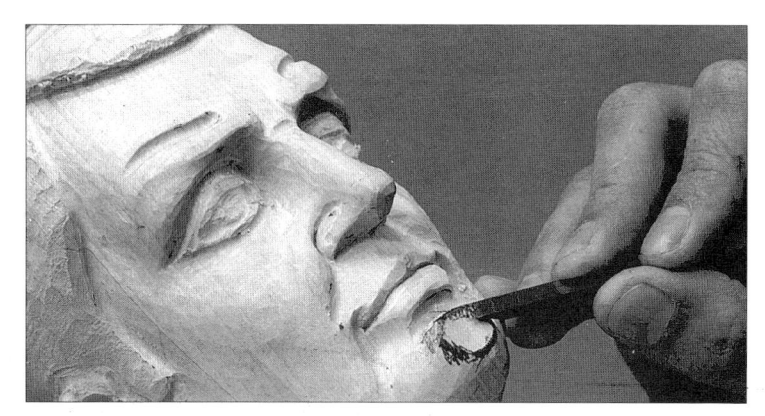

Bild Nr. 218 *Balleisen, Stich 1, 4 mm*

Bild Nr. 219 *Blumeneisen, Stich 2, 4 mm*

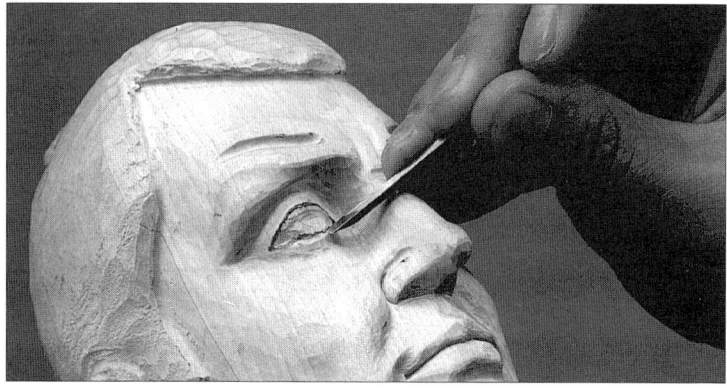

Bild Nr. 220 *Blumeneisen, Stich 1, 2 mm*

Bild Nr. 221   *Balleisen mit schräger Schneide, Stich 2, 6 mm*

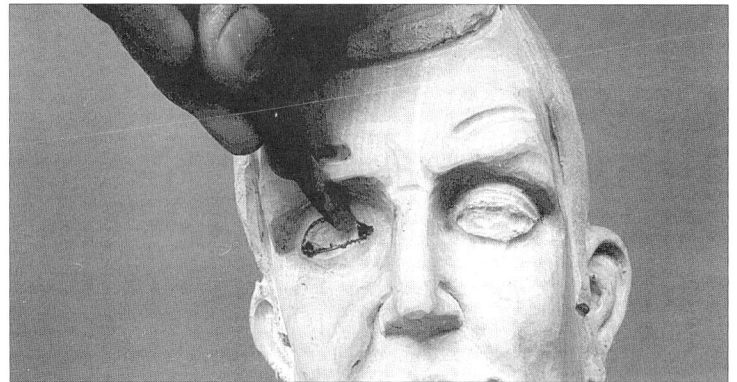

Bild Nr. 222   *Balleisen mit schräger Schneide, Stich 2, 8 mm*

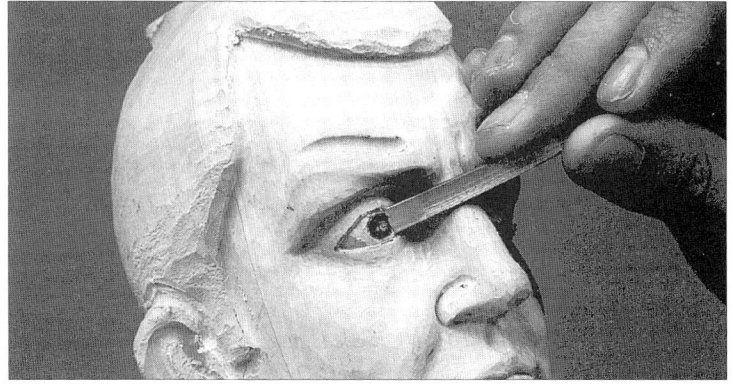

Bild Nr. 223   *Blumeneisen, Stich 3, 4 mm*

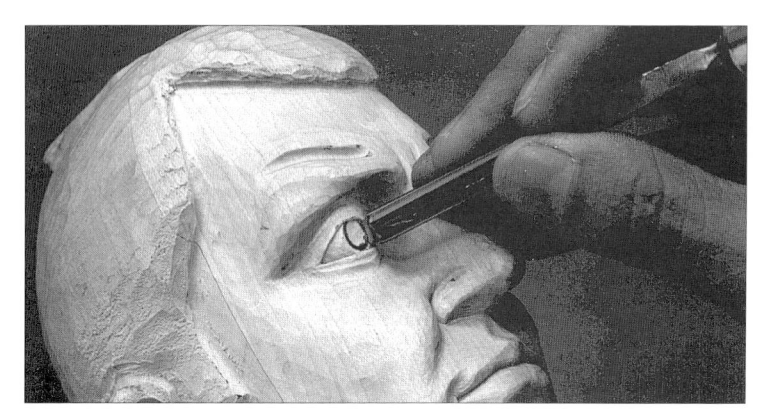

Bild Nr. 224 *Gerades Hohleisen, Stich 11, 6 mm*

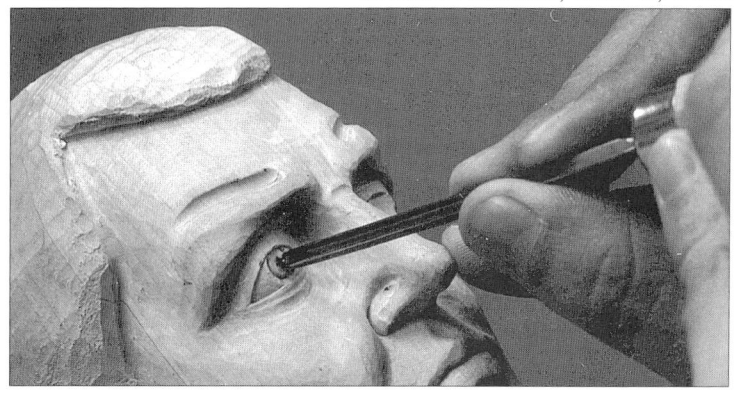

Bild Nr. 225 *Ziereisen, Stich 11, 2 mm*

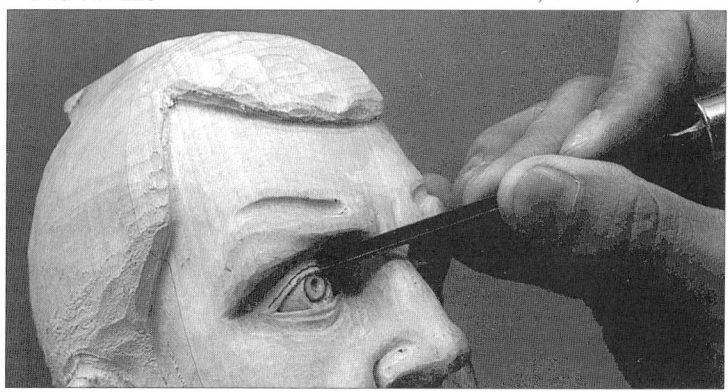

Bild Nr. 226 *Ziereisen, Stich 11, 1,5 mm*

Bild Nr. 227 *Blumeneisen, Stich 7, 10 mm*

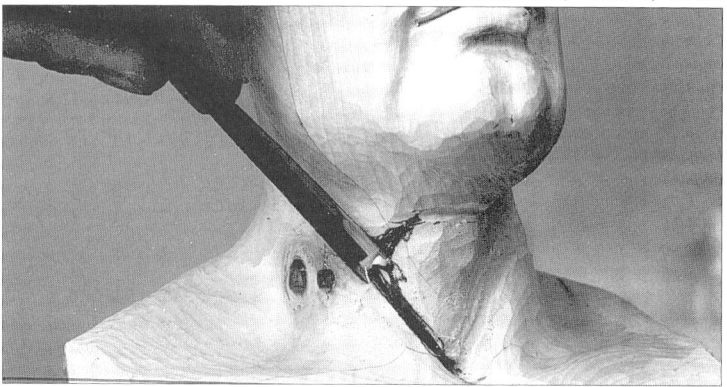

Bild Nr. 228 *Gerades Hohleisen, Stich 18, 6 mm*

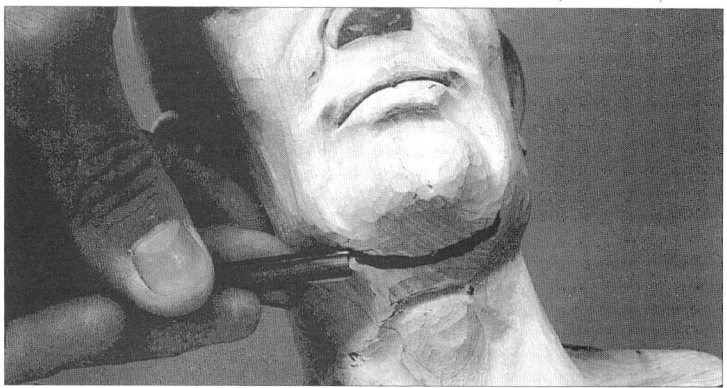

Bild Nr. 229 *Gerades Hohleisen, Stich 11, 4 mm*

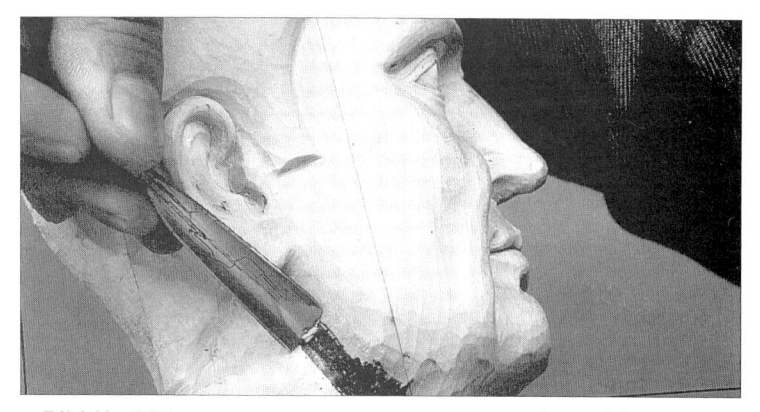

Bild Nr. 230 *Gerades Hohleisen, Stich 11, 4 mm*

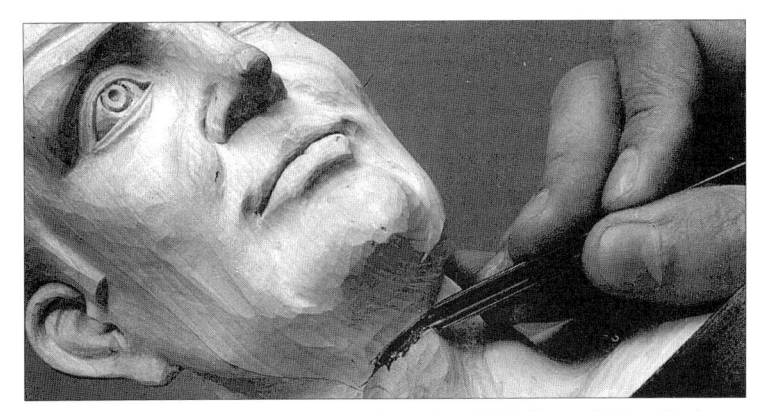

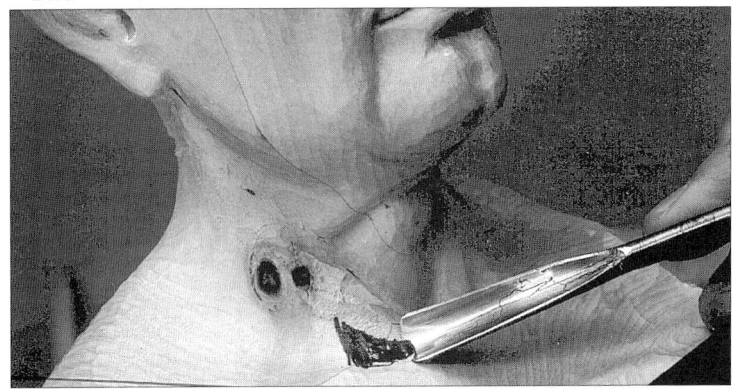

Bild Nr. 231 *Blumeneisen, Stich 7, 10 mm*

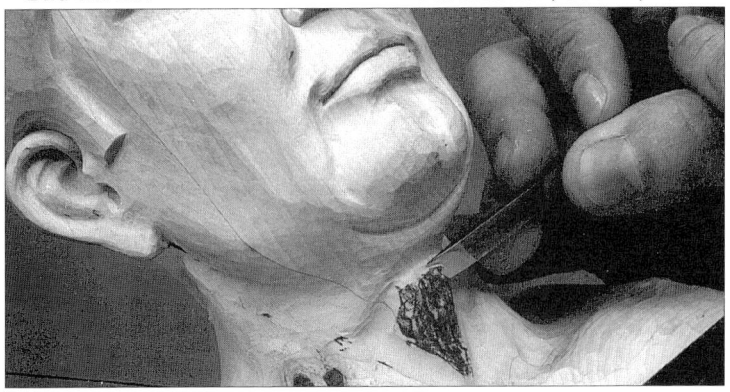

Bild Nr. 232 *Balleisen, Stich 1, 6 mm*

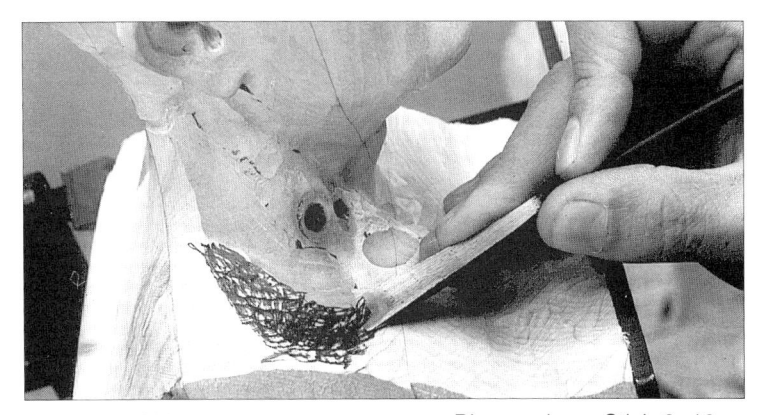

Bild Nr. 233   *Blumeneisen, Stich 3, 10 mm*

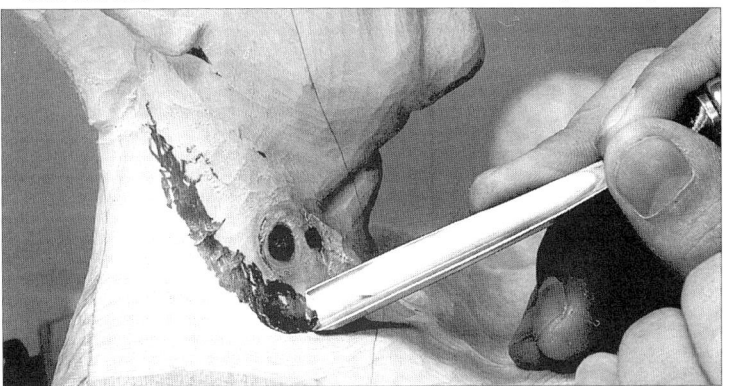

Bild Nr. 234   *Kurzbeitel, Stich 6, 12 mm*

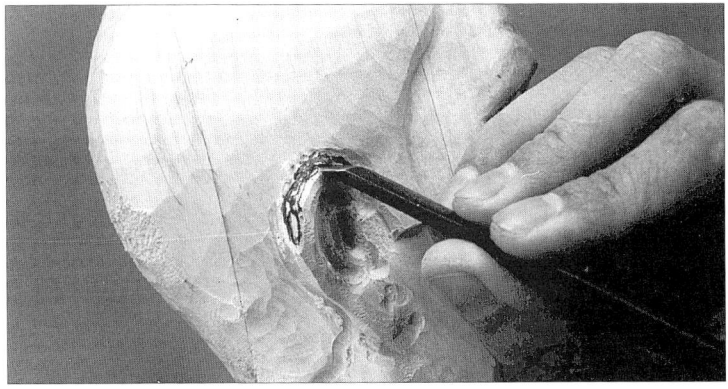

Bild Nr. 235   *Blumeneisen, Stich 3, 10 mm*

Bild Nr. 236 *Blumeneisen, Stich 5, 12 mm*

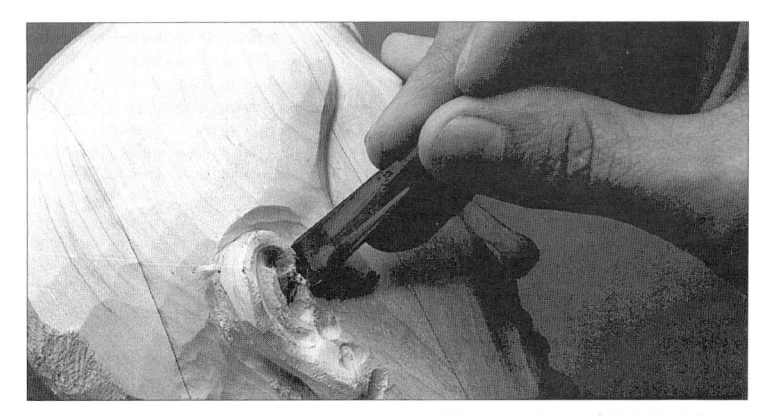

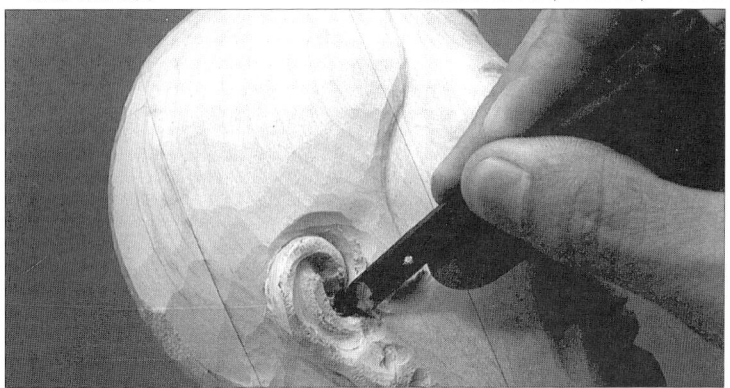

Bild Nr. 237 *Gerades Flacheisen, Stich 4, 8 mm*

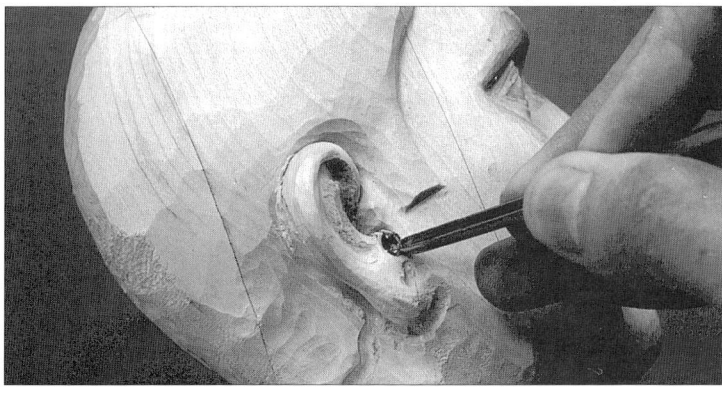

Bild Nr. 238 *Ziereisen, Stich 11, 2 mm*

Bild Nr. 239 *Ziereisen, Stich 11, 2 mm*

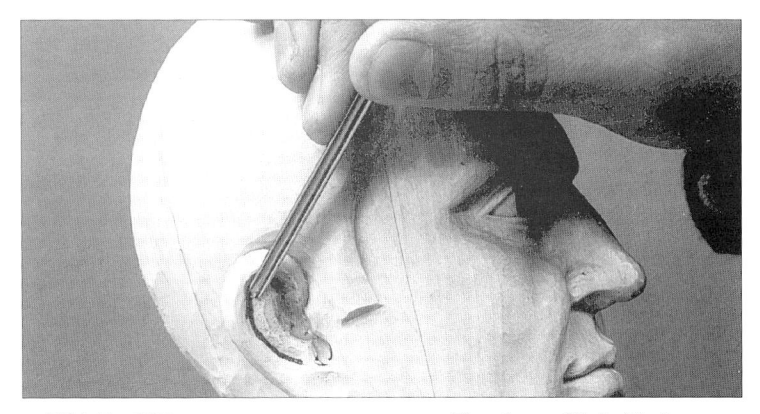

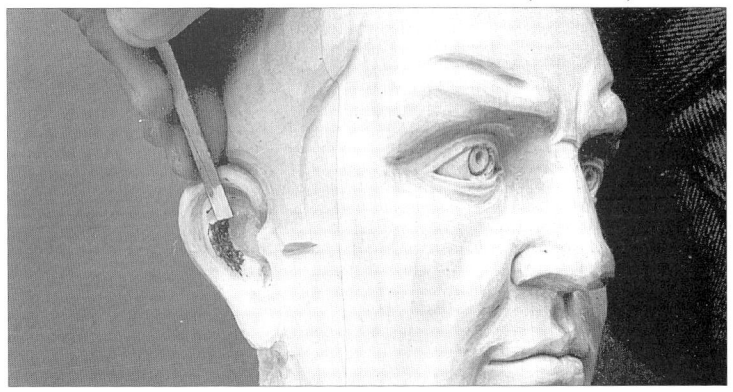

Bild Nr. 240 *Gerades Flacheisen, Stich 2 1/2, 4 mm*

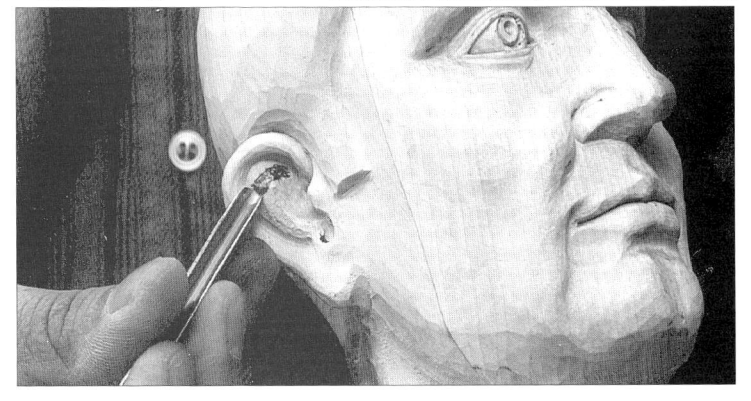

Bild Nr. 241 *Gerades Hohleisen, Stich 11, 4 mm*

Bild Nr. 242 *Balleisen, Stich 1, 20 mm*   **Bild Nr. 243** *Gerades Hohleisen, Stich 8, 10 mm*

Bild Nr. 244   *Gerades Hohleisen, Stich 11, 4 mm*

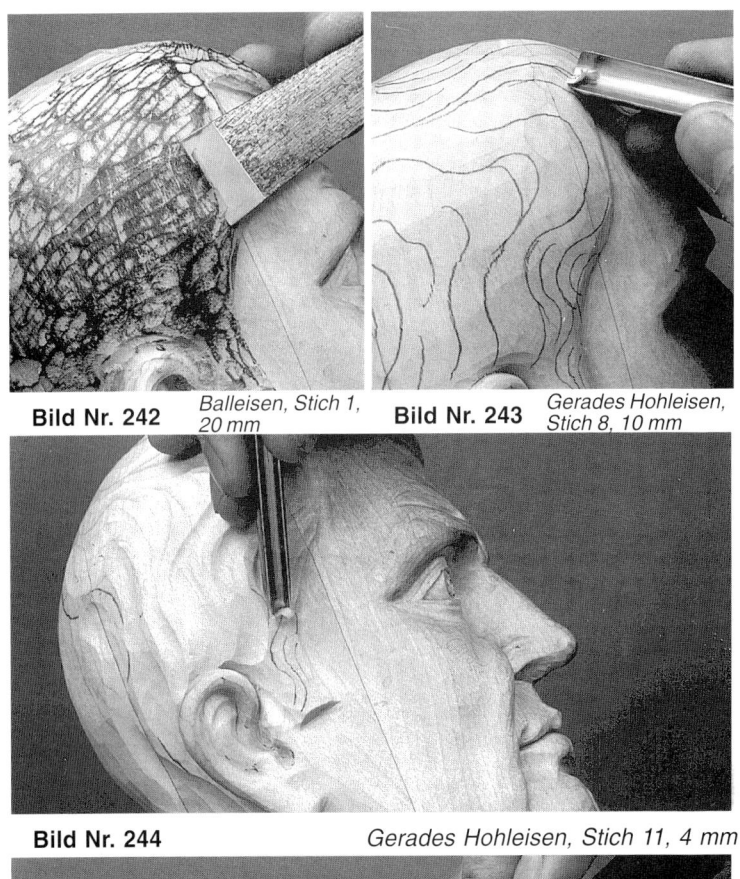

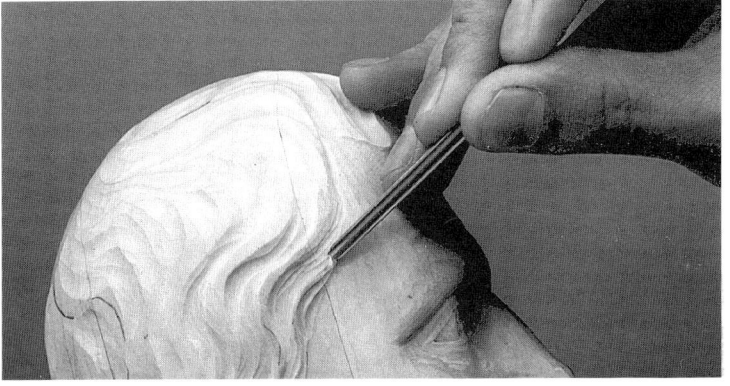

Bild Nr. 245   *Ziereisen, Stich 11, 2 mm*

Teil 13

Die Büste eines älteren Mannes mit großem Bart.
Übungen mit dem Rohling Bestell-Nr. 403.24

Fotovorlagen mit den Schritt-für-Schritt Anleitungen zum Fertigschnitzen und Angaben zu den benutzten Schnitzwerkzeugen.

Die vorgesehene, nächste Spanabnahme ist mit einem Bleistift markiert.

Die Beitelführung ist bestmöglich sichtbar gemacht. Sollte es erforderlich sein, zeige ich auch grafisch die vorzuziehende Beitelführung auf.

Der Übungskopf ist auf einem Kleinteileaufsatz meines Kugel-Gelenk-Einspannbockes aufgesetzt. Er läßt sich damit stets in Sekundenschnelle in die bestmögliche Arbeitsposition bringen.

Kontrollieren Sie Ihre Werkzeuge auf den korrekten Anschliff,
d.h. richtiger Schneidenwinkel
richtige Schneidenform (Wichtig bei Hohleisen!)
Rasiermesserschärfe, <Koch-Schärfe>.

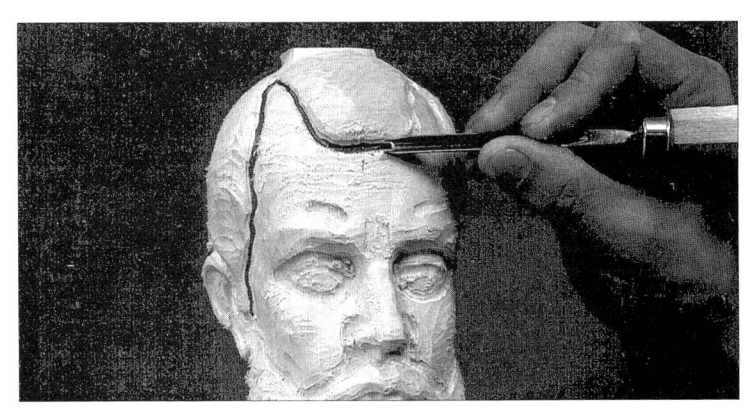

Bild Nr. 246   *Ziereisen, Stich 11, 2 mm*

Bild Nr. 247 *Blumeneisen, Stich 3, 14 mm*

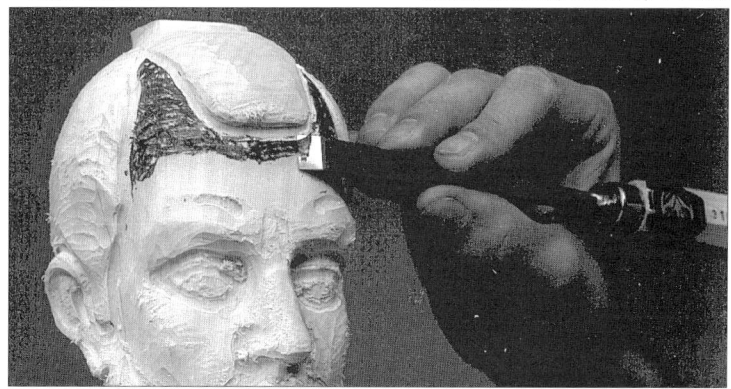

Bild Nr. 248 *Balleisen, Stich 1, 10 mm*

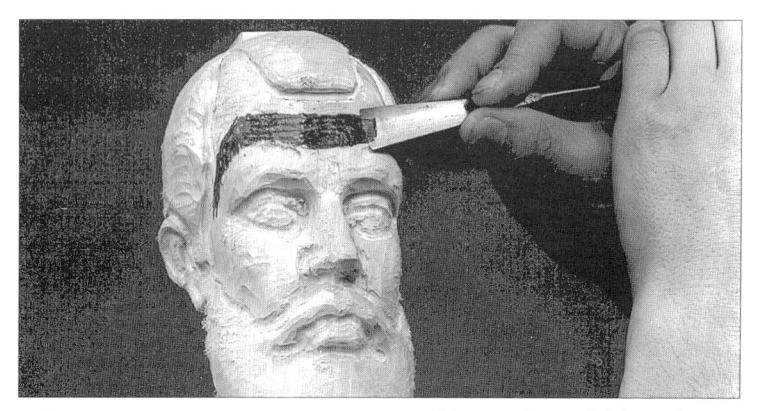

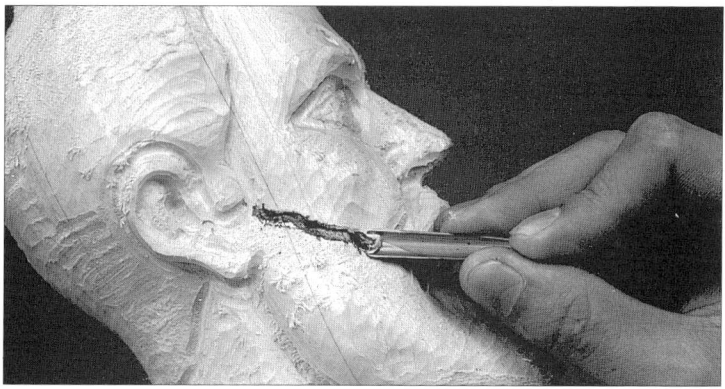

Bild Nr. 249 *Blumeneisen, Stich 6, 8 mm*

Bild Nr. 250 *Balleisen, Stich 1, 20 mm*

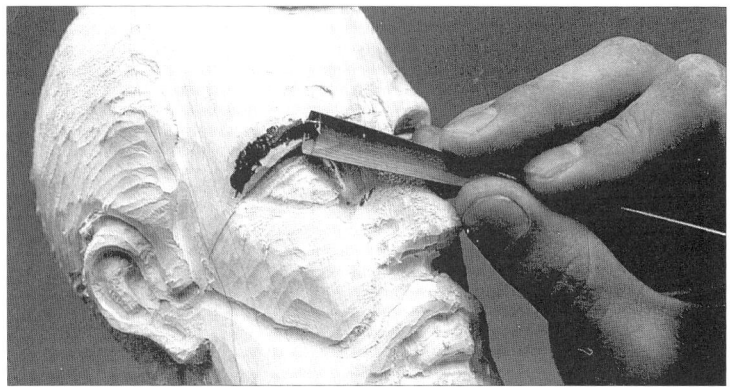

Bild Nr. 251 *Blumeneisen, Stich 3, 10 mm*

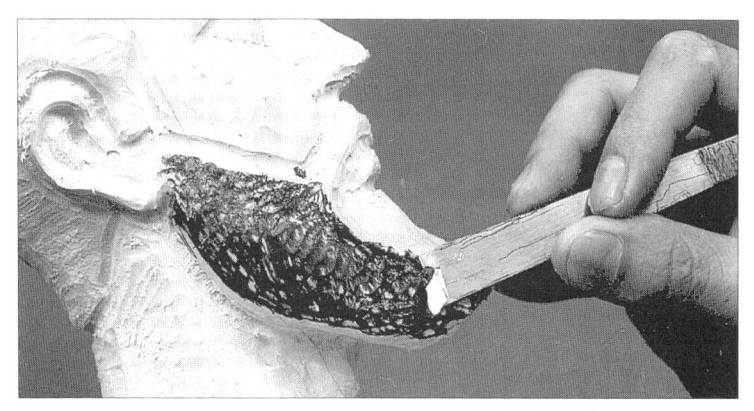

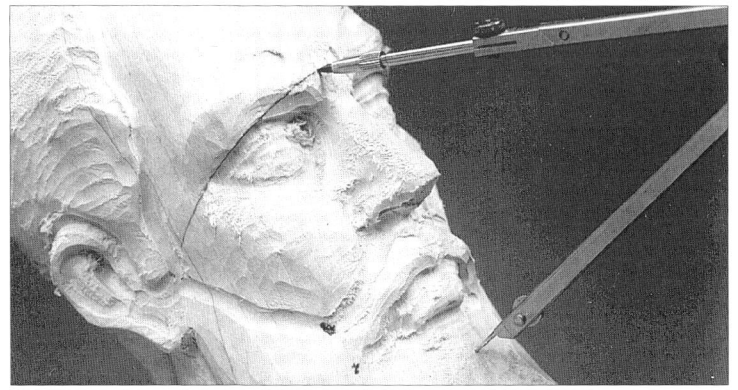

Bild Nr. 252 *Der Zirkel*

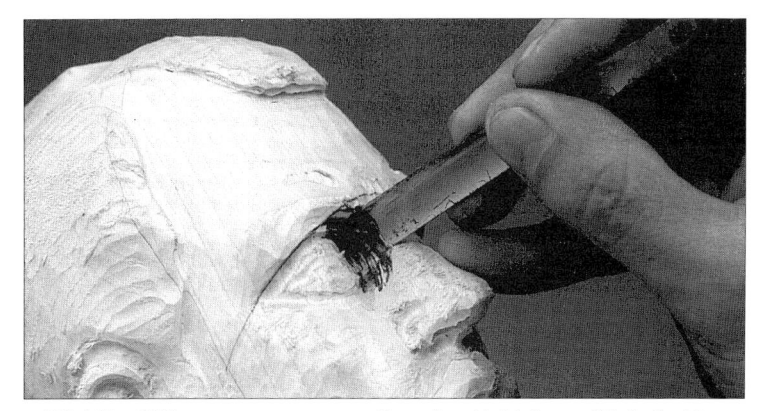

Bild Nr. 253 *Gerades Hohleisen, Stich 5, 10 mm*

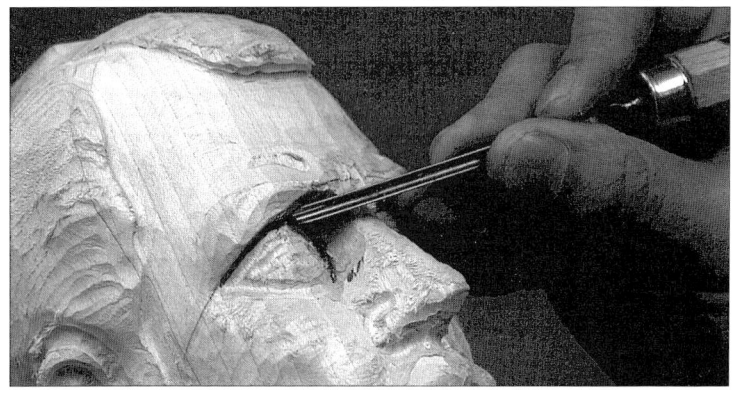

Bild Nr. 254 *Ziereisen, Stich 11, 2 mm*

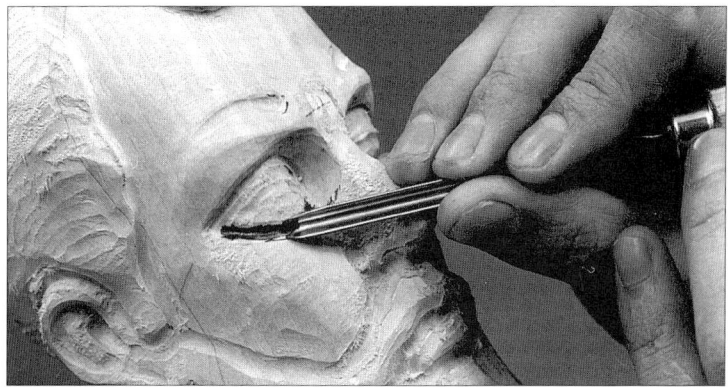

Bild Nr. 255 *Gerades Hohleisen, Stich 11, 4 mm*

Bild Nr. 256   *Gerades Hohleisen, Stich 10, 6mm*

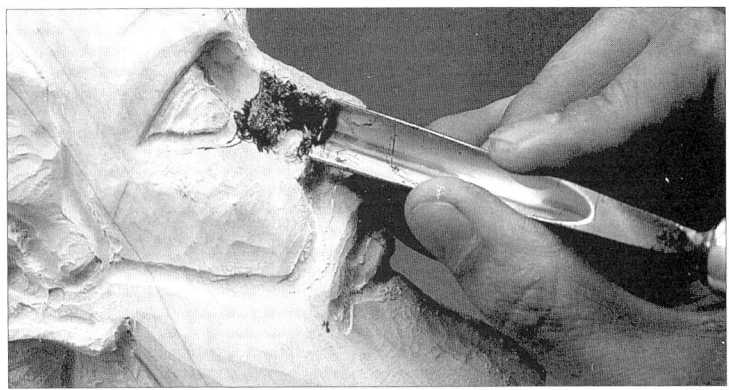

Bild Nr. 257   *Gerades Hohleisen, Stich 8, 12 mm*

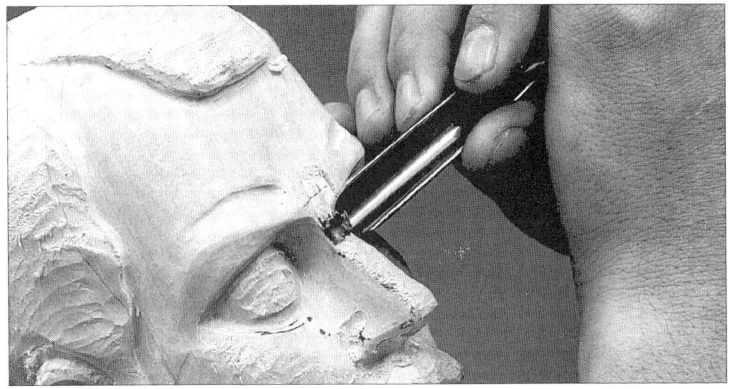

Bild Nr. 253   *Gerades Hohleisen, Stich 10, 12 mm*

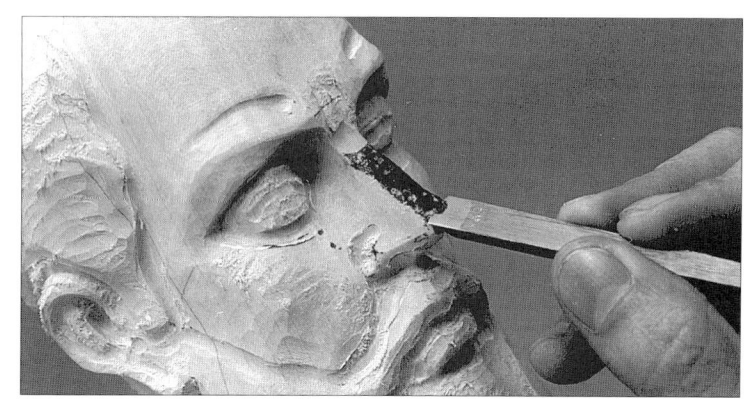

Bild Nr. 259 *Blumeneisen, Stich 1, 10 mm*

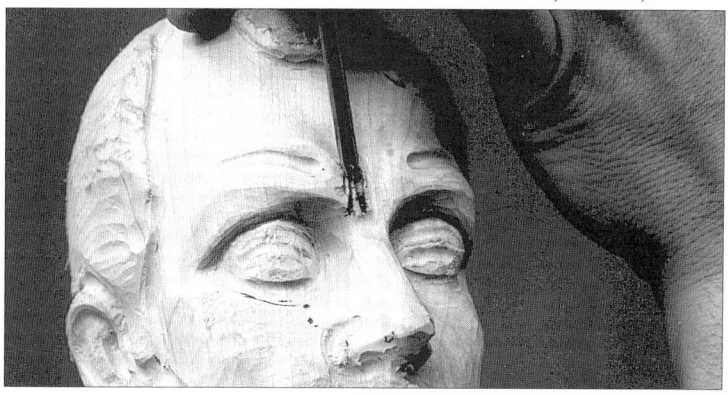

Bild Nr. 260 *Ziereisen, Stich 11, 2 mm*

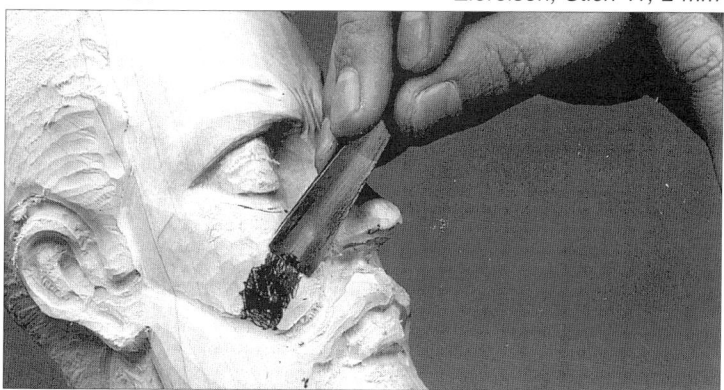

Bild Nr. 261 *Blumeneisen, Stich 3, 10 mm*

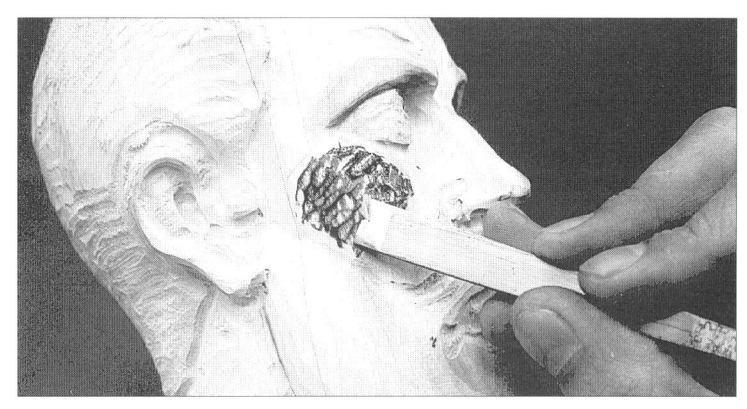

Bild Nr. 262 *Balleisen, Stich 1, 10 mm*

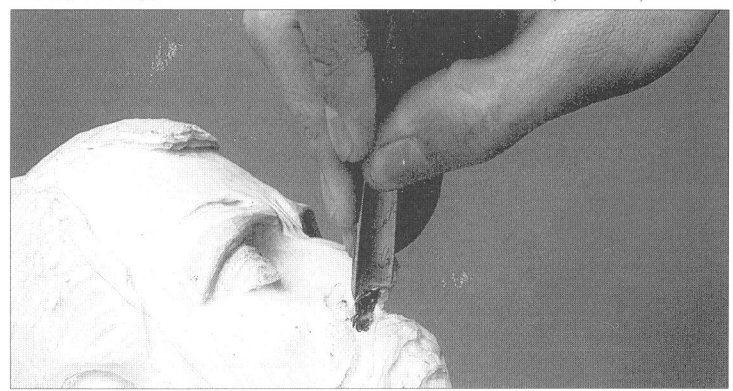

Bild Nr. 263 *Gerades Hohleisen, Stich 8, 12 mm*

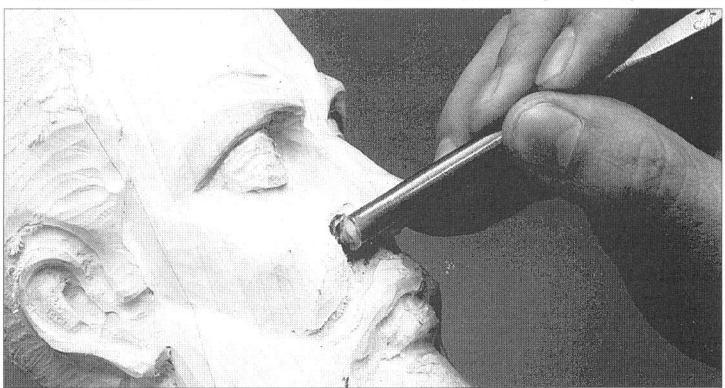

Bild Nr. 264 *Gerades Hohleisen, Stich 8, 10 mm*

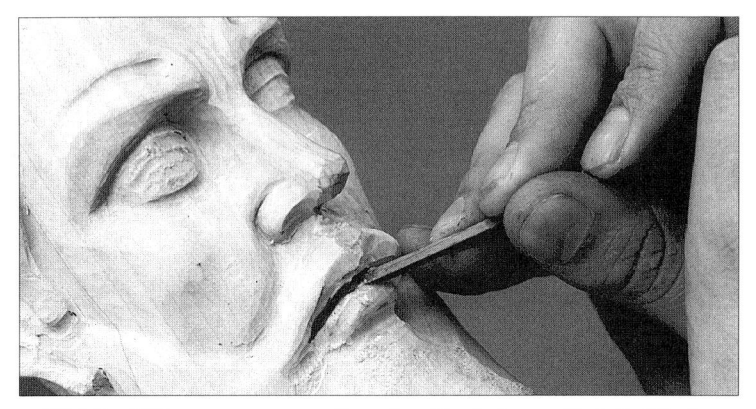

Bild Nr. 265 *Gerades Flacheisen, Stich 2 1/2, 4 mm*

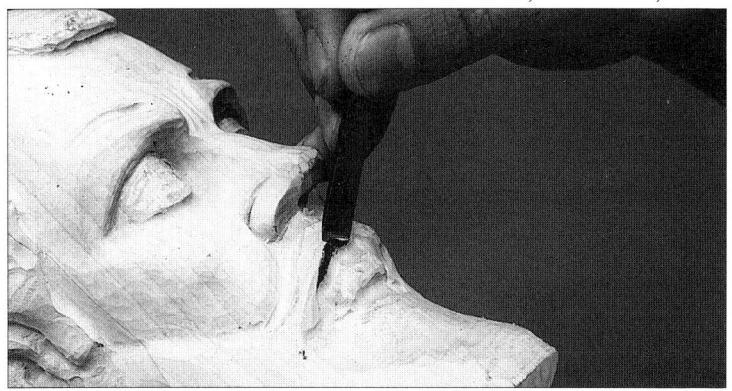

Bild Nr. 266 *Gerades Flacheisen, Stich 2 1/2, 4 mm*

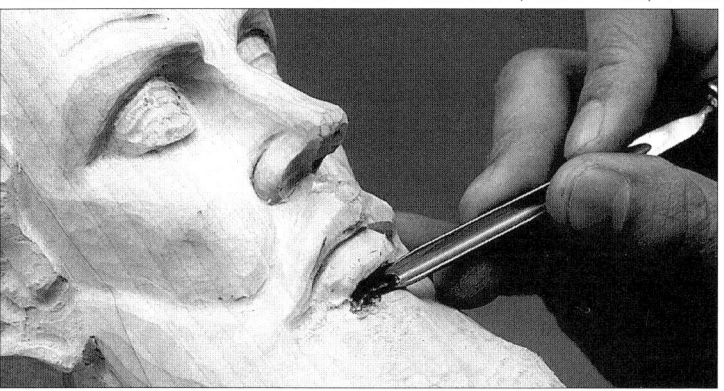

Bild Nr. 267 *Gerades Hohleisen, Stich 11, 4 mm*

Bild Nr. 268 *Blumeneisen, Stich 8, 6 mm*

Bild Nr. 269 *Gerades Hohleisen, Stich 11, 4 mm*

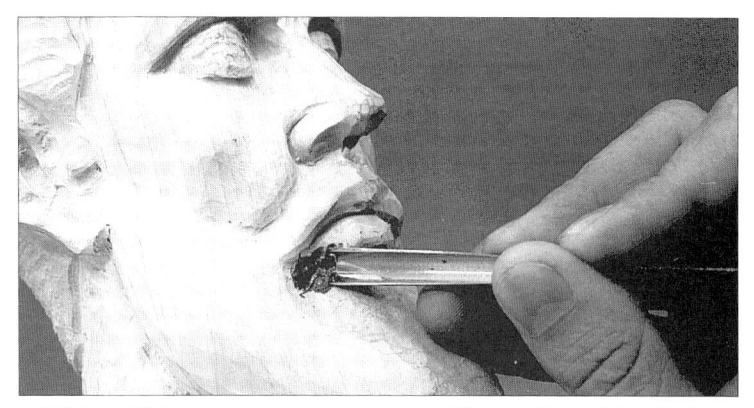

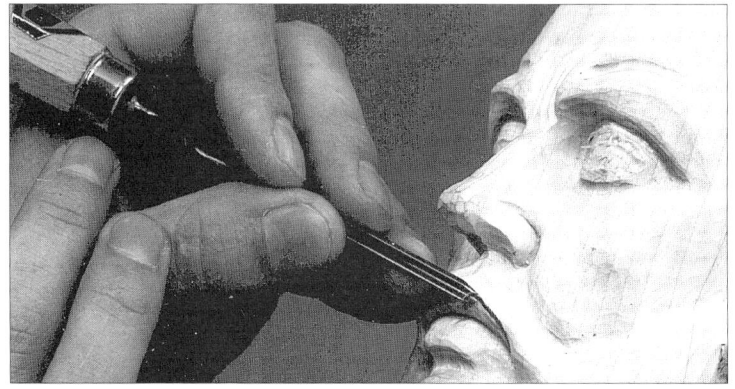

Bild Nr. 270 *Ziereisen, Stich 11, 2 mm*

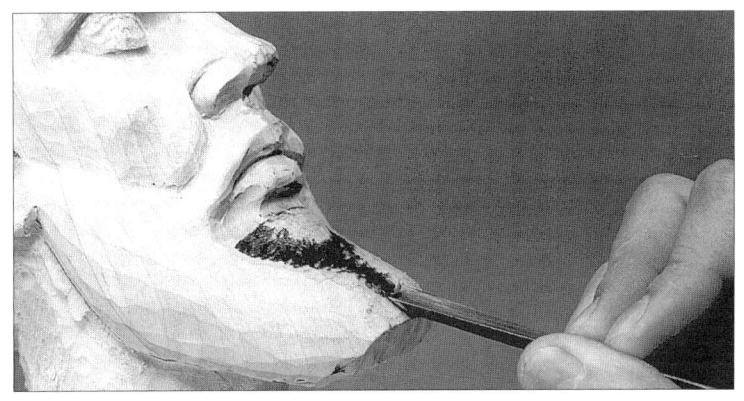

Bild Nr. 271 *Blumeneisen, Stich 4, 8 mm*

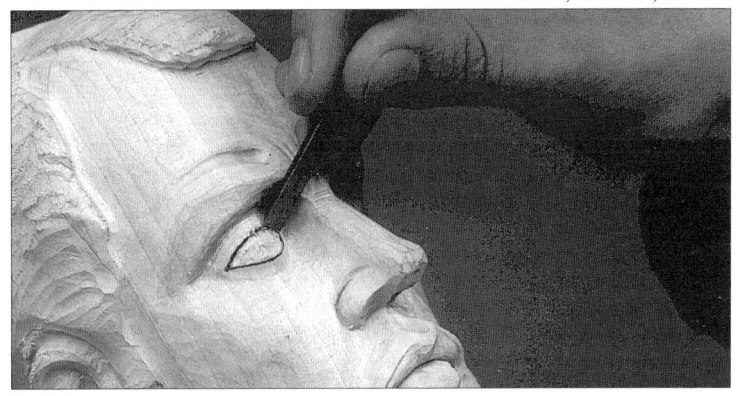

Bild Nr. 272 *Gerades Flacheisen, Stich 2 1/2, 4 mm*

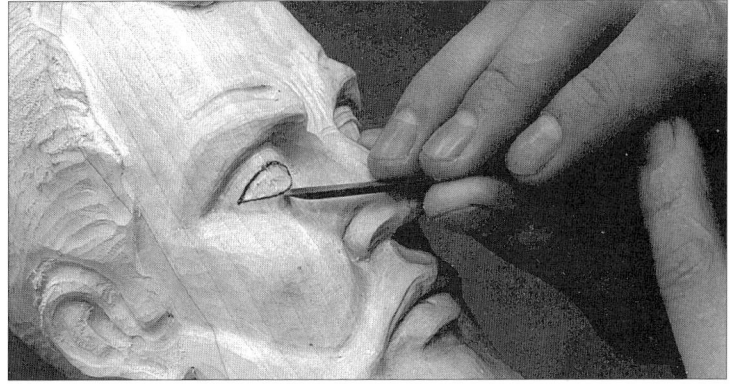

Bild Nr. 273 *Gerades Flacheisen, Stich 2 1/2, 2 mm*

Bild Nr. 274 *Balleisen mit schräger Schneide, Stich 2, 4 mm*

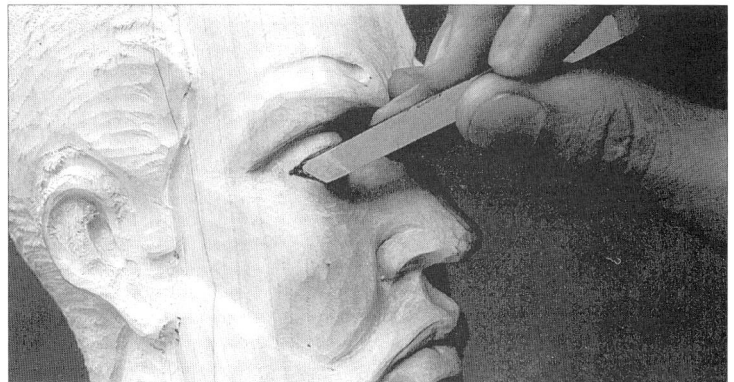

Bild Nr. 275 *Balleisen mit schräger Schneide, Stich 2, 4 mm*

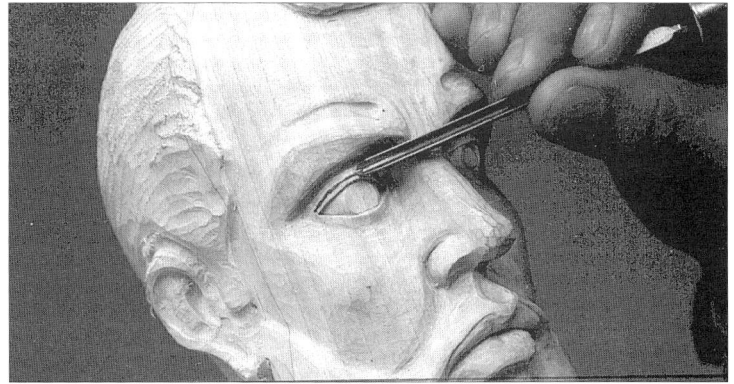

Bild Nr. 271 *Ziereisen, Stich 11, 1,5 mm*

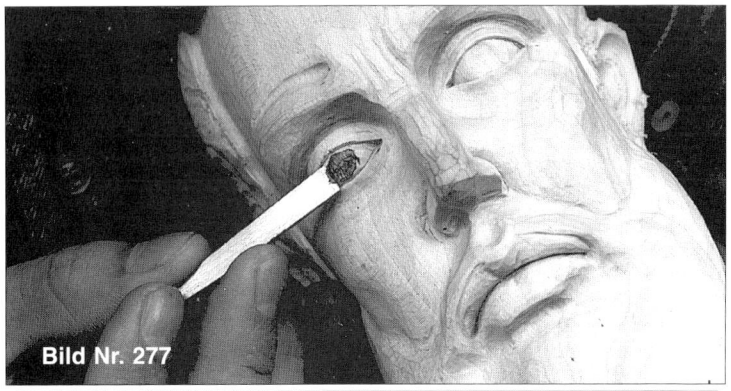

Bild Nr. 277

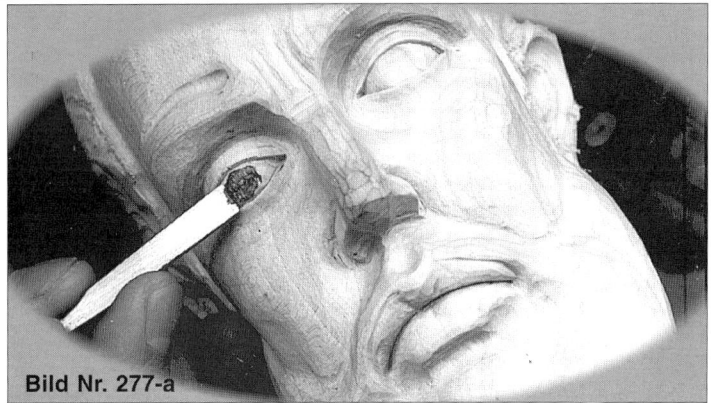

Bild Nr. 277-a

Blumeneisen, Stich 2, 6 mm

Bild Nr. 278 *Gerades Hohleisen, Stich 11, 6 mm*

Bild Nr. 279 *Balleisen, Stich 1, 20 mm*

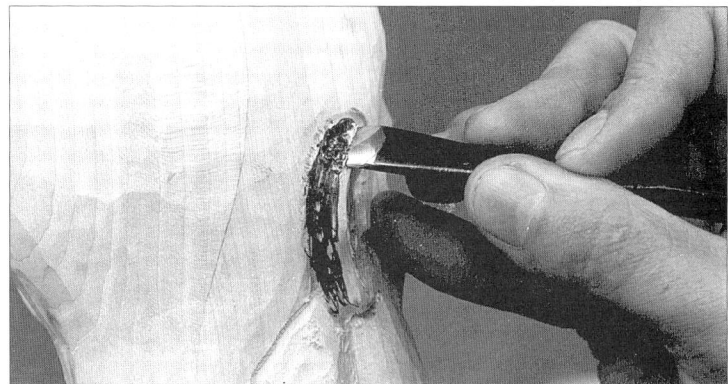

Bild Nr. 280 *Blumeneisen, Stich 4, 10 mm*

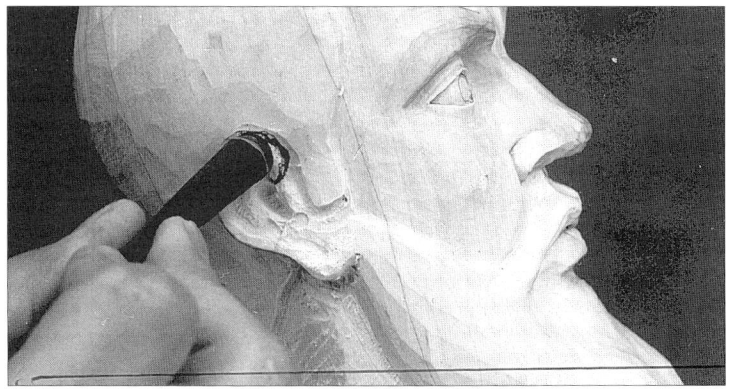

Bild Nr. 281 *Blumeneisen, Stich 5, 12 mm*

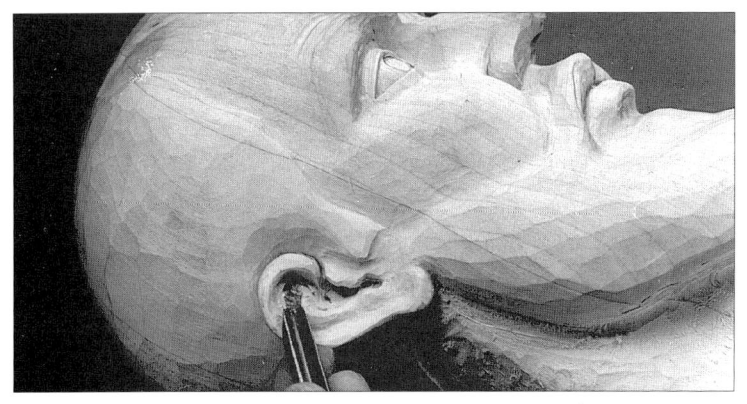

Bild Nr. 282 *Gerades Hohleisen, Stich 11, 4 mm*

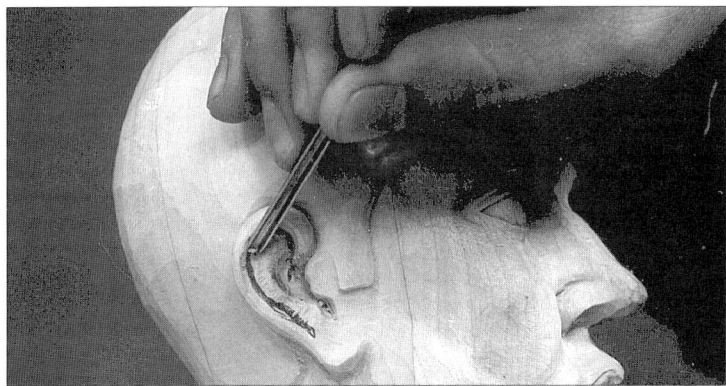

Bild Nr. 283 *Ziereisen, Stich 11, 2 mm*

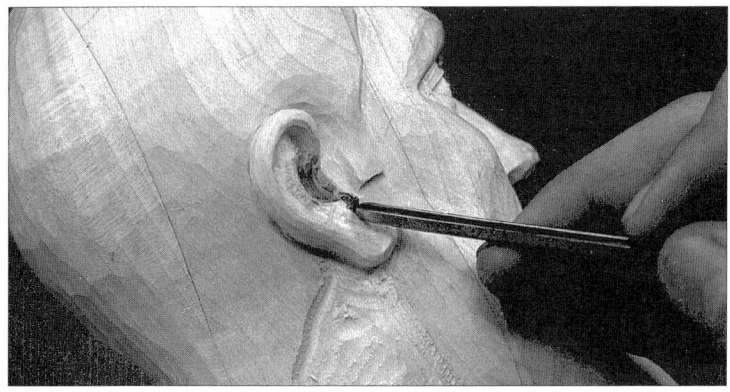

Bild Nr. 284 *Ziereisen, Stich 11, 2 mm*

Bild Nr. 285 *Gerades Hohleisen, Stich 8, 10 mm*

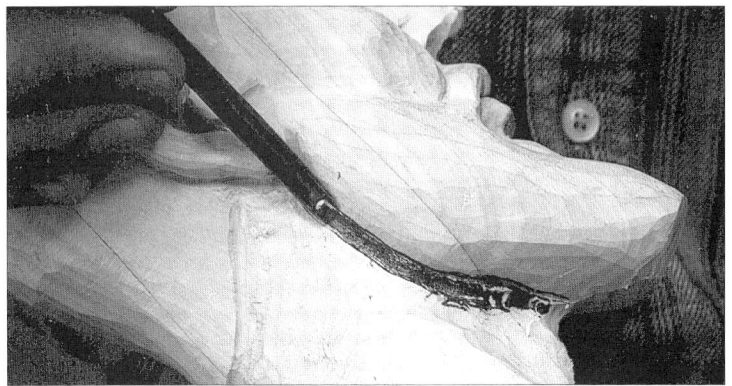

Bild Nr. 282 *Gerades Hohleisen, Stich 10, 8 mm*

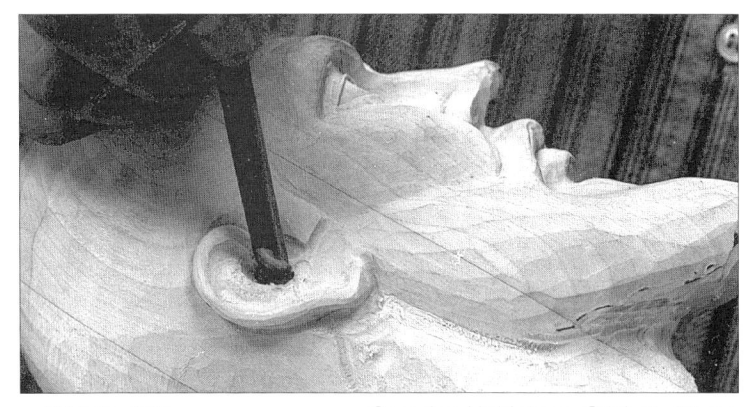

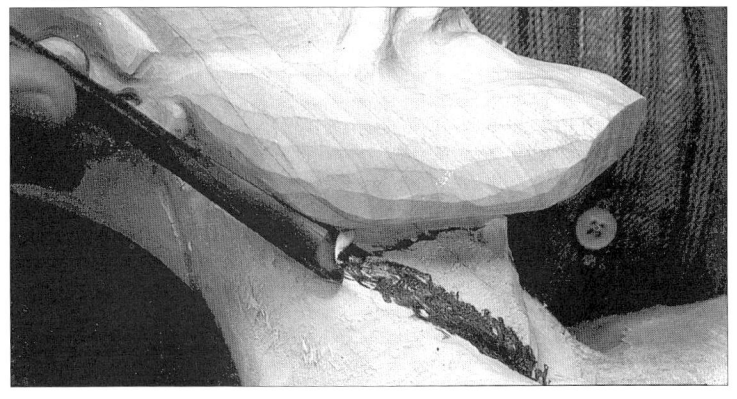

Bild Nr. 287 *Blumeneisen, Stich 5, 10 mm*

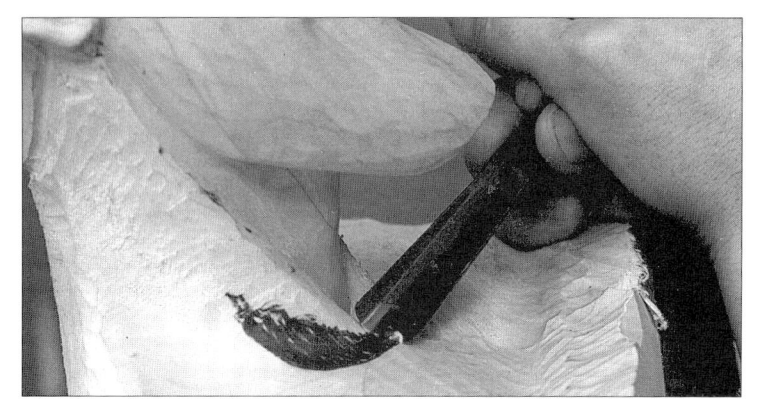

Bild Nr. 288 *Gerades Hohleisen, Stich 10, 10 mm*

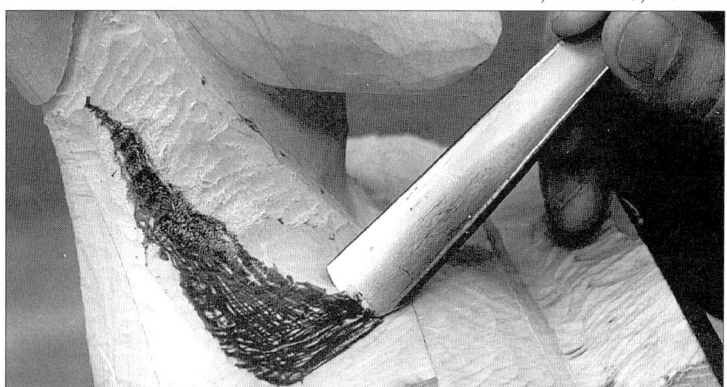

Bild Nr. 289 *Gerades Hohleisen, Stich 6, 20 mm*

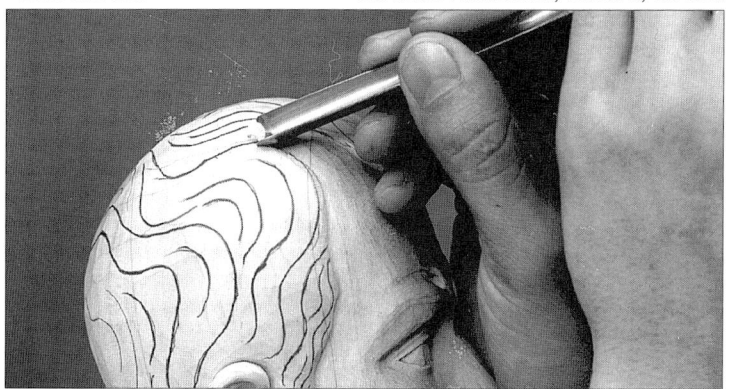

Bild Nr. 290 *Gerades Hohleisen, Stich 10, 10 mm*

Bild Nr. 291 *Gerades Hohleisen, Stich 11, 4 mm*

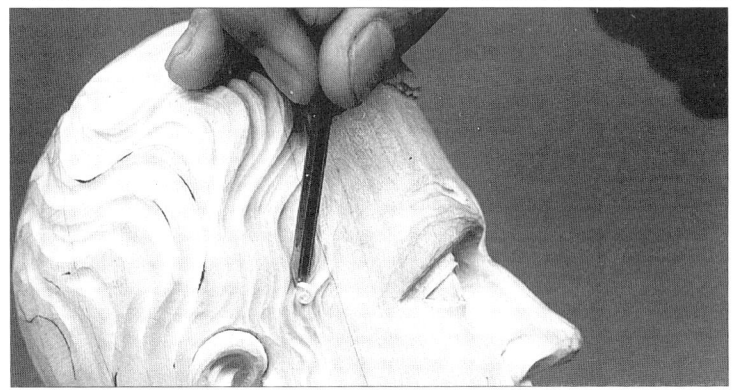

Bild Nr. 292 *Ziereisen, Stich 11, 2 mm*

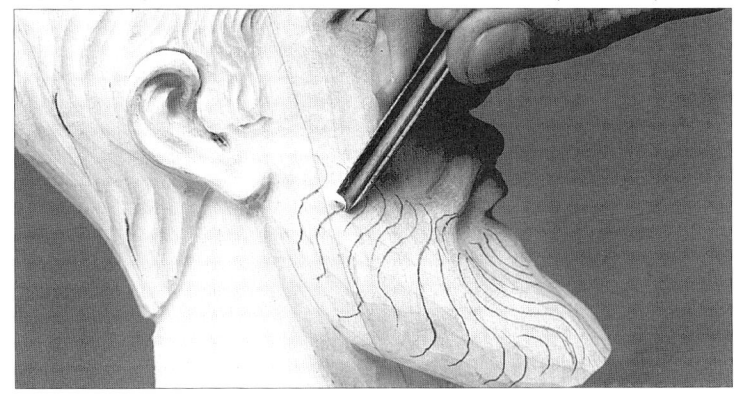

Bild Nr. 293 *Gerades Hohleisen, Stich 10, 6 mm*

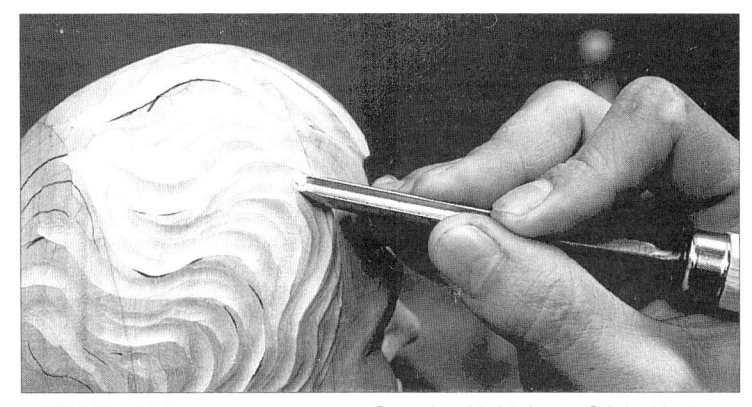

Teil 14

Die Büste eines zornigen jungen Mannes.
Übungen mit dem Rohling Bestell-Nr. 403.25

Fotovorlagen mit den Schritt-für-Schritt Anleitungen zum Fertigschnitzen und Angaben zu den benutzten Schnitzwerkzeugen.

Die vorgesehene, nächste Spanabnahme ist mit einem Bleistift markiert. Nur die eine Hälfte des Gesichtes wird fertiggeschnitzt.

Die Beitelführung ist bestmöglich sichtbar gemacht. Öfters ist aber die Beitelführung nur deshalb einhändig dargestellt um einen guten fotografischen Überblick zu behalten. Die zweite, stützende Hand, könnte im Bild störend wirken. Einer besseren Schnittkontrolle wegen, sollten Sie von Fall zu Fall jedoch beide Hände benutzen. Sollte es erforderlich sein, zeige ich auch grafisch die vorzuziehende Beitelführung auf.

Der Übungskopf ist auf einem Kleinteileaufsatz meines Kugel-Gelenk-Einspannbockes aufgesetzt. Er läßt sich damit stets in Sekundenschnelle in die bestmögliche Arbeitsposition bringen. Beide Hände sind stets für die sicherste und beste Beitelführung frei.

Kontrollieren Sie Ihre Werkzeuge auf den korrekten Anschliff, d.h. richtiger Schneidenwinkel
    richtige Schneidenform
(Wichtig bei Hohleisen)
        Rasiermesserschärfe,
            <Koch-Schärfe>.

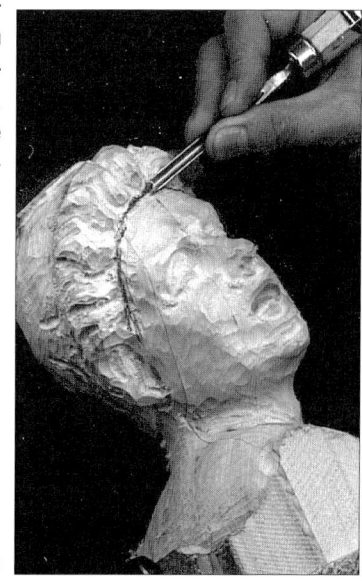

Bild Nr. 294
Ziereisen, Stich 11, 2 mm

Bild Nr. 295
Blumeneisen, Stich 1, 12 mm

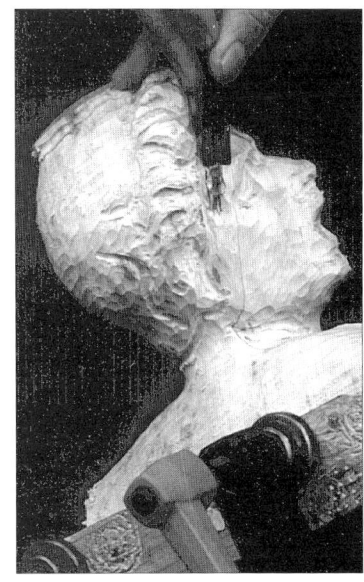

Bild Nr. 296
Gerades Flacheisen, Stich 3, 12

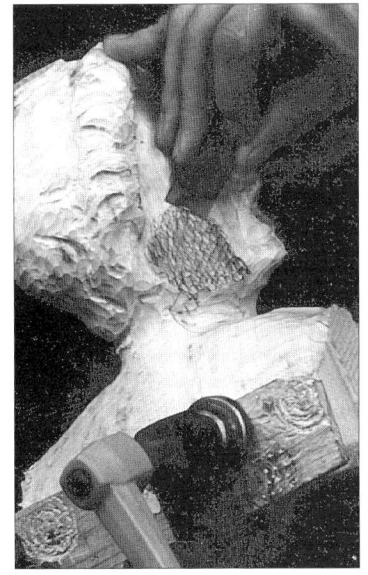

Bild Nr. 297
Flacheisen, Stich 2 1/2, 20 mm

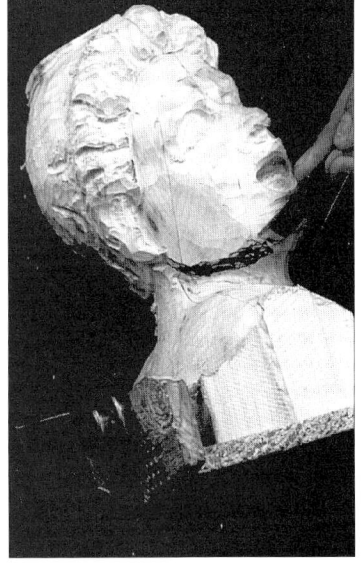

Bild Nr. 298
Balleisen, Stich 1, 10 mm

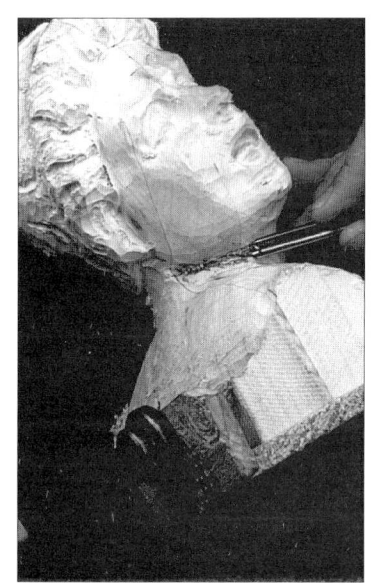

Bild Nr. 299
Gerades Hohleisen, St. 10, 6 mm

Bild Nr. 300
Balleisen, Stich 1, 10 mm

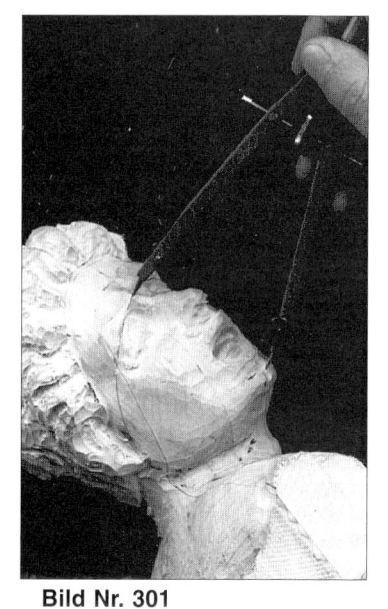

Bild Nr. 301
Bogenzirkel mit Bleistift

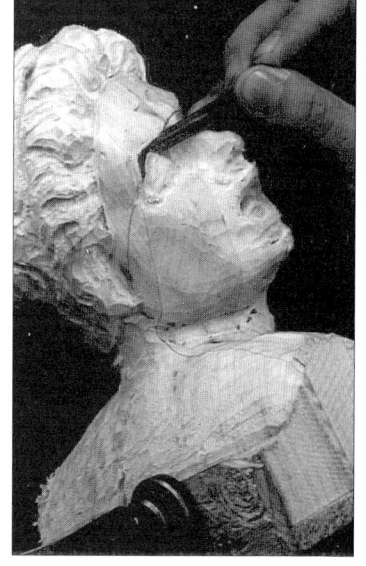

Bild Nr. 302
Hohleisen, Stich 5, 8 mm

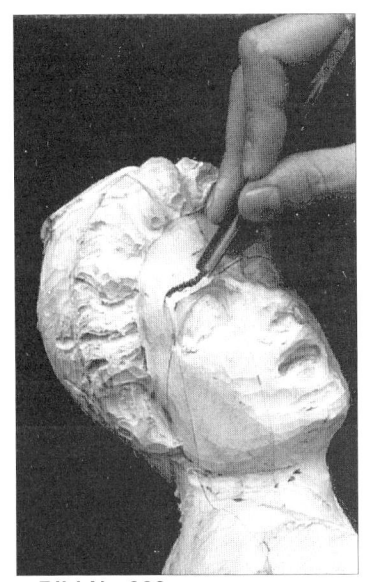

Bild Nr. 303
Gerades Hohleisen, Stich 5, 8 mm

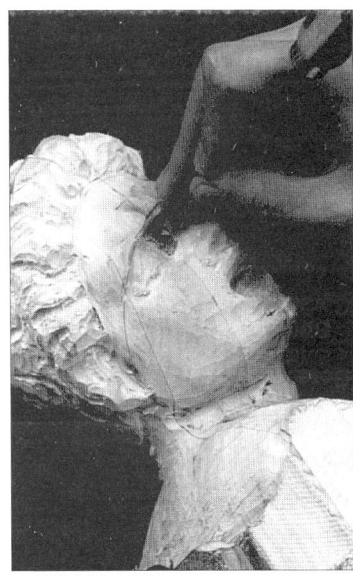

Bild Nr. 304
Gerades Hohleisen, Stich 7, 16 mm

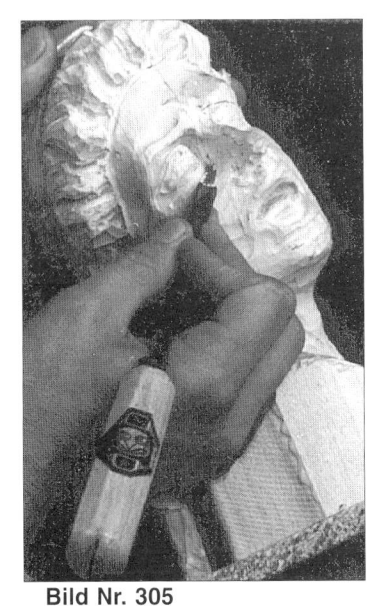

Bild Nr. 305
Hohleisen, Stich 5, 10 mm

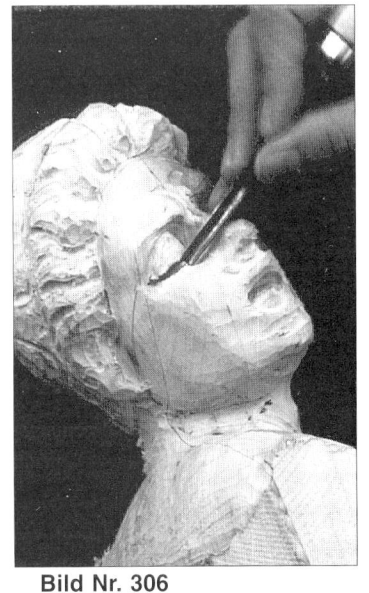

Bild Nr. 306
Hohleisen, Stich 10, 6 mm

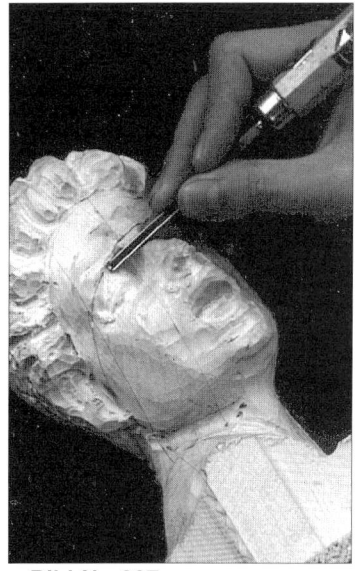

Bild Nr. 307
Ziereisen, Stich 11, 2 mm

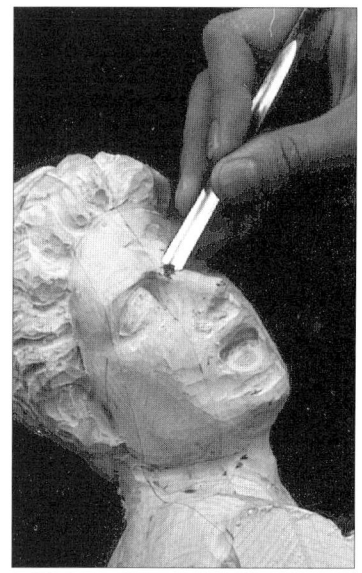

Bild Nr. 308
Gerades Hohleisen, Stich 5, 8 mm

Bild Nr. 309
Hohleisen, Stich 8, 8 mm

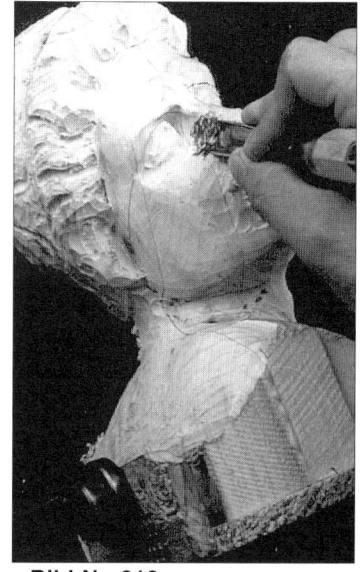

Bild Nr. 310
Gerades Hohleisen, Stich 7, 16 mm

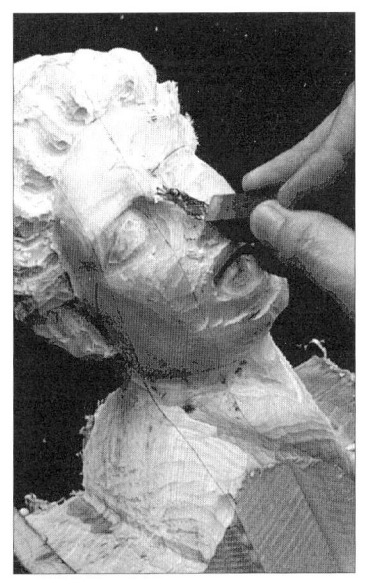

Bild Nr. 311
Balleisen, Stich 1, 10 mm

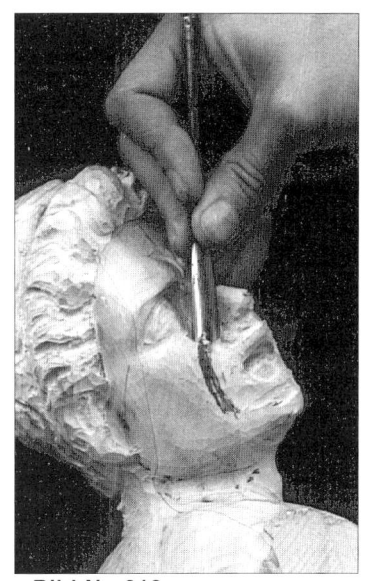

Bild Nr. 312
Blumeneisen, Stich 5, 12 mm

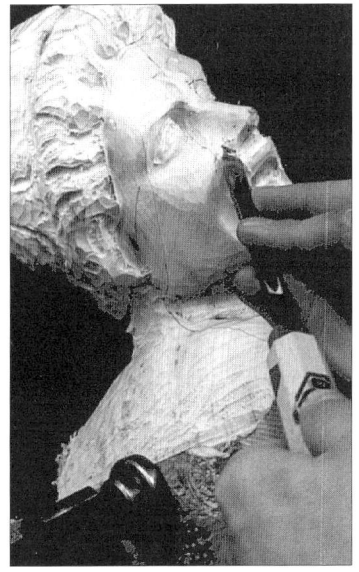

Bild Nr. 313
Gerades Hohleisen, Stich 5, 10 mm

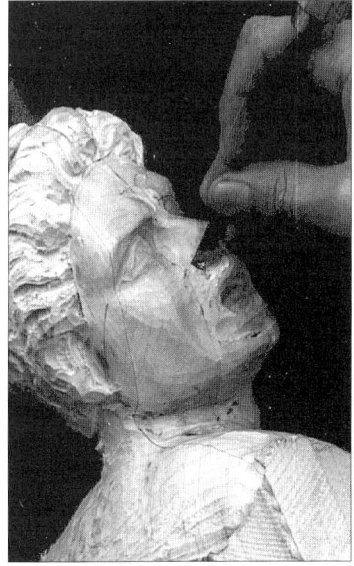

Bild Nr. 314
Balleisen, schräge Schneide, Stich 2, 8 mm

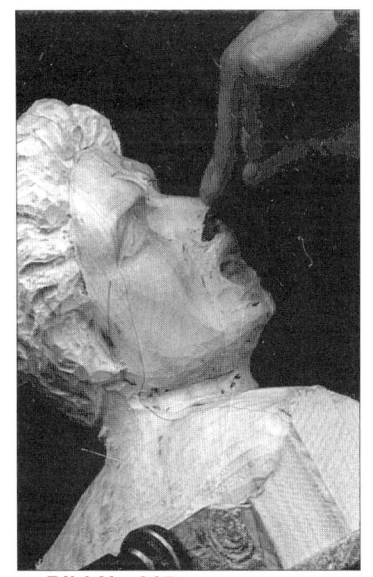

Bild Nr. 315
Hohleisen, Stich 5, 10 mm

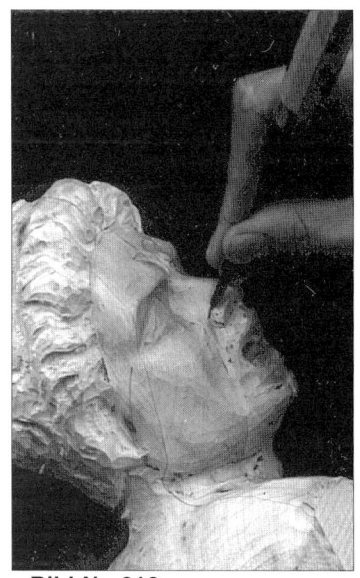

Bild Nr. 316
Ziereisen, Stich 11, 1,5 mm

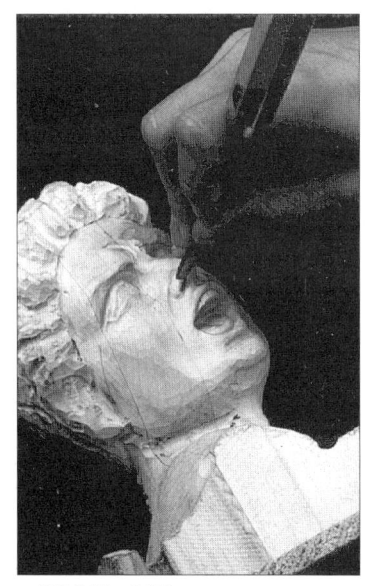

Bild Nr. 317
Hohleisen, Stich 8, 6 mm

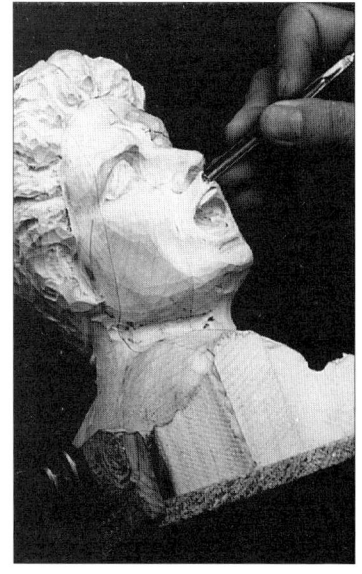

Bild Nr. 318
Hohleisen, Stich 8, 6 mm

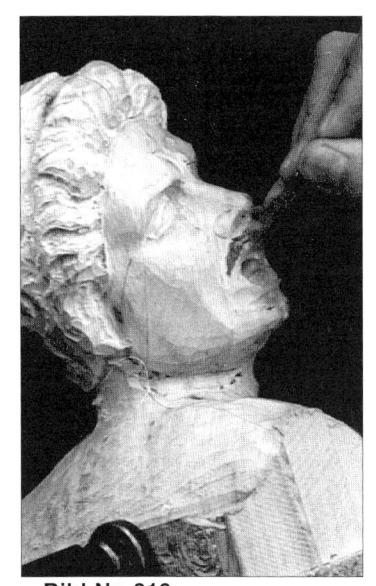

Bild Nr. 319
Balleisen, Stich 1, 10 mm

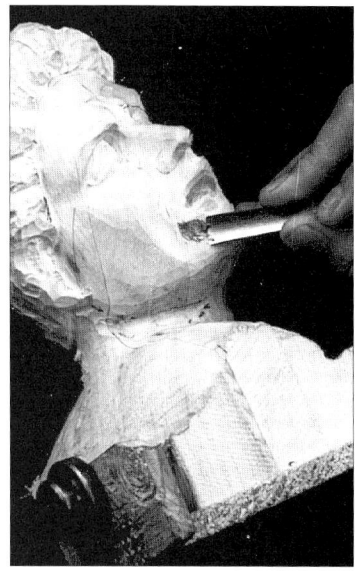

Bild Nr. 320
Blumeneisen, Stich 5, 12 mm

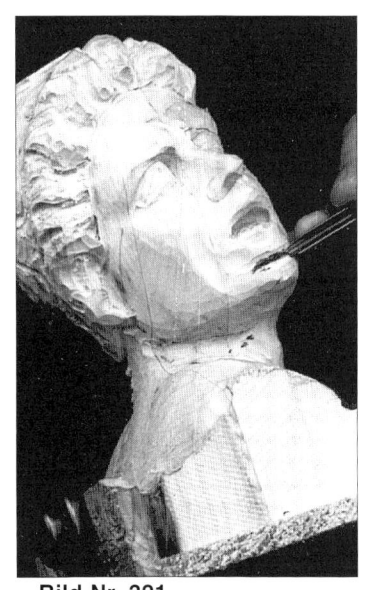

Bild Nr. 321
Ziereisen, Stich 11, 2 mm

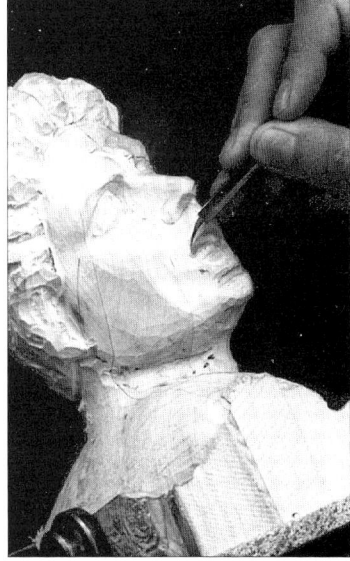

Bild Nr. 322
Blumeneisen, Stich 3, 10 mm

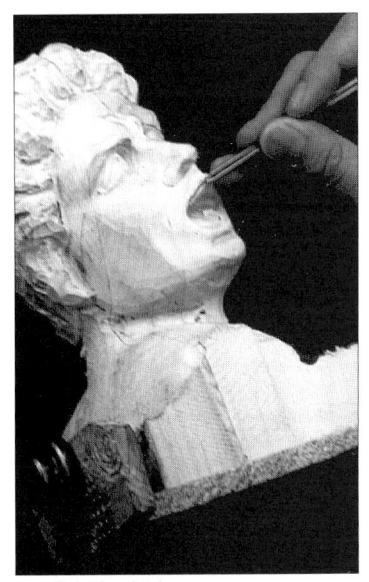

Bild Nr. 323
Ziereisen, Stich 11, 1 mm

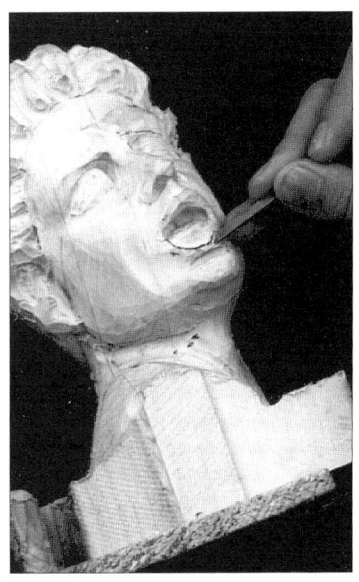

Bild Nr. 324
Schräges Balleisen, Stich 2, 8 mm

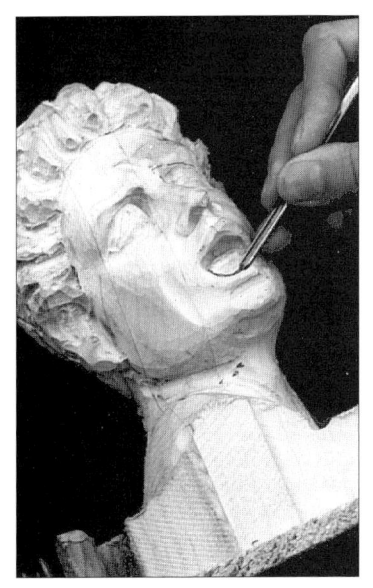

Bild Nr. 325
Ziereisen, Stich 11, 1,5 mm

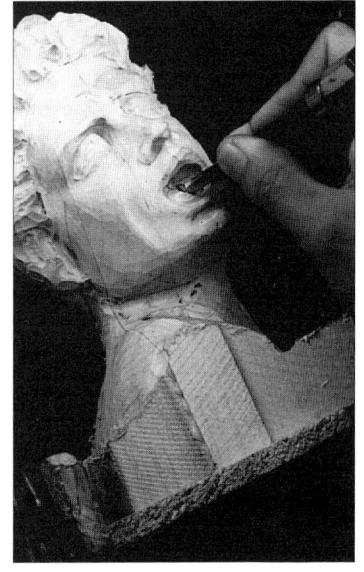

Bild Nr. 326
Gerades Hohleisen, Stich 11, 4 mm

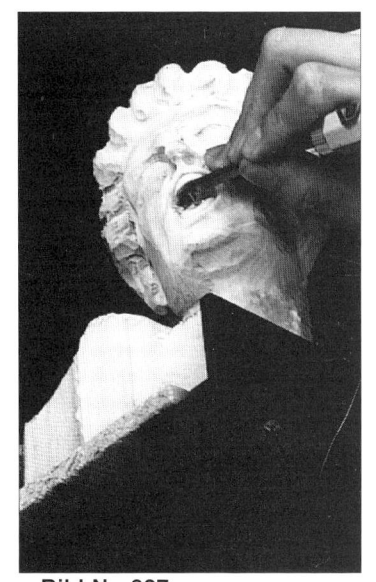

Bild Nr. 327
Blumeneisen, Stich 3, 10 mm

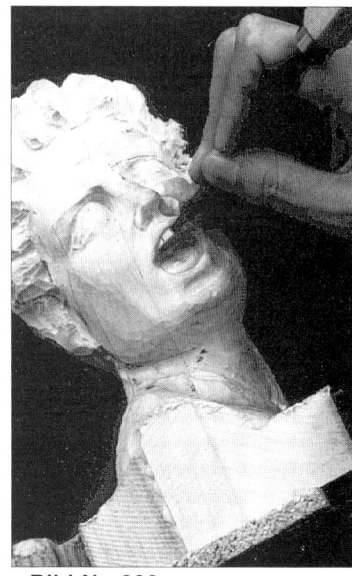

Bild Nr. 328
Balleisen, Stich 1, 4 mm

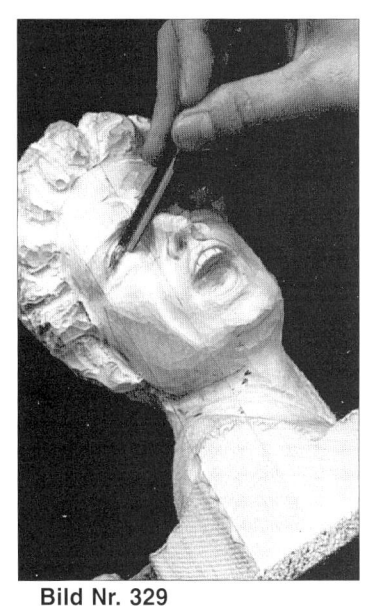

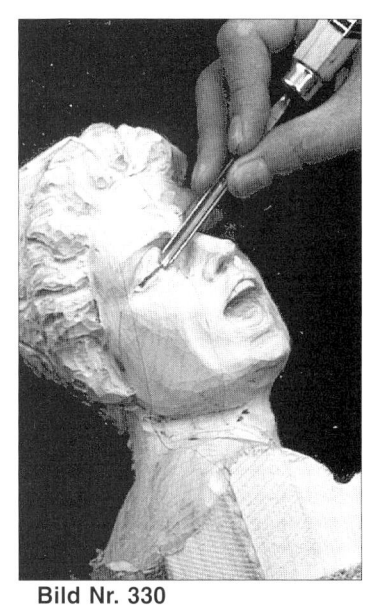

Bild Nr. 329
Gerades Hohleisen, Stich 5, 8 mm

Bild Nr. 330
Gerades Hohleisen, Stich 11, 4 mm

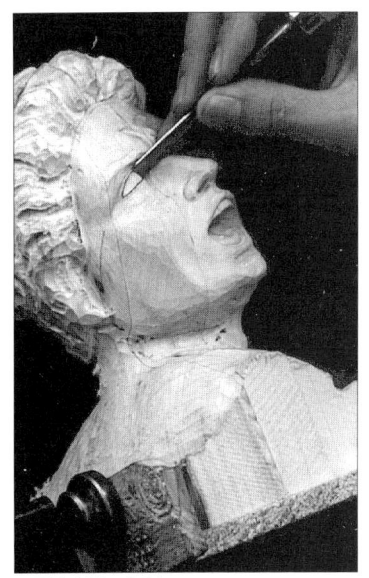

Bild Nr. 331
Gerades Hohleisen, Stich 8, 8 mm

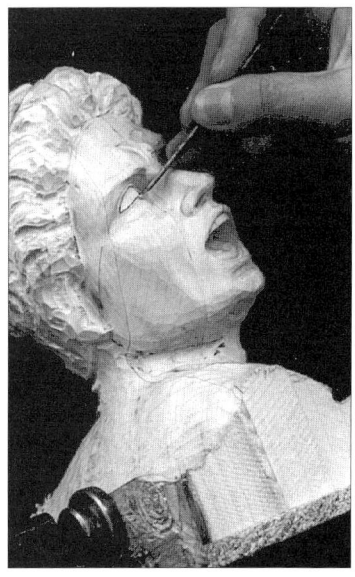

Bild Nr. 332
Flacheisen, Stich 2 1/2, 2 mm

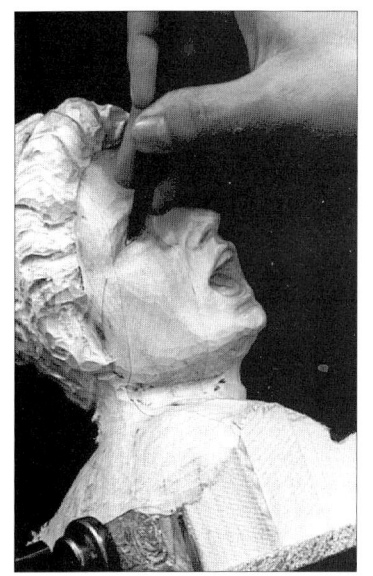

Bild Nr. 333
Schräges Balleisen, Stich 2, 4 mm

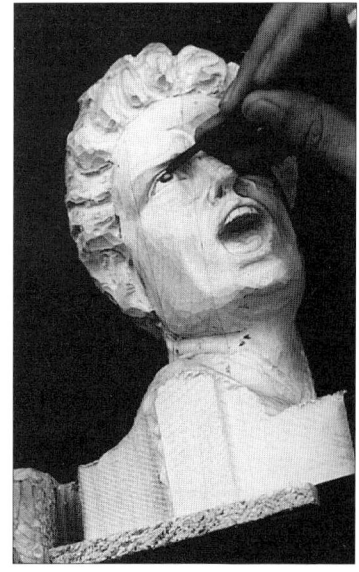

Bild Nr. 334
Blumeneisen, Stich 2 1/2, 4 mm

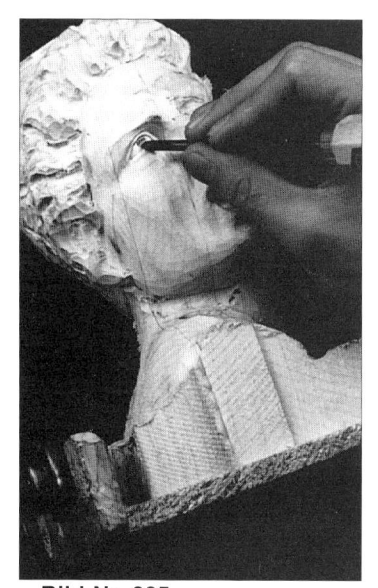

Bild Nr. 335
Gerades Hohleisen, Stich 8, 4 mm

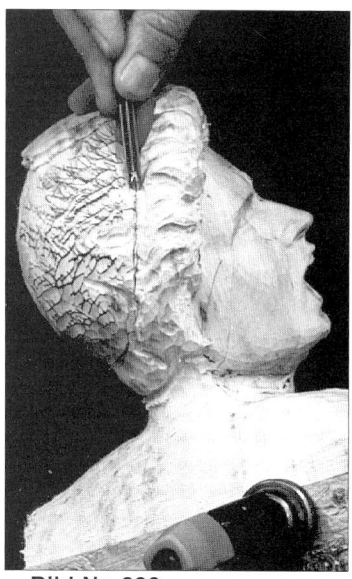

Bild Nr. 336
Gerades Hohleisen, Stich 8, 6 mm

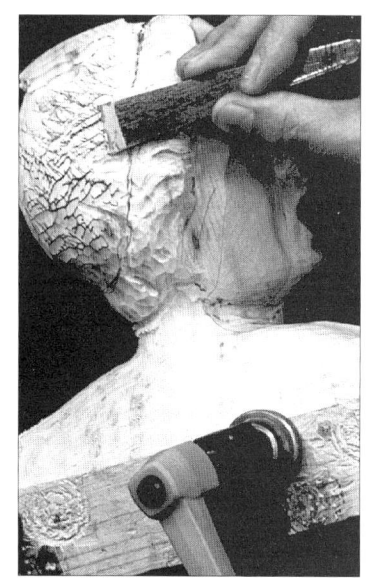

Bild Nr. 337
Balleisen, Stich 1, 20 mm

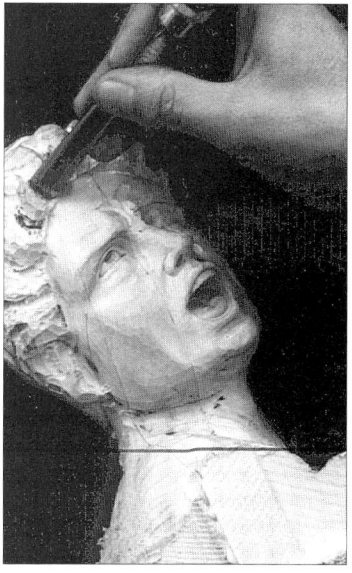

Bild Nr. 338
Gerades Hohleisen, Stich 5, 16 mm

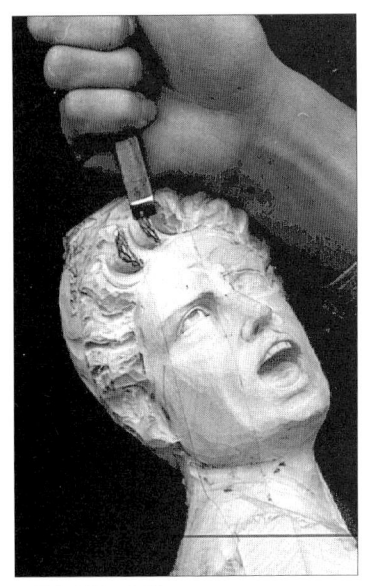

Bild Nr. 339
Flacheisen, Stich 2 1/2, 10 mm

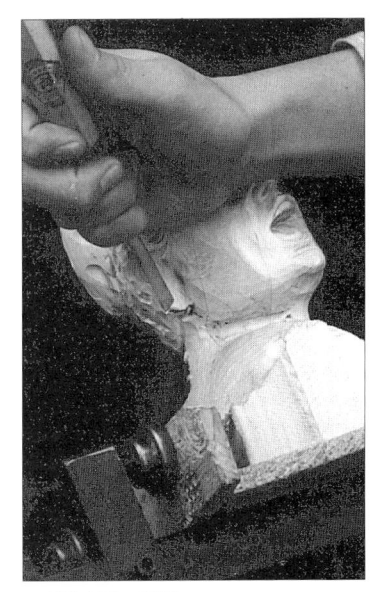

Bild Nr. 340
Balleisen, Stich 1, 10 mm

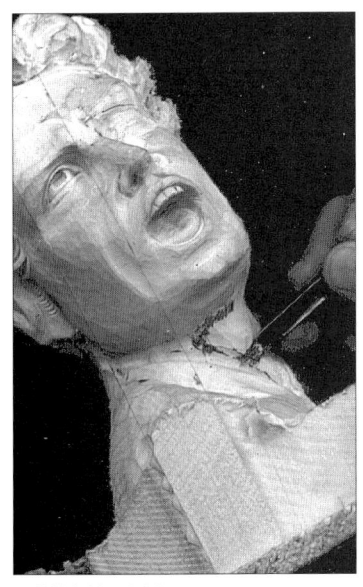

Bild Nr. 341
Flacheisen, Stich 4, 10 mm

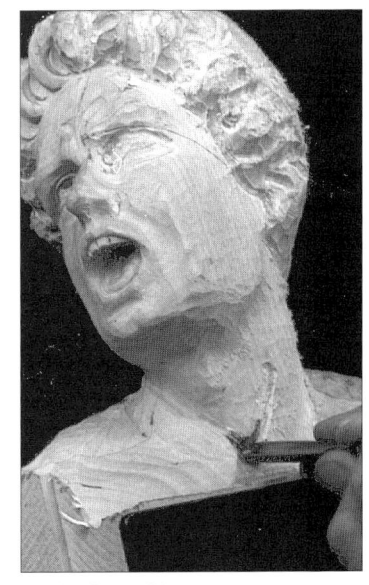

Bild Nr. 342
Hohleisen, Stich 11, 4 mm

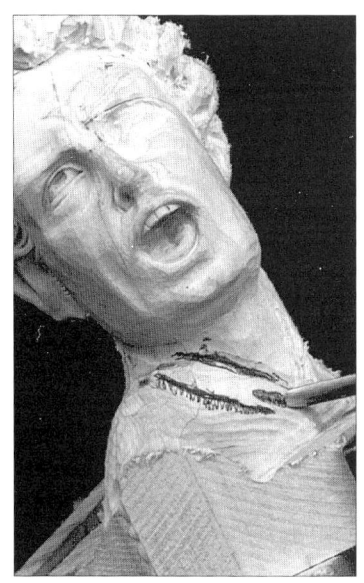

Bild Nr. 343
Hohleisen, Stich 8, 8 mm

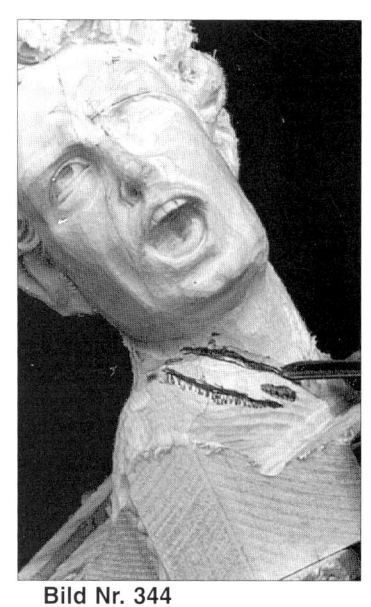

Bild Nr. 344
Hohleisen, Stich 11, 4 mm

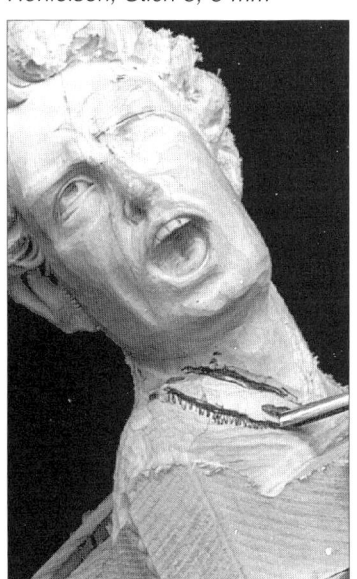

Bild Nr. 345
Hohleisen, Stich 8, 8 mm

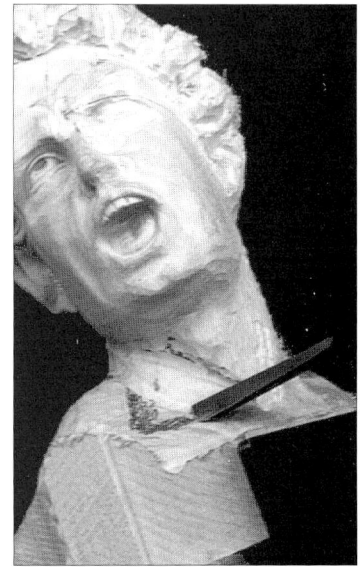

Bild Nr. 346
Blumeneisen, Stich 5, 12 mm

Zu dem
<Teil: Zorniger junger Mann>
noch einige Erläuterungen, die gleichwohl nur eine Gedächtnisstütze zu den ausführlichen anatomischen Erklärungen in meinem Buch **<EXPERTENKURS>** darstellen können.

Bild Nr. 301:
Im unteren Drittel der Gesichtseinteilung, zwischen Mundlinie und Kinnspitze, wird mit dem bekannten Maß ein Kreisbogen von Ohrläppchenspitze bis Ohrläppchenspitze gezogen. Diese neue Linie erleichtert das genaue Auffinden eines Teiles der wichtigen oberen Augenlinie und die allgemeine Lage der Augen selbst. Bei Nichtbeachtung der gültigen Regeln können Sie sich bekanntermaßen den Gesamtausdruck des Gesichtes verderben. Der gewünschte Ausdruck wird kaum zu erreichen sein.

Bitte frischen Sie Ihre Kenntnisse im **<EXPERTENKURS>** auf, wenn Ihnen die Gesamtbedeutung dieses Kreisbogens nicht mehr geläufig ist.

Bilder Nr. 302 und 303:
Auf diesen Bildern werden wichtige Partien geschnitten, die für den auch wirklichen zornigen Gesichtsausdruck viel Verantwortung tragen.

So ist der untere Rand der Augenbraue durch den sichtbaren Zornausdruck des Gesichtes von den zuständigen Gesichtsmuskeln zusammengezogen und außerhalb der normalen, entspannten Gesichtslage geformt. Dadurch entsteht eine Hautfalte über dem oberen Rand des Knochens für die Augenhöhle.

Die genaue Beschreibung von Ursache und Wirkung greift tief in Einzelheiten der Gesichtsmuskulatur ein. Diese besteht aus vielen, über das Gesicht verteilten, kleineren und mittleren Muskelpartien. Sie arbeiten oft nicht allein sondern sind sozusagen mit anderen Muskeln gekoppelt, arbeiten also im Team. Durch Training kann man eine Trennung erreichen. Das zeichnet z.B. den Schauspieler aus. Die genaue Lage und der Sinn jedes Muskels zu kennen, ist für den Holzbildhauer (fast) nur in extremen Situationen geboten. Dann gilt es diese Anatomie zu studieren.

Teil 15

Die Büste eines freudlichen Herrn.
Übungen mit dem Rohling Bestell-Nr. 403.27

Fotovorlagen mit den Schritt-für-Schritt Anleitungen zum Fertigschnitzen und Angaben zu den benutzten Schnitzwerkzeugen.

Die vorgesehene, nächste Spanabnahme ist mit einem Bleistift markiert. Nur die eine Hälfte des Gesichtes wird fertiggeschnitzt.

Die Beitelführung ist bestmöglich sichtbar gemacht. Öfters ist aber die Beitelführung nur deshalb einhändig dargestellt um einen guten fotografischen Überblick zu behalten. Die zweite, stützende Hand, könnte im Bild störend wirken. Einer besseren Schnittkontrolle wegen, sollten Sie von Fall zu Fall jedoch beide Hände benutzen. Der Übungskopf ist auf einem Kleinteileaufsatz meines Kugel-Gelenk-Einspannbockes aufgesetzt.

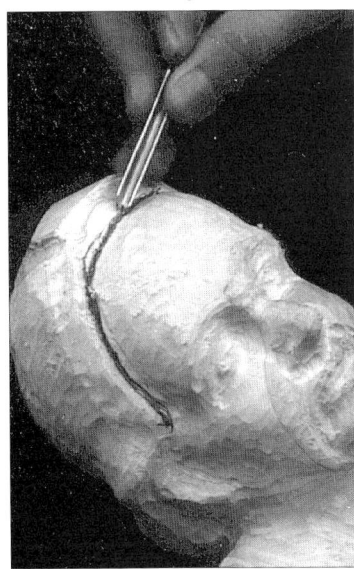

Bild Nr. 347
Ziereisen, Stich 11, 2 mm

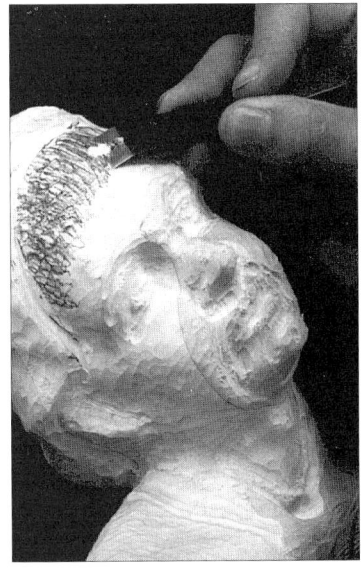

Bild Nr. 348
Balleisen, Stich 1, 20 mm

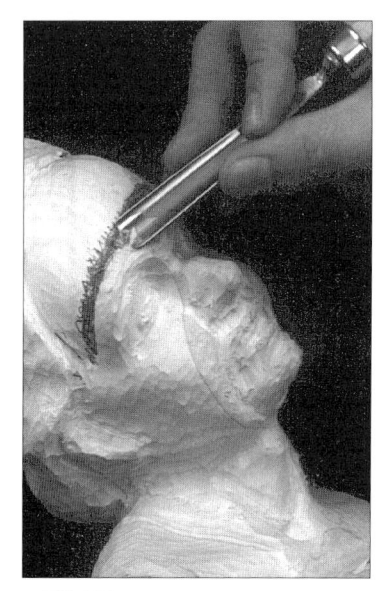

Bild Nr. 349
Hohleisen, Stich 6, 12 mm

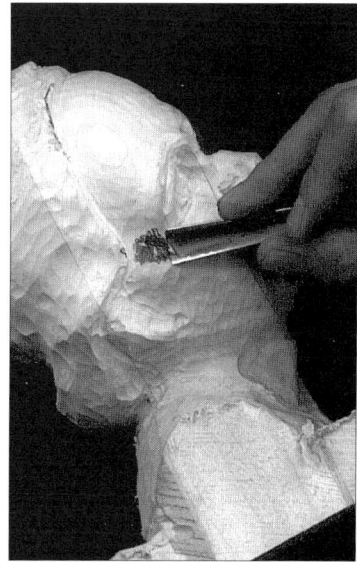

Bild Nr. 350
Hohleisen, Stich 5, 16 mm

Bild Nr. 351
Blumeneisen, Stich 3, 16 mm

Bild Nr. 352
Balleisen, Stich 1, 20 mm

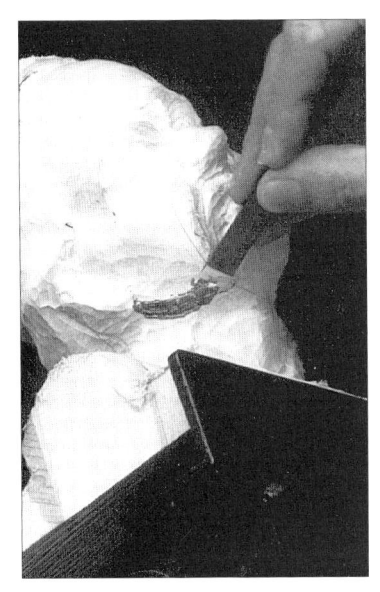

Bild Nr. 353
Balleisen, Stich 1, 20 mm

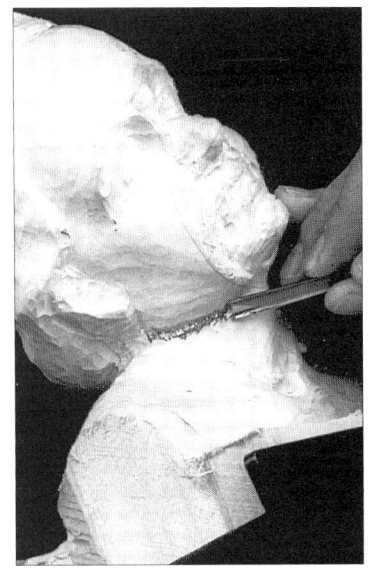

Bild Nr. 354
Hohleisen, Stich 8, 8 mm

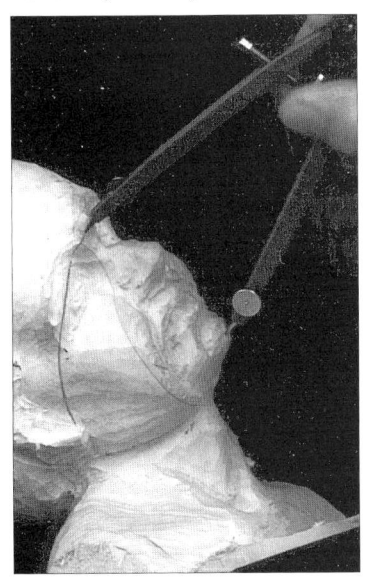

Bild Nr. 355
Bogenzirkel mit Bleistift

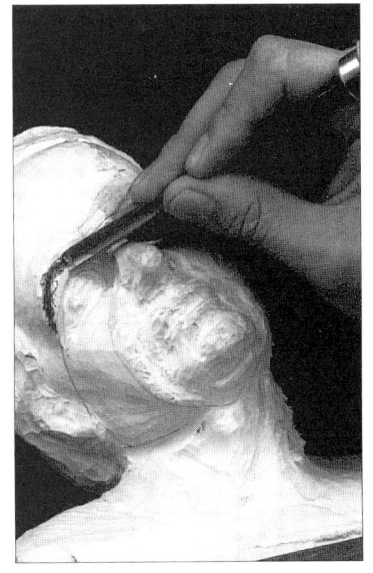

Bild Nr. 356
Flacheisen, Stich 4, 10 mm

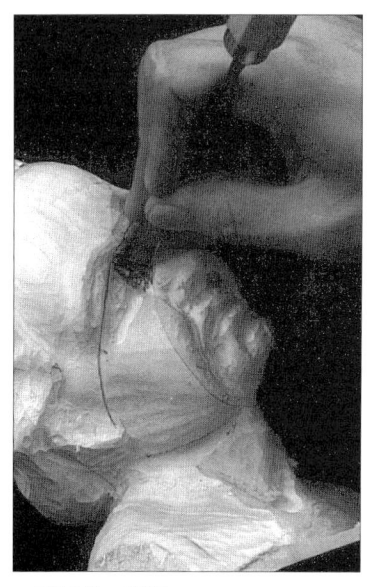

Bild Nr. 357
Hohleisen, Stich 7, 14 mm

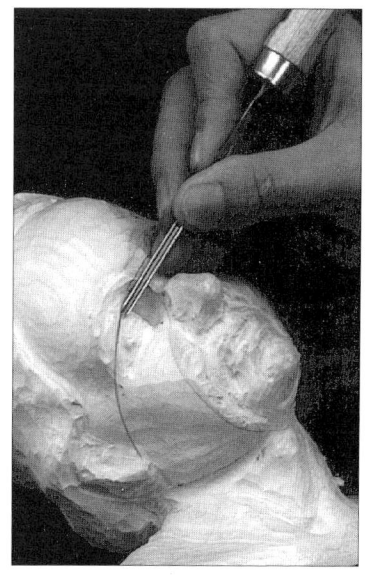

Bild Nr. 358
Ziereisen, Stich 11, 2 mm

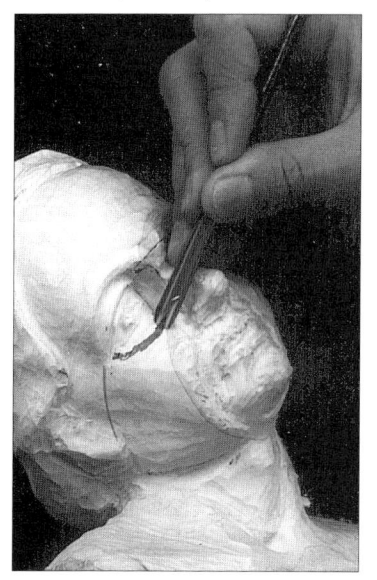

Bild Nr. 359
Flacheisen, Stich 4, 10 mm

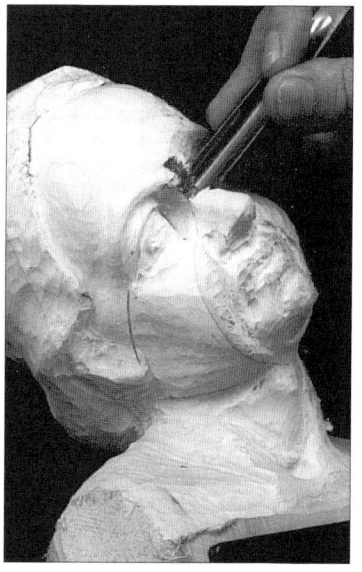

Bild Nr. 360
Hohleisen, Stich 8, 12 mm

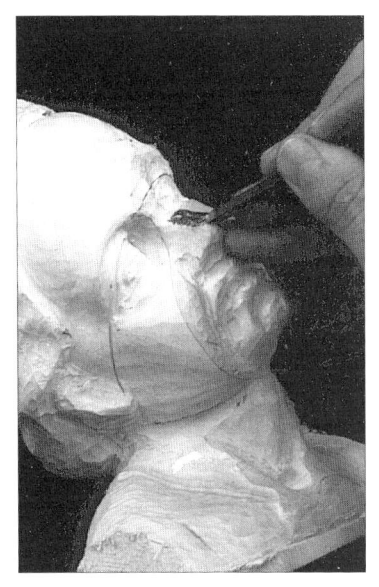

Bild Nr. 361
Balleisen, Stich 1, 10 mm

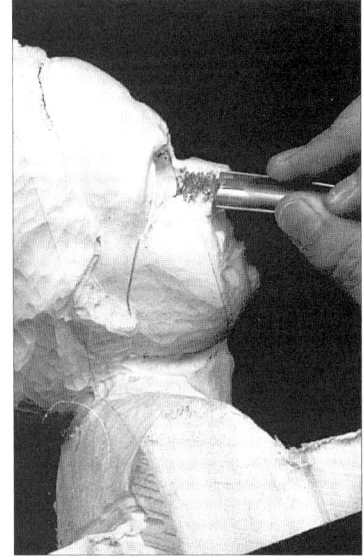

Bild Nr. 362
Hohleisen, Stich 7, 14 mm

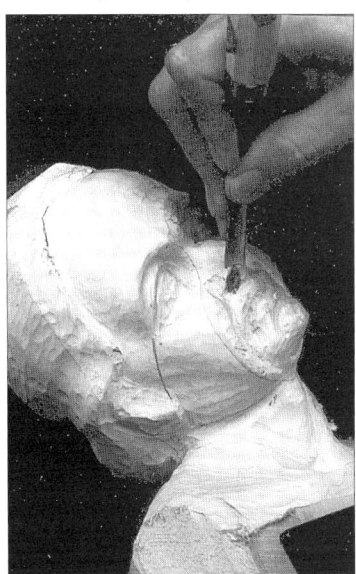

Bild Nr. 363
Flacheisen, Stich 4, 10 mm

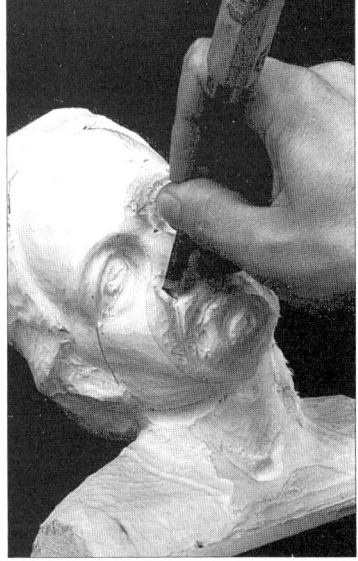

Bild Nr. 364
Schräges Balleisen, Stich 2, 6 mm

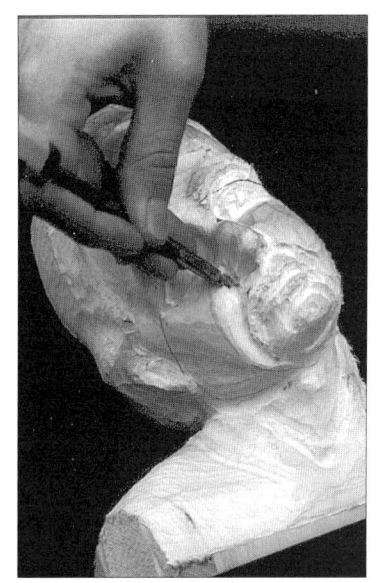

Bild Nr. 365
Hohleisen, Stich 10, 6 mm

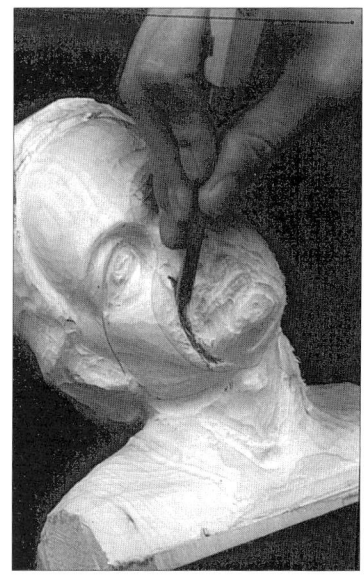

Bild Nr. 366
Hohleisen, Stich 8, 8 mm

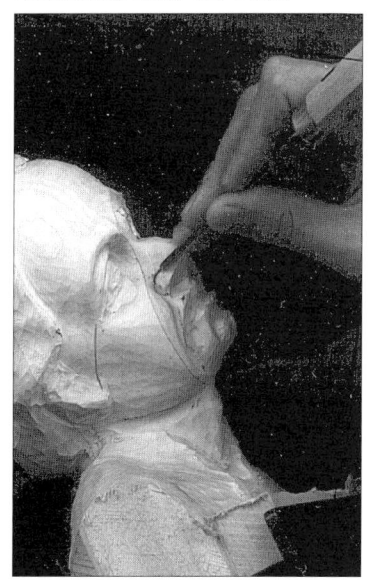

Bild Nr. 367
Ziereisen, Stich 11, 1,5 mm

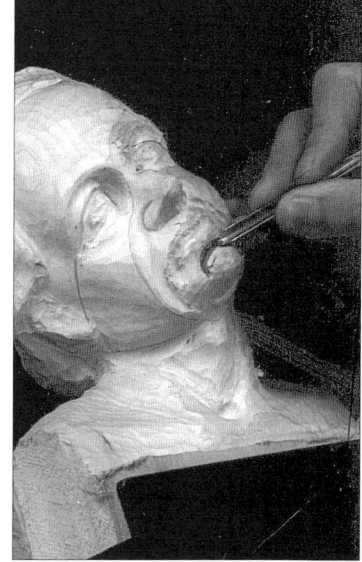

Bild Nr. 368
Ziereisen, Stich 11, 2 mm

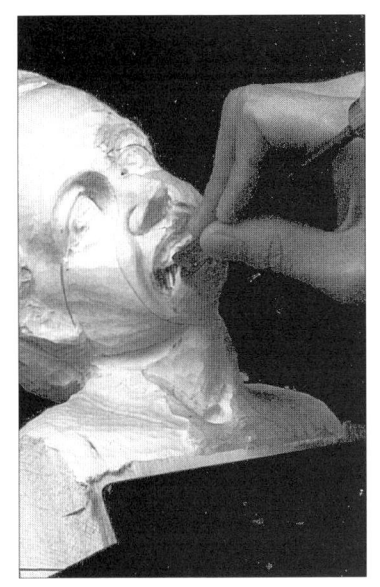

Bild Nr. 369
Blumeneisen, Stich 7, 12 mm

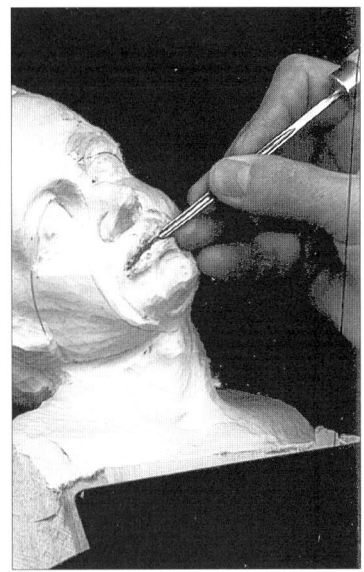

Bild Nr. 370
Ziereisen, Stich 11, 1,5 mm

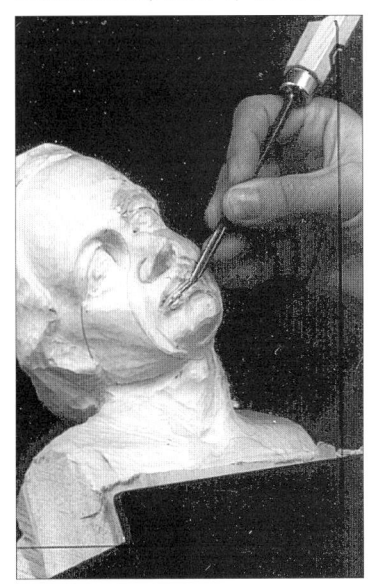

Bild Nr. 371
Blumeneisen, Stich 3, 10 mm

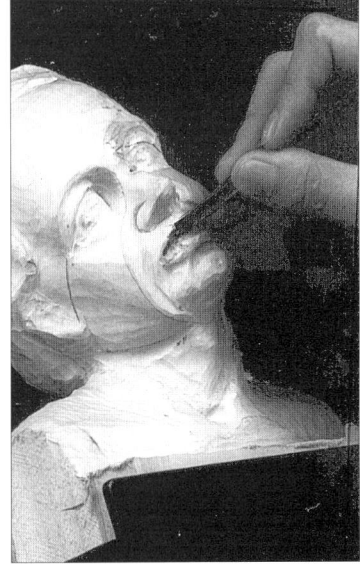

Bild Nr. 372
Blumeneisen, Stich 3, 10 mm

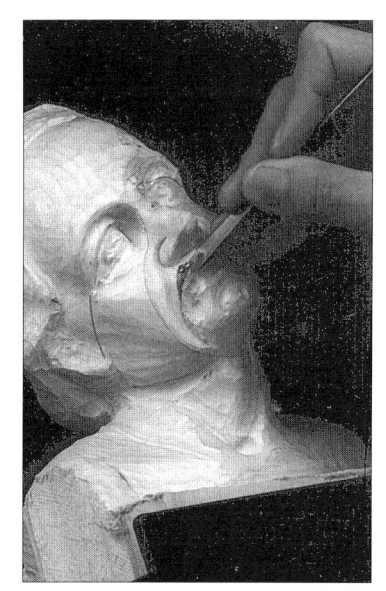

Bild Nr. 373
Blumeneisen, Stich 3, 10 mm

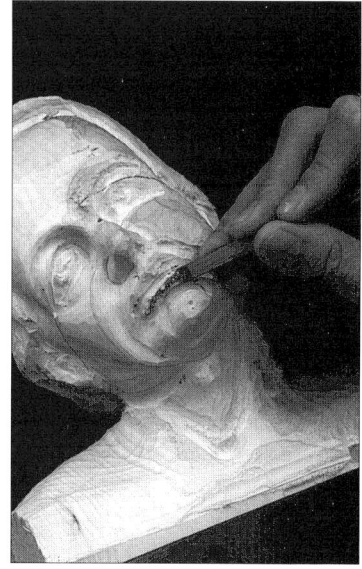

Bild Nr. 374
Balleisen, Stich 1, 4 mm

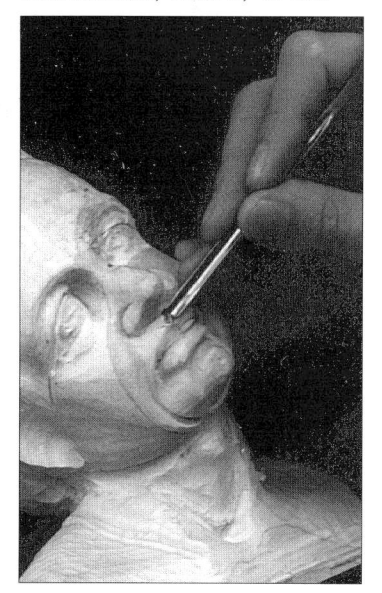

Bild Nr. 375
Hohleisen, Stich 5, 8 mm

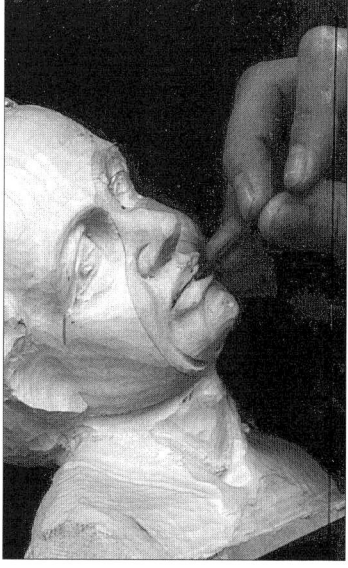

Bild Nr. 376
Schräges Balleisen, Stich 2, 2 mm

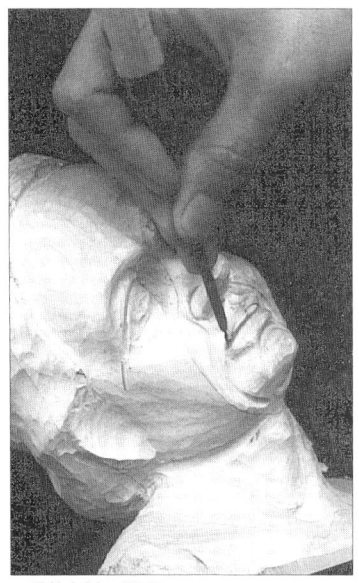

Bild Nr. 377
Schräges Balleisen, Stich 2, 2 mm

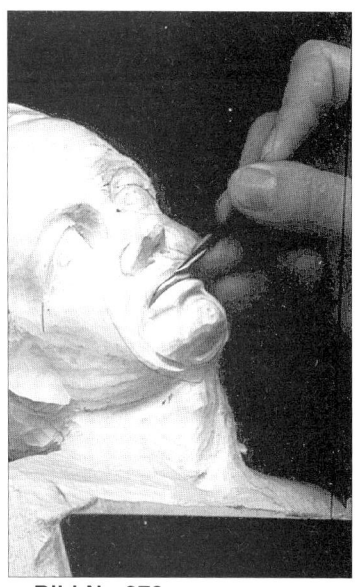

Bild Nr. 378
Flacheisen, Stich 2 1/2, 2 mm

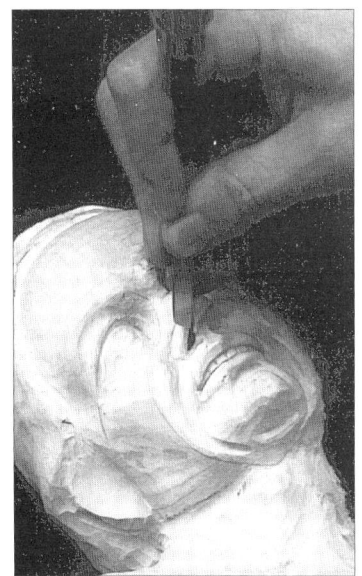

Bild Nr. 379
Schräges Balleisen, Stich 2, 8 mm

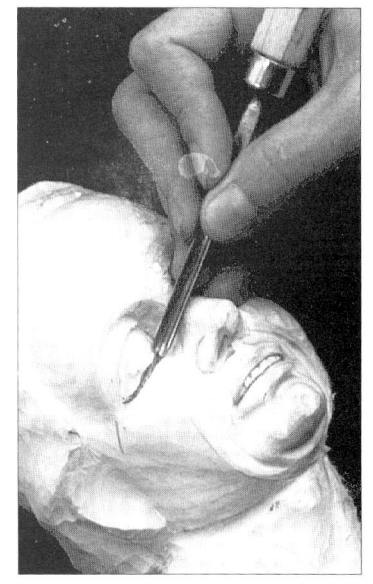

Bild Nr. 380
Hohleisen, Stich 11, 4 mm

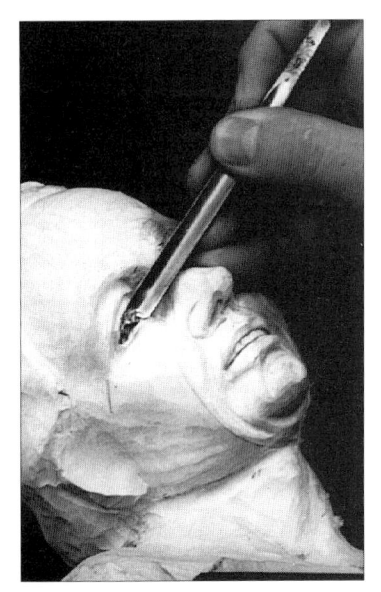

Bild Nr. 381
Hohleisen, Stich 5, 6 mm

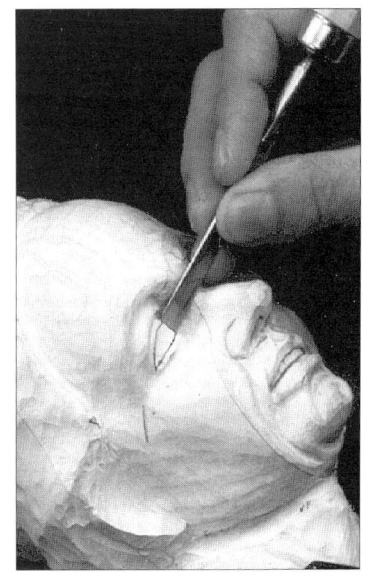

Bild Nr. 382
Flacheisen, Stich 4, 8 mm

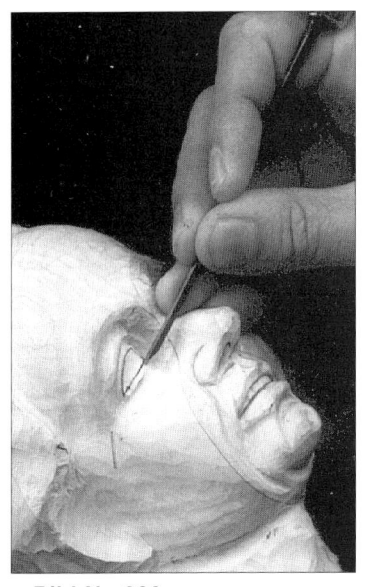

Bild Nr. 383
Flacheisen, Stich 2 1/2, 2 mm

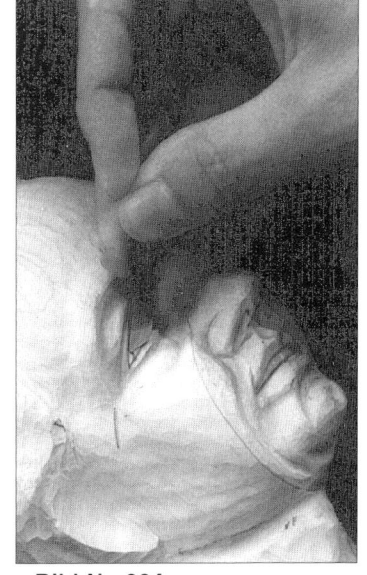

Bild Nr. 384
Schräges Balleisen, Stich 2, 4 mm

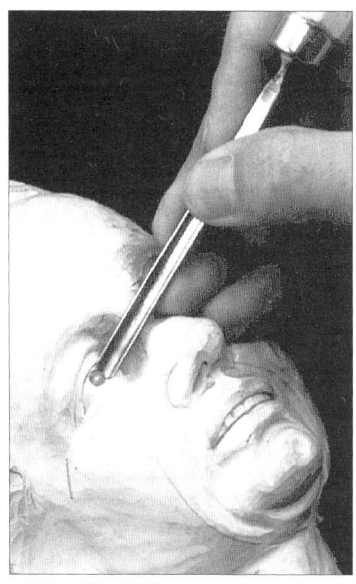

Bild Nr. 385
Hohleisen, Stich 8, 8 mm

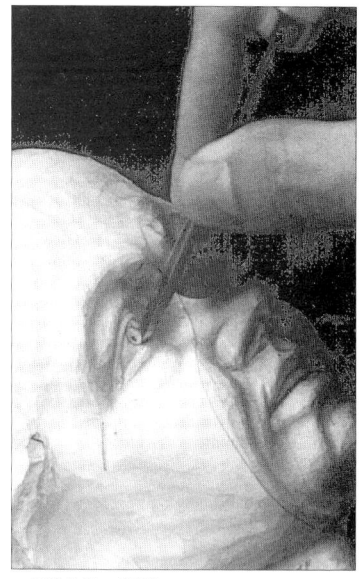

Bild Nr. 386
Hohleisen, Stich 10, 8 mm

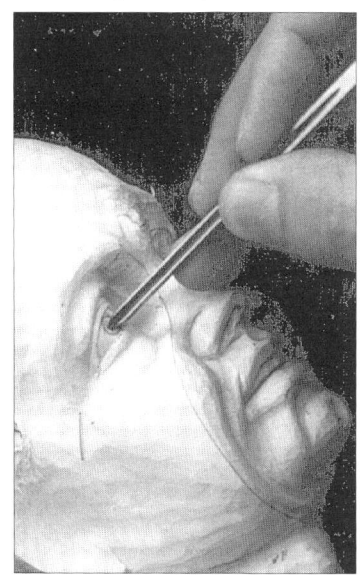

Bild Nr. 387
Ziereisen, Stich 11, 1,5 mm

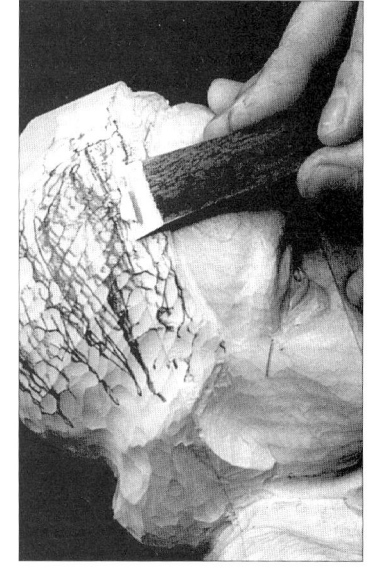

Bild Nr. 388
Balleisen, Stich 1, 20 mm

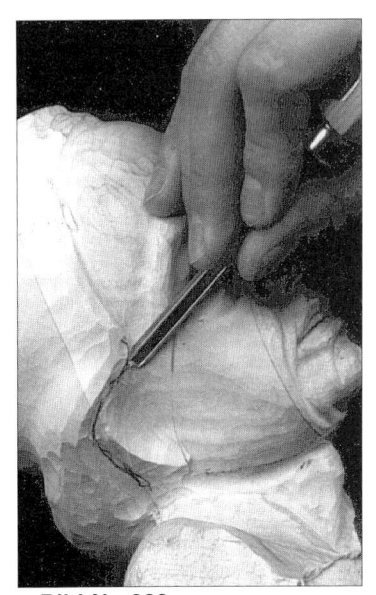

Bild Nr. 389
Ziereisen, Stich 11, 2 mm

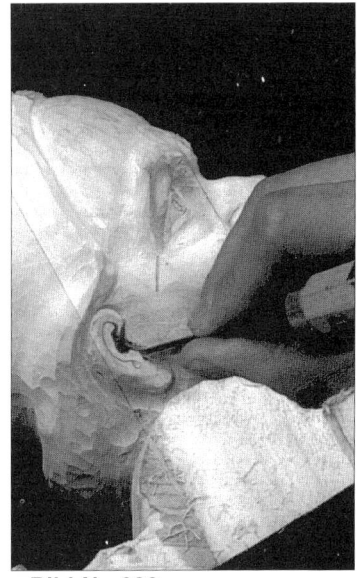

Bild Nr. 390
Ziereisen, Stich 11, 2 mm

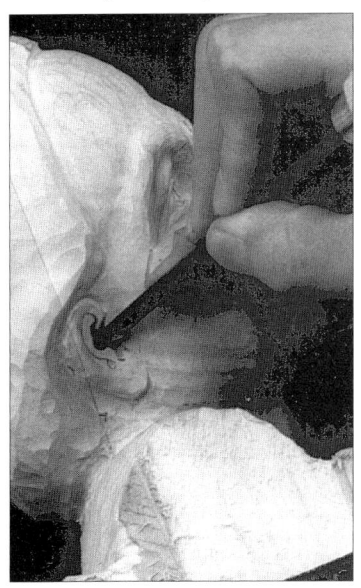

Bild Nr. 391
Hohleisen, Stich 7, 4 mm

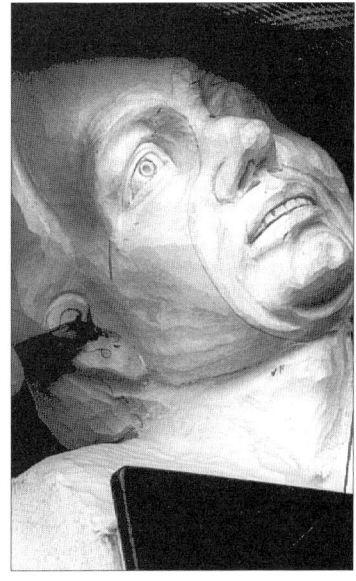

Bild Nr. 392
Blumeneisen, Stich 3, 10 mm

KOCH, Schnitzen, Meisterliche Übungen

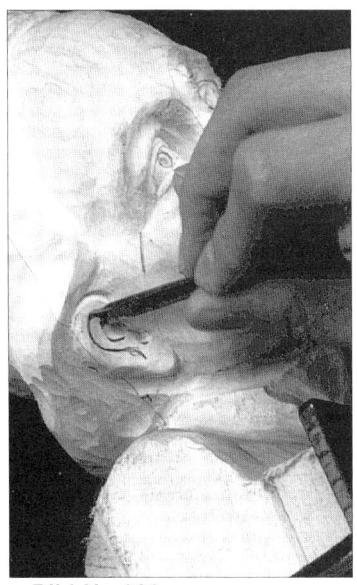

Bild Nr. 393
Blumeneisen, Stich 3, 10 mm

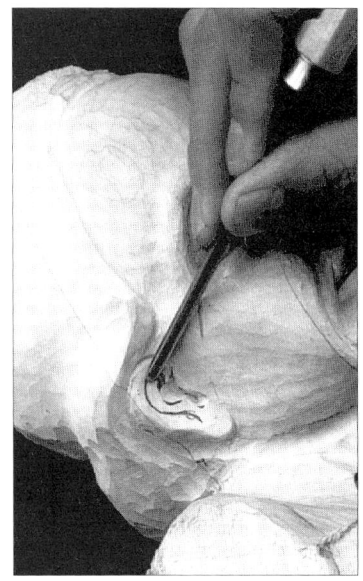

Bild Nr. 394
Ziereisen, Stich 11, 1,5 mm

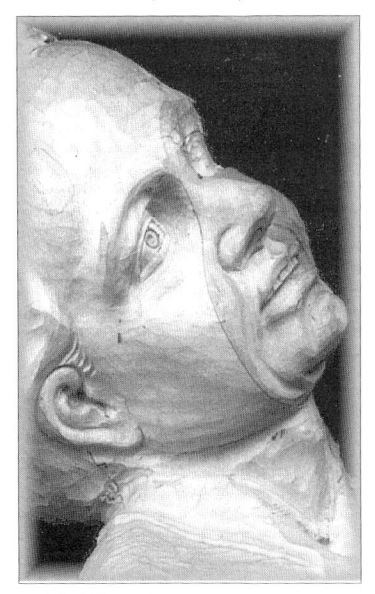

Bild Nr. 395
Die fertige Gesichtshälfte

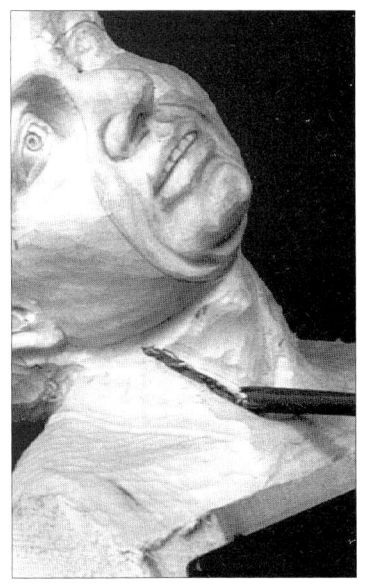

Bild Nr. 396
Hohleisen, Stich 9, 8 mm

149

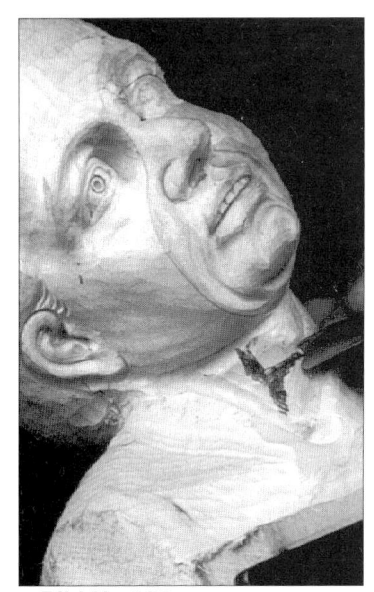

Bild Nr. 397
Hohleisen, Stich 9, 8 mm

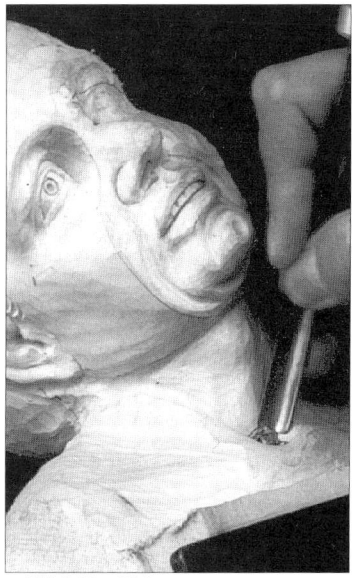

Bild Nr. 398
Hohleisen, Stich 9, 8 mm

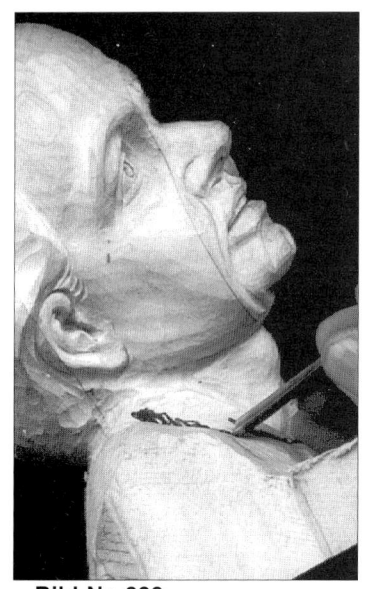

Bild Nr. 399
Hohleisen, Stich 6, 8 mm

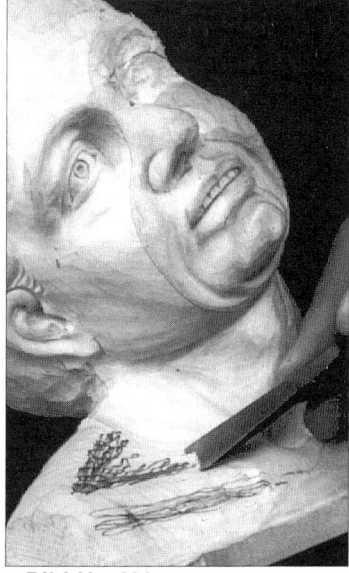

Bild Nr. 400
Blumeneisen, Stich 3, 10 mm

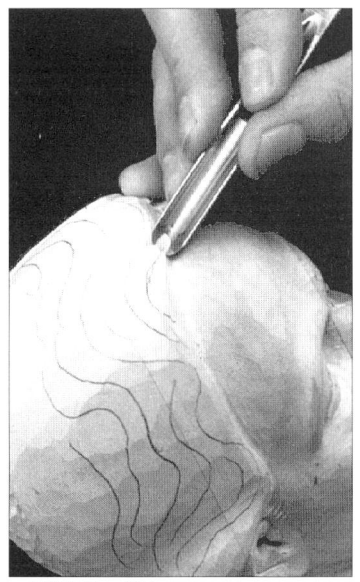

Bild Nr. 401
Hohleisen, Stich 10, 8 mm

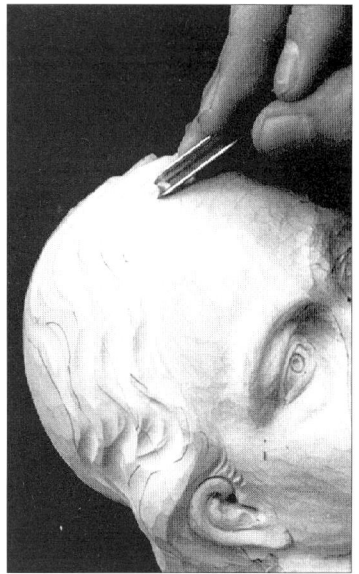

Bild Nr. 402
Hohleisen, Stich 10, 4 mm

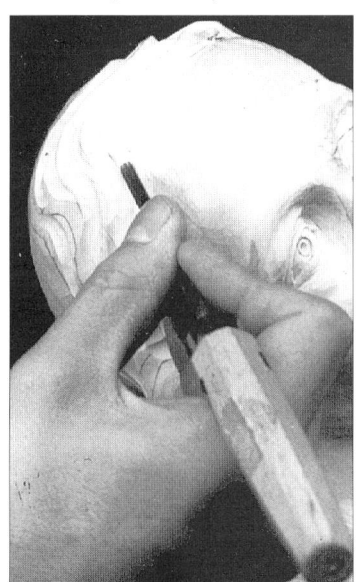

Bild Nr. 403
Hohleisen, Stich 10, 2 mm

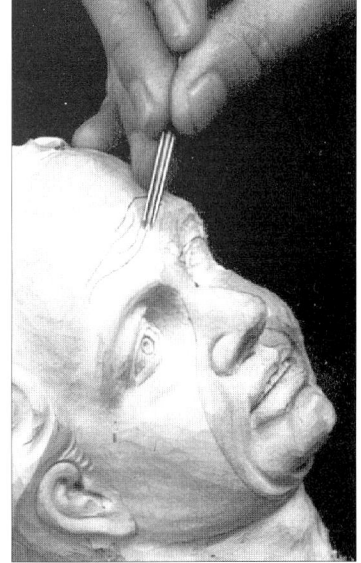

Bild Nr. 404
Ziereisen, Stich 11, 1,5 mm

Teil 16
Übungsbeispiel trauriges, erschöpftes Gesicht. Nr. 403.26

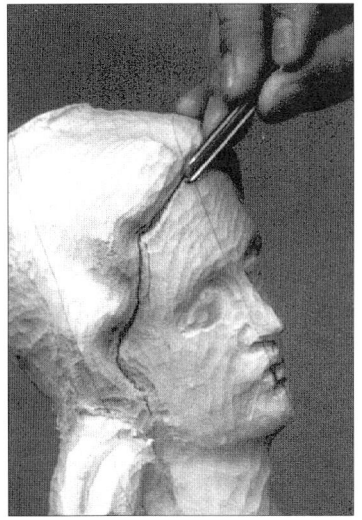

Bild Nr. 405
Ziereisen, Stich 11, 2 mm

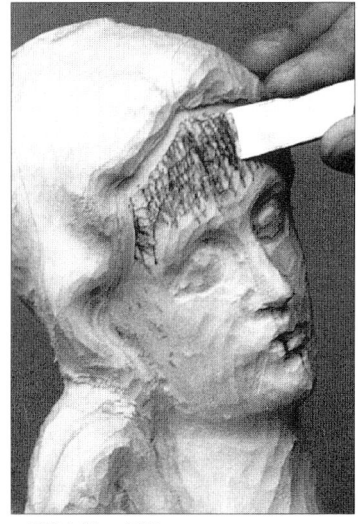

Bild Nr. 406
Balleisen, Stich 1, 10 mm

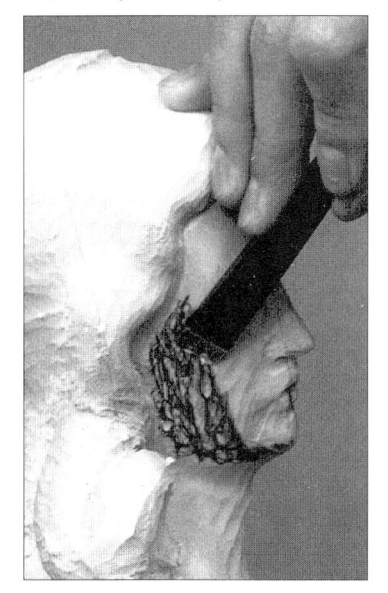

Bild Nr. 407
Balleisen, Stich 1, 10 mm

Bild Nr. 408
Blumeneisen, Stich 7, 10 mm

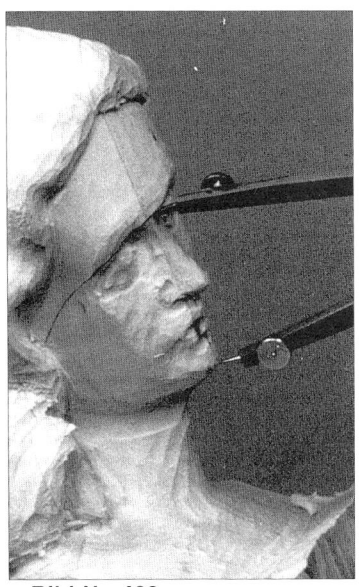

Bild Nr. 409
Bogenzirkel mit Bleistift

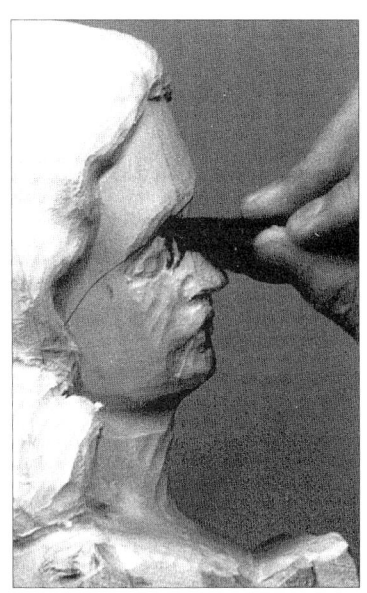

Bild Nr. 410
Hohleisen, Stich 8, 10 mm

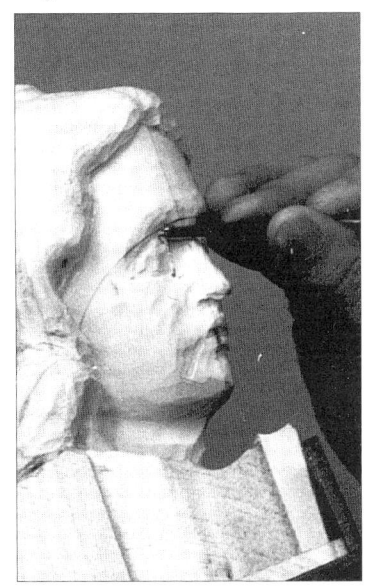

Bild Nr. 411
Ziereisen, Stich 11, 1,5 mm

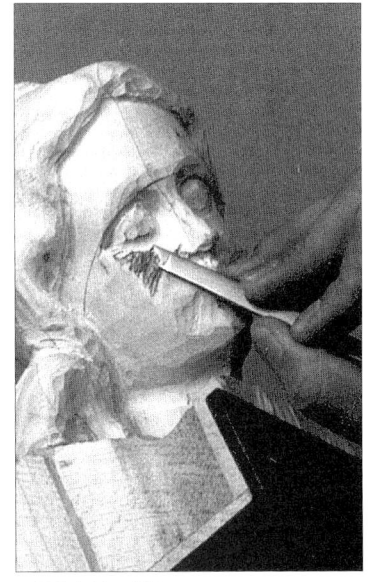

Bild Nr. 412
Flacheisen, Stich 2 1/2, 10 mm

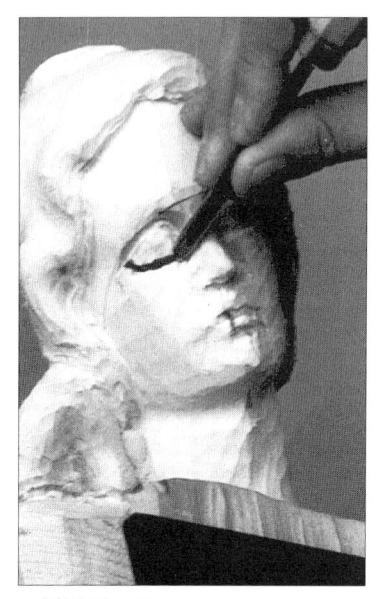

Bild Nr. 413
Hohleisen, Stich 11, 4 mm

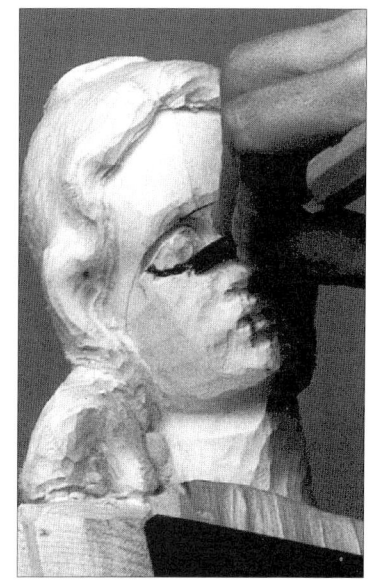

Bild Nr. 414
Hohleisen, Stich 11, 4 mm

Bild Nr. 415
Schräges Balleisen, Stich 2, 6 mm

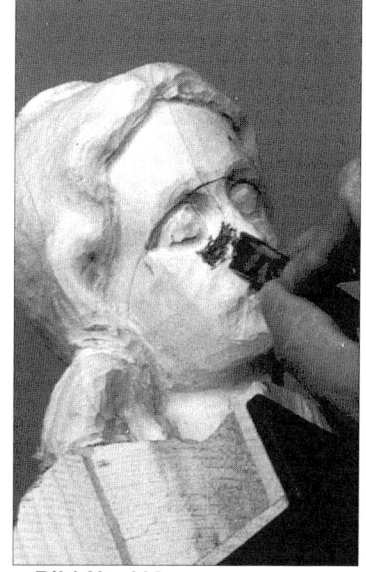

Bild Nr. 416
Hohleisen, Stich 8, 10 mm

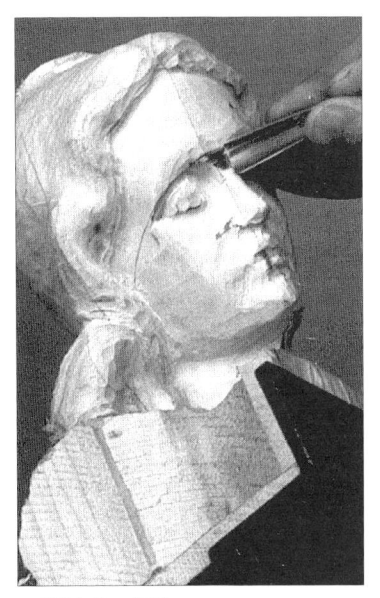

Bild Nr. 417
Blumeneisen, Stich 7, 10 mm

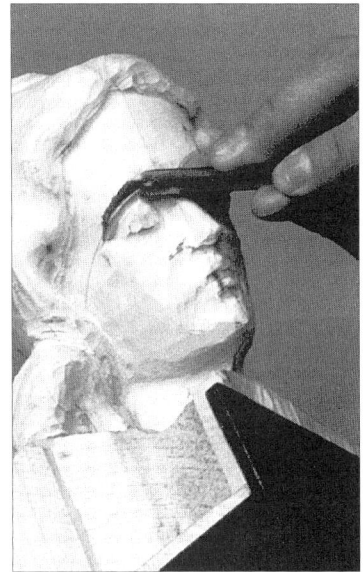

Bild Nr. 418
Flacheisen, Stich 4, 6 mm

Bild Nr. 419
Hohleisen, Stich 6, 6 mm

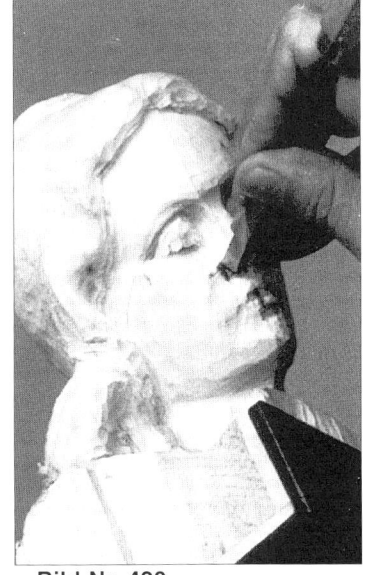

Bild Nr. 420
Schräges Balleisen, Stich 2, 6 mm

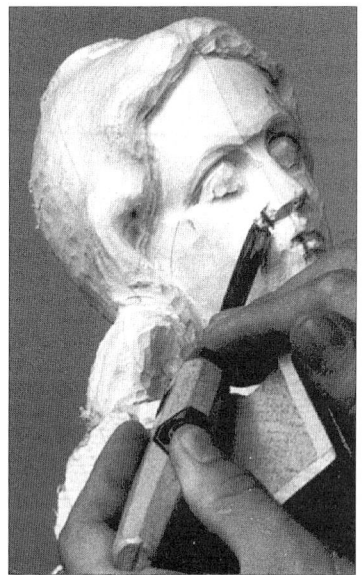

Bild Nr. 421
Flacheisen, Stich 4, 6 mm

Bild Nr. 422
Ziereisen, Stich 11, 2 mm

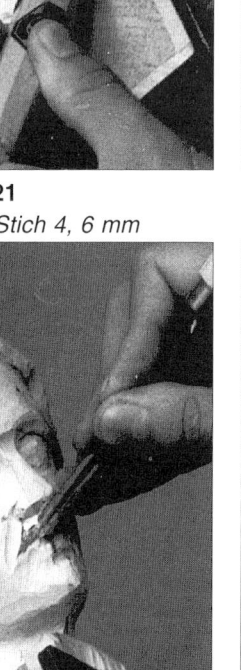

Bild Nr. 423
Ziereisen, Stich 11, 1,5 mm

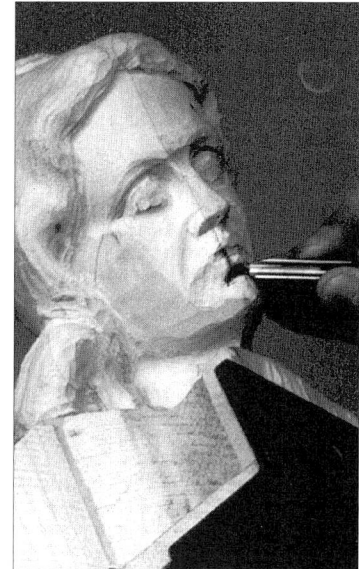

Bild Nr. 424
Hohleisen, Stich 11, 4 mm

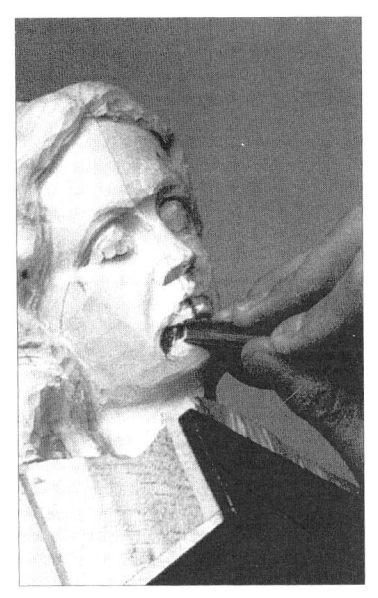

Bild Nr. 425
Hohleisen, Stich 8, 6 mm

Bild Nr. 426
Flacheisen, Stich 2 1/2, 4 mm

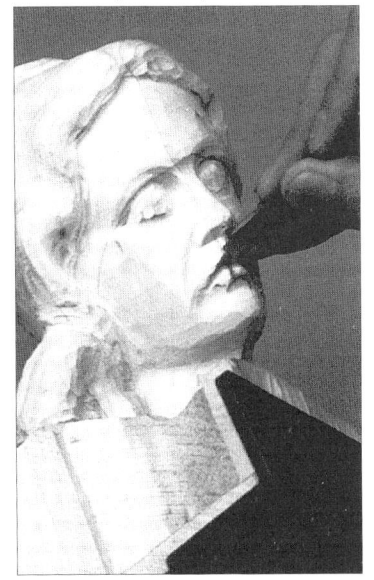

Bild Nr. 427
Blumeneisen, Stich 3, 10 mm

Bild Nr. 428
Schräges Balleisen, Stich 2, 2 mm

Ziereisen, Stich 11, 1,5 mm

Hohleisen, Stich 6, 6 mm

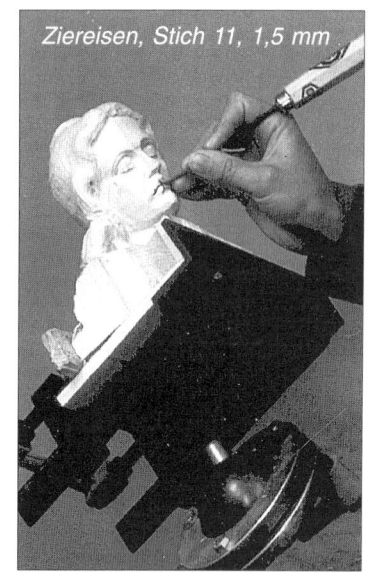

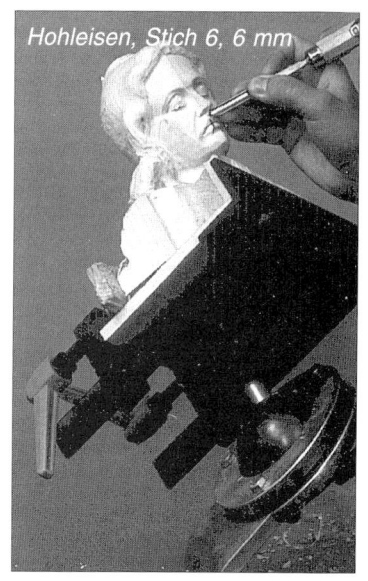

Bild Nr. 429 **Bild Nr. 430**

Gut sichtbar: Die Übung im Kugelgelenk-Einspannbock

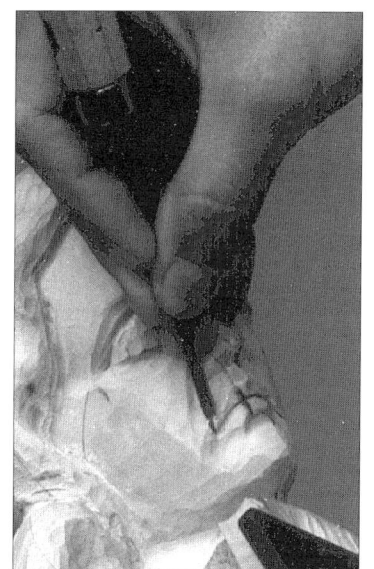

Bild Nr. 431
Ziereisen, Stich 11, 1,5 mm

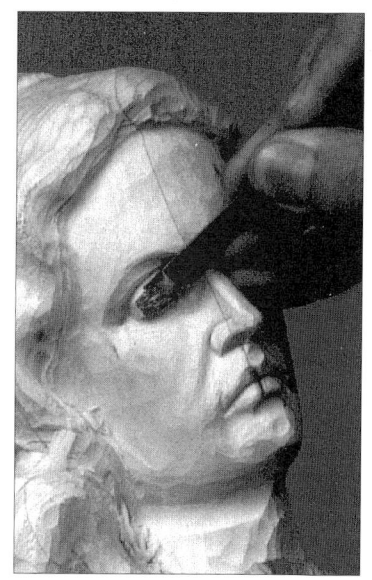

Bild Nr. 432
Balleisen, Stich 1, 4 mm

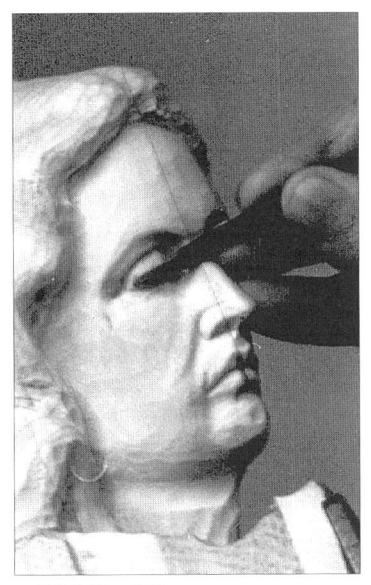

Bild Nr. 433
Hohleisen, Stich 8, 4 mm

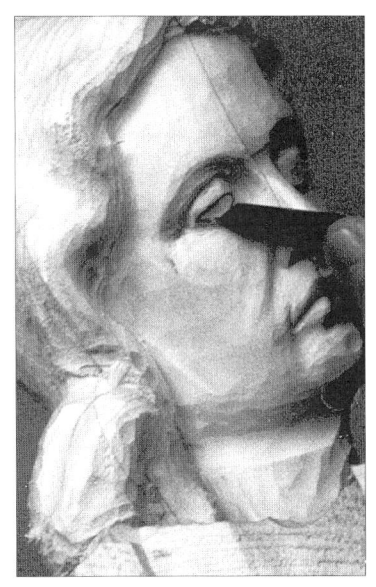

Bild Nr. 434
Hohleisen, Stich 6, 6 mm

Bild Nr. 435
Flacheisen, Stich 2 1/2, 4 mm

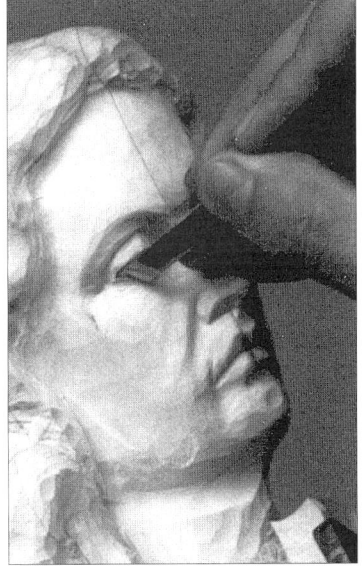

Bild Nr. 436
Hohleisen, Stich 10, 4 mm

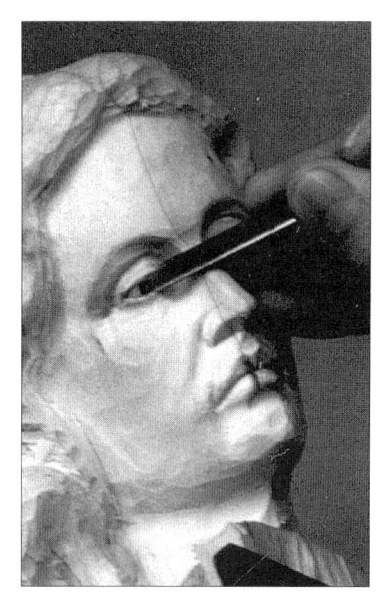

Bild Nr. 437
Hohleisen, Stich 10, 4 mm

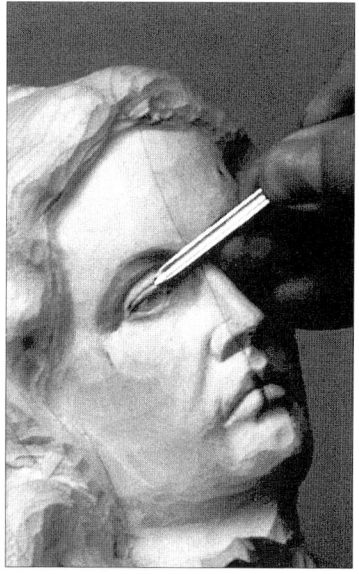

Bild Nr. 438
Ziereisen, Stich 11, 1 mm

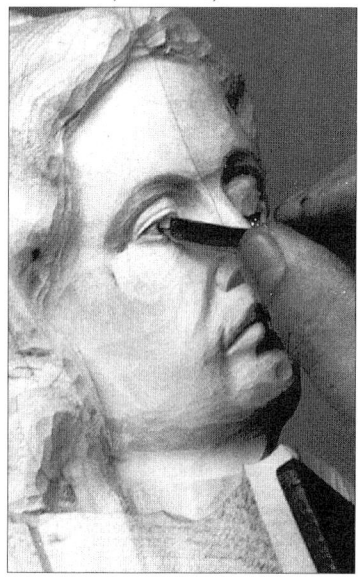

Bild Nr. 439
Hohleisen, Stich 8, 4 mm

Bild Nr. 440
Ziereisen, Stich 11, 1,5 mm

Bild Nr. 441
Hohleisen, Stich 6, 12 mm

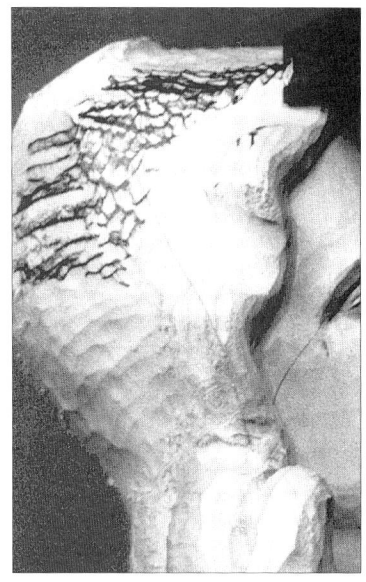

Bild Nr. 442
Balleisen, Stich 1, 20 mm

Bild Nr. 443
Hohleisen, Stich 6, 10 mm

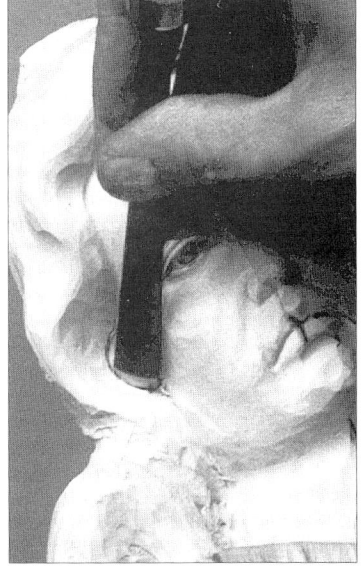

Bild Nr. 444
Hohleisen, Stich 5, 10 mm

Bild Nr. 445
Schräges Balleisen, Stich 2, 6 mm

Bild Nr. 446
Ziereisen, Stich 11, 2 mm

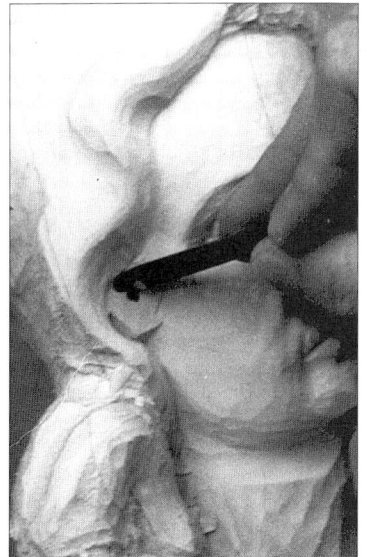

Bild Nr. 447
Flacheisen, Stich 4, 10 mm

Bild Nr. 448
Hohleisen, Stich 6, 12 mm

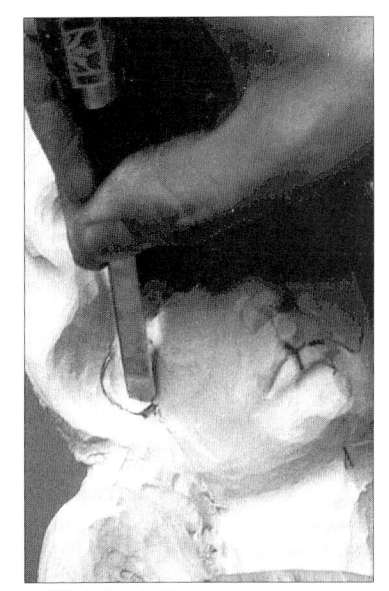

Bild Nr. 449
Hohleisen, Stich 8, 10 mm

Bild Nr. 450
Schräges Balleisen, Stich 2, 12 mm

Bild Nr. 451
Flacheisen, Stich 2 1/2, 12 mm

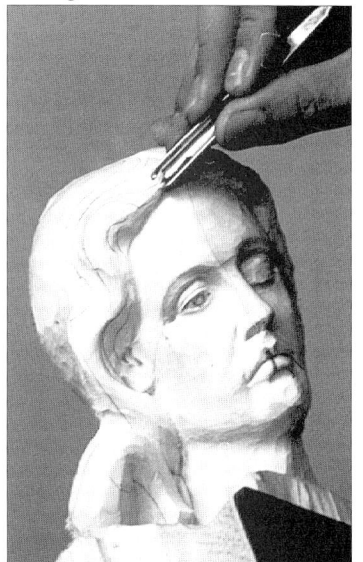

Bild Nr. 452
Hohleisen, Stich 8, 8 mm

Bild Nr. 453
Hohleisen, Stich 8, 4 mm

Bild Nr. 454
Hohleisen, Stich 8, 2 mm

Eine Bemerkung zu den eingesetzten Beiteln:
Sofern keine besondere Angaben zu der Werkzeugform angegeben sind, kommt immer ein gerader Beitel zum Einsatz. Gebogen, gekröpft, verkehrt gekröpft usw. wird in jedem Fall einzeln angegeben.

Sie werden schon bemerkt haben, daß Gaißfüße kaum oder gar nicht vorkommen. Sie werden in der Hauptsache beim Schnitzen von Buchstaben und Schriften, bei Ornamenten und auch teilweise bei Reliefs eingesetzt. Bei Figuren spielen sie eine recht untergeordnete Rolle.

Vielfach werden vom Autodidakten Gaißfüße bevorzugt. Schnitte mit dem Gaißfuß entbehren aber meist der erforderlichen Eleganz. Zudem ist auch der weitverbreitete Glaube falsch, daß mit dem Gaißfuß genaue Kerben und saubere Innenkanten geschnitten werden können. Als Schnittkante bleibt immer, wenn auch fein eine Hohlkehle. Verwenden Sie besonders beim Haare ausschneiden keine Gaißfüße. Das wirkt pomadig.

Teil 17

Übungsbeispiel, wie ein Gesicht angelegt und in kleinen, vorbezeichneten Schritten der Kopf eines jungen Mannes aus einem rohen Block Holz ausgearbeitet wird.

Das Beispiel ist meinem *<SCHNITZER-KOLLEG>* Ausgabe Nr. 12 entnommen. (Internationale Ausgabe, in vier Sprachen: Deutsch, Englisch, Französisch und Spanisch.) Weitere Beispiele dieser Art sind ausführlichst auch in den Ausgabe Nr. 10 und 12 enthalten. Bestellen Sie bei Ihrem Fachhändler oder bei mir.

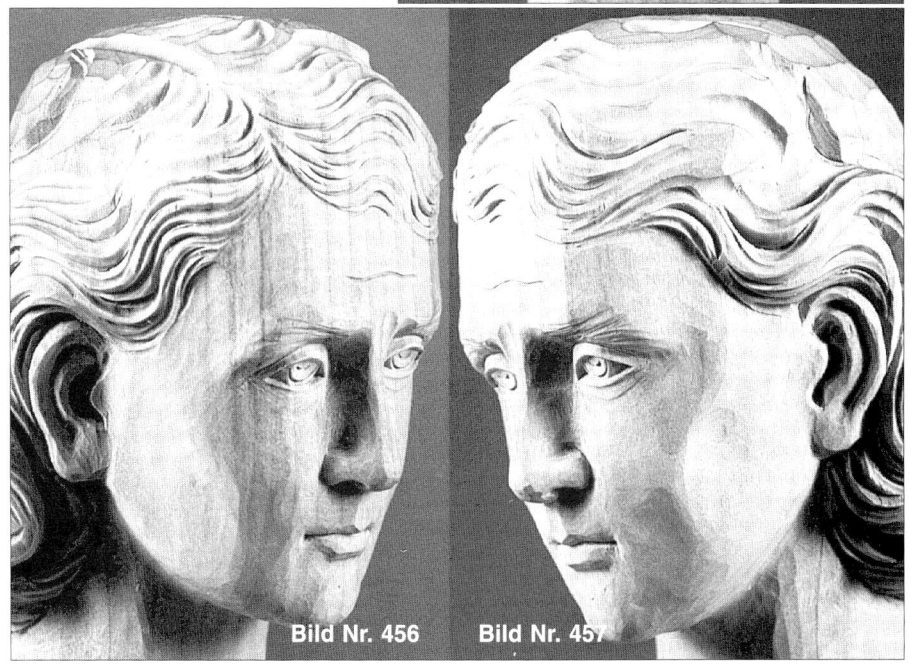

Bild Nr. 455

Bild Nr. 456   Bild Nr. 457

1. Arbeitsschritt.

Vor jedem Arbeitsschritt werden die auszuarbeitenden Holzteile markiert. Je nach Größe der Holzvorgabe für den Übungskopf, können sich die Werkzeugformen und -größen ändern. Sie müssen in jedem Fall den anatomischen Vorgaben angepaßt werden. Orientieren Sie sich bei der Auswahl der hier benötigten Werkzeuge an den Angaben zu den Übungen vorangegangener Übungs-*Teile*. Die Formen und Größen der Schneiden müssen optimal den Formen und Größen, ganz speziell bei den Augen angepaßt sein.

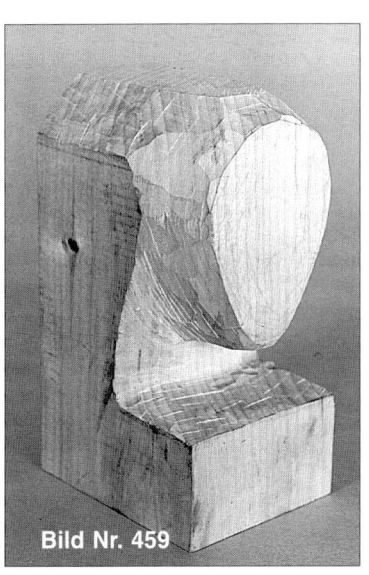

Bild Nr. 458

Bild Nr. 459

Bild Nr. 460

Bild Nr. 461
Bild Nr. 462

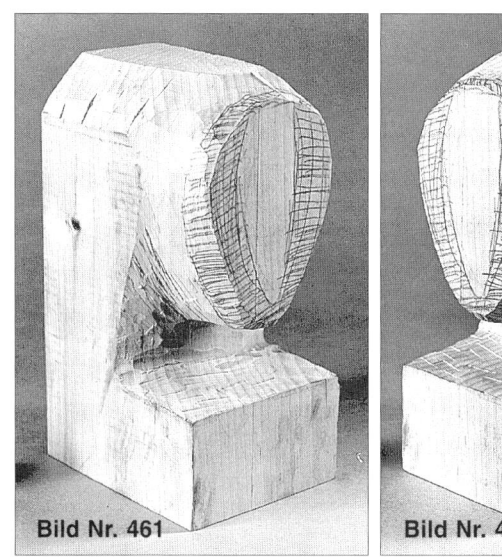

2. Arbeitsschritt.

Oben: Nach der ersten Ausarbeitung wird nun die grobe <Eiform> des Gesichtes markiert.

Unten: Die grob ausgearbeitete Vorform.

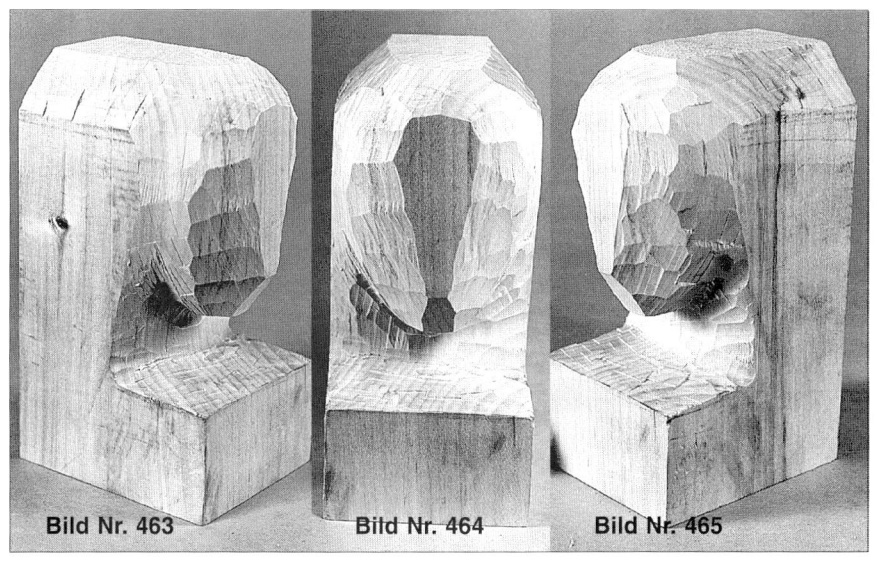

Bild Nr. 463
Bild Nr. 464
Bild Nr. 465

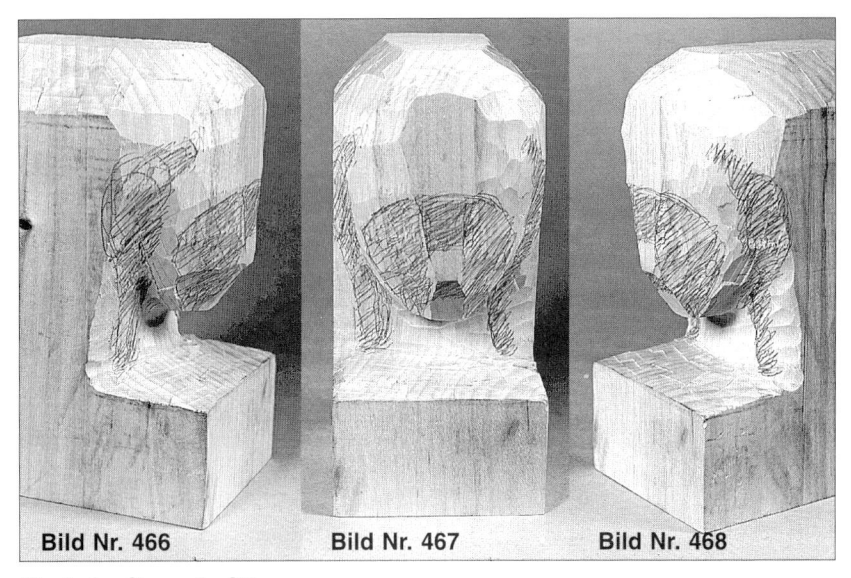

Bild Nr. 466 Bild Nr. 467 Bild Nr. 468

3. Arbeitsschritt.

Oben: Markierungen für die ersten Konturen des Gesichtes.

Unten: Die jetzt ausgearbeiteten Gesichtskonturen.

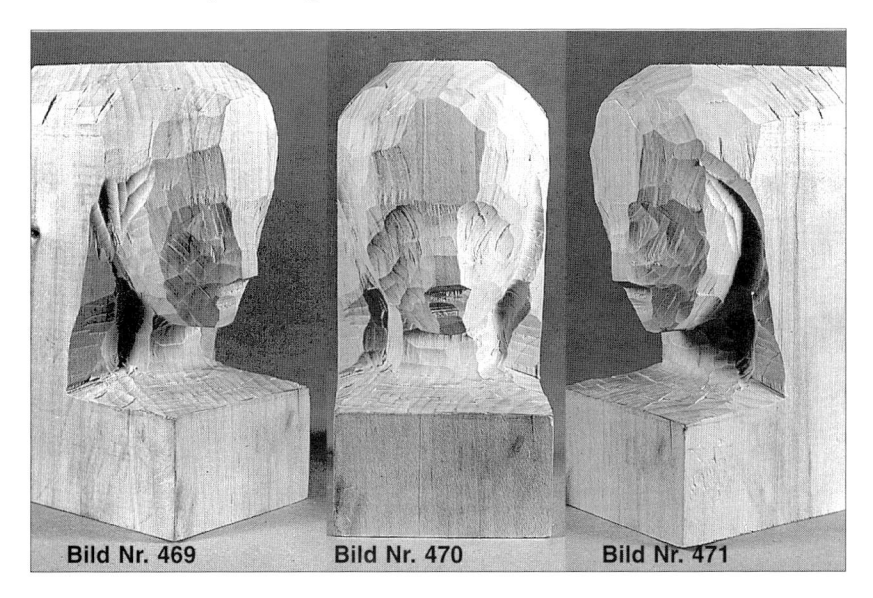

Bild Nr. 469 Bild Nr. 470 Bild Nr. 471

Bild Nr. 472
Bild Nr. 473

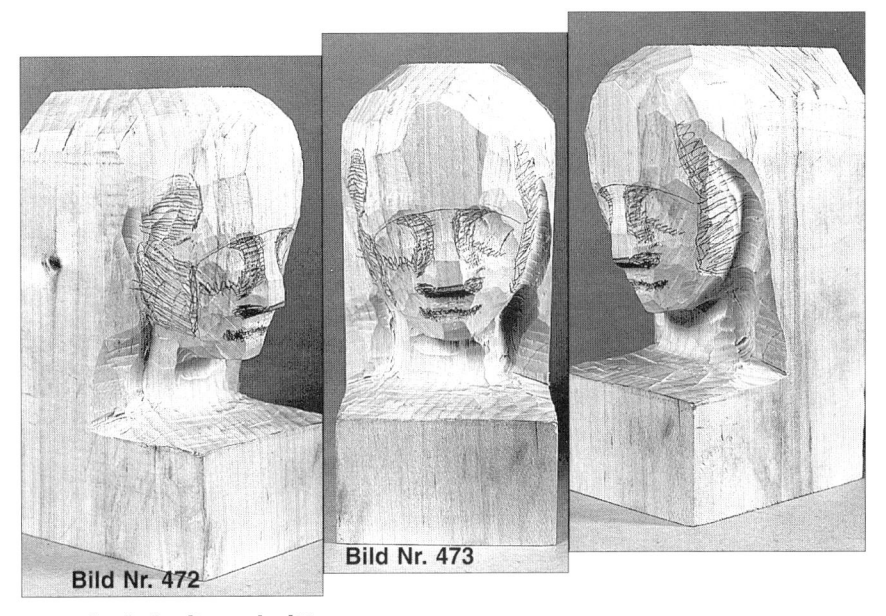

4. Arbeitsschritt.

Oben ist der nächste Schritt markiert und unten ausgearbeitet.

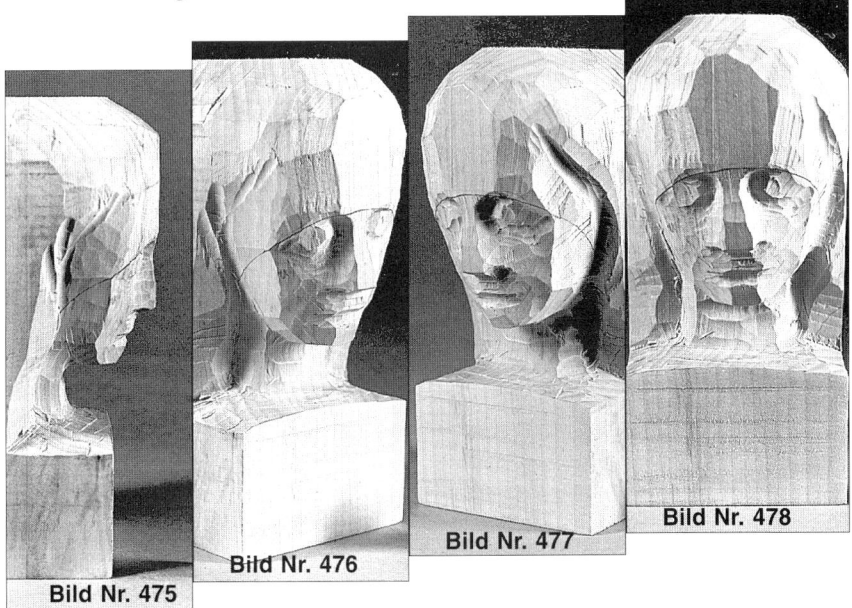

Bild Nr. 475
Bild Nr. 476
Bild Nr. 477
Bild Nr. 478

Bild Nr. 479

Im unteren Drittel der Gesichtseinteilung, zwischen Mundlinie und Kinn, wird mit dem Zirkel eingestochen und ein Kreisbogen geschlagen. Dieser reicht von Ohrläppchenspitze auf der einen bis an die gleiche Stelle gegenüber.
Frischen Sie Ihre Detailskenntnisse in meinem Buch <EXPERTENKURS> auf.
Lesen Sie noch einmal, was Sie zum Aufbau und zur Einteilung des Gesichtes brauchen.

5. Arbeitsschritt.

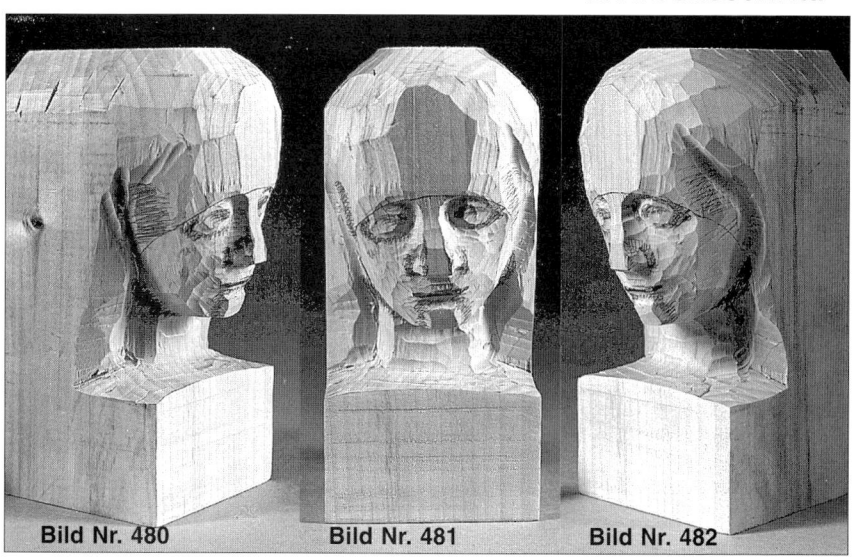

Bild Nr. 480 **Bild Nr. 481** **Bild Nr. 482**

Bild Nr. 483

Bild Nr. 484

Links die Markierungen für die nächste Ausarbeitung, den 5. Arbeitsschritt.

Bild Nr. 485

Auf dieser Seite sind alle für den 5. Arbeitsschritt markierten Stellen ausgearbeitet. Die ersten Charakterzüge sind erkennbar.

Bild Nr. 486

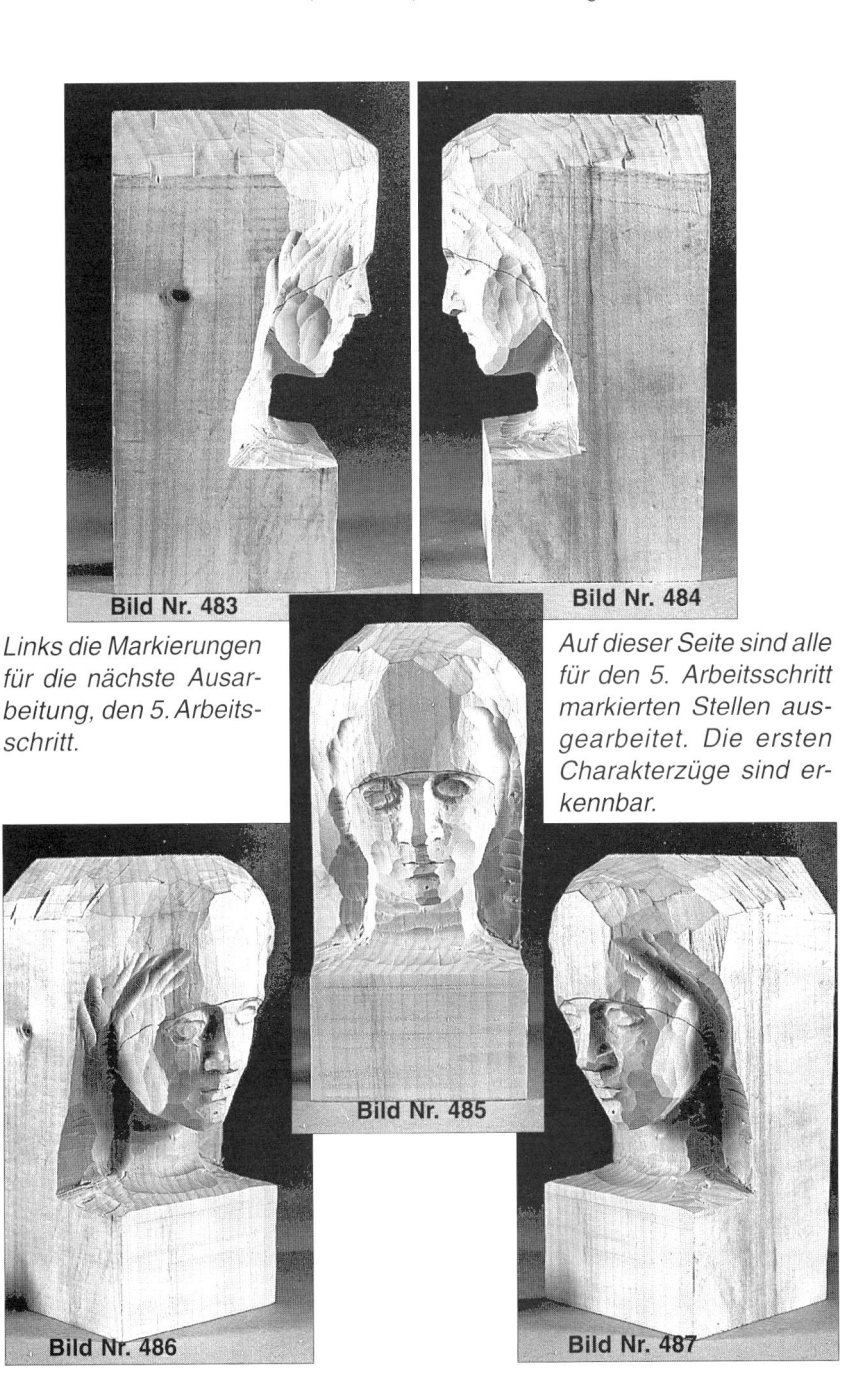

Bild Nr. 487

Bild Nr. 488

Bild Nr. 489

6. Arbeitsschritt.

Auf den Bildern Nr. 488 und 489 die Markierungen zum 6. Arbeitsschritt.

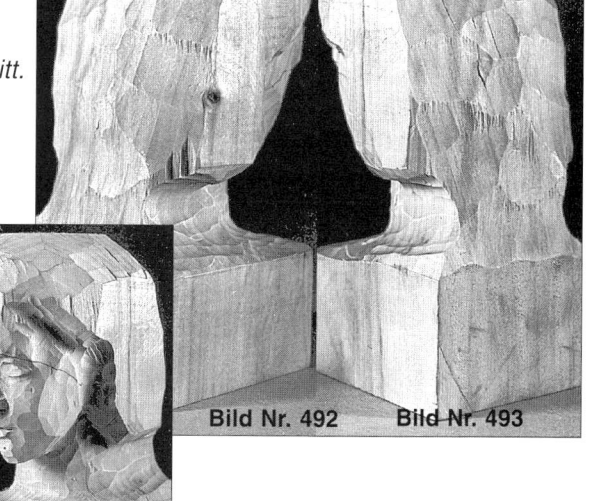

Bild Nr. 492   Bild Nr. 493

Bild Nr. 490   Bild Nr. 491

Die Bilder Nr. 490, 491, 492 und 493 zeigen die Ausarbeitungen zum 6. Arbeitsschritt.

7. Arbeitsschritt.

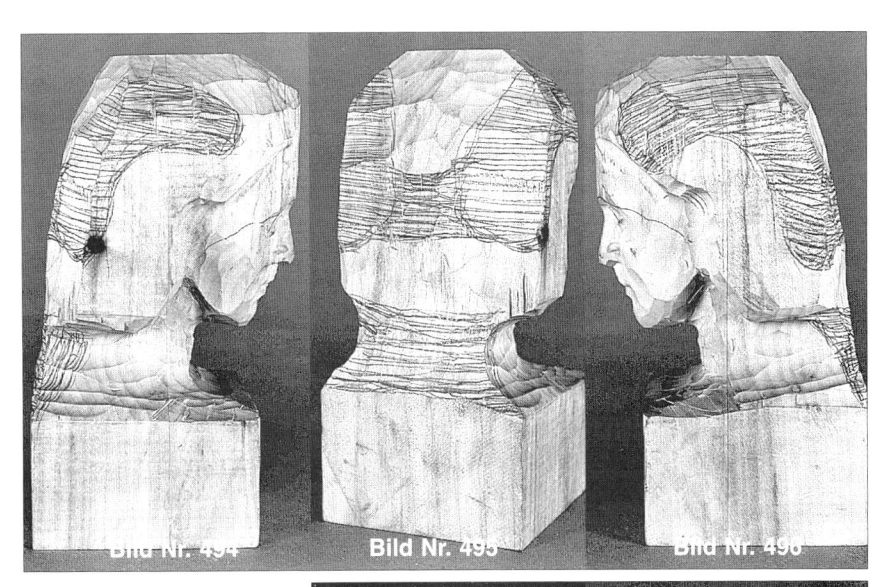

Die Bilder Nr. 494, 495 und 496 zeigen die Markierungen zur Ausarbeitung 7.

Bild Nr. 494   Bild Nr. 495   Bild Nr. 496

Bild Nr. 499   Bild Nr. 500

Bild Nr. 497   Bild Nr. 498

Die Bilder Nr. 497 bis 500 zeigen die Ausarbeitungen zum 7. Arbeitsschritt.

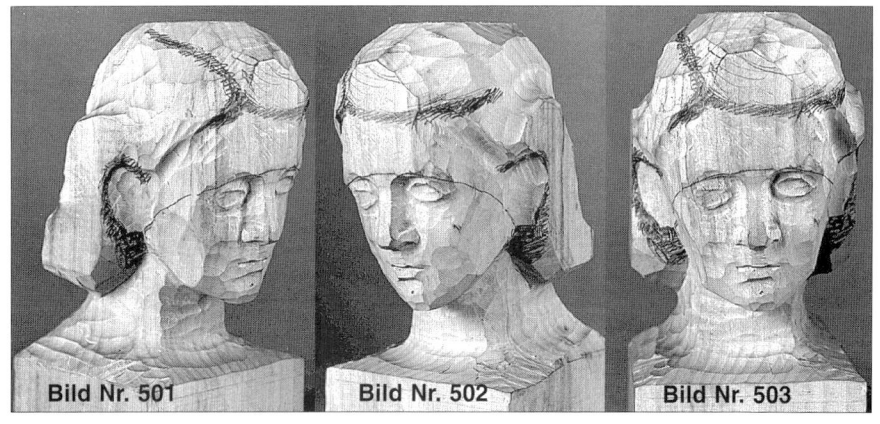

Bild Nr. 501 Bild Nr. 502 Bild Nr. 503

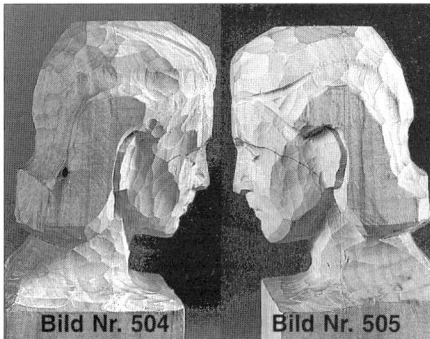

8. Arbeitsschritt.

Auf der oberen Bildreihe sind die Markierungen.

Die Bilder Nr. 504 bis 508 zeigen die Ausarbeitungen des 8. Arbeitsschrittes.

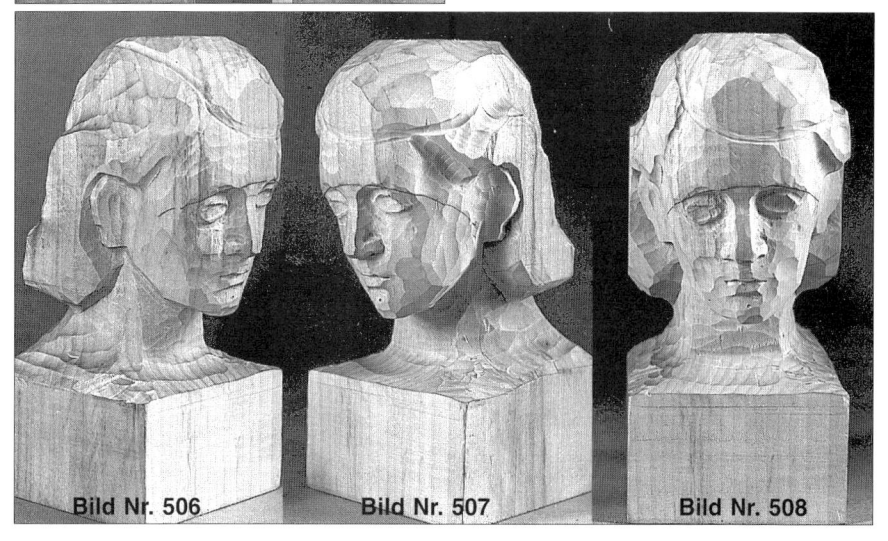

Bild Nr. 504 Bild Nr. 505

Bild Nr. 506 Bild Nr. 507 Bild Nr. 508

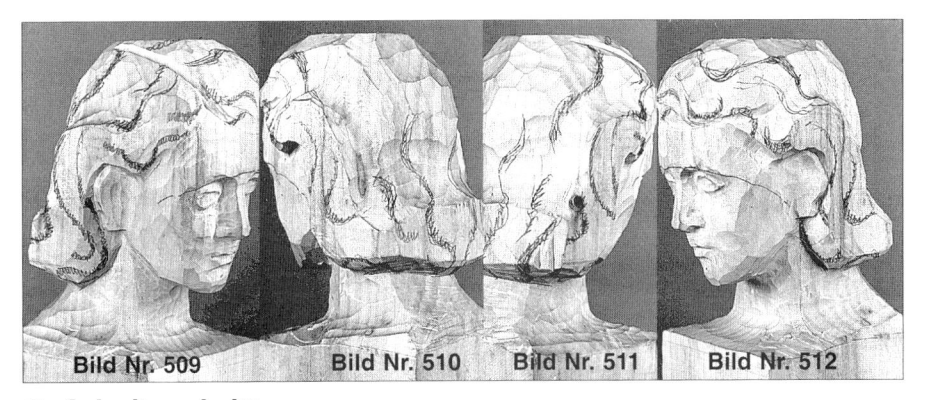

Bild Nr. 509 Bild Nr. 510 Bild Nr. 511 Bild Nr. 512

9. Arbeitsschritt.
Auf der oberen Bildreihe sind die Markierungen.

Die Bilder Nr. 513 bis 516 zeigen die Ausarbeitungen des 9. Arbeitsschrittes.

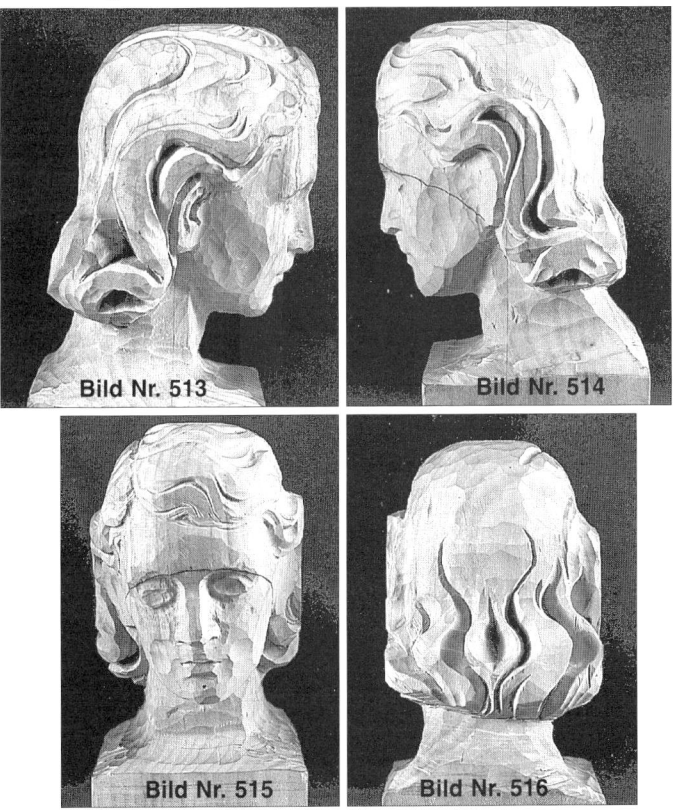

Bild Nr. 513

Bild Nr. 514

Bild Nr. 515

Bild Nr. 516

Bild Nr. 517 Bild Nr. 518

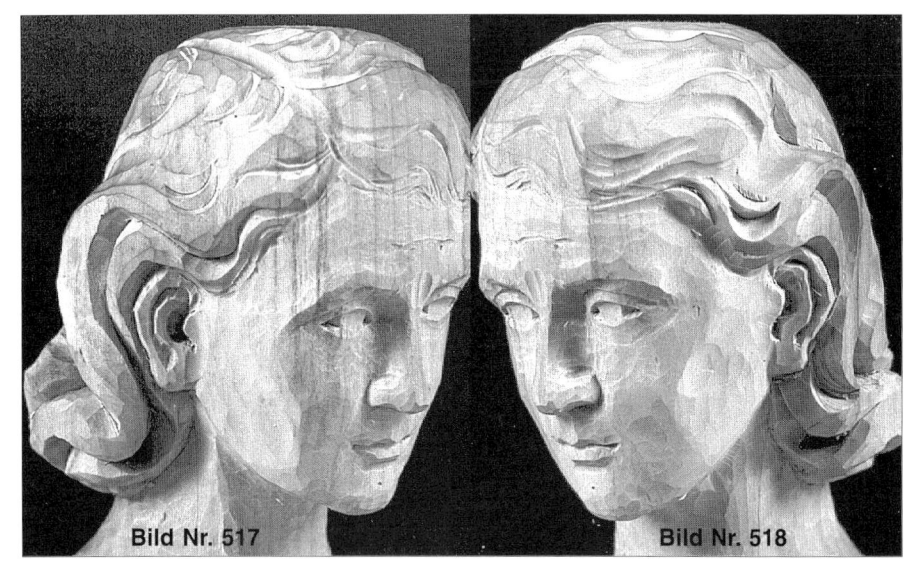

Das Wesentliche zur Fertigstellung des genau gewünschten Gesichtsausdruckes ist jetzt vorgegeben.
Zur Fertigstellung mit allen Feinheiten nehmen Sie die Vorlagen auf den Seiten 165 und 178/179. Kontrollieren Sie nocheinmal die genauen Gesichtseinteilungen.

Bild Nr. 519 Bild Nr. 520

Bilderserie von Nr. 521 - 530

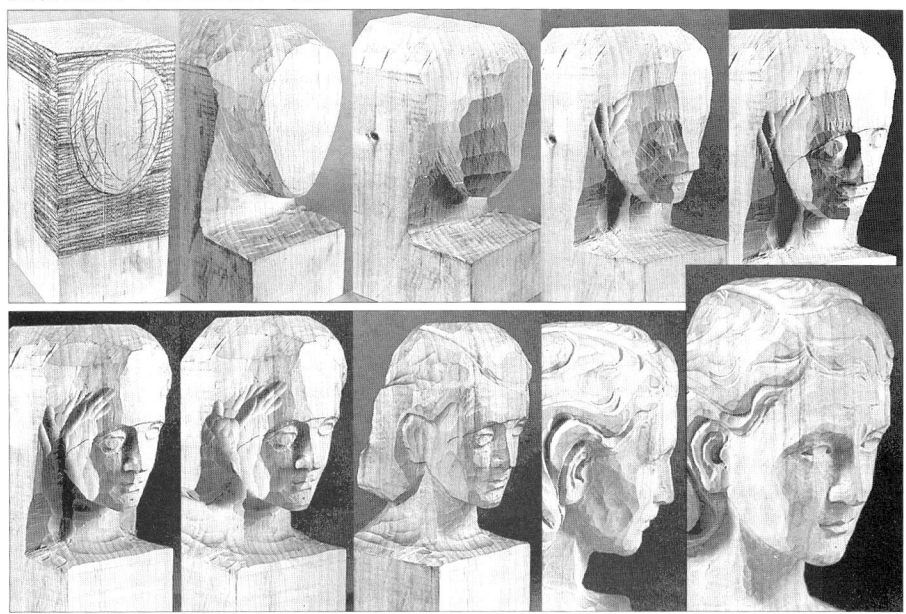

Zweimal Darstellungen im Zeitraffer zum Ausschnitzen eines Gesichtes aus dem rohen Block. Oben Ansichten von halbrechts, unten Ansichten von halblinks.

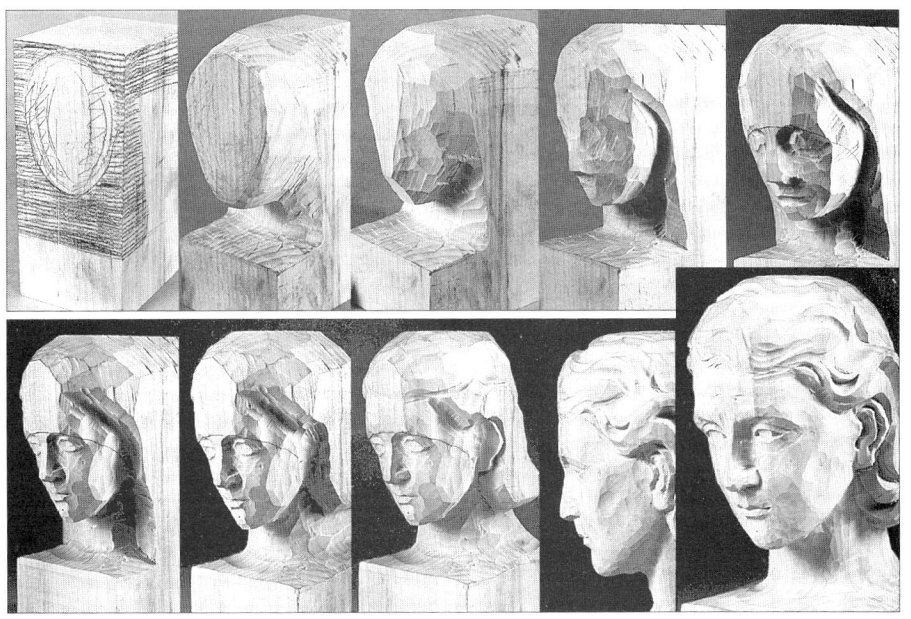

Bilderserie von Nr. 531 - 540

Bilderserie von Nr. 541 - 544

Panorama - Ansicht von oben

Bilderserie von Nr. 548 - 551

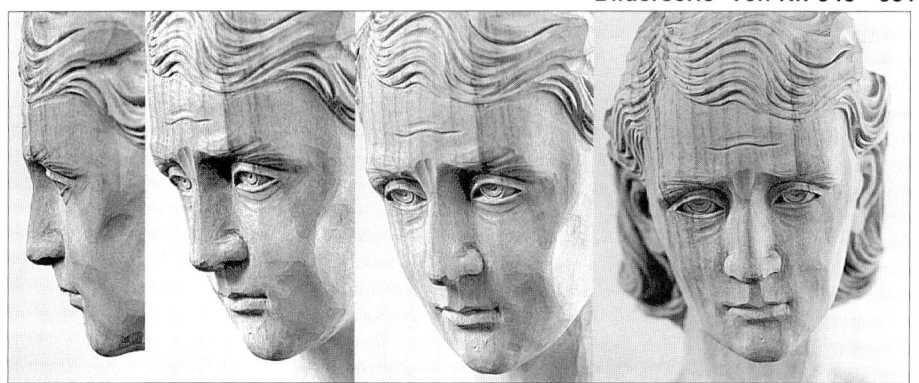

Panorama - Ansicht von vorne

Bilderserie von Nr. 555 - 558

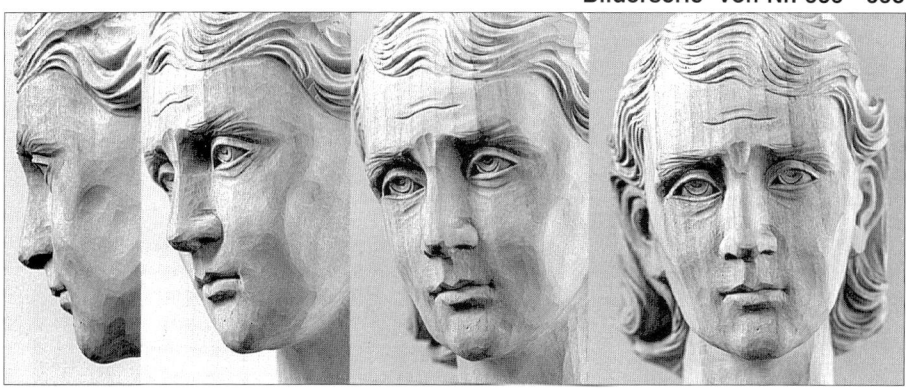

Panorama - Ansicht von unten

Bilderserie von Nr. 545 - 547

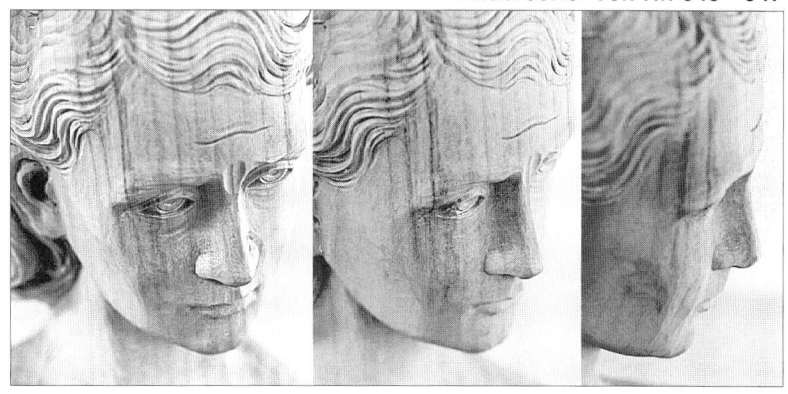

Panorama - Ansicht von oben

Bilderserie von Nr. 552 - 554

Panorama - Ansicht von vorne

Bilderserie von Nr. 559 - 561

Panorama - Ansicht von unten

Teil 18

Übungsbeispiel : <Eine Kinderhand>

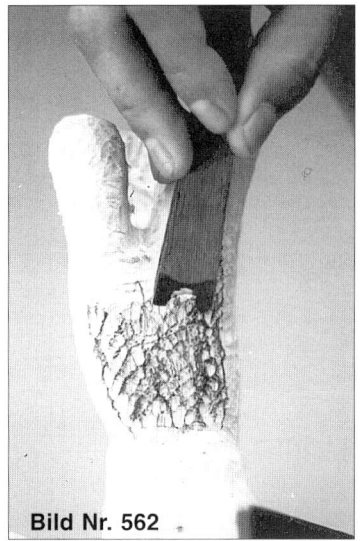

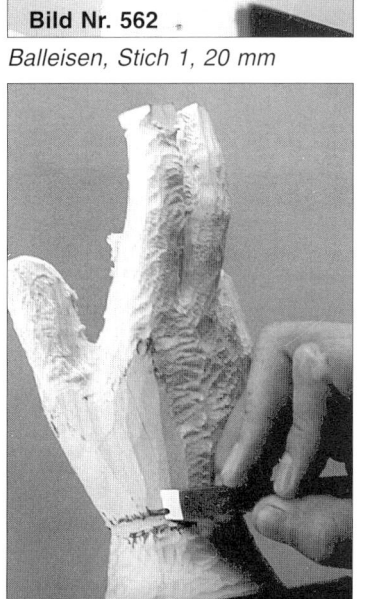

Bild Nr. 562
Balleisen, Stich 1, 20 mm

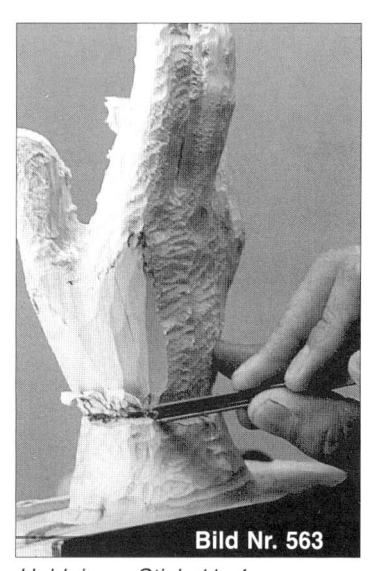

Bild Nr. 563
Hohleisen, Stich 11, 4 mm

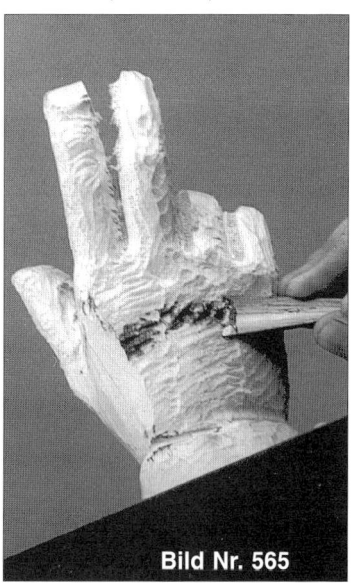

Bild Nr. 564
Balleisen, Stich 1, 10 mm

Bild Nr. 565
Blumeneisen, Stich 3, 14 mm

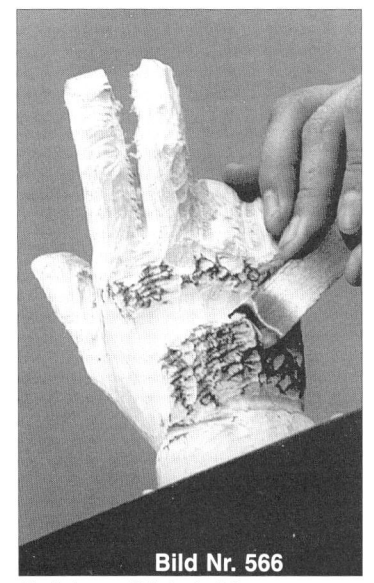

Bild Nr. 566
Balleisen, Stich 1, 20 mm

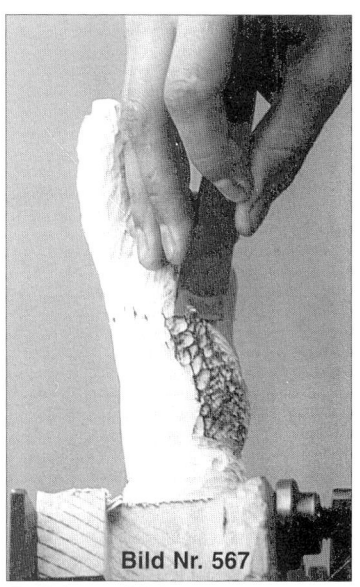

Bild Nr. 567
Balleisen, Stich 1, 20 mm

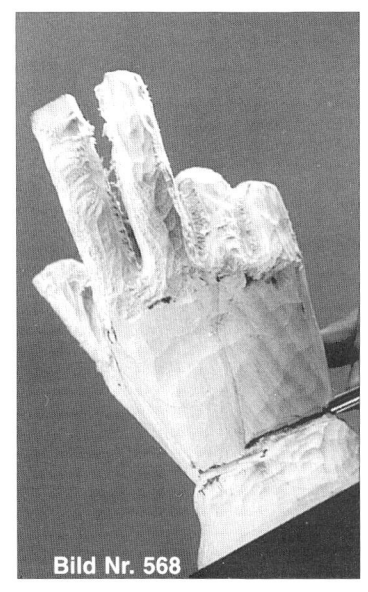

Bild Nr. 568
Hohleisen, Stich 11, 4 mm

Bild Nr. 569
Blumeneisen, Stich 3, 14 mm

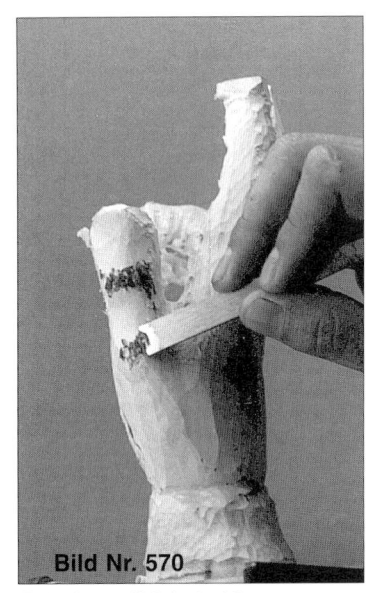

Bild Nr. 570
Balleisen, Stich 1, 10 mm

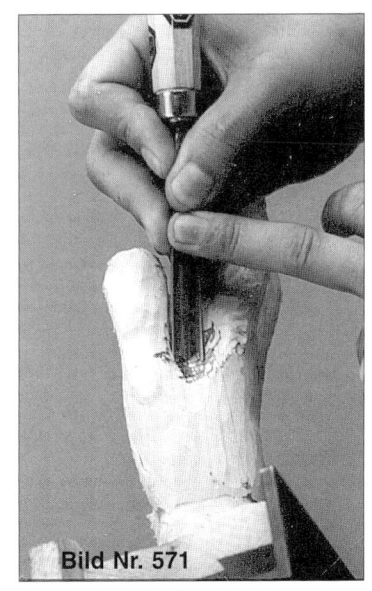

Bild Nr. 571
Hohleisen, Stich 8, 12 mm

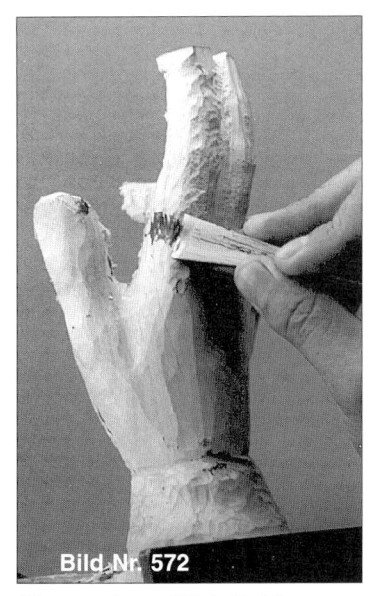

Bild Nr. 572
Blumeneisen, Stich 2, 16 mm

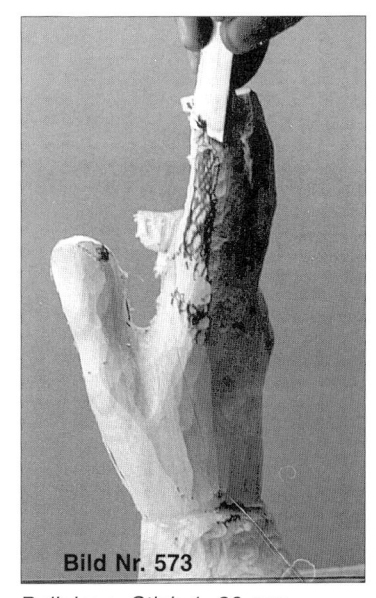

Bild Nr. 573
Balleisen, Stich 1, 20 mm

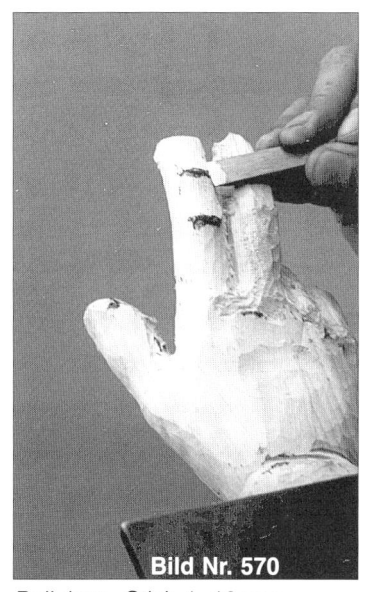

Bild Nr. 570
Balleisen, Stich 1, 10 mm

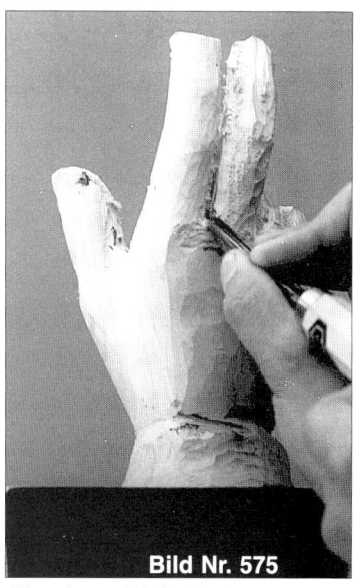

Bild Nr. 575
Ziereisen, Stich 11, 1,5 mm

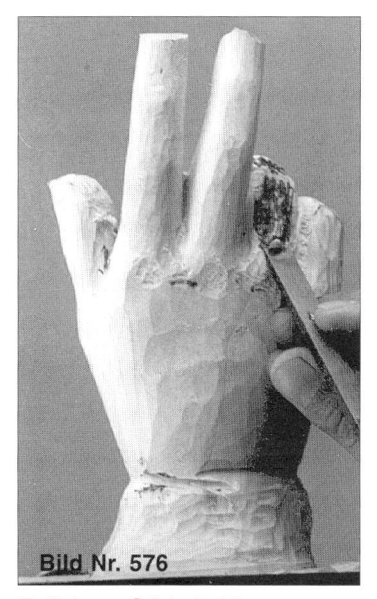

Bild Nr. 576
Balleisen, Stich 1, 10 mm

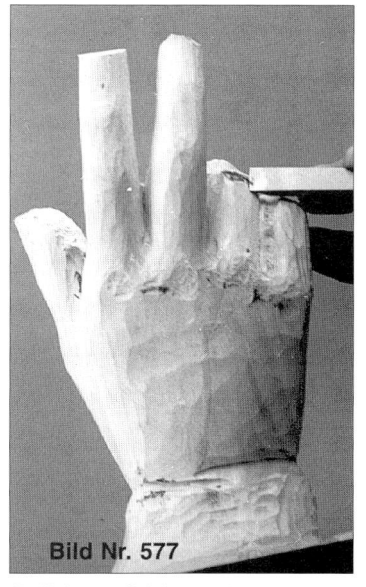

Bild Nr. 577
Balleisen, Stich 1, 10 mm

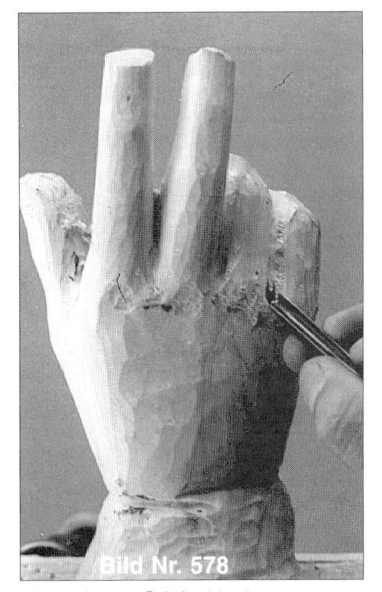

Bild Nr. 578
Hohleisen, Stich 11, 4 mm

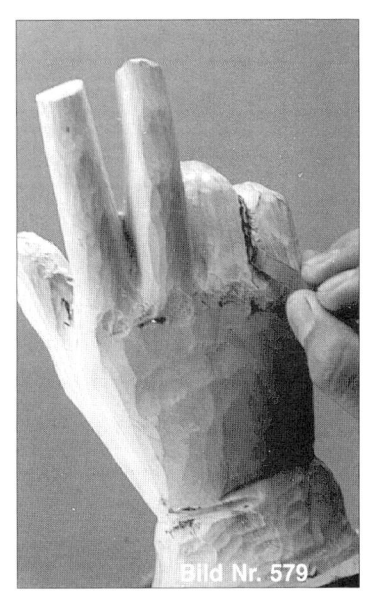

Bild Nr. 579
Balleisen, Stich 1, 4 mm

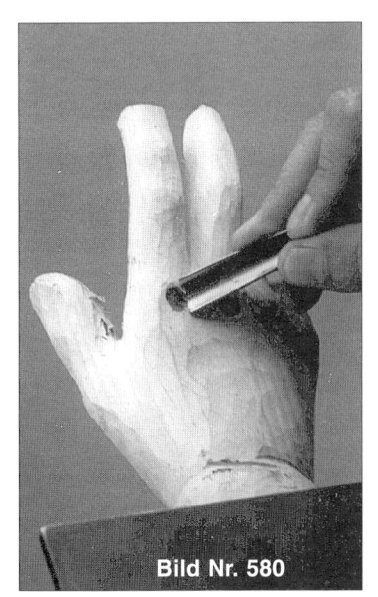

Bild Nr. 580
Hohleisen, Stich 6, 12 mm

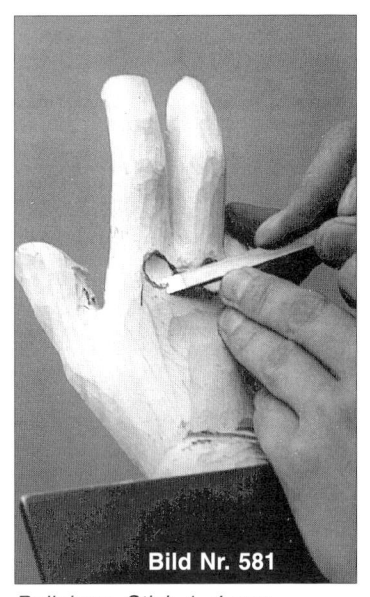

Bild Nr. 581
Balleisen, Stich 1, 4 mm

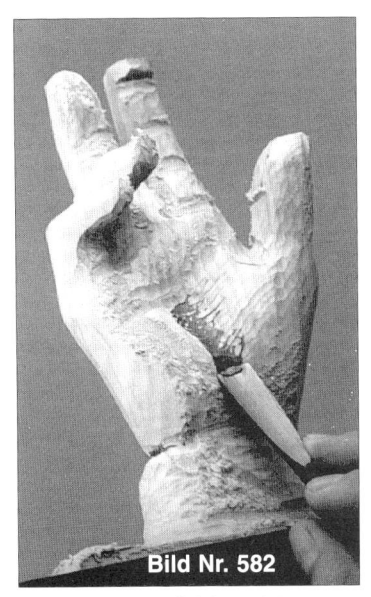

Bild Nr. 582
Blumeneisen, Stich 3, 10 mm

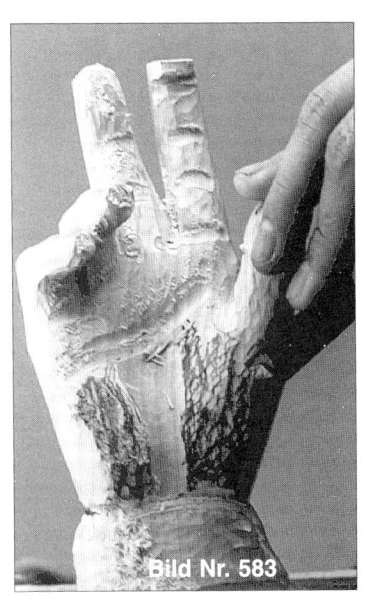

Bild Nr. 583
Balleisen, Stich 1, 10 mm

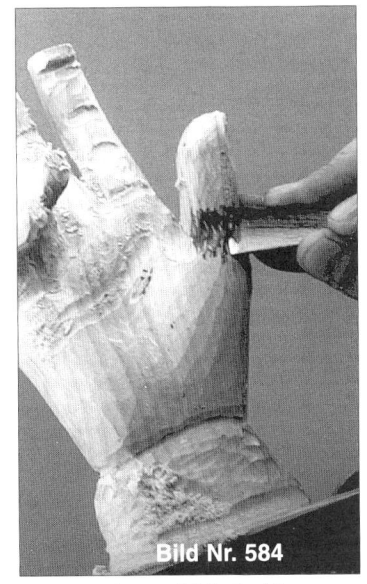

Bild Nr. 584
Blumeneisen, Stich 3, 14 mm

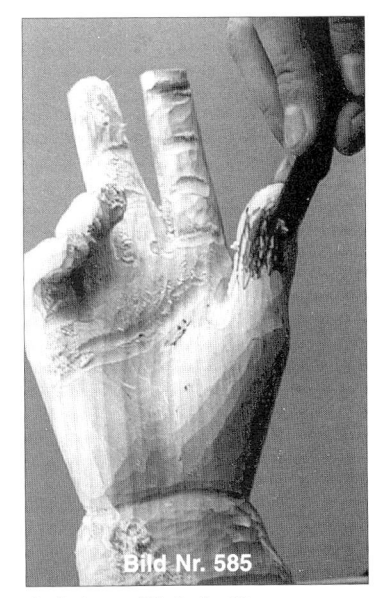

Bild Nr. 585
Balleisen, Stich 1, 10 mm

Bild Nr. 586
Hohleisen, Stich 10, 6 mm

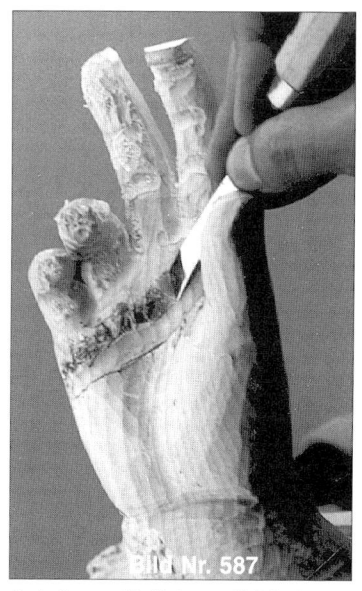

Bild Nr. 587
Schräges Balleisen, Stich 2, 8 mm

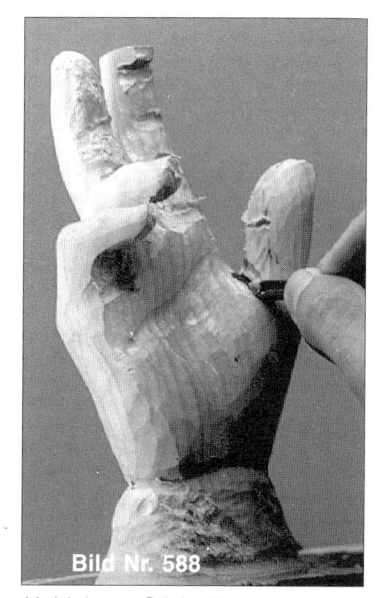

Bild Nr. 588
Hohleisen, Stich 11, 4 mm

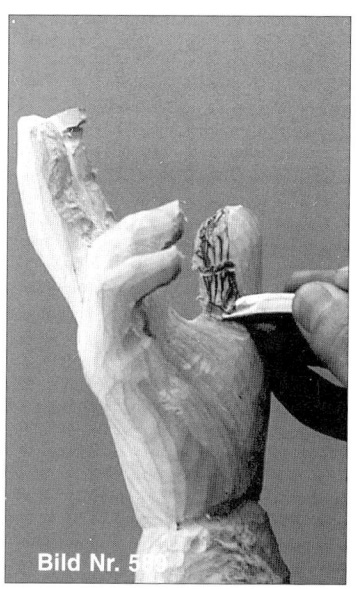

Bild Nr. 589
Schräges Balleisen, Stich 2, 8 mm

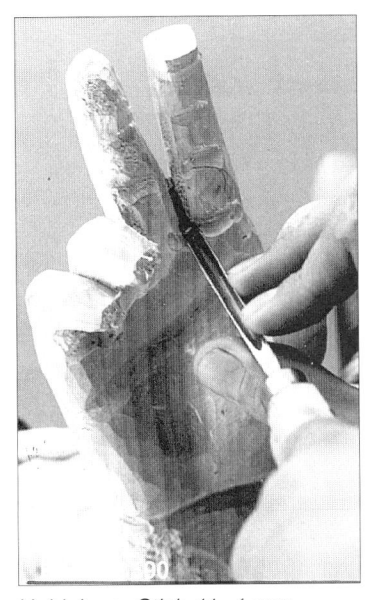

Hohleisen, Stich 11, 4 mm

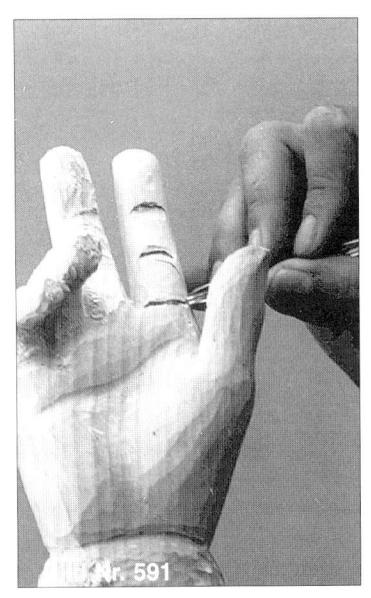

Ziereisen, Stich 11, 2 mm

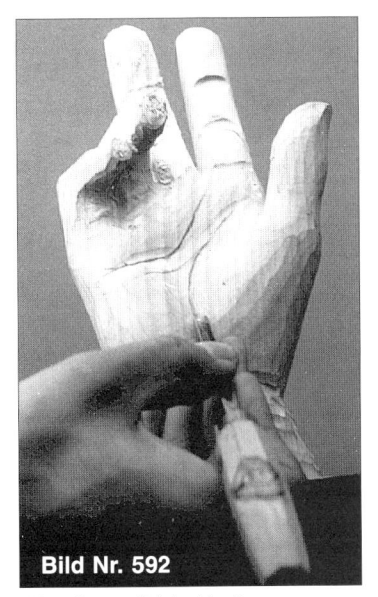

Ziereisen, Stich 11, 2 mm

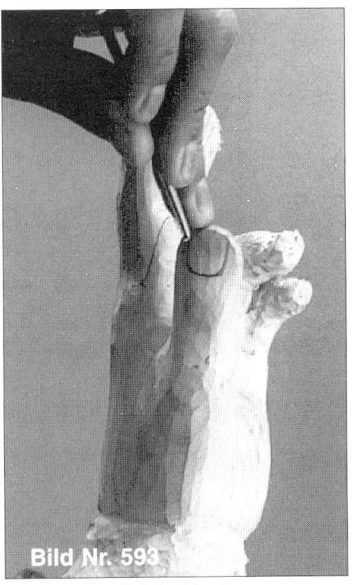

Ziereisen, Stich 11, 2 mm

Teil 19
Übungsbeispiel : Eine offene, ausgestreckte Hand

Es ist immer wieder erstaunlich zu sehen, wie wenig der Mensch über seine Hände weiß. Dreht es sich doch um das, was er Tag für Tag am meisten ansieht. Und doch sind sie ihm fremd, wenn er sich versucht eine Hand zu schnitzen. Probieren Sie es.

In der Regel ist es empfehlenswert einige Übungshände zu schnitzen, um die vielen <unbekannten> Einzelheiten kennenzulernen, sich vielleicht zu trainieren, seine wichtigsten Gliedmaßen eingehender zu beachten. Schnitzen Sie zuerst einen Rohling, dann arbeiten Sie nach meinen Vorgaben aus dem rohen Holzblock.

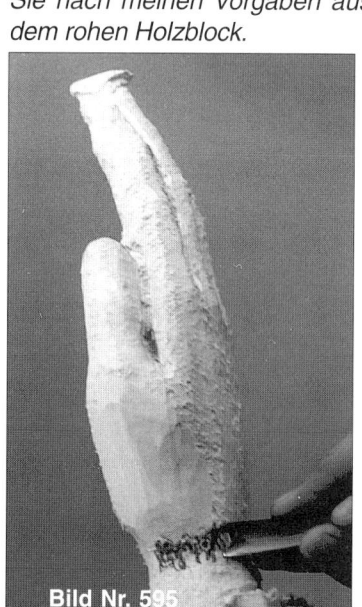

Balleisen, Stich 1, 20 mm
Bild Nr. 594

Bild Nr. 595
Blumeneisen, Stich 4, 10 mm

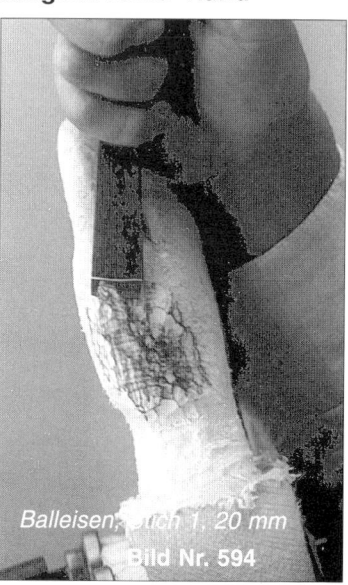

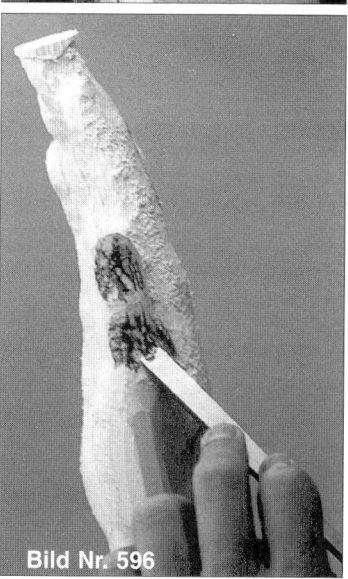

Bild Nr. 596
Balleisen, Stich 1, 10 mm

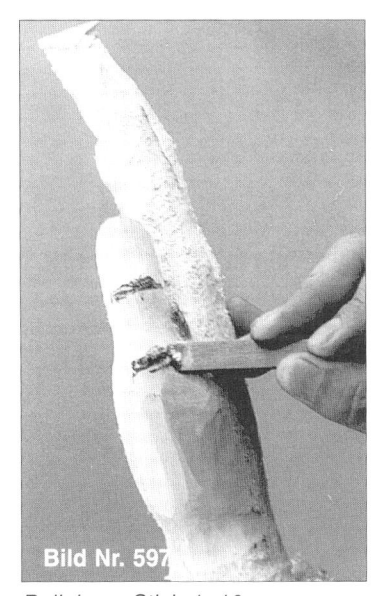

Bild Nr. 597
Balleisen, Stich 1, 10 mm

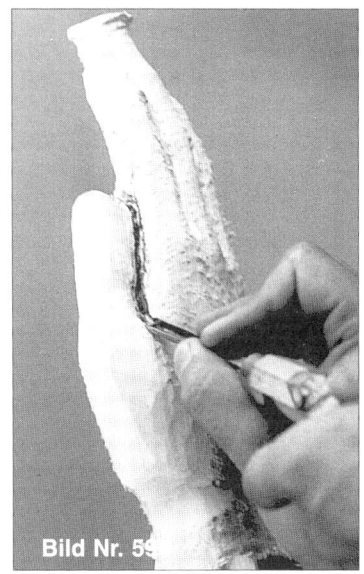

Bild Nr. 598
Ziereisen, Stich 11, 1,5 mm

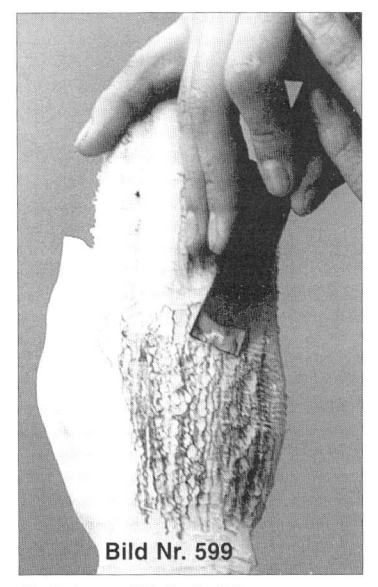

Bild Nr. 599
Balleisen, Stich 1, 20 mm

Bild Nr. 600
Balleisen, Stich 1, 10 mm

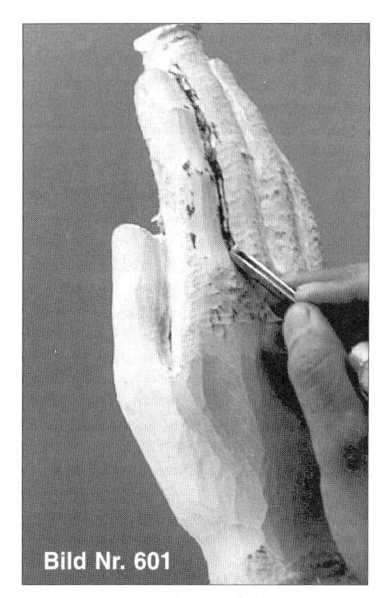

Bild Nr. 601
Ziereisen, Stich 11, 1,5 mm

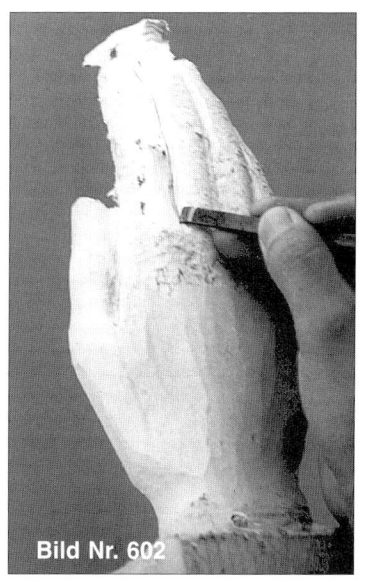

Bild Nr. 602
Balleisen, Stich 1, 4 mm

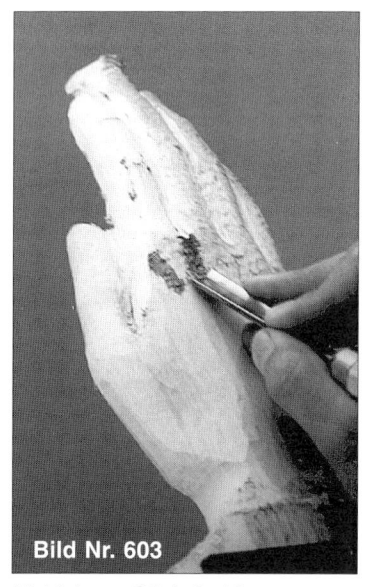

Bild Nr. 603
Hohleisen, Stich 6, 12 mm

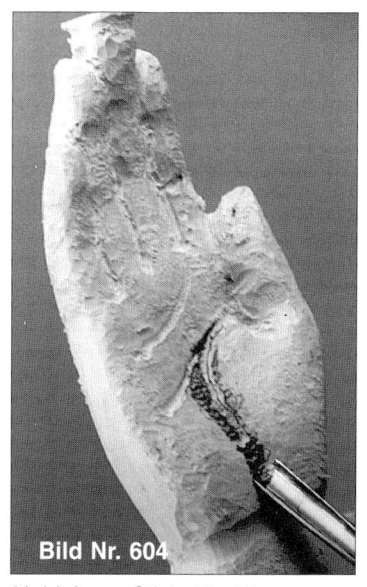

Bild Nr. 604
Hohleisen, Stich 10, 12 mm

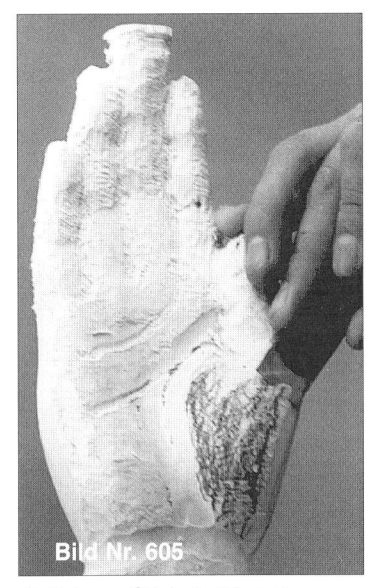

Balleisen, Stich 1, 20 mm

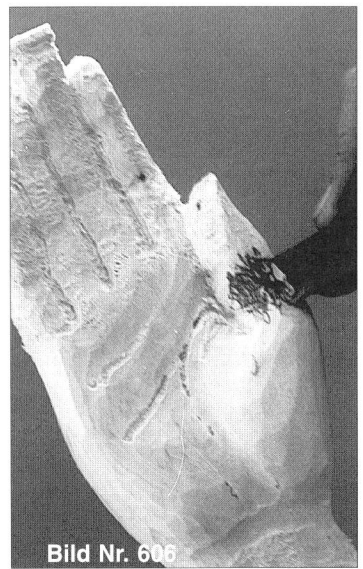

Blumeneisen, Stich 3, 14 mm

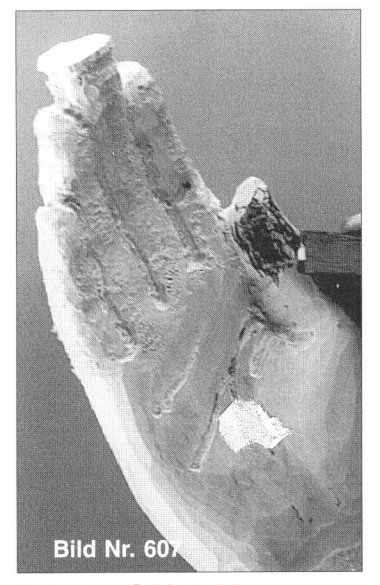

Balleisen, Stich 1, 10 mm

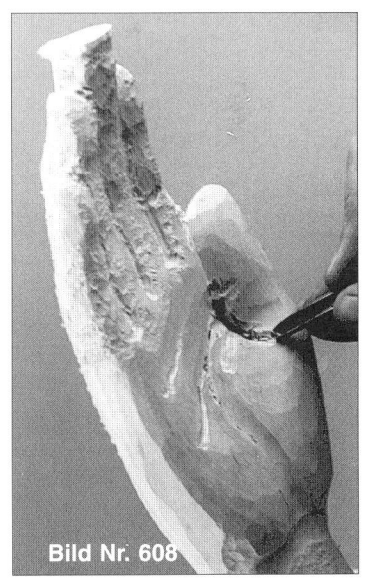

Hohleisen, Stich 11, 4 mm

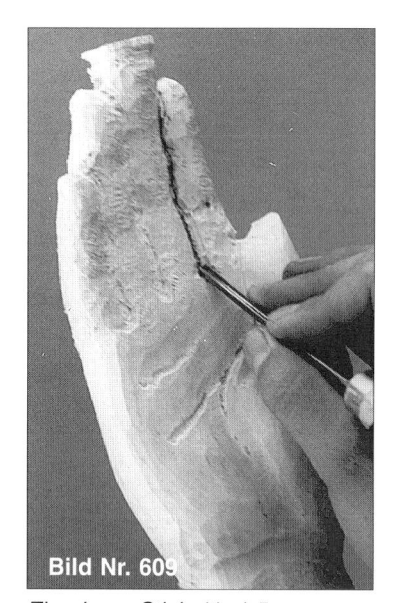

Bild Nr. 609
Ziereisen, Stich 11, 1,5 mm

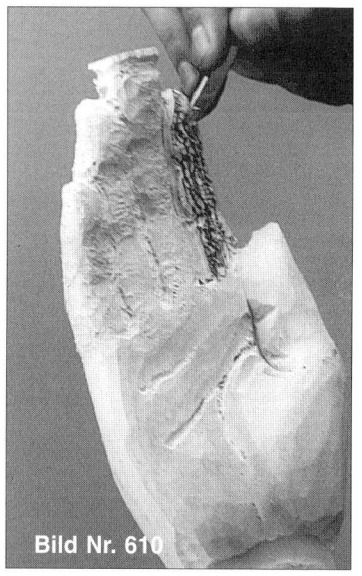

Bild Nr. 610
Balleisen, Stich 1, 10 mm

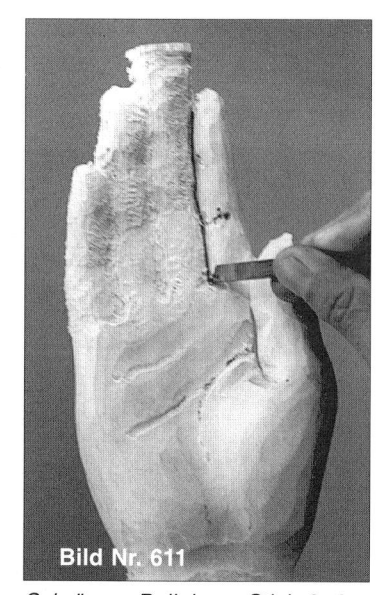

Bild Nr. 611
Schräges Balleisen, Stich 2, 6 mm

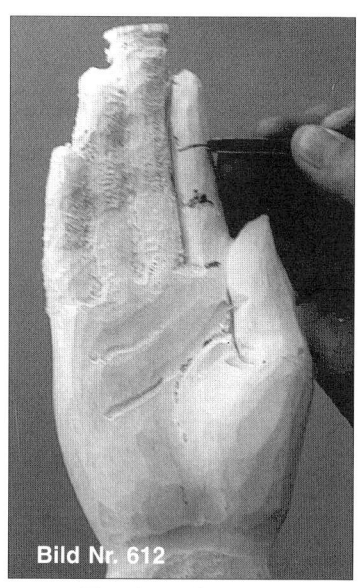

Bild Nr. 612
Ziereisen, Stich 11, 2 mm

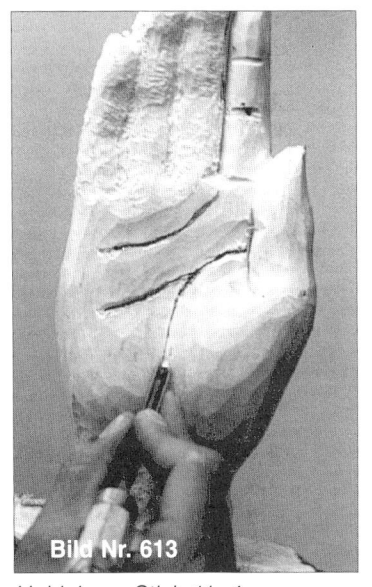

Bild Nr. 613
Hohleisen, Stich 11, 4 mm

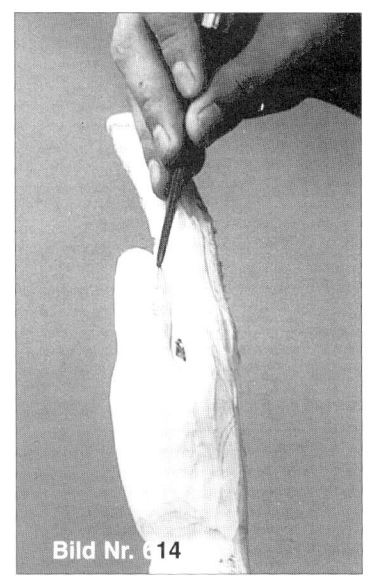

Bild Nr. 614
Ziereisen, Stich 11, 2 mm

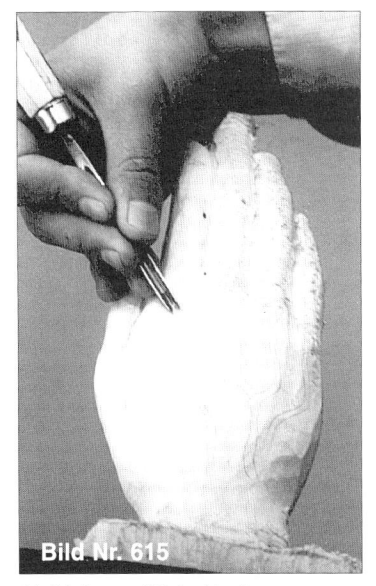

Bild Nr. 615
Hohleisen, Stich 11, 4 mm

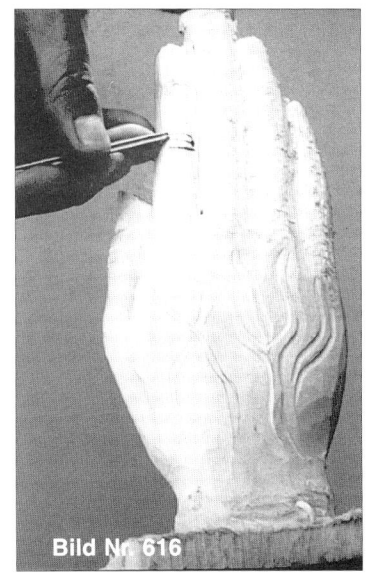

Bild Nr. 616
Ziereisen, Stich 11, 2 mm

Zu Bild Nr. 616
Die verbliebenen Schnittflächen auf der Handoberfläche, neben bzw. zwischen den ausgearbeiteten Blutgefäßen, werden vorzugsweise mit einem Beitel mit dem sehr flachem
Stichbild 2 1/2, bei einer Breite von 6 - 8 mm ausgeschnitten.

Bei den spitz zulaufenden Schnittflächen nehmen Sie jeweils die beiden <Zwillinge>, die links und rechts schräg angeschliffenen, gekröpften Beitel mit 4 oder auch 6 mm Breite. Sie haben ebenfalls die ganz leicht gehöhlte Schneidenform mit der Bezeichnung <2 1/2>.

Zwischen diesen natürlich plastisch hervorgehobenen Blutgefäßen, wird die Hautoberfläche entsprechend dem Alter der dargestellten Personen einmal mehr und einmal weniger glatt aufsgearbeitet.

Betrachten Sie den Unterschied zur Kinderhand, die rundum fast nur glatte und sanft gerundete Schnittflächen besitzt. Falten, auch über den Fingergelenken sind fast nicht erkennbar.

Vermeiden Sie auch hier bei diesen Arbeiten den Einsatz von Gaißfüßen. Verwenden Sie die tiefgehöhlten Ziereisen. Es gibt sie bei mir von 0,5 mm Breite an. Die Quetschfalten der Handfläche und die Absätze beiderseits der Fingernägel werden damit viel natürlicher dargestellt.

Wenn es denn sein muß, daß messerscharfe Innenkanten gefordert sind, dann erarbeiten Sie diese mit dem schräg angeschliffenen Balleisen oder einem schlichten Schnitzmesser mit zwei keilförmigen Einschnitten aus. Das ist profihaft.

Teil 20
Übungsbeispiel : Verschlungene Hände

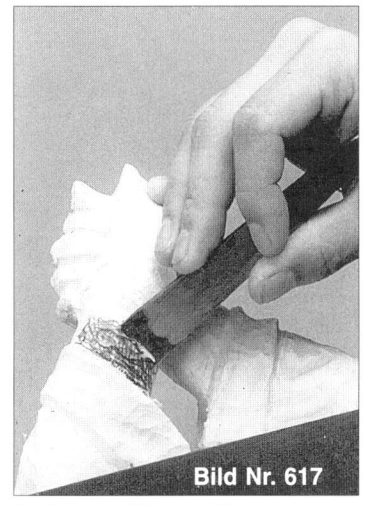

Bild Nr. 617
Balleisen, Stich 1, 20 mm

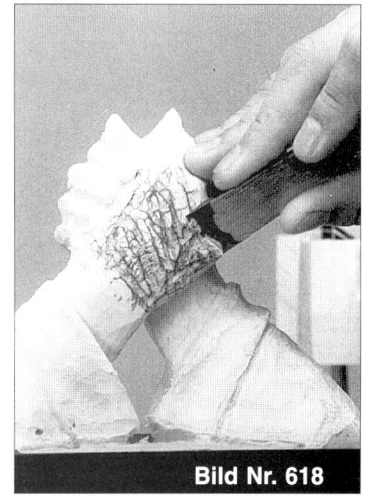

Bild Nr. 618
Balleisen, Stich 1, 20 mm

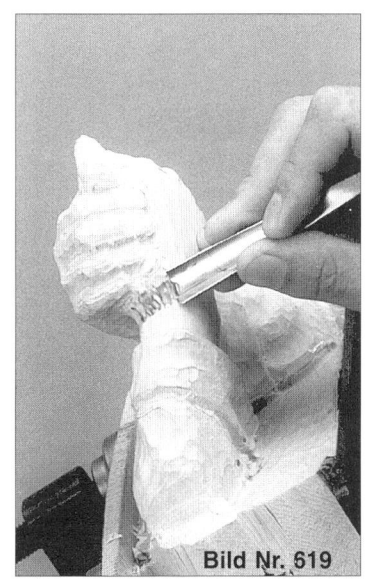

Bild Nr. 619
Hohleisen, Stich 6, 12 mm

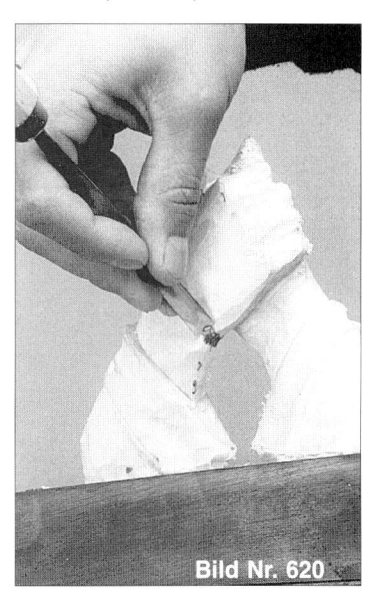

Bild Nr. 620
Hohleisen, Stich 5, 10 mm

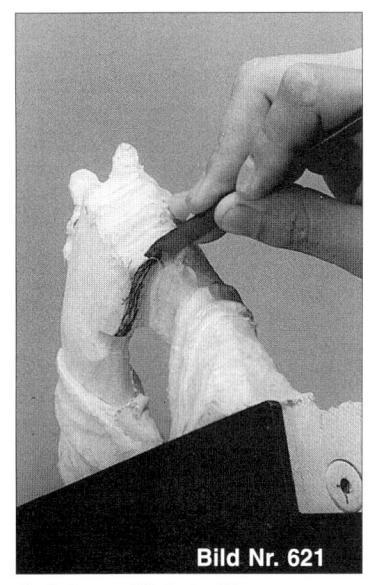

Bild Nr. 621
Balleisen, Stich 1, 10 mm

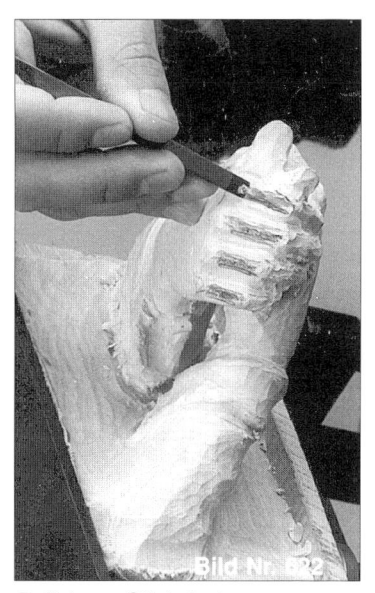

Bild Nr. 622
Balleisen, Stich 1, 4 mm

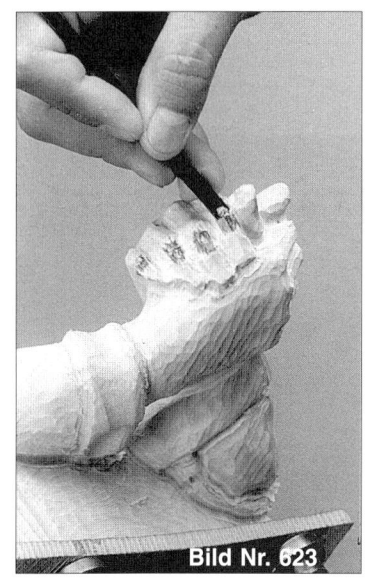

Bild Nr. 623
Flacheisen, Stich 2 1/2, 4 mm

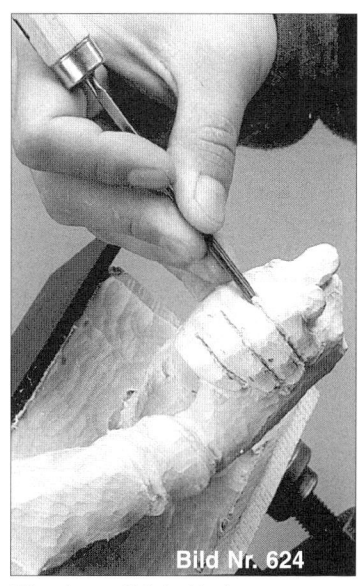

Bild Nr. 624
Ziereisen, Stich 11, 1 mm

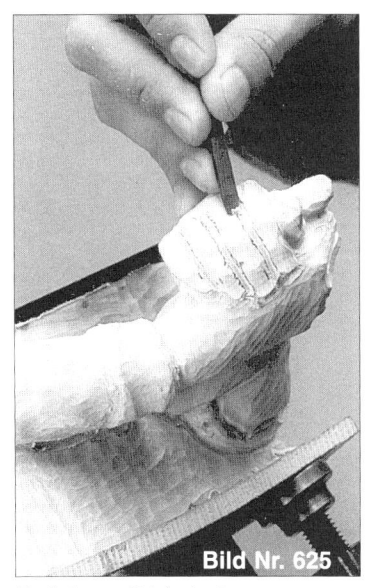

Bild Nr. 625
Balleisen, Stich 1, 4 mm

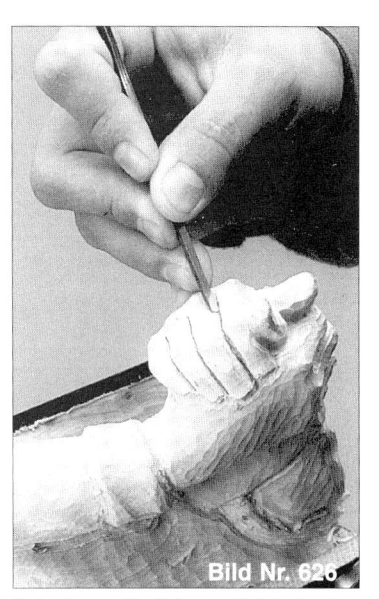

Bild Nr. 626
Schräges Balleisen, Stich 2, 4 mm

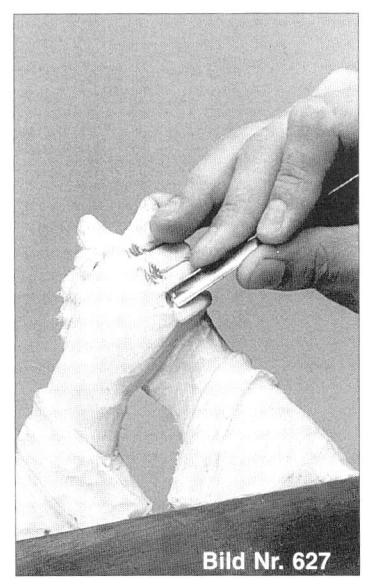

Bild Nr. 627
Blumeneisen, Stich 6, 6 mm

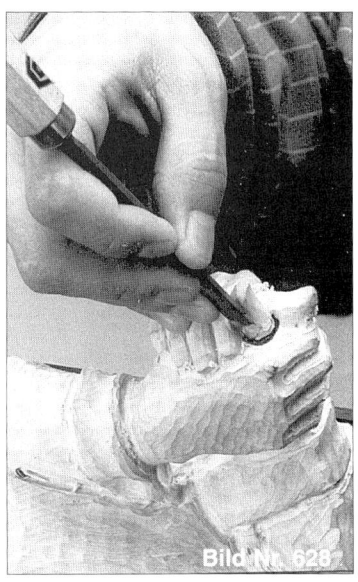

Bild Nr. 628
Schräges Balleisen, Stich 2, 10 mm

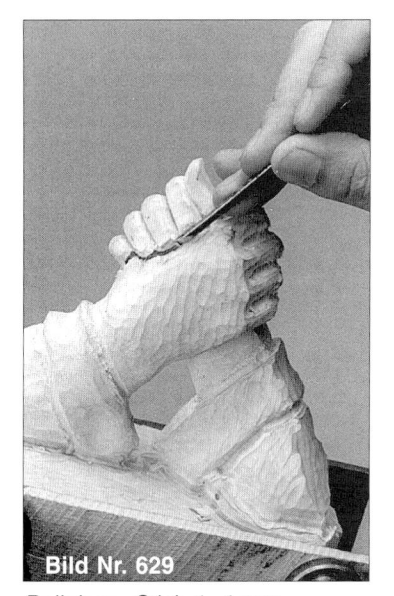

KOCH, Schnitzen, Meisterliche Übungen

Bild Nr. 629
Balleisen, Stich 1, 4 mm

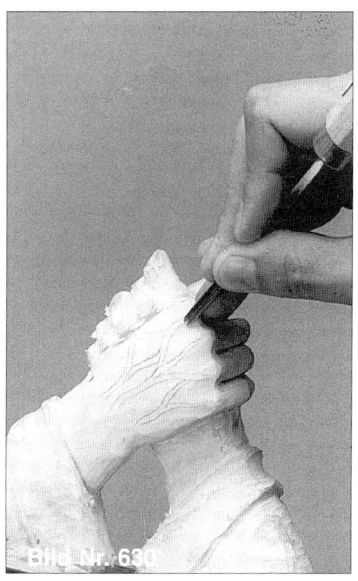

Bild Nr. 630
Ziereisen, Stich 11, 2 mm

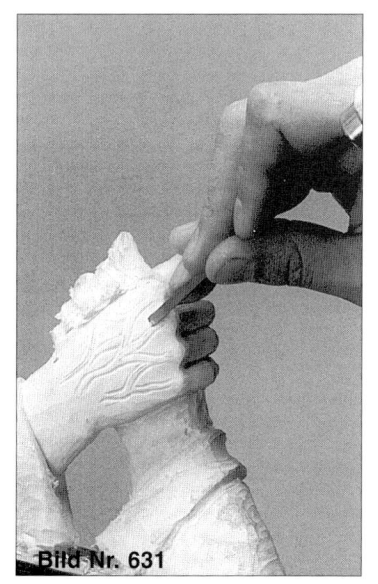

Bild Nr. 631
Flacheisen, Stich 2 1/2, 4 mm

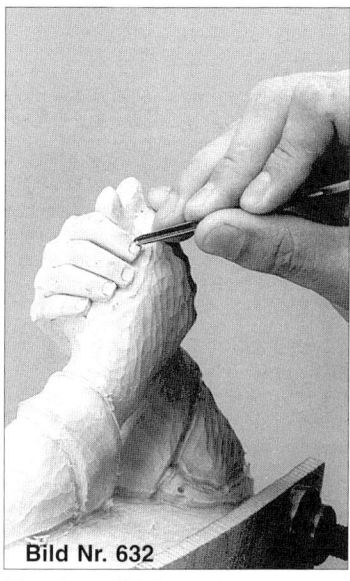

Bild Nr. 632
Ziereisen, Stich 11, 2 mm

Teil 21

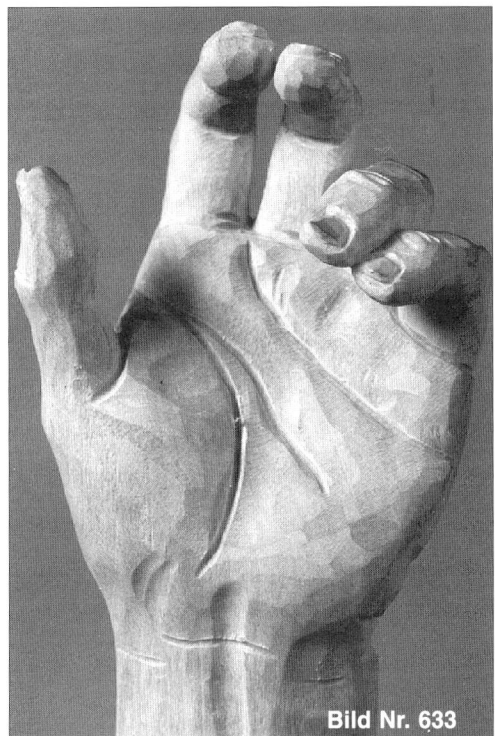

Übungsbeispiel:
Offene Hand
in Bewegung

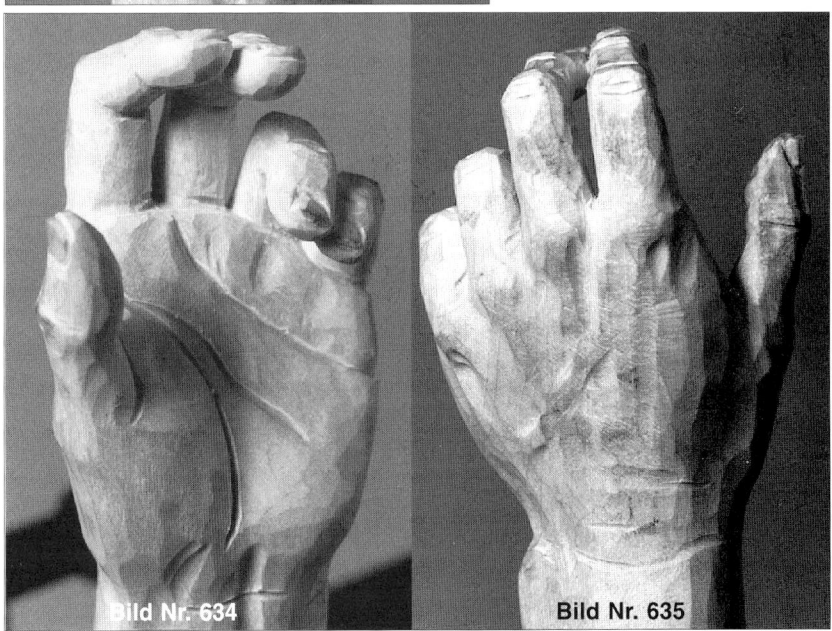

Bild Nr. 633

Bild Nr. 634

Bild Nr. 635

Teil 21

Hand eines Gekreuzigten

Bei dieser Übung wird eine Hand aus dem Holzblock ausgearbeitet. Der Bewegungsablauf entspricht einer Hand, wie sie beim Abbild des Gekreuzigten als häufigste Darstellung ausgebildet wird.

Schritt für Schritt wird jeder neue Arbeitsvorgang zunächst markiert und schließlich entsprechend ausgearbeitet. Die Ausgangsgröße des benutzten Linden-Holzblockes ist ca. 5 x 8 x 15 cm.

Die gebräuchlichsten Werkzeuge sind bei jedem Arbeitsschritt angegeben. Beachten Sie, daß es sich immer um die gerade Ausführung eines Werkzeuges handelt, sofern nicht ausdrücklich eine weitere präzise Angabe beigefügt ist.

Übungen dieser Art sind in 7 verschiedenen Bewegungsabläufen in meinem **Kolleg Nr. 5** - viersprachig.

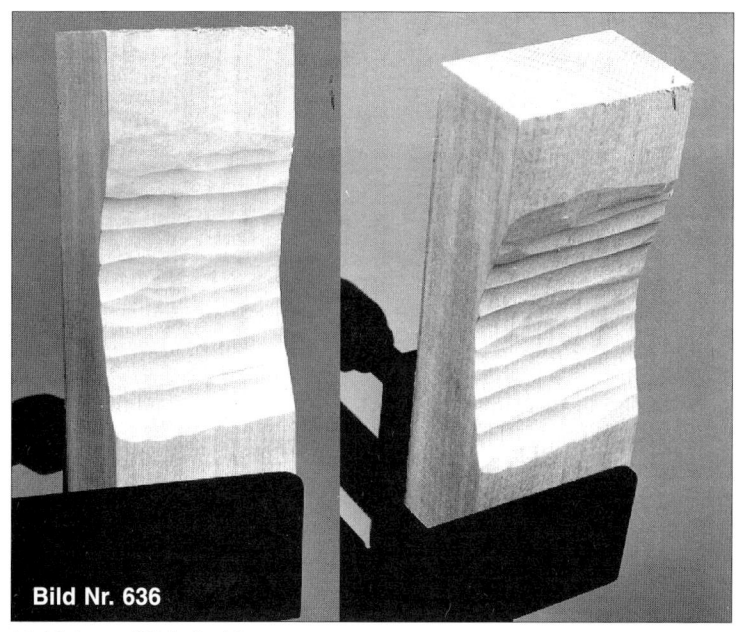

Bild Nr. 636

Hohleisen, Stich 5, 16 mm

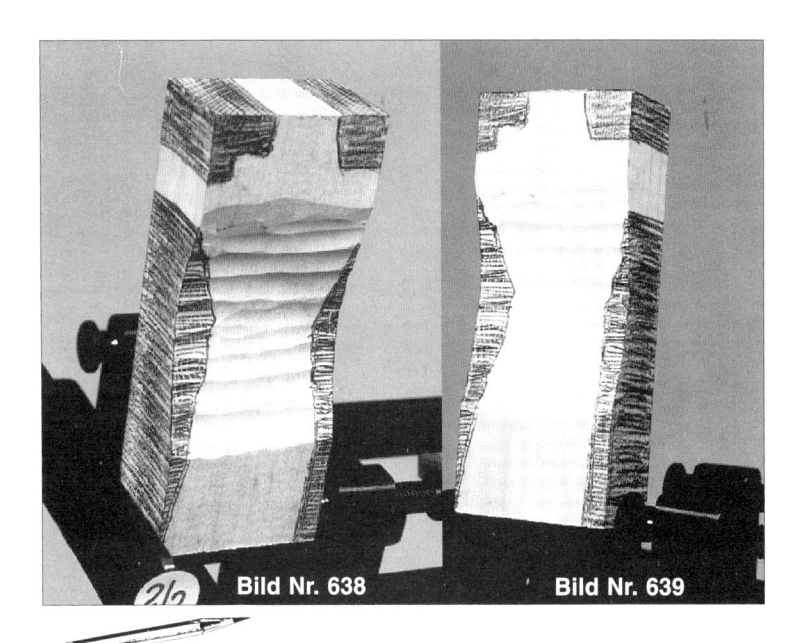

Bild Nr. 638   Bild Nr. 639

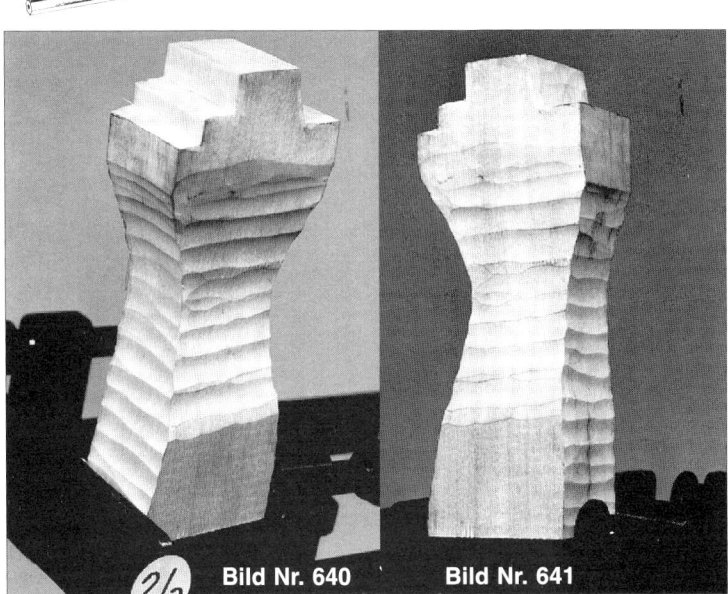

Bild Nr. 640   Bild Nr. 641

Hohleisen, Stich 5, 16 mm

Bild Nr. 642

Bild Nr. 643

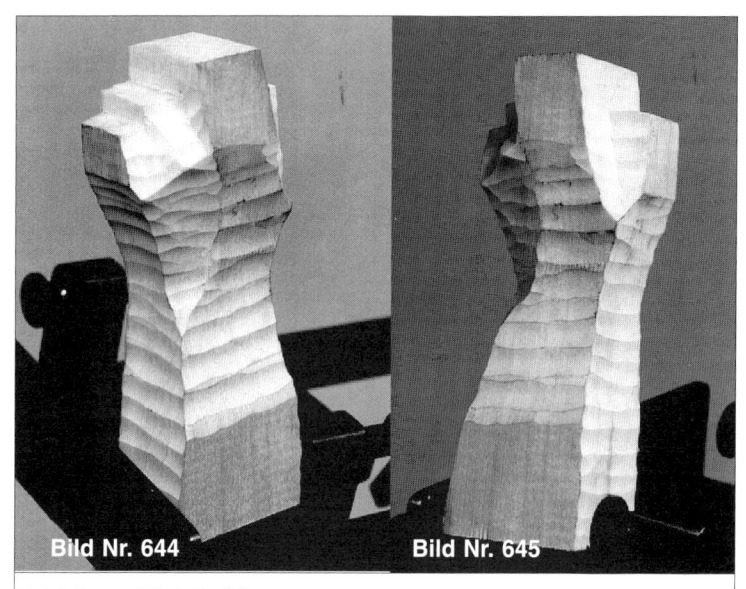

Bild Nr. 644

Bild Nr. 645

Hohleisen, Stich 5, 16 mm

Bild Nr. 646   **Bild Nr. 647**

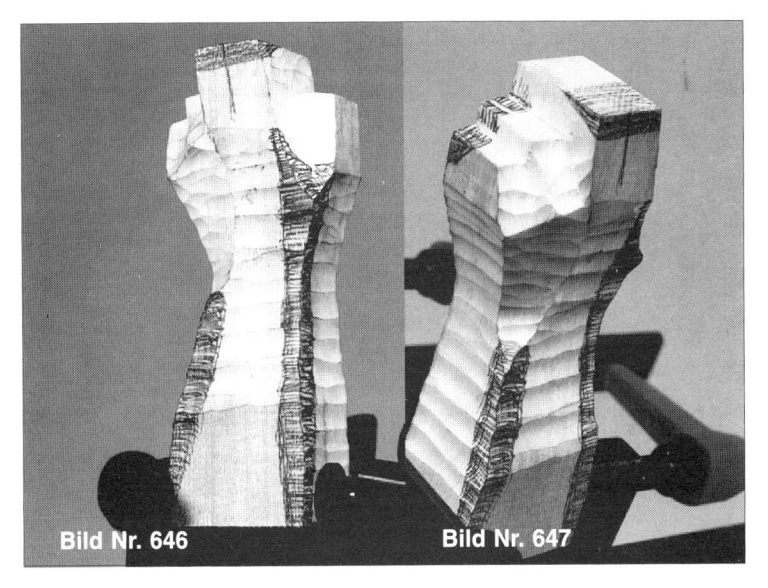

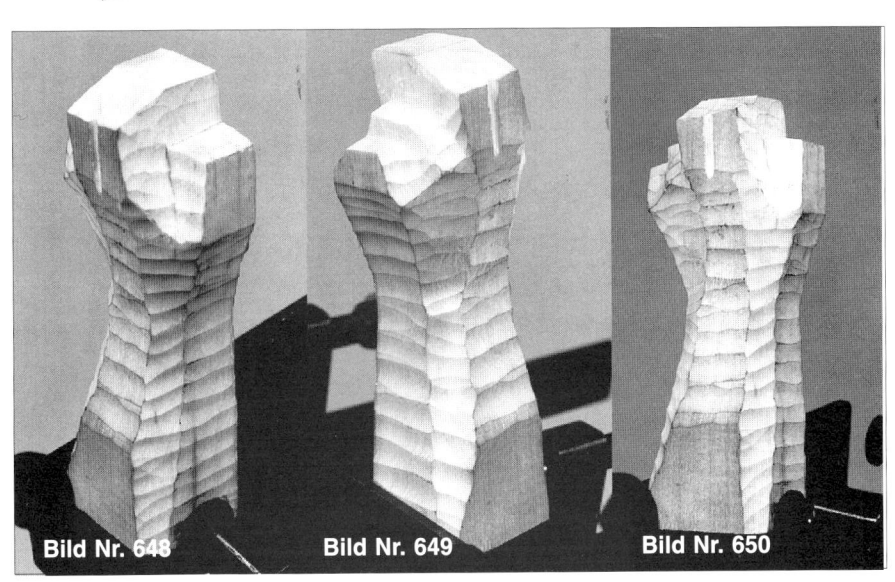

Bild Nr. 648   **Bild Nr. 649**   **Bild Nr. 650**

Hohleisen Stich 5, 16 mm - Balleisen Stich 1, 12 mm - Hohleisen Stich 8, 12 mm - Flacheisen Stich 2 1/1, 16 mm - Schräges Balleisen Stich 2, 10 mm.

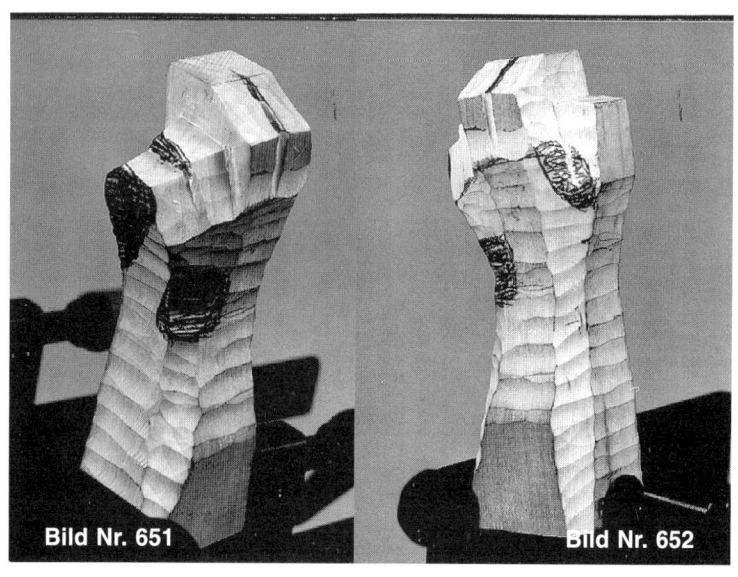

Bild Nr. 651 **Bild Nr. 652**

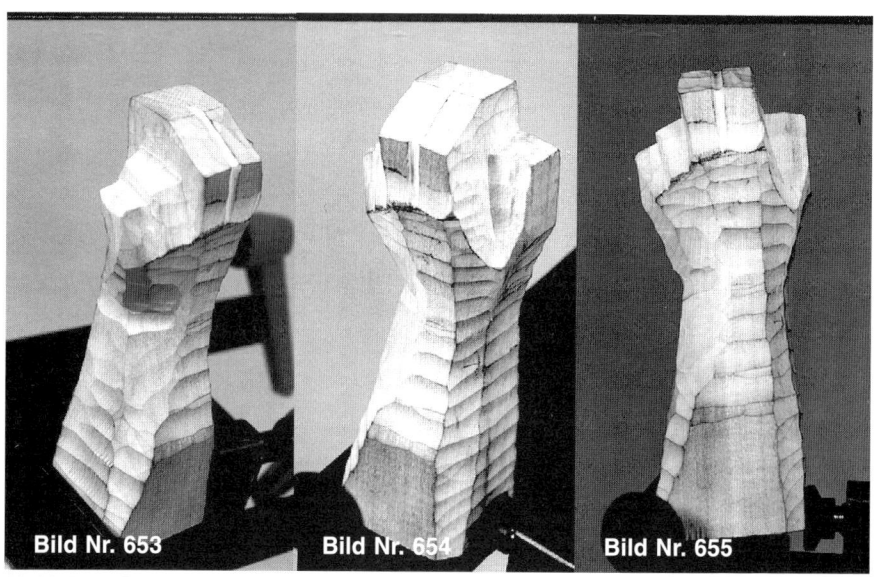

Bild Nr. 653 **Bild Nr. 654** **Bild Nr. 655**

Hohleisen Stich 8, 4 mm - schäges Balleisen Stich 2, 10 mm - Hohleisen Stich 5, 16 mm - Hohleisen Stich 8, 14 mm - Hohleisen Stich 9, 6 mm - Flacheisen Stich 2 1/1, 16 mm, Hohleisen Stich 8, 12 mm - Balleisen Stich 1, 12 mm

Bild Nr. 656   Bild Nr. 657

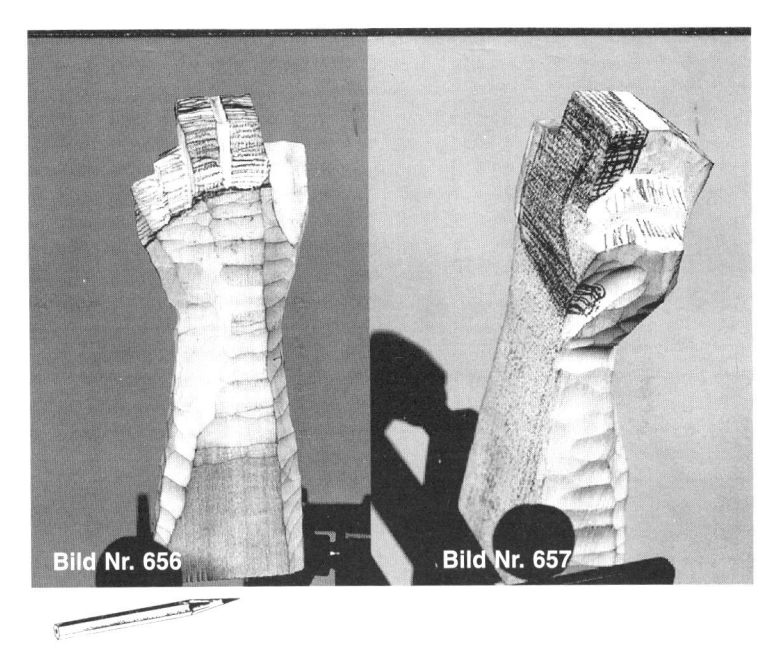

Bild Nr. 658   Bild Nr. 659   Bild Nr. 660

Flacheisen Stich 3, 8 mm - Hohleisen Stich 8, 4 mm - Hohleisen Stich 8, 14 mm - Hohleisen Stich 5, 16 mm - Schräges Balleisen Stich 2, 10 mm - Flacheisen 2 1/2, 16 mm - Hohleisen Stich 8, 12 mm - Schräges Balleisen Stich 2, 12 mm - Hohleisen Stich 9, 6 mm.

KOCH, Schnitzen, Meisterliche Übungen

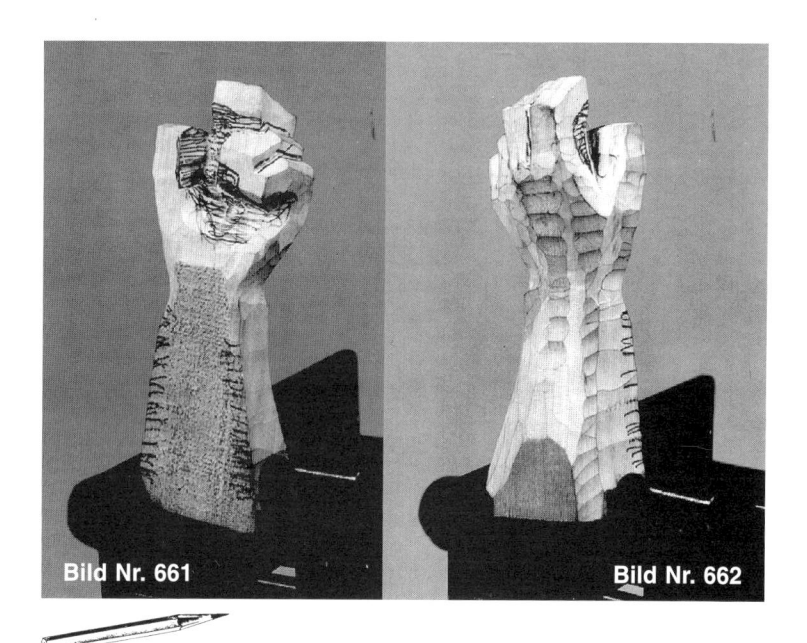

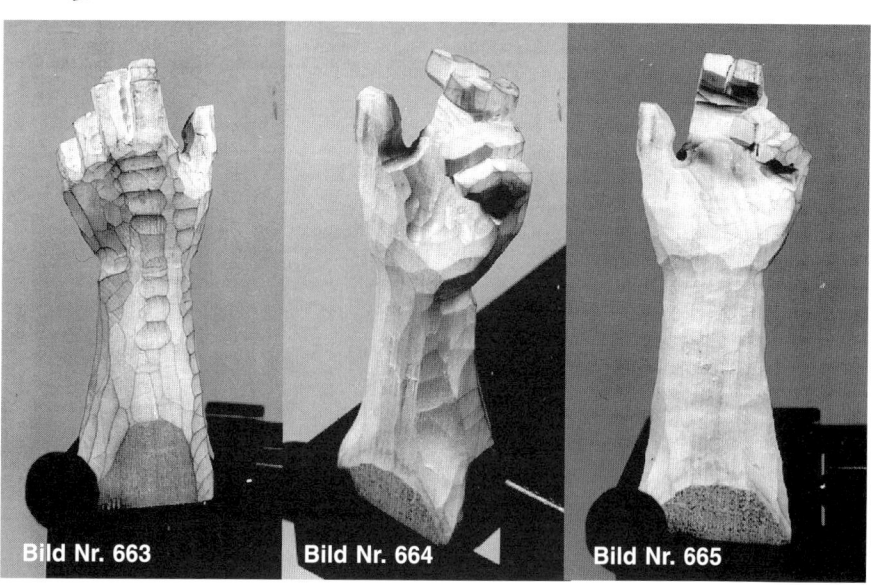

Bild Nr. 661   **Bild Nr. 662**

Bild Nr. 663   **Bild Nr. 664**   **Bild Nr. 665**

Flacheisen Stich 2 1/2, 16 mm - Hohleisen Stich 8, 4 mm - Hohleisen Stich 8, 12mm - Schräges Balleisen Stich 2, 10 mm und 12 mm - Hohleisen Stich 5, 16 mm - Balleisen Stich 1, 20 mm.

Bild Nr. 666　Bild Nr. 667

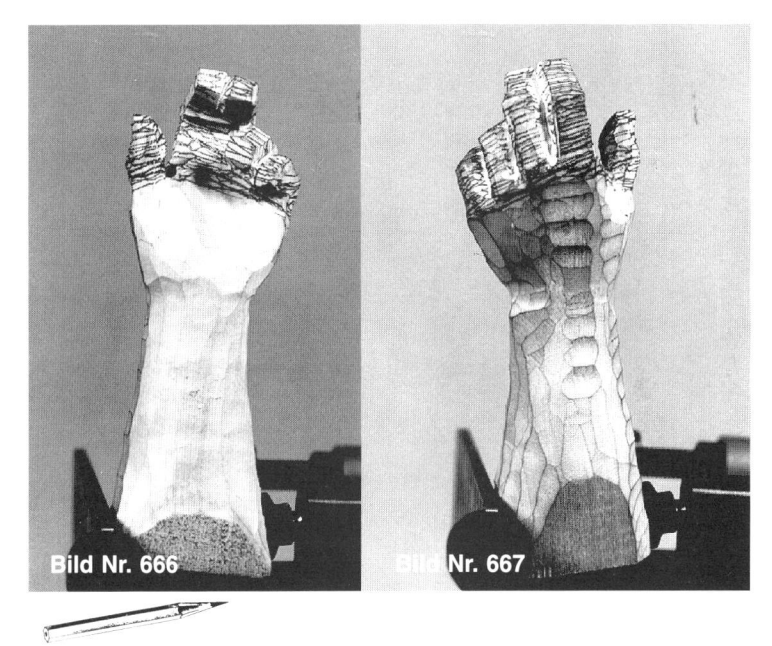

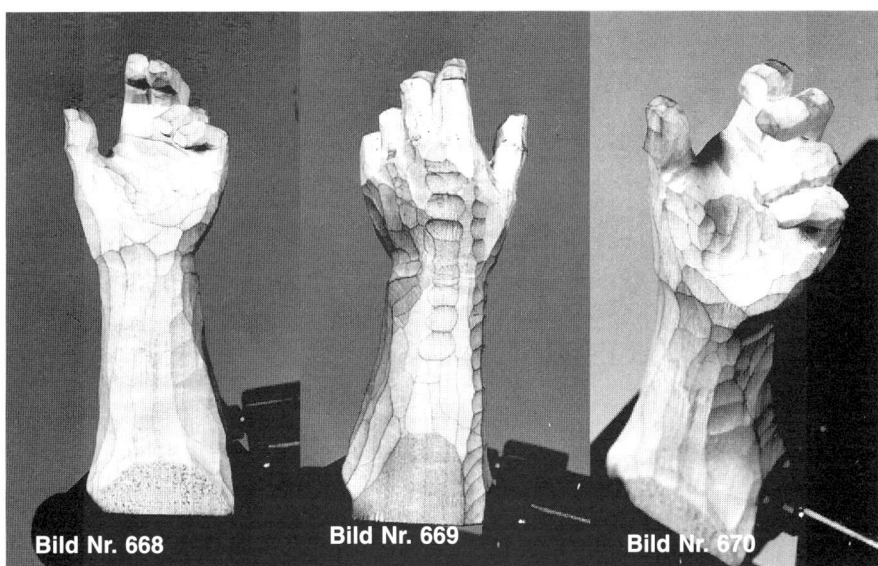

Bild Nr. 668　Bild Nr. 669　Bild Nr. 670

Flacheisen Stich 3, 4 mm und 6 mm und 8 mm - Schräges Balleisen Stich 2, 6 mm und 8 mm und 12 mm - Balleisen Stich 1, 8 mm und 20 mm - Flacheisen, Stich 2 1/2, 4 mm und 16 mm - Hohleisen Stich 5, 16 mm - Hohleisen Stich 8, 6 mm und 12 mm - Hohleisen Stich 11, 4 mm - Gaißfuß 75 °, 4 mm.

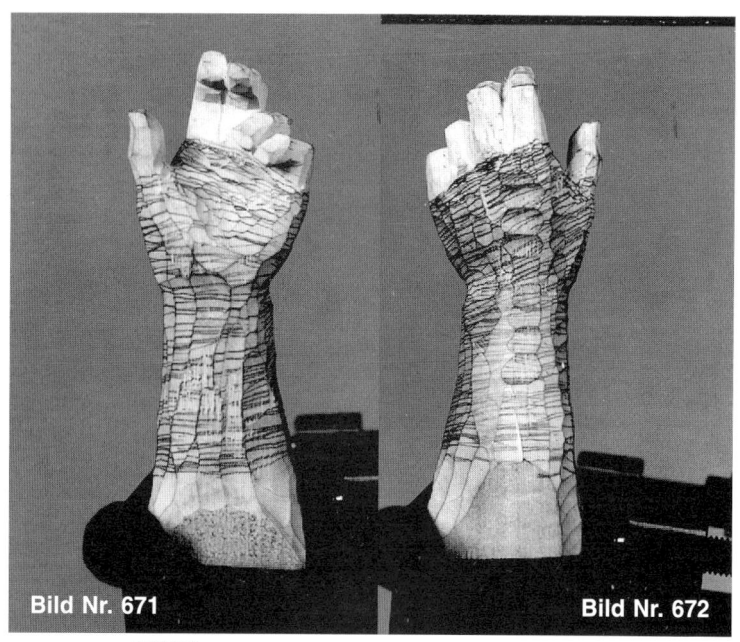

Bild Nr. 671   Bild Nr. 672

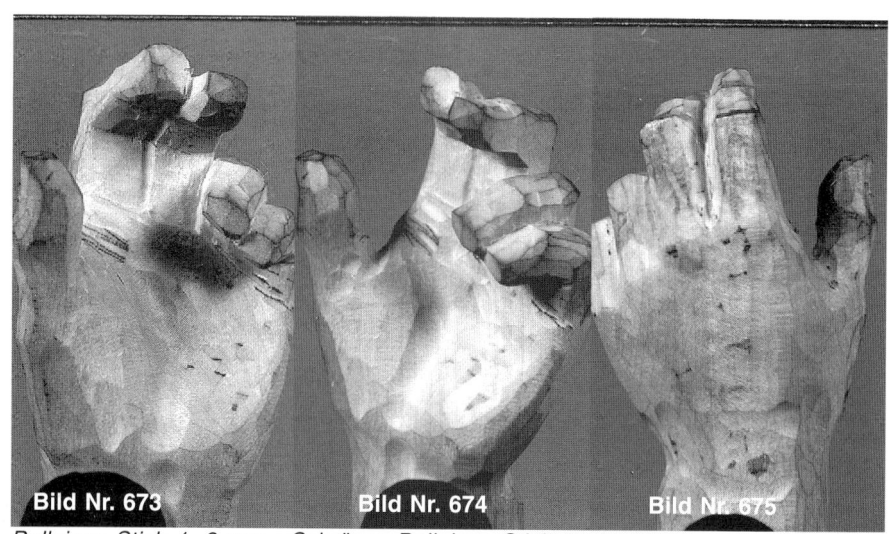

Bild Nr. 673   Bild Nr. 674   Bild Nr. 675

Balleisen Stich 1, 8 mm - Schräges Balleisen Stich 2, 4 und 6 und 8 und 12 mm - Flacheisen Stich 3, 4 und 6 und 8 mm - Hohleisen Stich 6, 20 mm - Hohleisen Stich 8, 4 mm - Hohleisen Stich 9, 2 und 6 mm - Gaißfuß 4 mm.

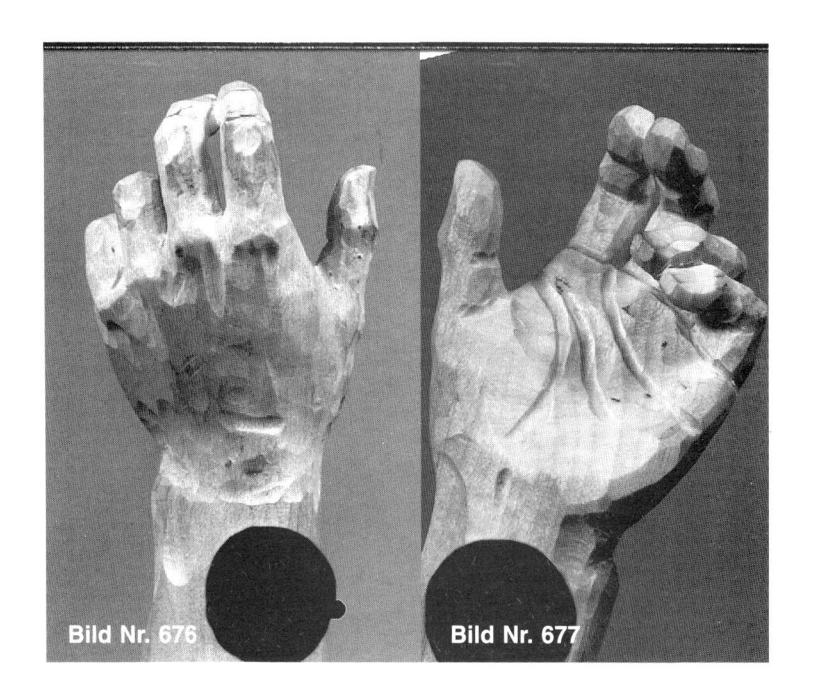

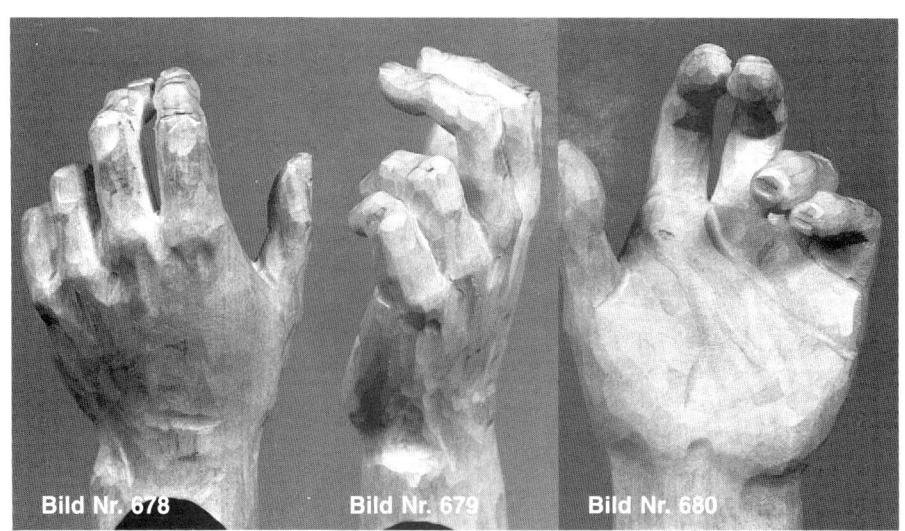

Bild Nr. 676 **Bild Nr. 677**
Bild Nr. 678 **Bild Nr. 679** **Bild Nr. 680**

Balleisen Stich 1, 8 mm - Schräges Balleisen Stich 2, 4 und 6 und 8 und 12 mm - Flacheisen Stich 2 1/2, 4 und 8 mm - Flacheisen Stich 3, 6 und 8 mm - Hohleisen Stich 5, 4 mm - Hohleisen Stich 6, 20 mm - Hohleisen Stich 8, 2 und 4 und 6 mm - Hohleisen Stich 9, 2 mm - Ziereisen 1 und 1,5 und 2 mm - Gaißfuß 75 °, 4 mm.

Teil 22

Übungsbeispiel : <Kinderfuß>

So wie bei dem Einstieg in die Übungen mit dem Ausschnitzen von Händen, beginnen wir nun mit dem Fertigschnitzen vorgefräster Füße. Zunächst ein Kinderfuß.
Die Arbeiten werden Schritt für Schritt gezeigt. Die vorgesehene Spanabnahme ist mit einem Bleistift geschwärzt. Die verwendeten Werkzeuge sind vermerkt. Die vorgefräste Vorlage können Sie bei mir als Rohling beziehen. Während der Arbeit ist das Übungsstück in meiner Kugelgelenk-Einspannvorrichtung befestigt.
Die Größe ist ca. 5 x 20 x 20 cm.

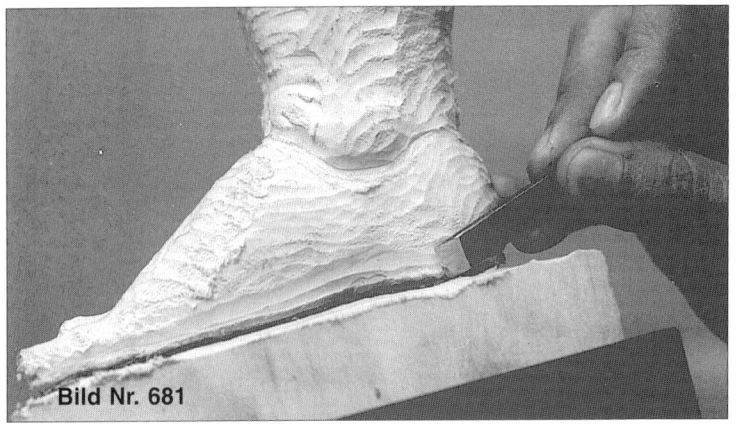

Bild Nr. 681

Gerades Balleisen Stich 1, 10 mm .

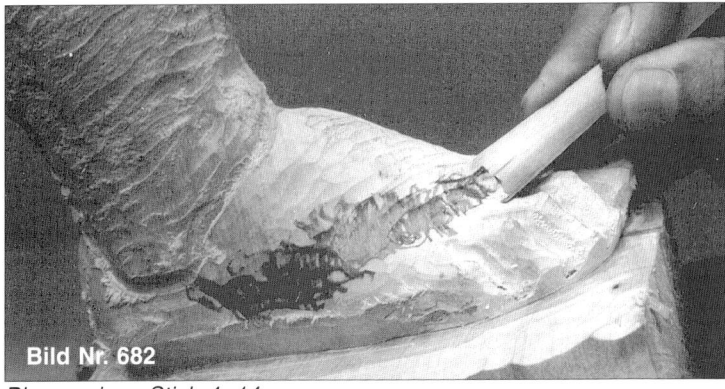

Bild Nr. 682

Blumeneisen Stich 4, 14 mm.

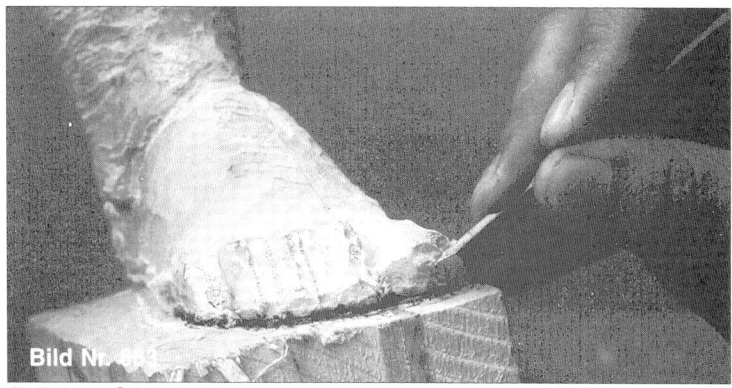

Balleisen Stich 1, 10 mm.

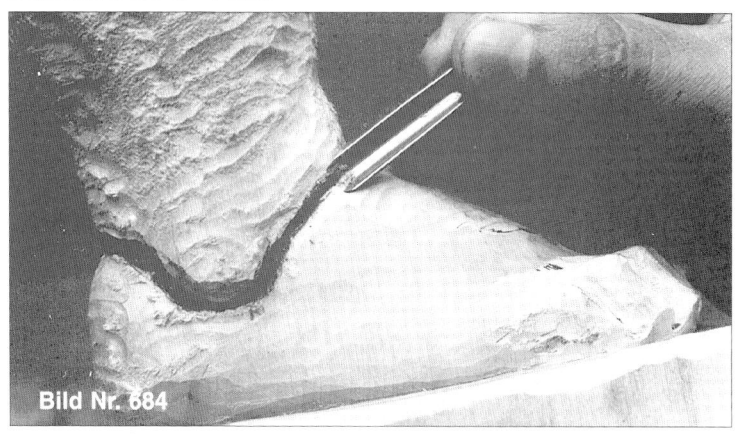

Hohleisen Stich 10, 6 mm.

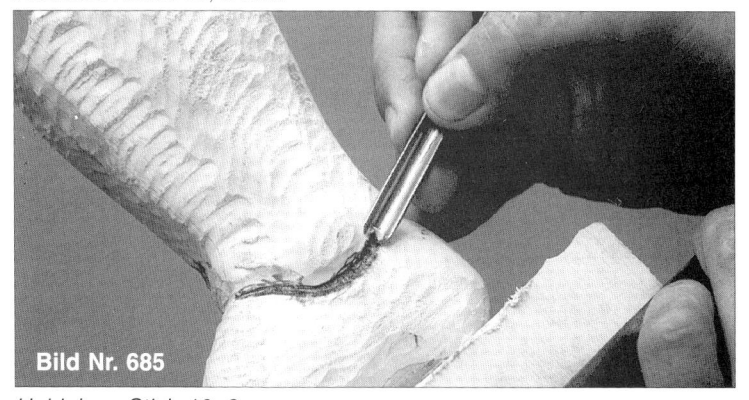

Hohleisen Stich 10, 6 mm.

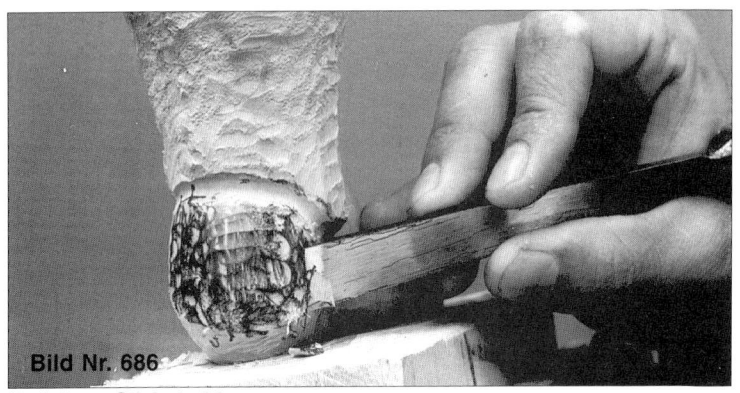

Bild Nr. 686
Balleisen Stich 1, 20 mm.

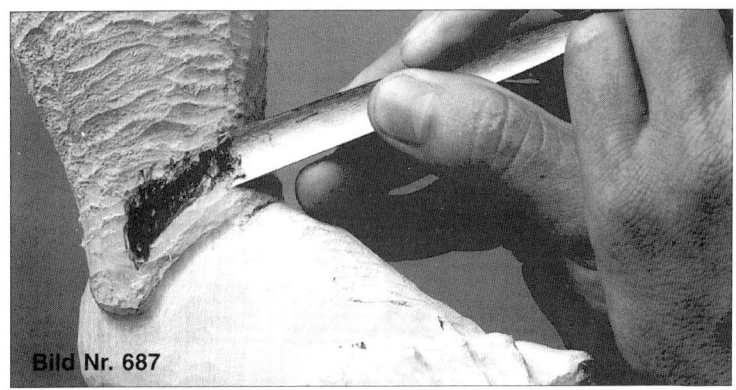

Bild Nr. 687
Flacheisen Stich 4, 12 mm.

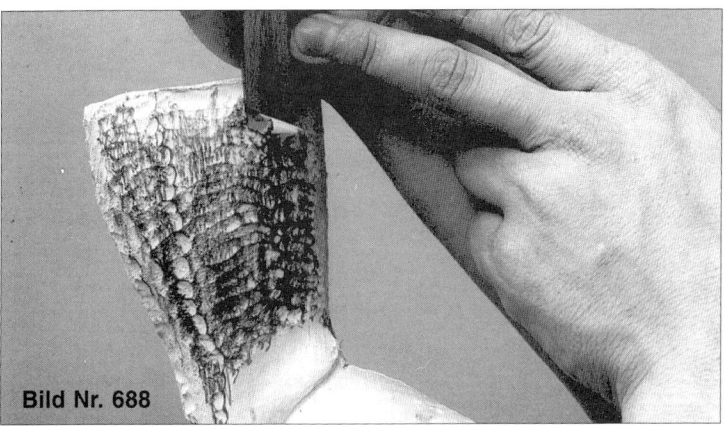

Bild Nr. 688
Balleisen Stich 1, 20 mm.

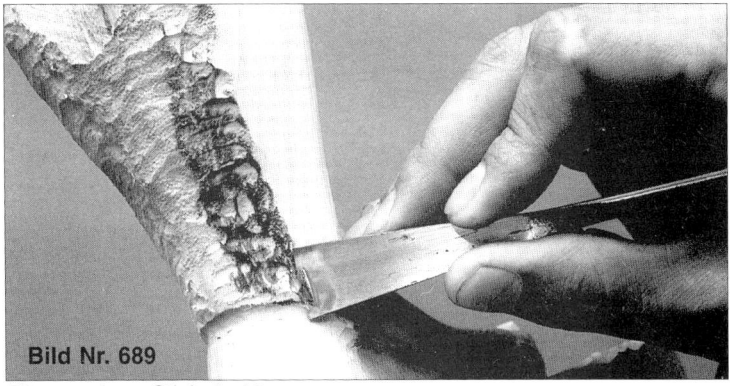

Bild Nr. 689
Blumeneisen Stich 3, 12 mm.

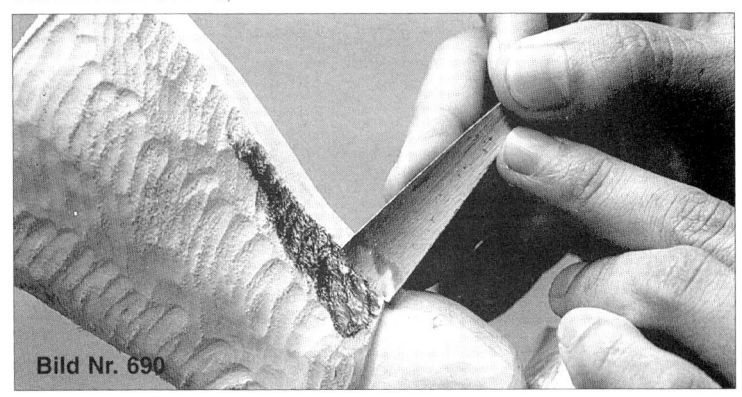

Bild Nr. 690
Blumeneisen Stich 3, 12 mm.

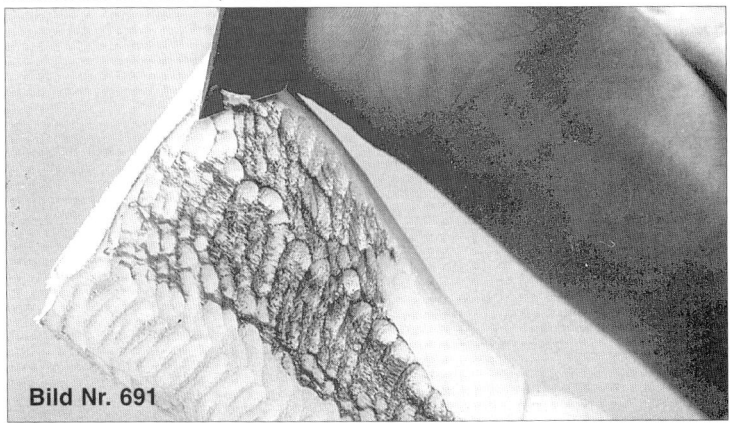

Bild Nr. 691
Balleisen Stich 1, 20 mm.

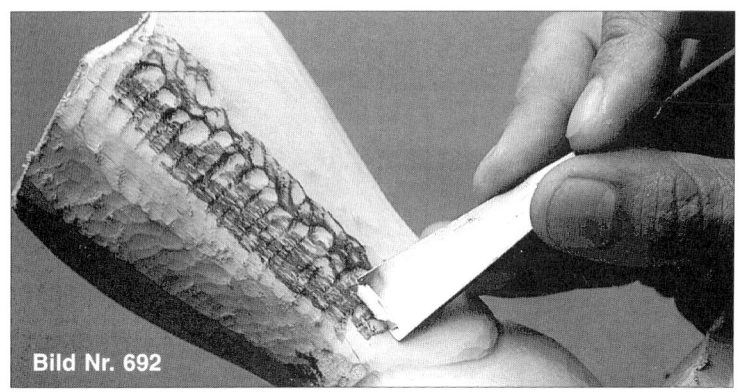

Blumeneisen Stich 3, 12 mm.

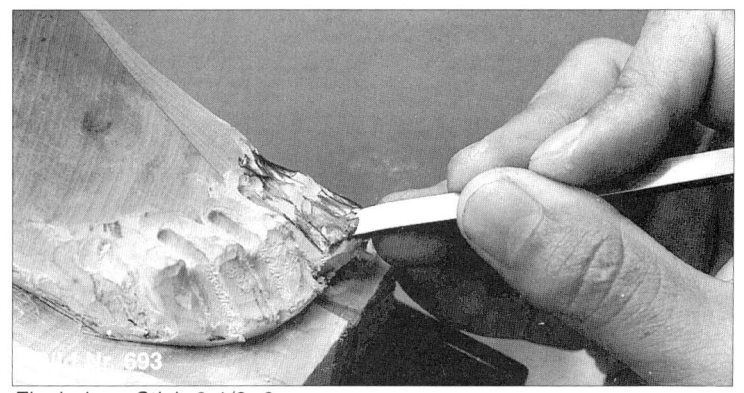

Flacheisen Stich 2 1/2, 6 mm.

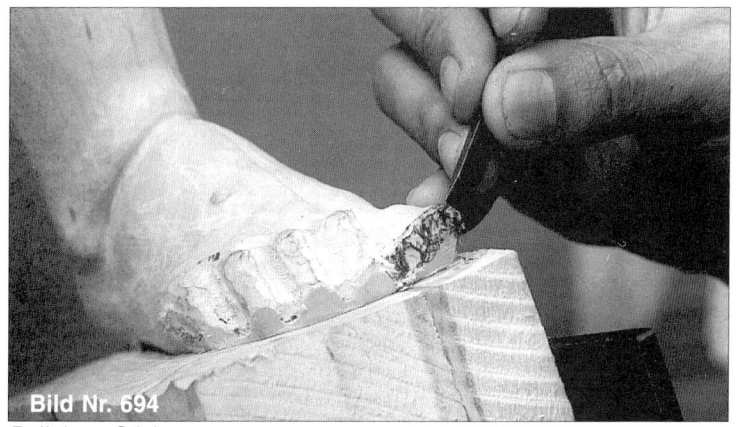

Balleisen Stich 1, 10 mm.

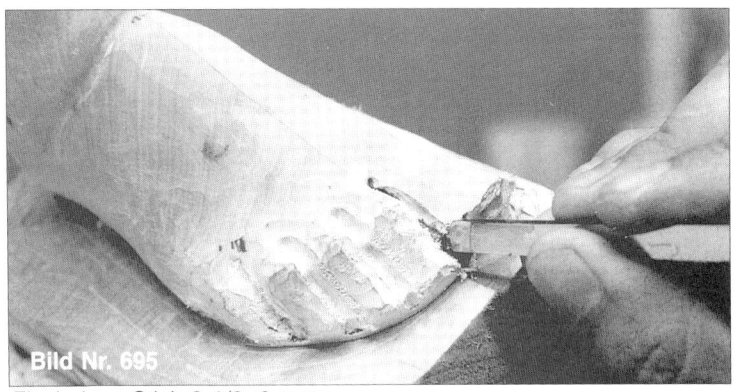

Bild Nr. 695
Flacheisen Stich 2 1/2, 6 mm.

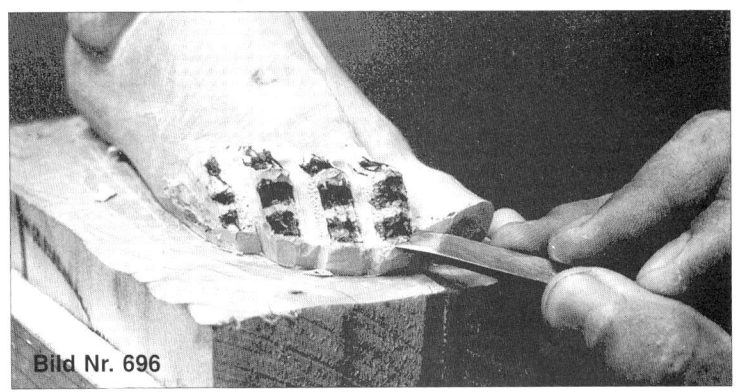

Bild Nr. 696
Schräges Balleisen Stich 2 1/2, 6 mm.

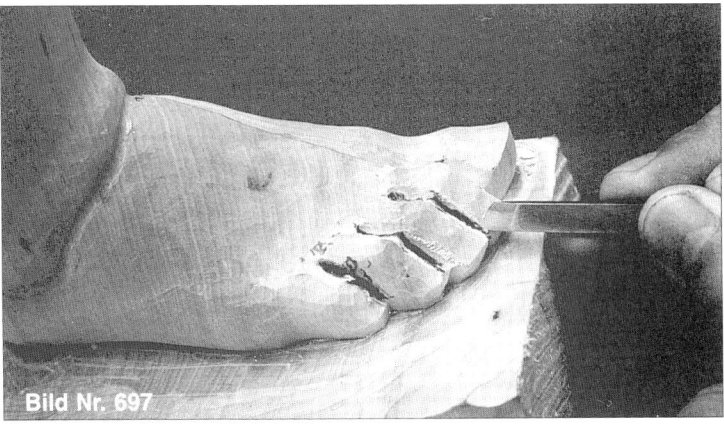

Bild Nr. 697
Schräges Balleisen Stich 2, 6 mm.

Bild Nr. 698

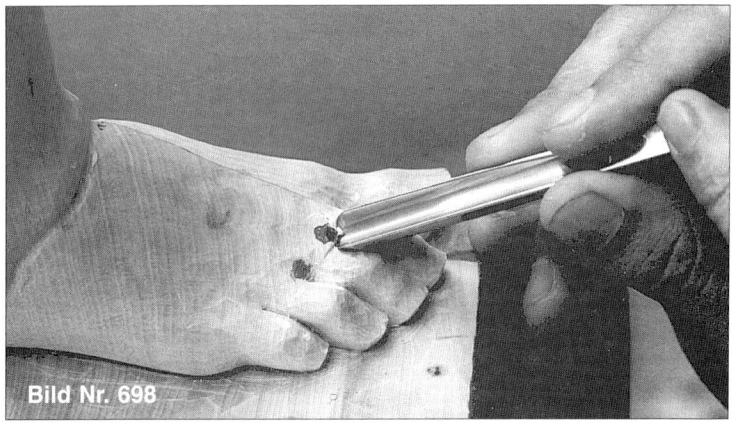

Hohleisen Stich 10, 6 mm.

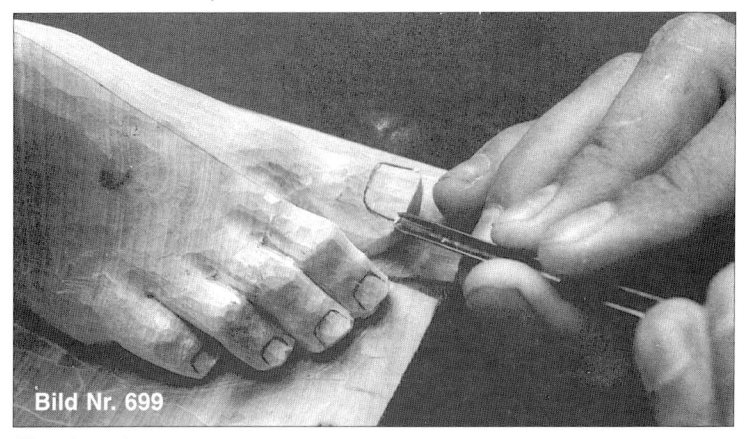

Bild Nr. 699

Ziereisen 2 mm.

Teil 23

Übungsbeispiel : <Fuß Erwachsener>

Wie bereits bei der vorhergegangenen Übung, ist hier der Fuß eines Erwachsenen fertigzuschnitzen.

Die Abmessungen entsprechen dem Kinderfuß. Zur besseren Handhabung während des Schnitzens ist das Arbeitsstück wieder in meiner Kugelgelenk-Einspannvorrichtung befestigt. Das Übungsholz können Sie über Ihren Fachhändler oder direkt von mir beziehen.

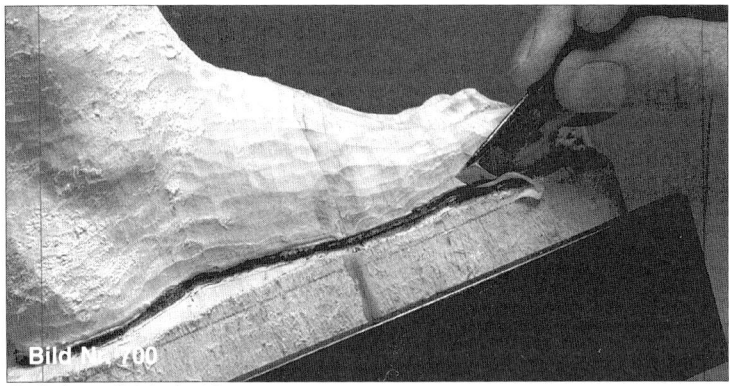

Balleisen Stich 1, 10 mm

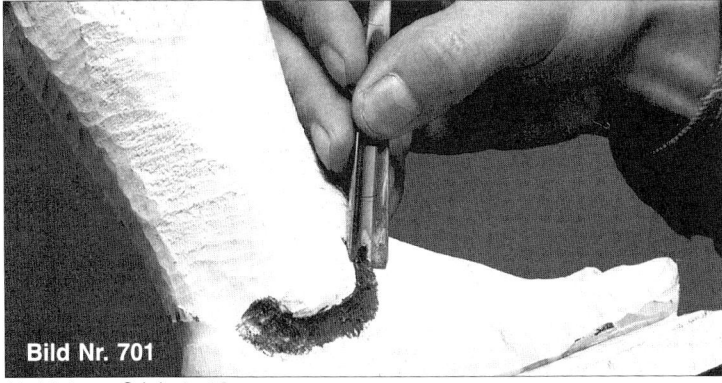

Hohleisen Stich 6, 12 mm.

KOCH, Schnitzen, Meisterliche Übungen

Bild Nr. 702

Blumeneisen Stich 3, 14 mm.

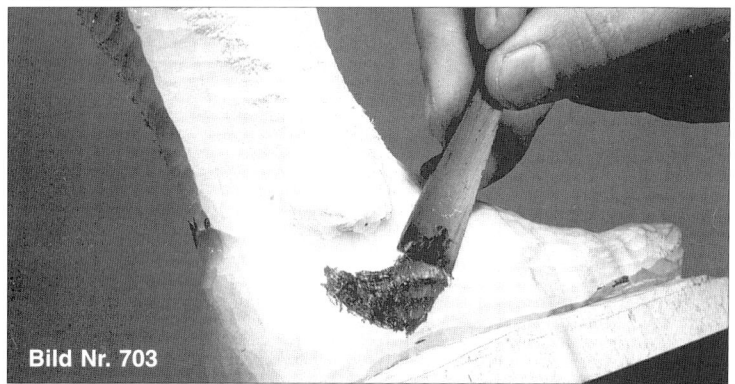

Bild Nr. 703

Blumeneisen Stich 3, 14 mm.

Bild Nr. 704

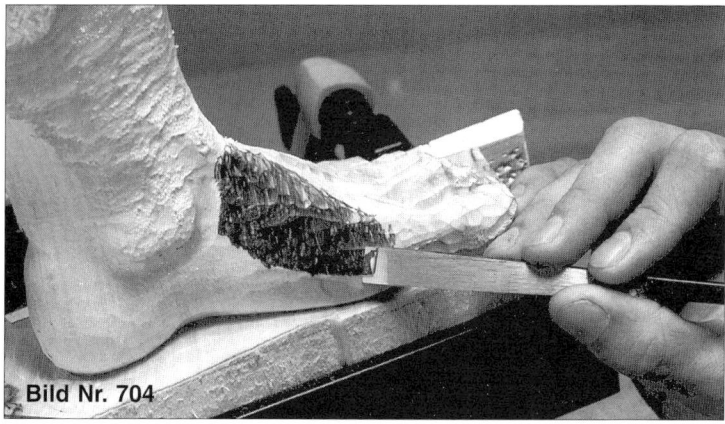

Balleisen Stich 1, 10 mm.

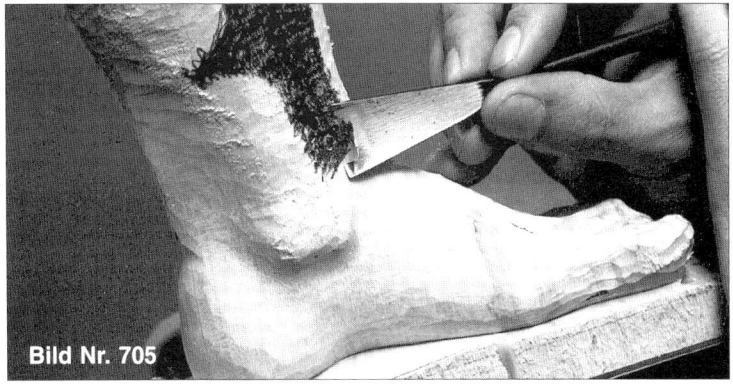

Blumeneisen Stich 3, 14 mm.

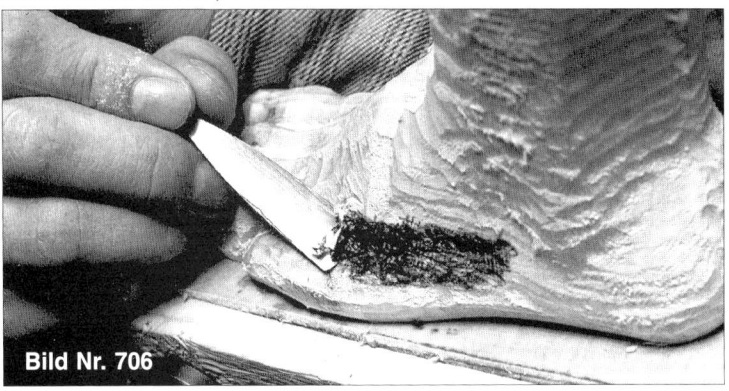

Hohleisen Stich 6, 12 mm.

Balleisen Stich 1, 10 mm.

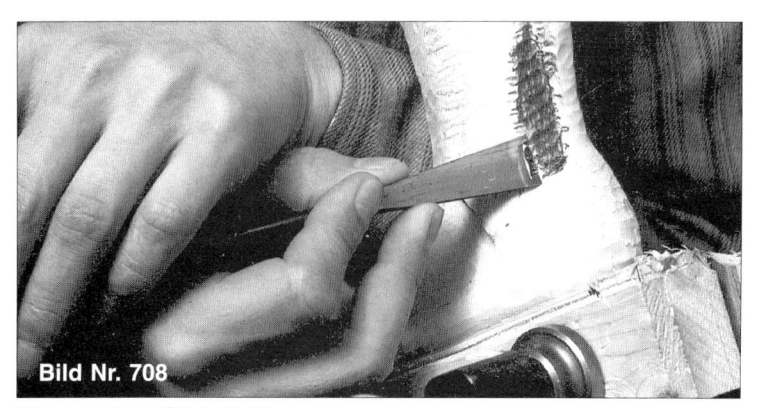

Blumeneisen Stich 3, 14 mm.

Hohleisen Stich 5, 8 mm.

Hohleisen Stich 8, 12 mm.

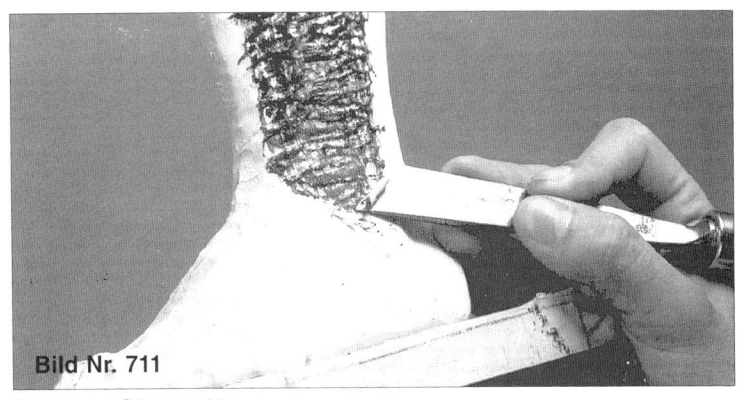

KOCH, Schnitzen, Meisterliche Übungen

Bild Nr. 711

Balleisen Stich 1, 20 mm

Bild Nr. 712

Balleisen Stich 1, 20 mm.

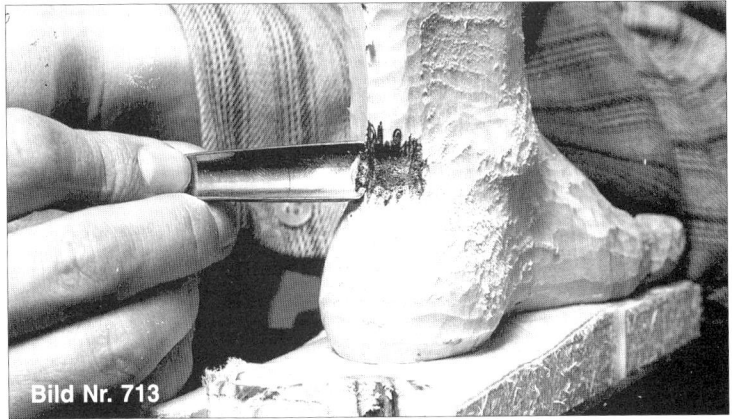

Bild Nr. 713

Hohleisen Stich 8, 12 mm.

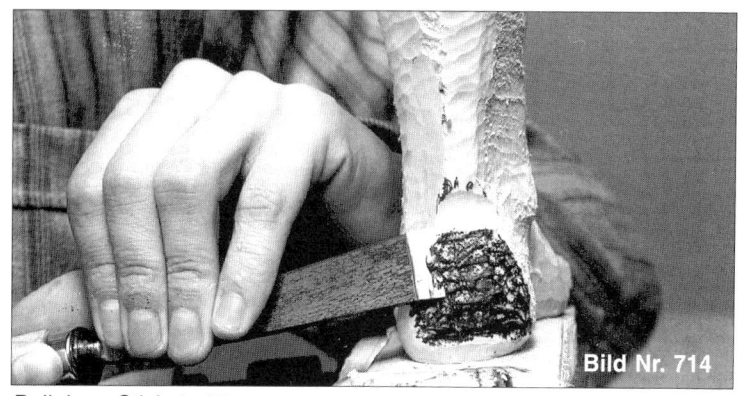

Balleisen Stich 1, 20 mm.

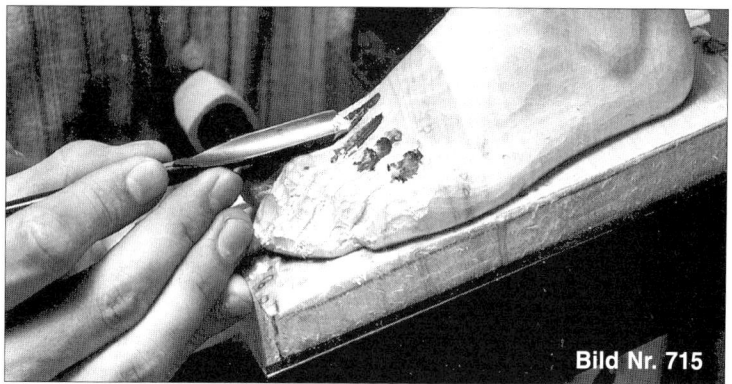

Blumeneisen Stich 7, 8 mm.

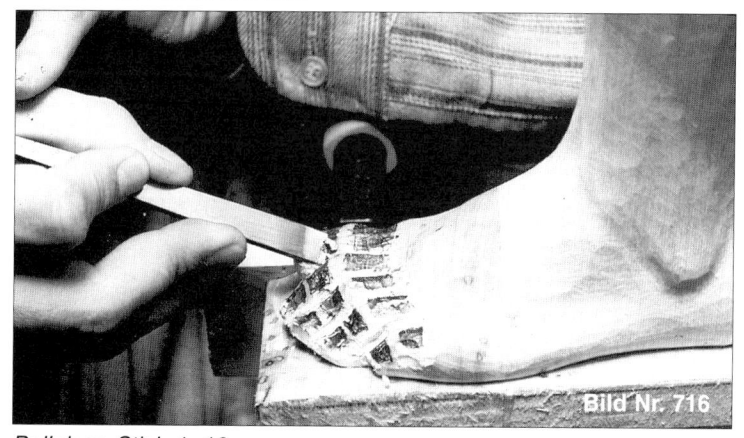

Balleisen Stich 1, 10 mm.

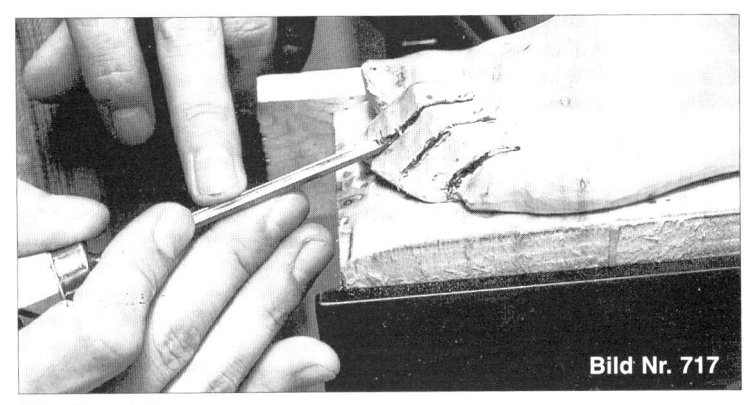

Ziereisen 1,5 mm.

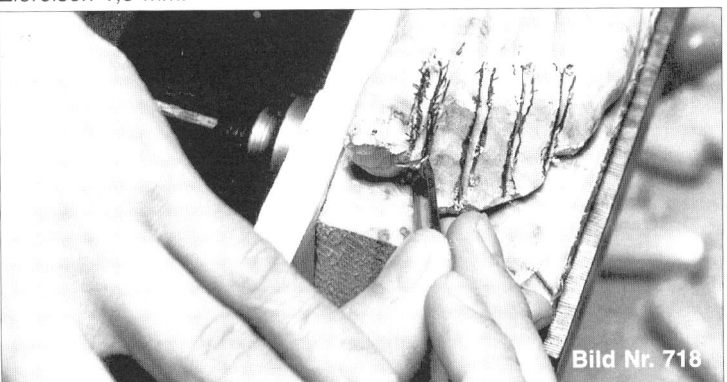

Schräges Balleisen Stich 2, 6 mm.

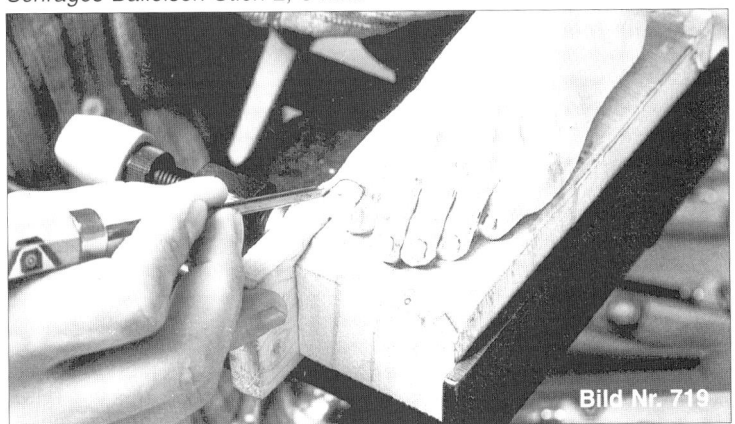

Gaißfuß 90°, 4 mm.

Teil 24

Übungsbeispiel : <Fuß Erwachsener flach stehend>

In diesem Teil zeige ich ein Beispiel wie ein Fuß aus einem Stück Holz frei herausgearbeitet wird.

Die Übung dient einerseits dazu bei einer frei zu schaffenden Skulptur auch die dazugehörigen Füße entsprechend ausarbeiten zu können. Anderseits gibt es auch Figuren bei denen nachträglich der eine Fuß oder gar beide Füße getrennt geschnitzt werden, um sie der besonderen Bewegung angepaßt <einzustecken>.

Eine weitere Möglichkeit bzw. auch Notwendigkeit einen Fuß frei und getrennt auszuschnitzen, ergibt sich z.B. bei Marionetten, Krippenfiguren usw., bei denen lediglich Kopf, Hände und Füße geschnitzt werden. Der Körper wird dann z.B. von einem Drahtgestell gebildet, über das die Kleidungsstücke <gezogen> werden.

Dasselbe, mit noch größerer Bedeutung, kann beim Ausschnitzen von Händen auftreten. Dies insbesondere bei Bewegungsabläufen, bei denen der Holzfaserverlauf eines Blocks quer zu den freistehenden Fingern verlaufen würde. Die Bruchgefahr wäre stark erhöht. Eine getrennt gefertigte Hand, mit dem Holzfaserverlauf längs den Fingern, behebt diesen Nachteil und gibt bedeutend mehr Sicherheit gegen Bruch.

Weitere anatomische Übungen, mit verschiedenen Händen in unterschiedlichen Bewegungsabläufen, haben Sie in meinem *<Schnitzer-Kolleg>*, Ausgabe Nr. 5, in vier Sprachen, mit 350 Fotos auf 44 Seiten.

Eine komplette Ausgabe meiner Serie *<Schnitzer-Kolleg>* hat das Ausschnitzen von verschiedenen Füßen zum Thema. Es ist ebenfalls eine internationale Ausgabe in vier Sprachen und ebenfalls mit vielen Fotos in *Schritt-für-Schritt-Darstellungen*. Fragen Sie bei Ihrem Fachhändler oder direkt bei mir an.

Bild Nr. 720

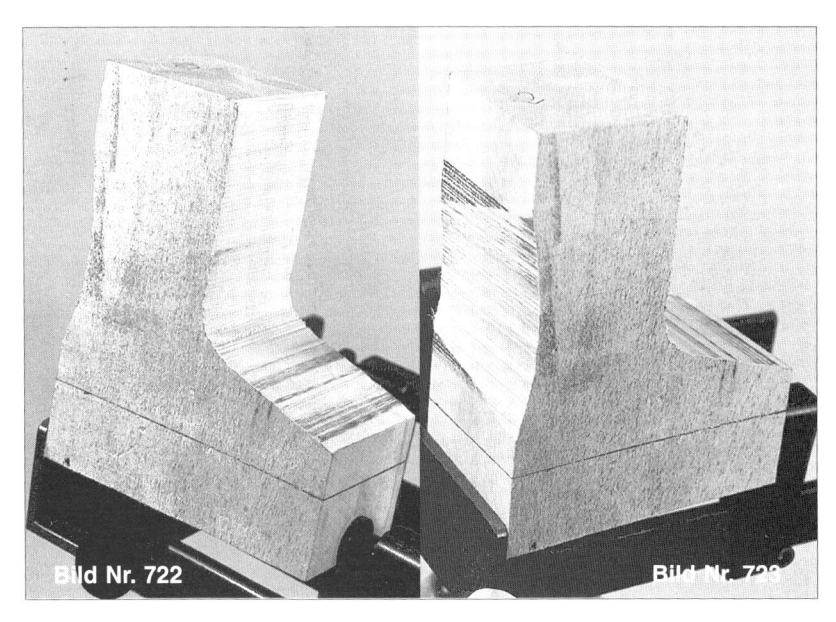

Bild Nr. 721

Bild Nr. 722

Bild Nr. 723

Bild Nr. 726   Bild Nr. 727   Bild Nr. 728

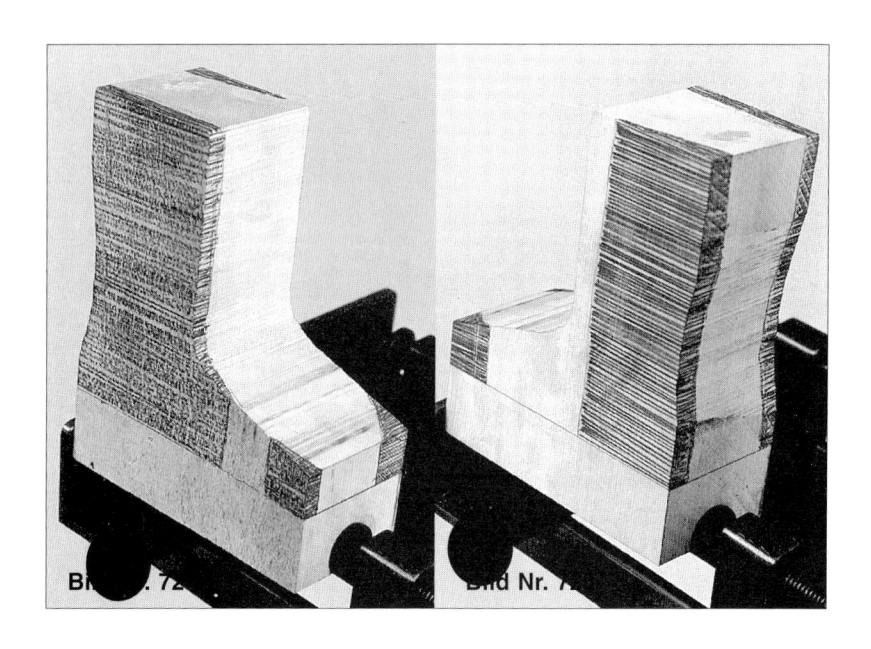

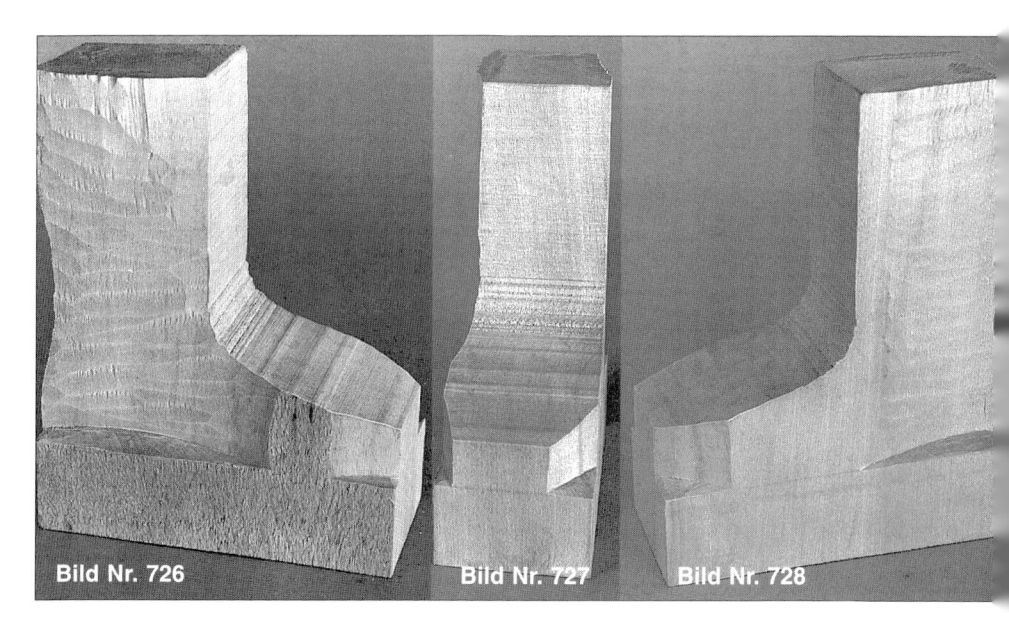

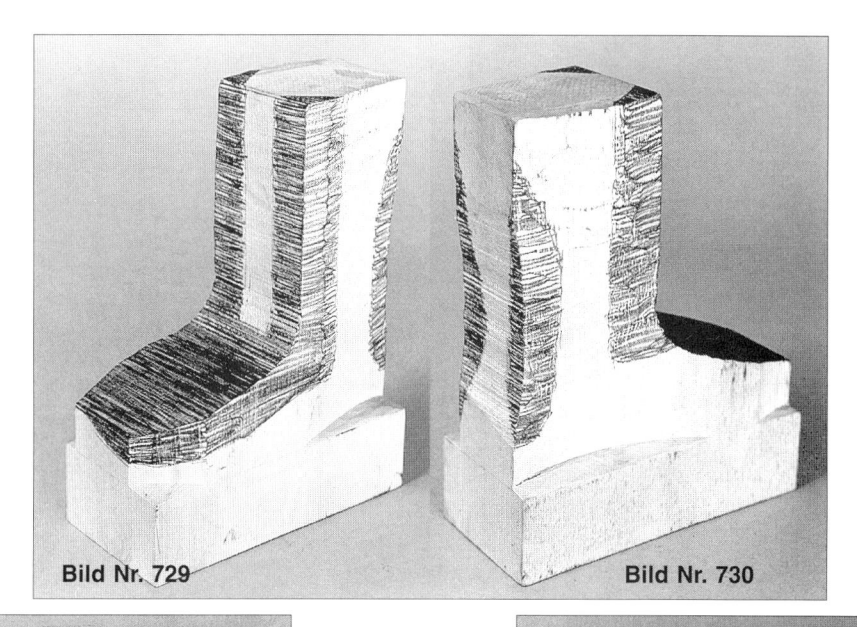

KOCH, Schnitzen, Meisterliche Übungen

Bild Nr. 729

Bild Nr. 730

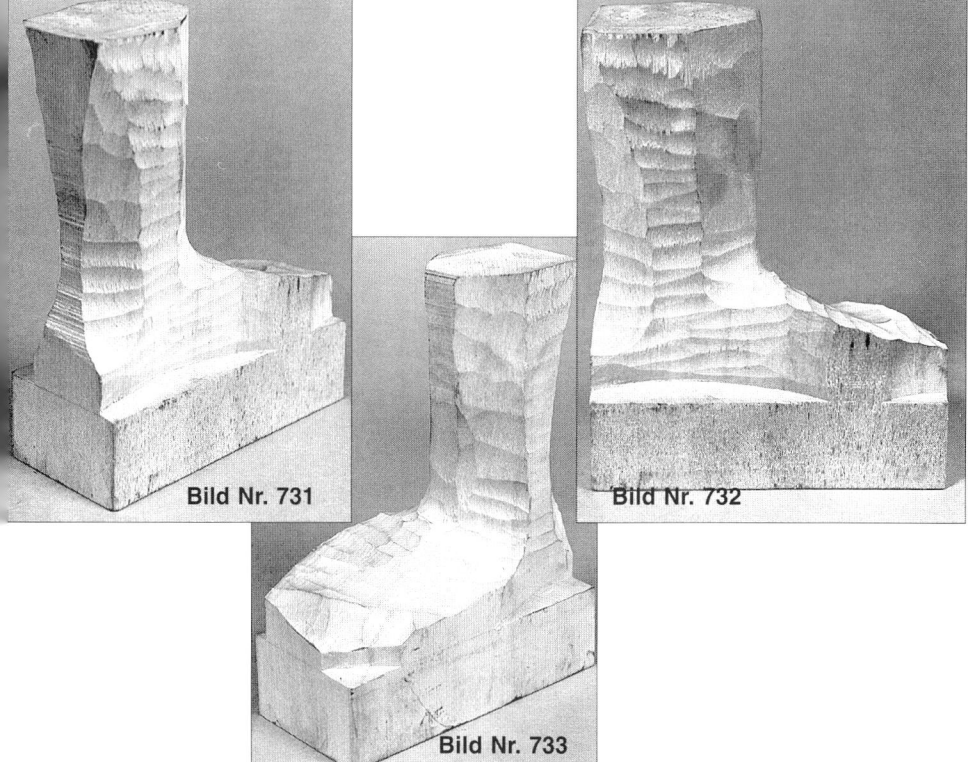

Bild Nr. 731

Bild Nr. 732

Bild Nr. 733

227

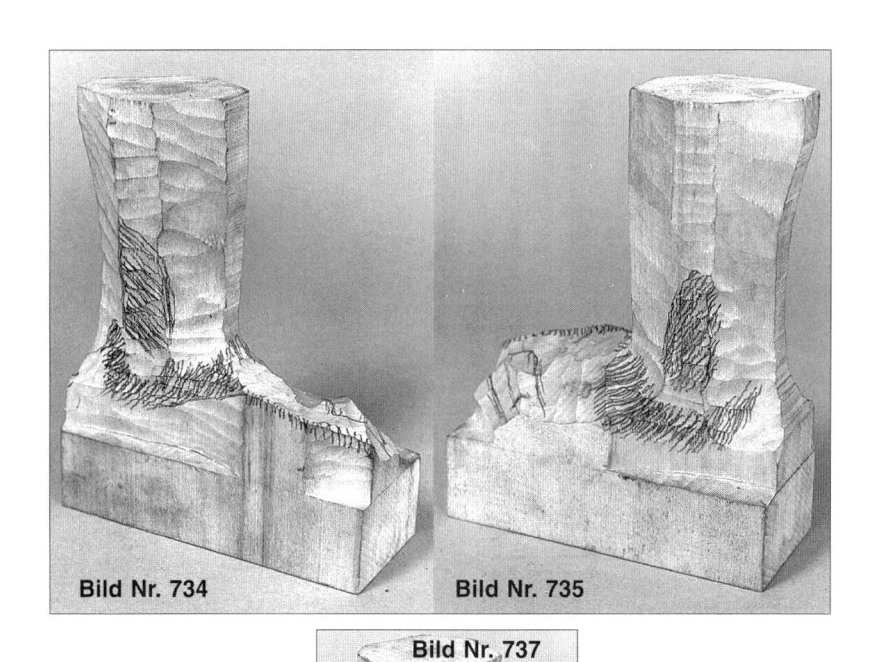

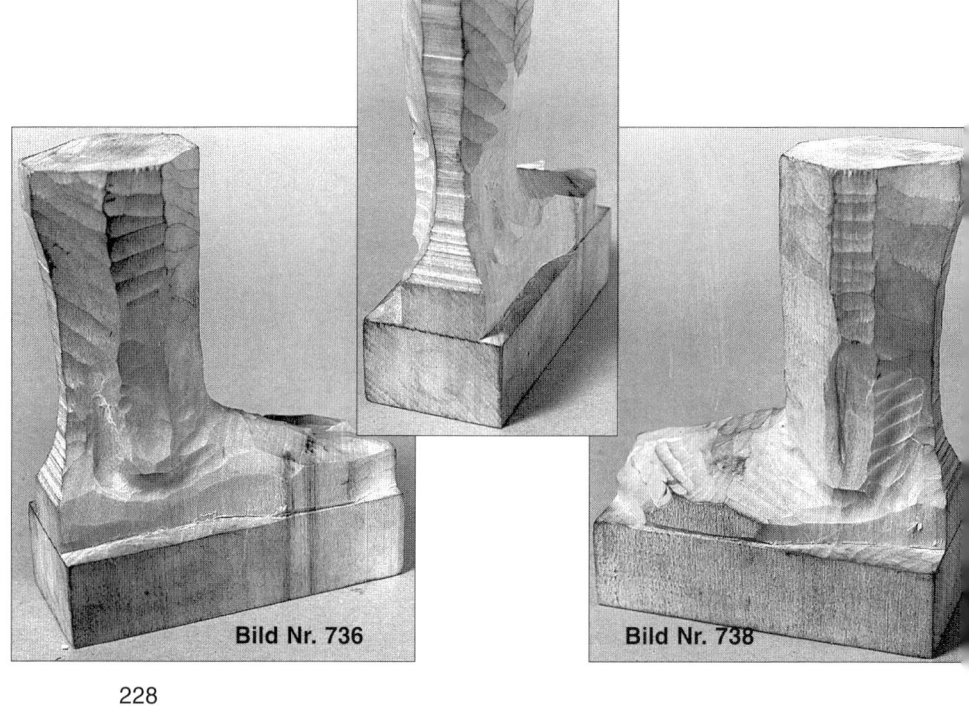

Bild Nr. 734
Bild Nr. 735
Bild Nr. 737
Bild Nr. 736
Bild Nr. 738

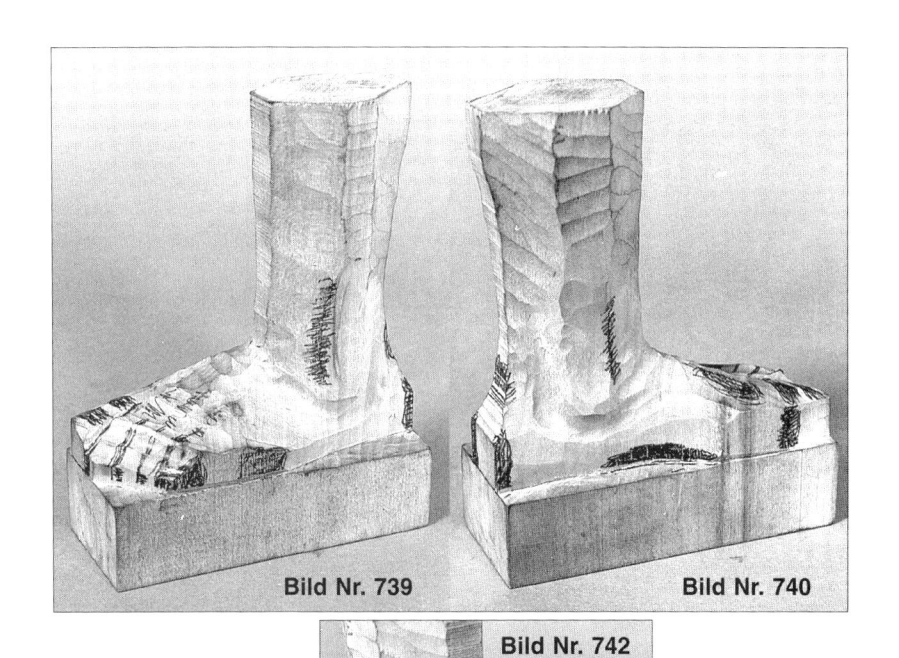

Bild Nr. 739

Bild Nr. 740

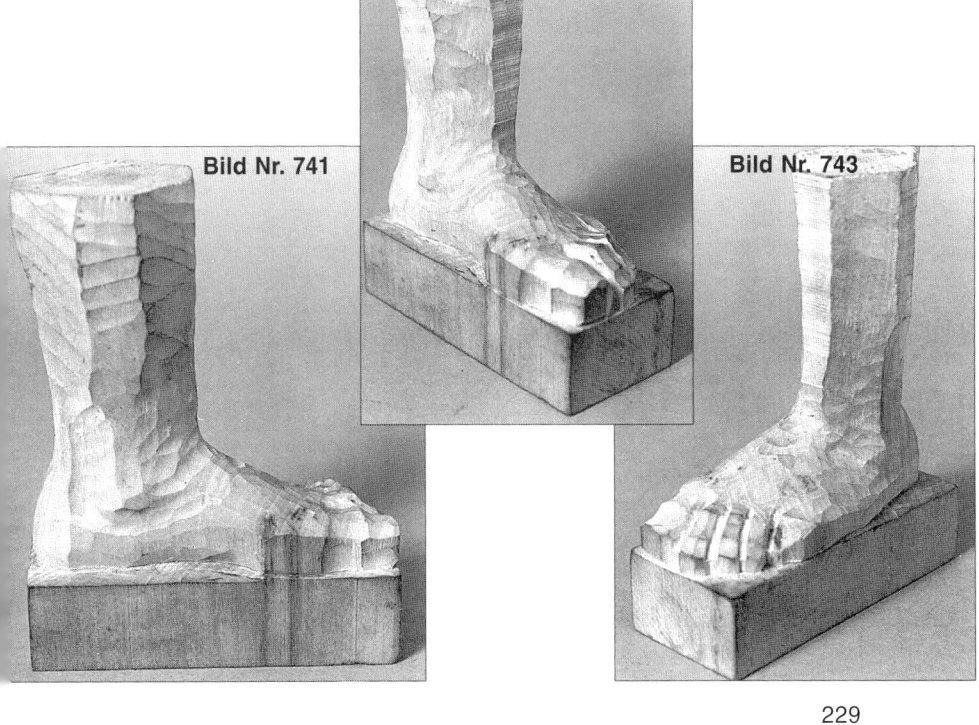

Bild Nr. 741

Bild Nr. 742

Bild Nr. 743

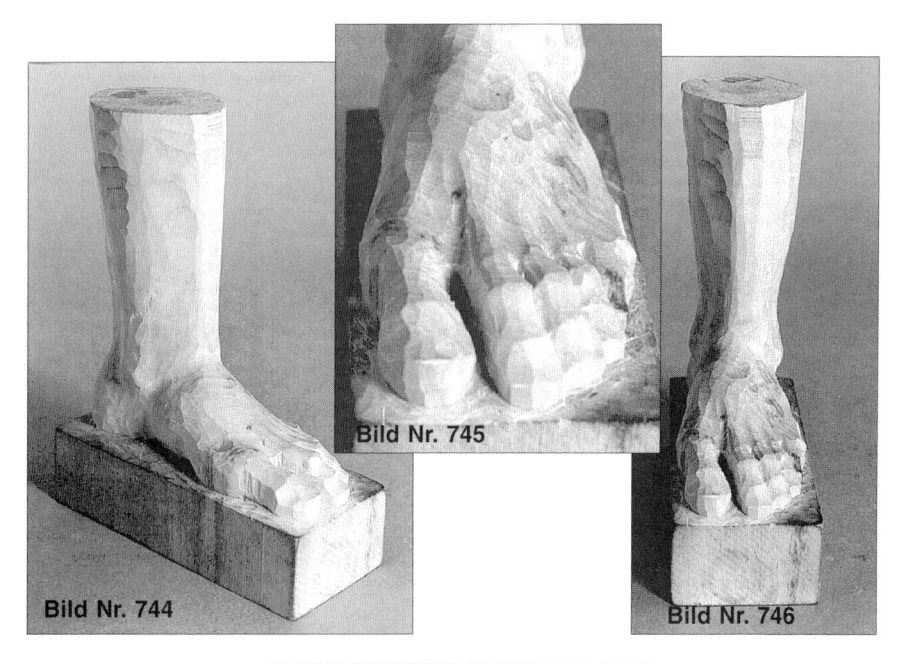

Bild Nr. 745

Bild Nr. 744

Bild Nr. 746

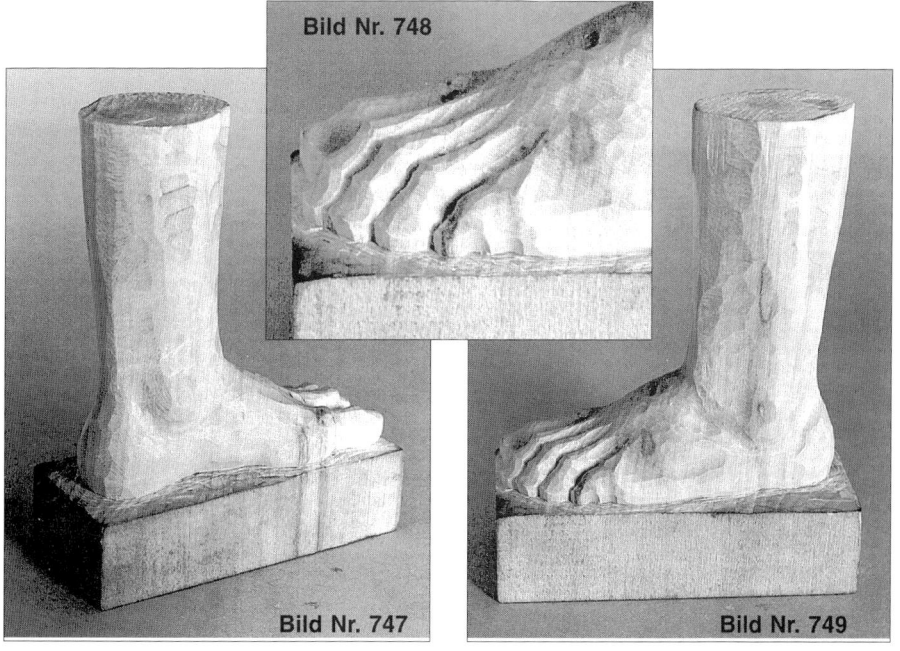

Bild Nr. 748

Bild Nr. 747

Bild Nr. 749

Der fertig-
geschnitzte
Übungsfuß
in acht
Ansichten

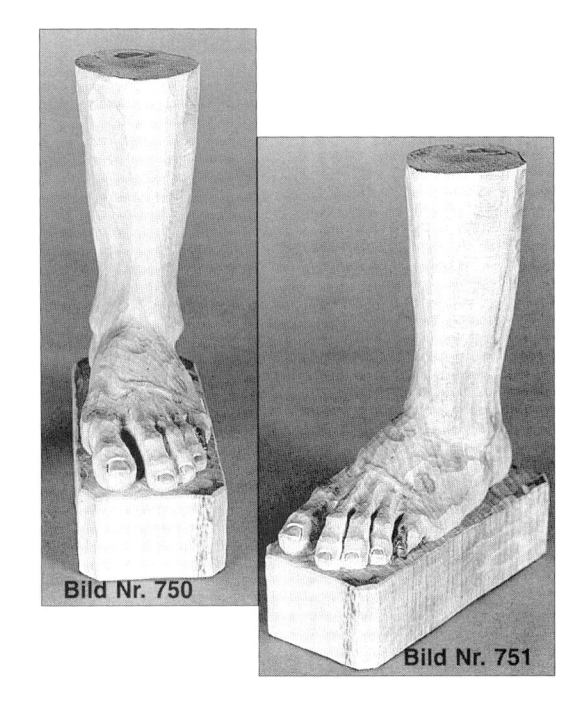

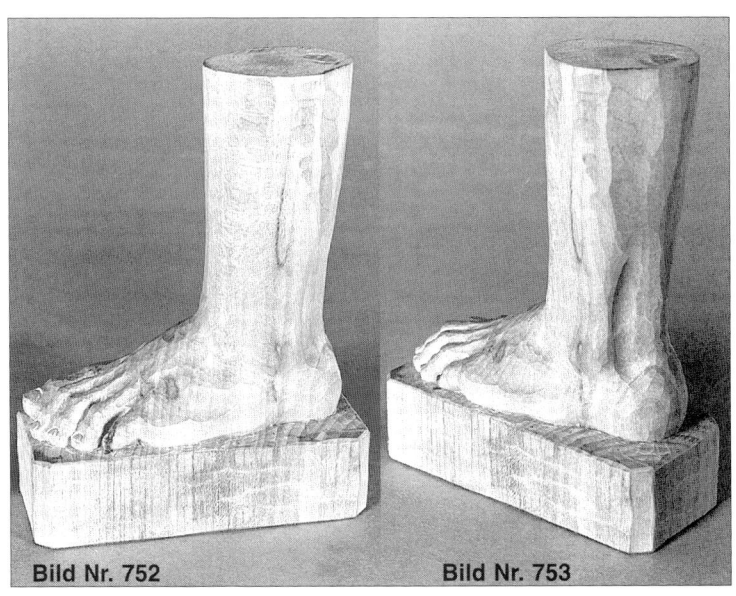

Bild Nr. 750

Bild Nr. 751

Bild Nr. 752

Bild Nr. 753

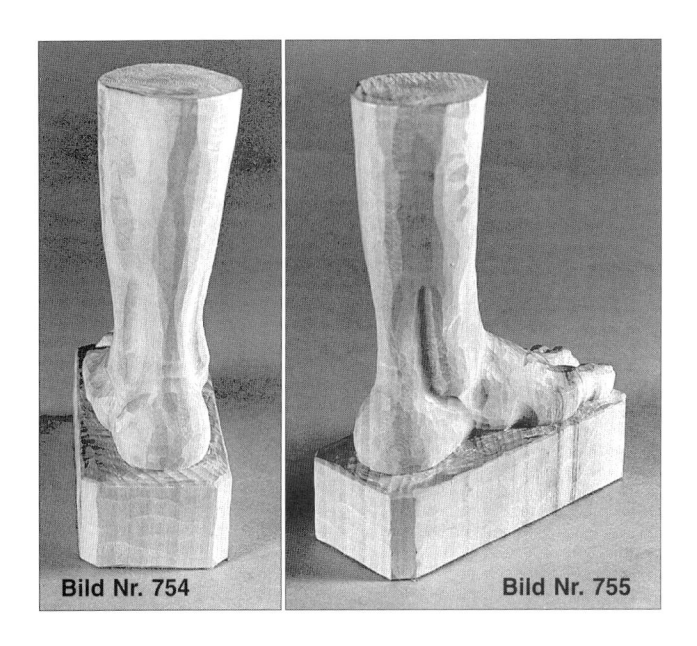

Bild Nr. 754

Bild Nr. 755

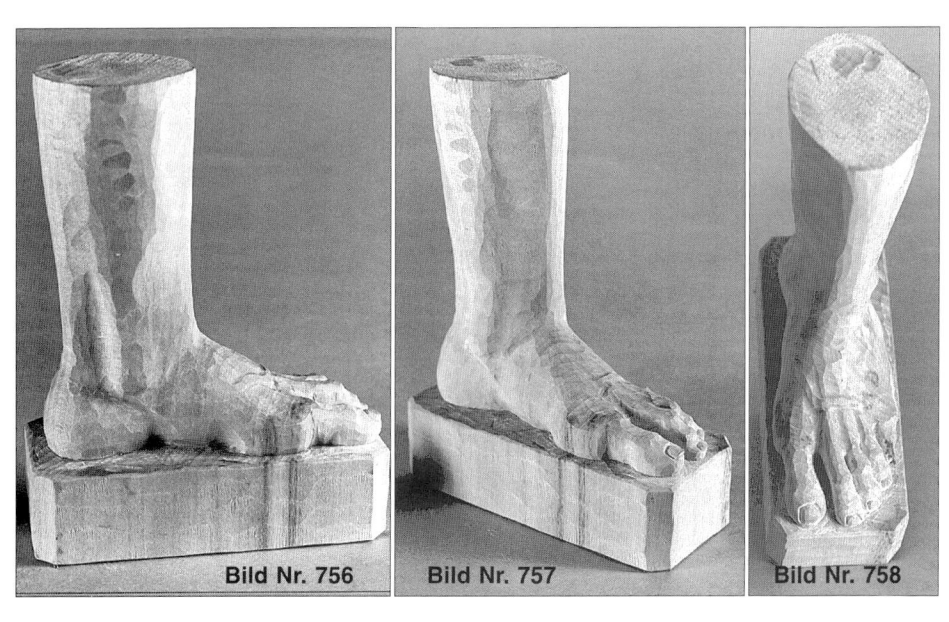

Bild Nr. 756

Bild Nr. 757

Bild Nr. 758

Teil 25

Übungsbeispiel : <Fuß Erwachsener in Bewegung mit der Ferse leicht angehoben>

Bild Nr. 759

Bild Nr. 760

Bild Nr. 761

Bild Nr. 762

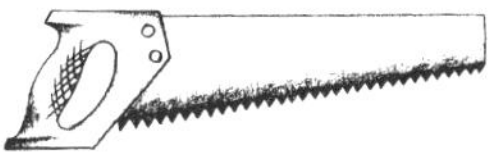

KOCH, Schnitzen, Meisterliche Übungen

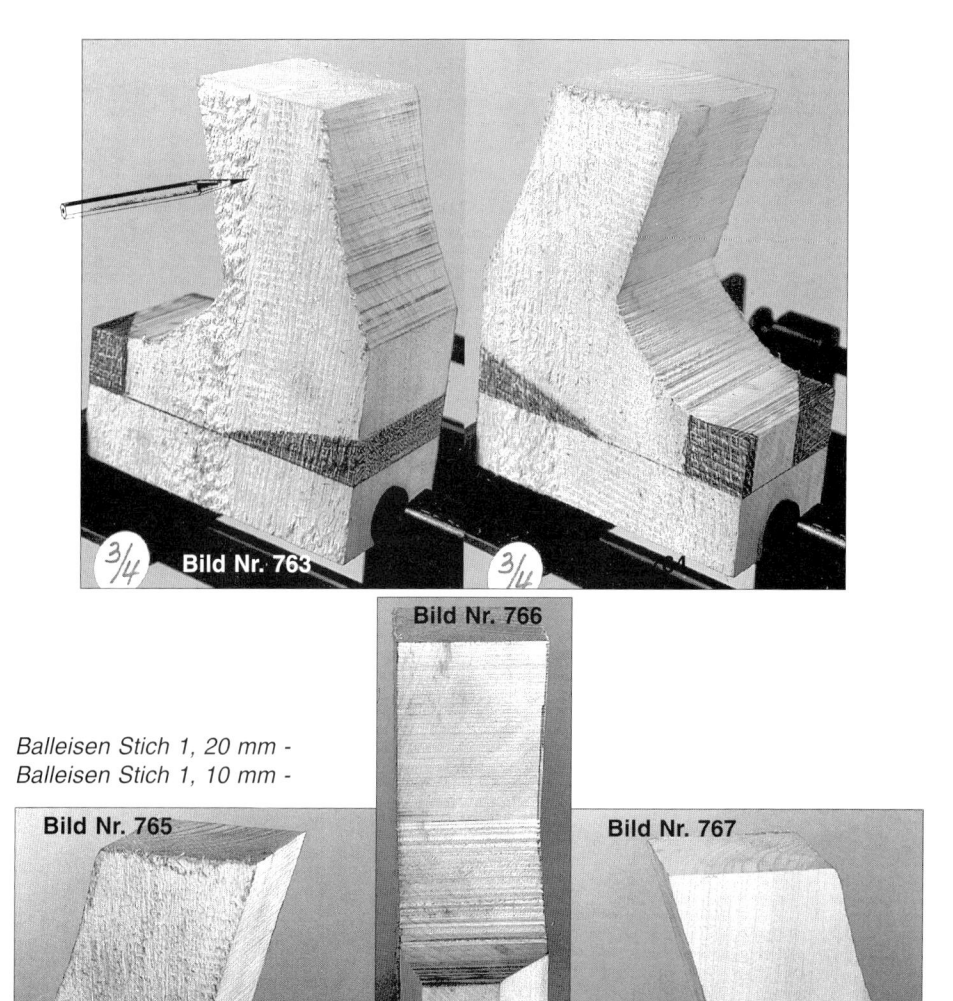

Bild Nr. 763

Bild Nr. 766

Balleisen Stich 1, 20 mm -
Balleisen Stich 1, 10 mm -

Bild Nr. 765

Bild Nr. 767

Bild Nr. 768

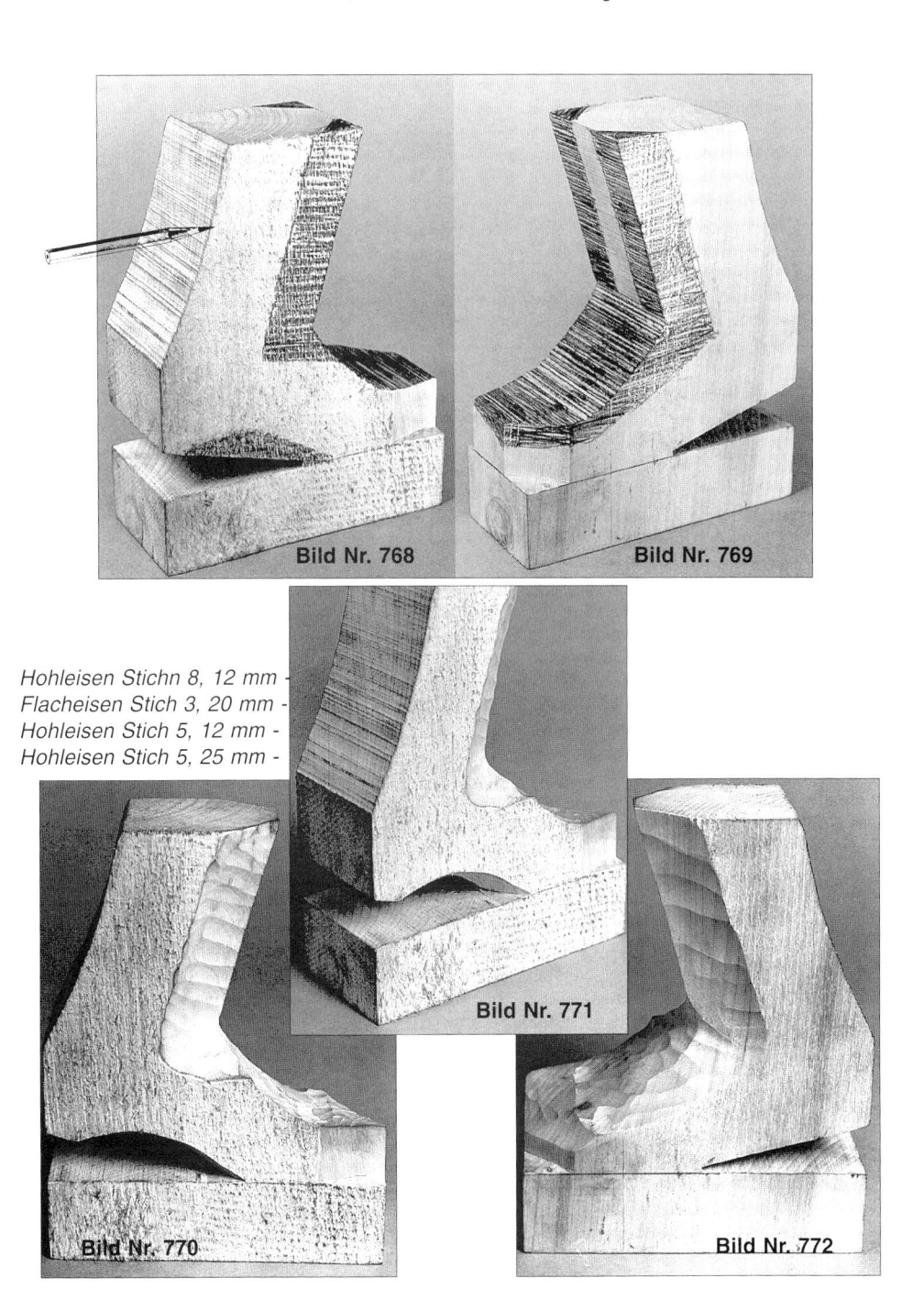

Bild Nr. 769

Hohleisen Stichn 8, 12 mm -
Flacheisen Stich 3, 20 mm -
Hohleisen Stich 5, 12 mm -
Hohleisen Stich 5, 25 mm -

Bild Nr. 771

Bild Nr. 770

Bild Nr. 772

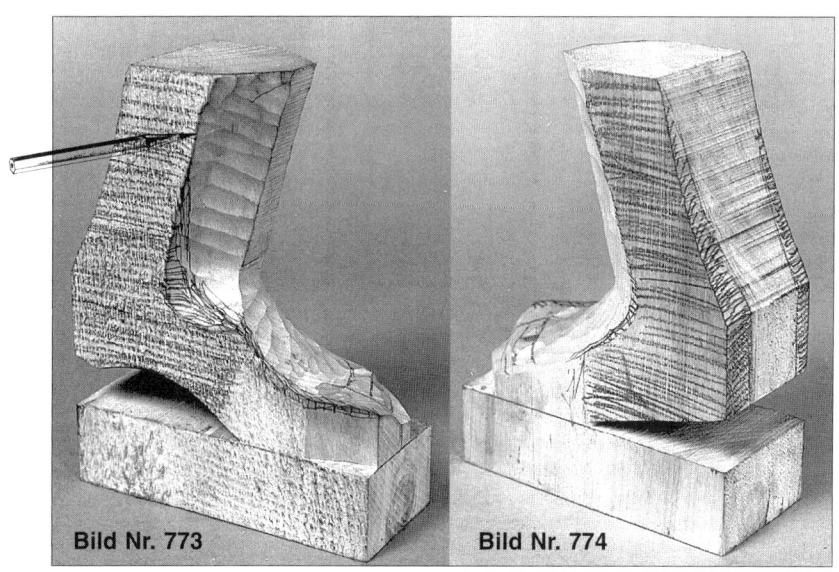

KOCH, Schnitzen, Meisterliche Übungen

Bild Nr. 773

Bild Nr. 774

Hohleisen Stich 8, 12 mm -
Flacheisen Stich 3, 20 mm -
Hohleisen Stich 5, 12 mm -
Hohleisen Stich 5, 25 mm -

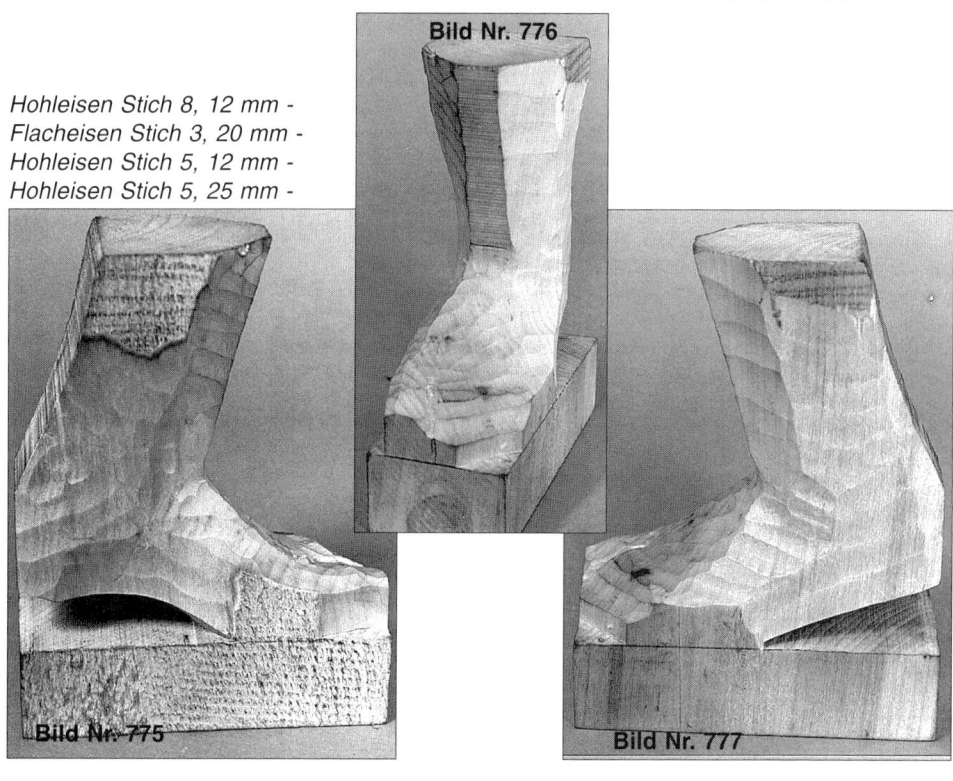

Bild Nr. 776

Bild Nr. 775

Bild Nr. 777

Bild Nr. 778

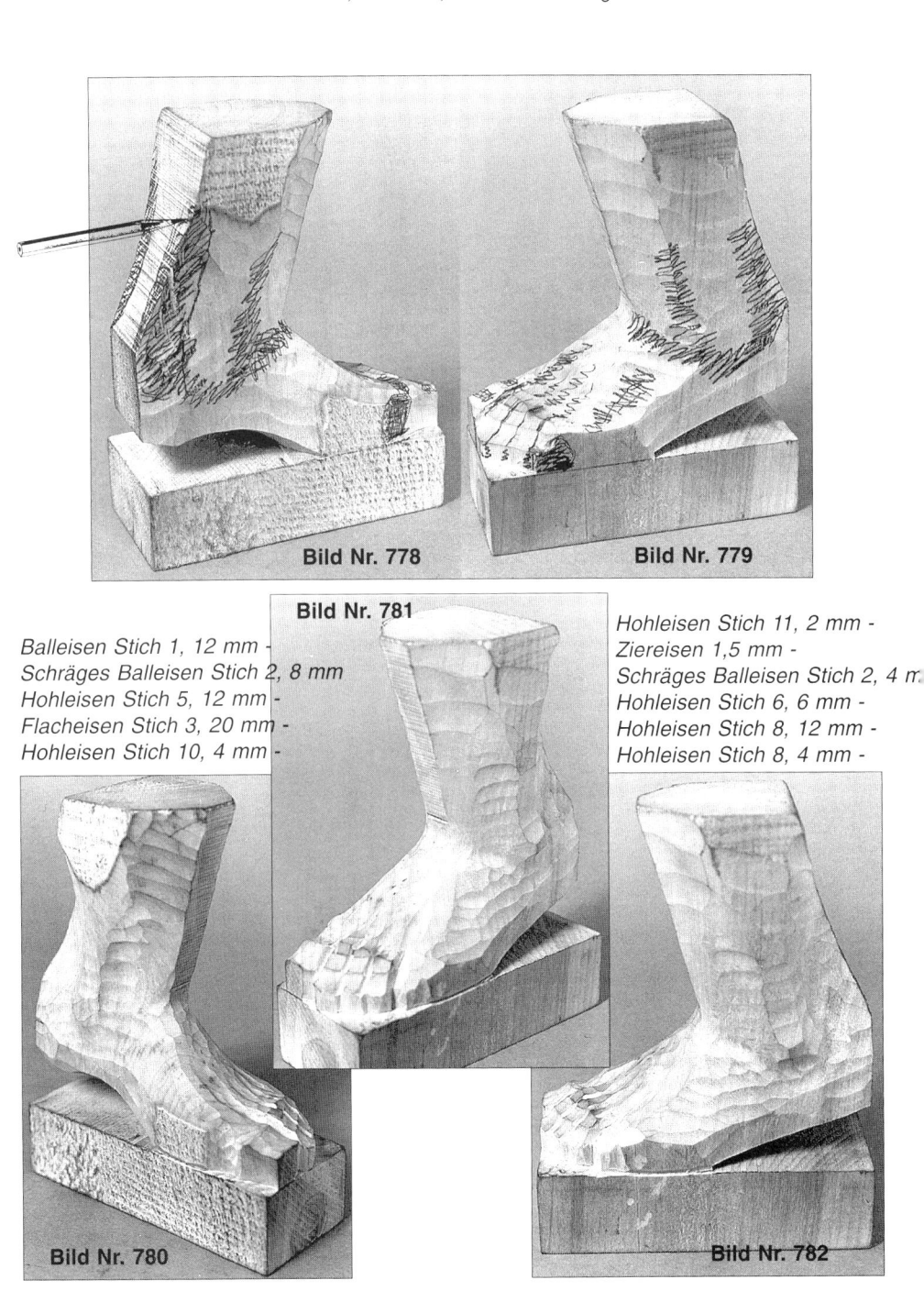

Bild Nr. 779

Bild Nr. 781

Balleisen Stich 1, 12 mm -
Schräges Balleisen Stich 2, 8 mm
Hohleisen Stich 5, 12 mm -
Flacheisen Stich 3, 20 mm -
Hohleisen Stich 10, 4 mm -

Hohleisen Stich 11, 2 mm -
Ziereisen 1,5 mm -
Schräges Balleisen Stich 2, 4 m.
Hohleisen Stich 6, 6 mm -
Hohleisen Stich 8, 12 mm -
Hohleisen Stich 8, 4 mm -

Bild Nr. 780

Bild Nr. 782

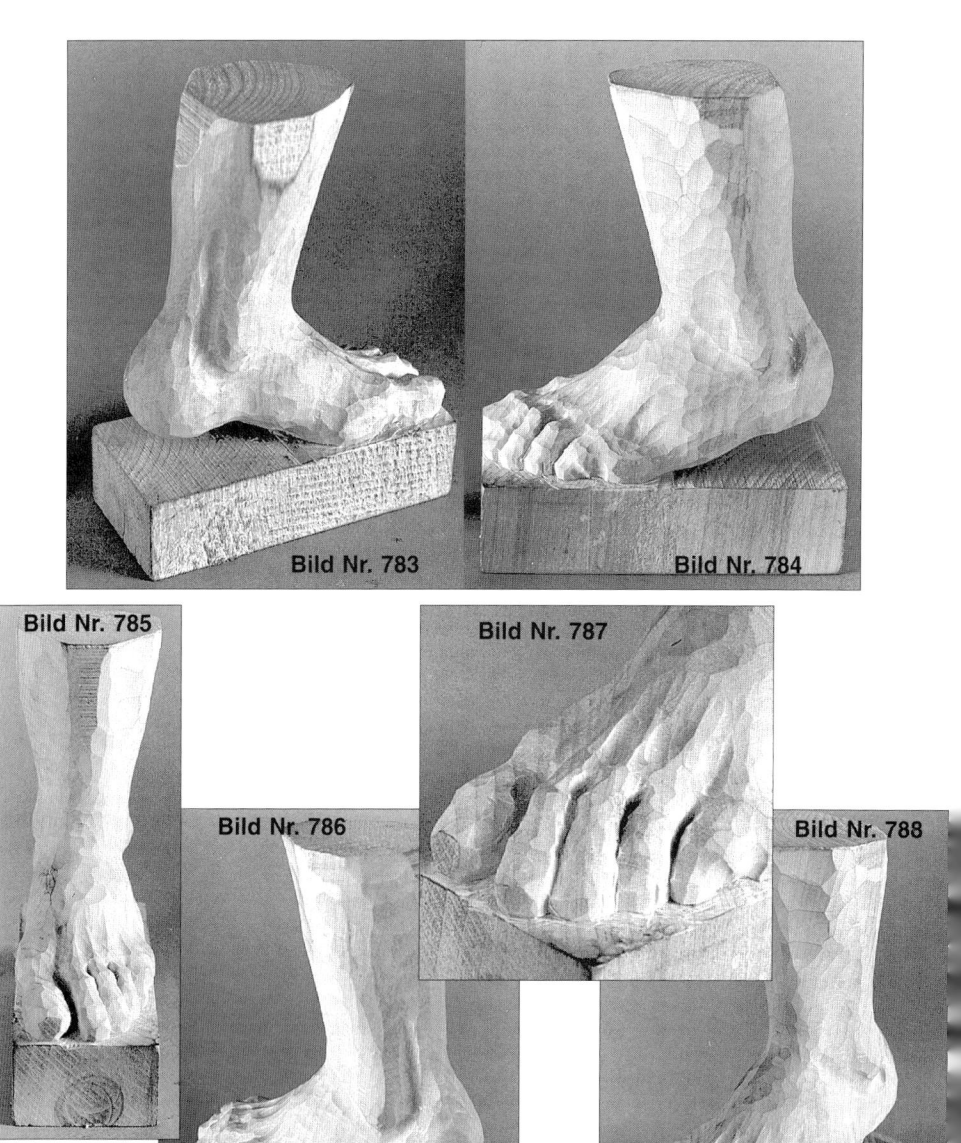

Bild Nr. 783
Bild Nr. 784
Bild Nr. 785
Bild Nr. 786
Bild Nr. 787
Bild Nr. 788

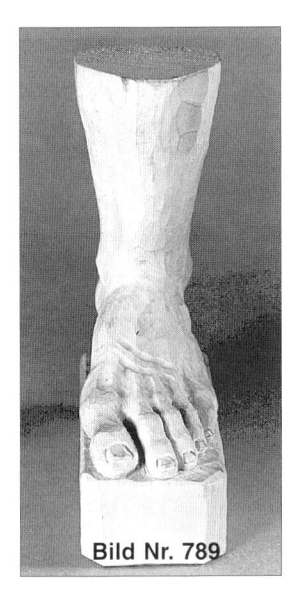

Bild Nr. 789

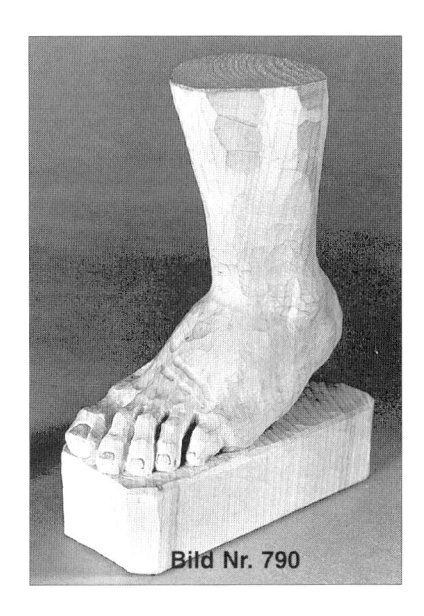

Bild Nr. 790

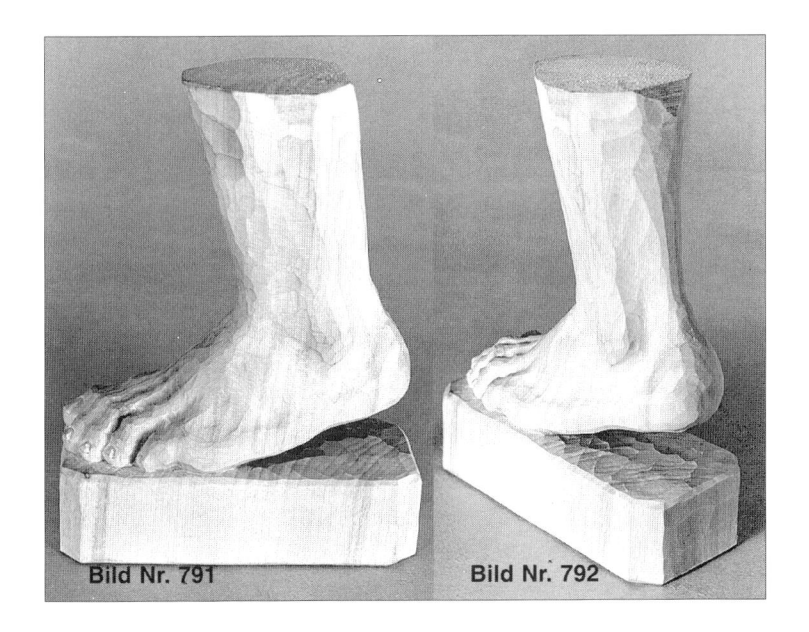

Bild Nr. 791

Bild Nr. 792

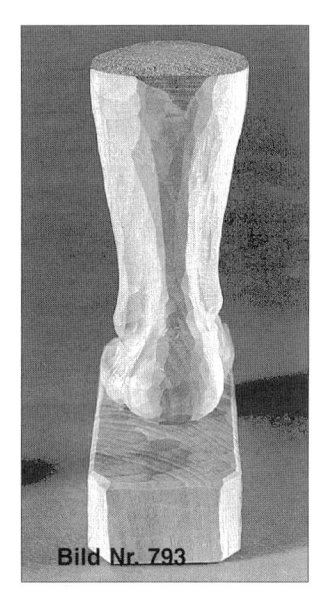

Bild Nr. 793

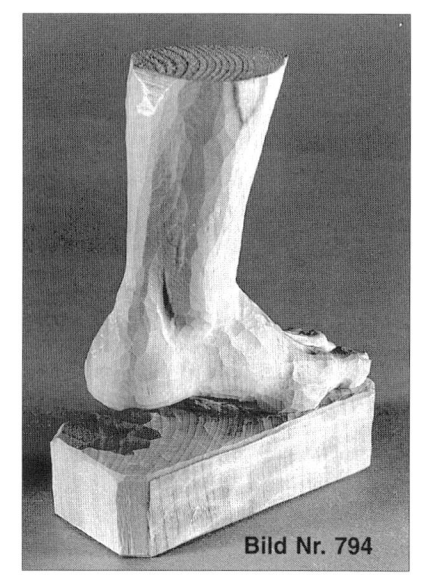

Bild Nr. 794

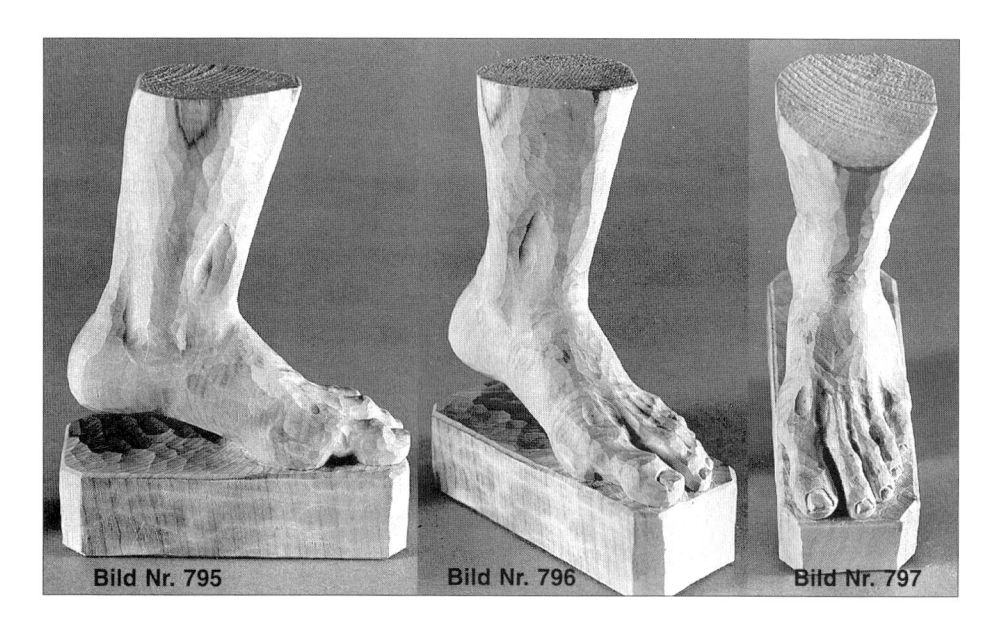

Bild Nr. 795

Bild Nr. 796

Bild Nr. 797

Teil 26
Übungsbeispiel : <Gestreckter Fuß>

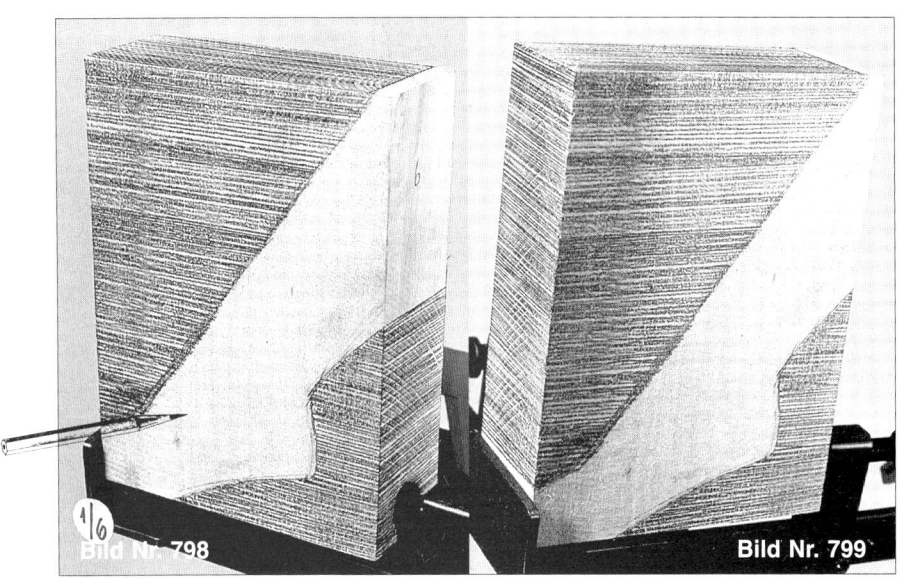

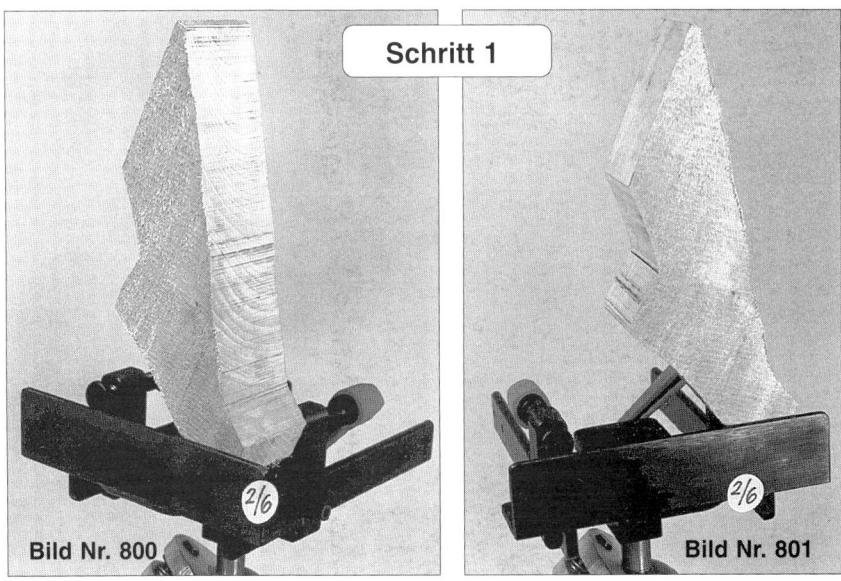

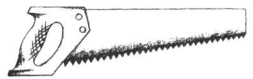

Bild Nr. 798

Bild Nr. 799

Schritt 1

Bild Nr. 800

Bild Nr. 801

241

Bild Nr. 801

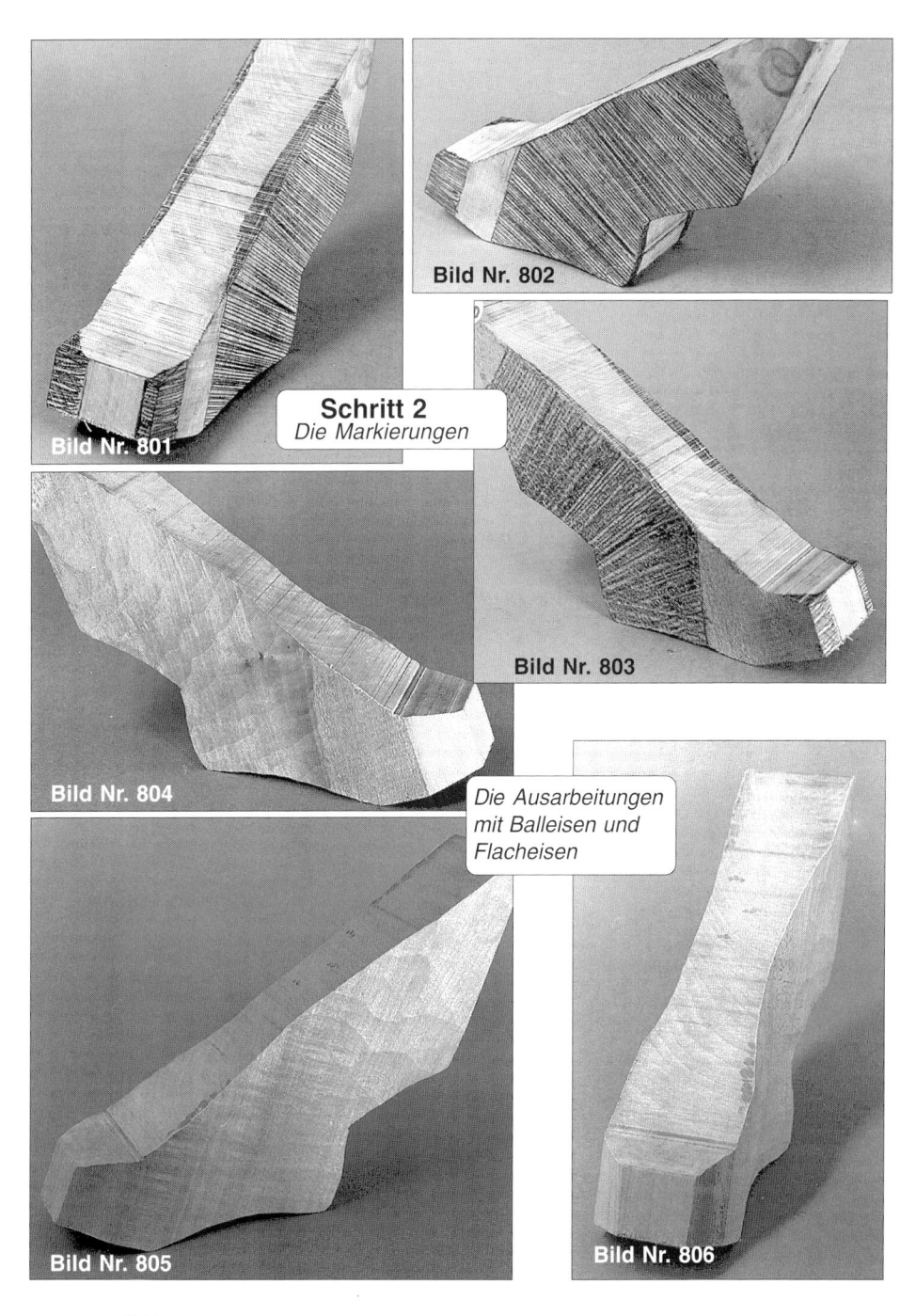

Bild Nr. 802

Schritt 2
Die Markierungen

Bild Nr. 803

Bild Nr. 804

Die Ausarbeitungen mit Balleisen und Flacheisen

Bild Nr. 805

Bild Nr. 806

KOCH, Schnitzen, Meisterliche Übungen

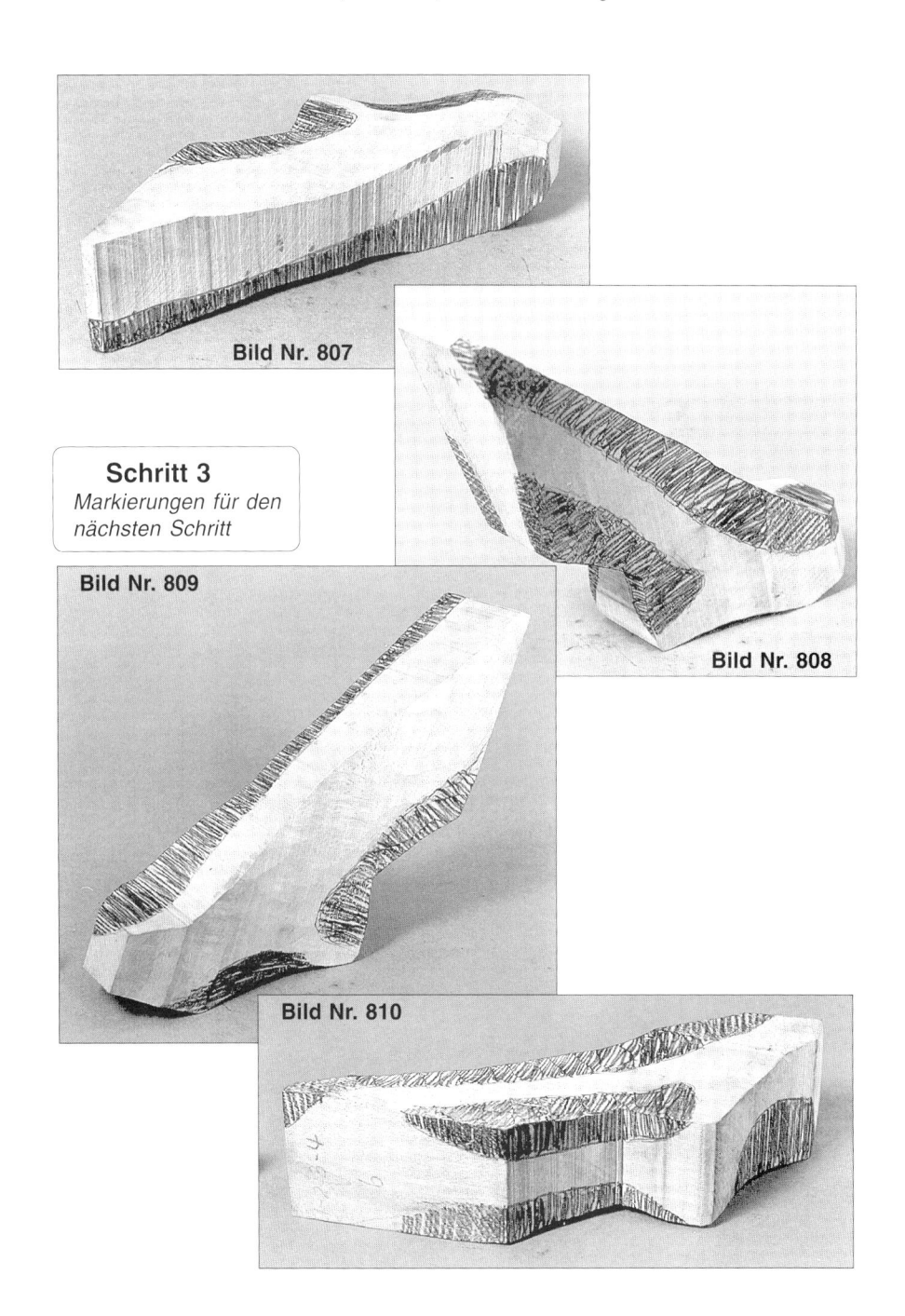

Bild Nr. 807

Bild Nr. 808

Schritt 3
Markierungen für den nächsten Schritt

Bild Nr. 809

Bild Nr. 810

243

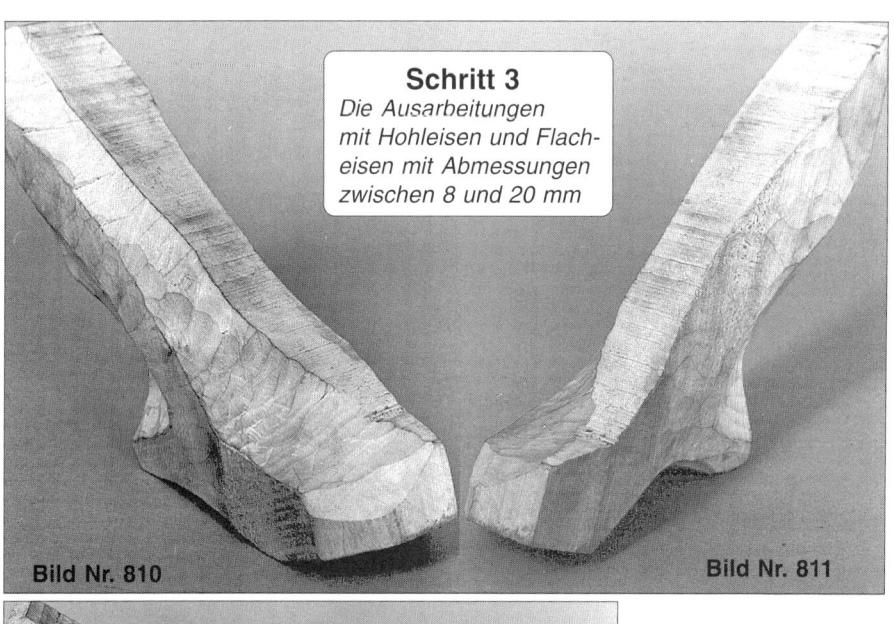

Schritt 3

Die Ausarbeitungen mit Hohleisen und Flacheisen mit Abmessungen zwischen 8 und 20 mm

Bild Nr. 810

Bild Nr. 811

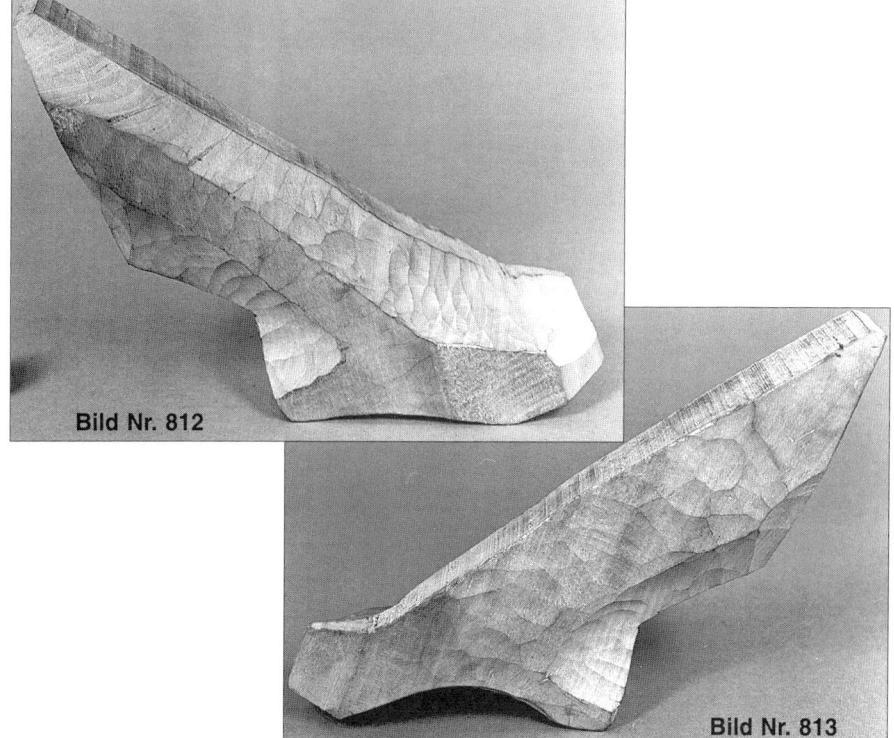

Bild Nr. 812

Bild Nr. 813

KOCH, Schnitzen, Meisterliche Übungen

Schritt 4
Oben die Markierungen

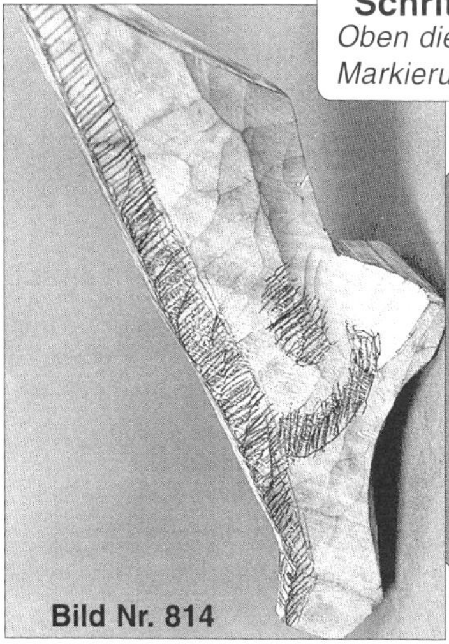

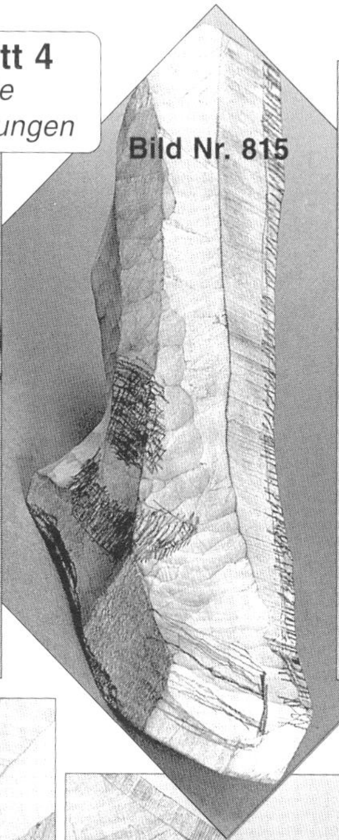

Bild Nr. 815

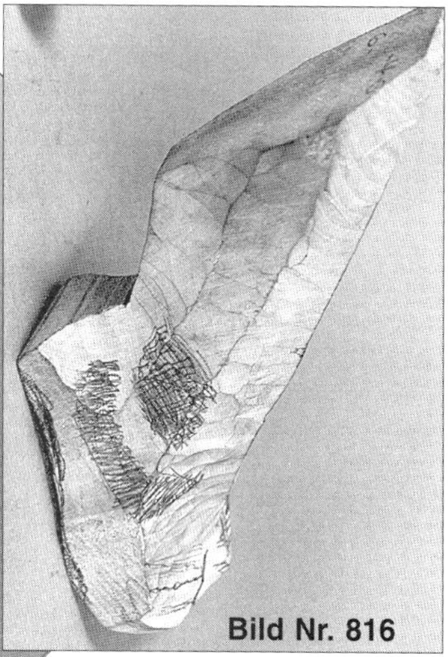

Bild Nr. 814

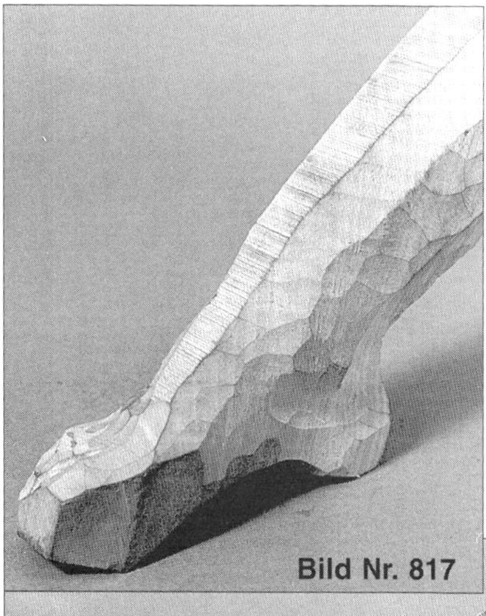

Bild Nr. 816

*Die Ausarbeitungen mit
Hohleisen Stich 8, 12 mm -
Flacheisen Stich 3, 20 mm -
Hohleisen Stich 5, 12 mm -
Hohleisen Stich 5, 25 mm -*

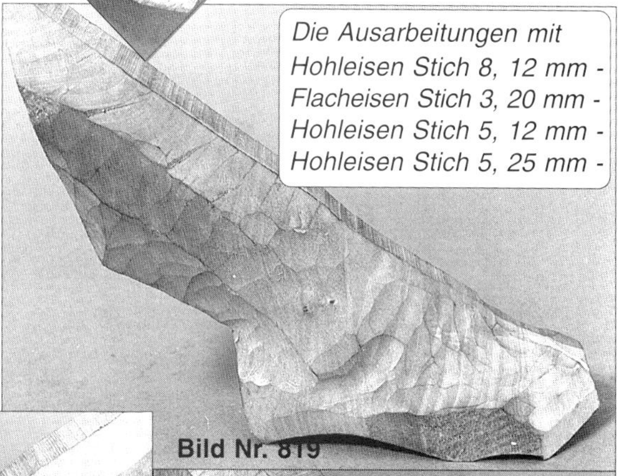

Bild Nr. 817

Bild Nr. 819

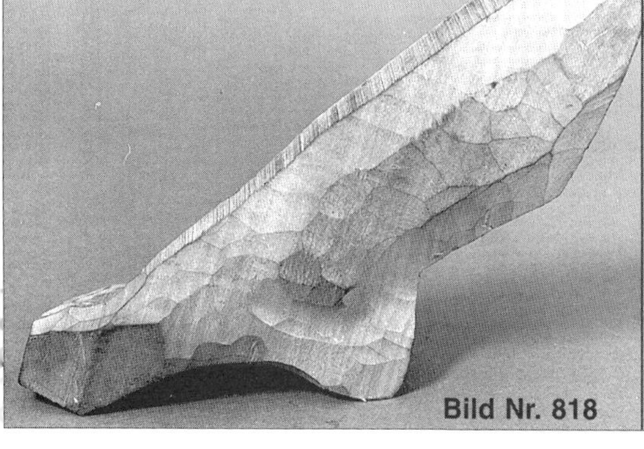

Bild Nr. 818

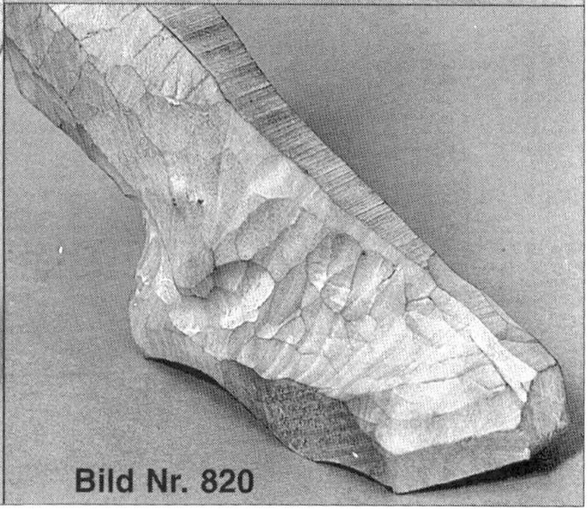

Bild Nr. 820

Schritt 5
Oben die Markierungen

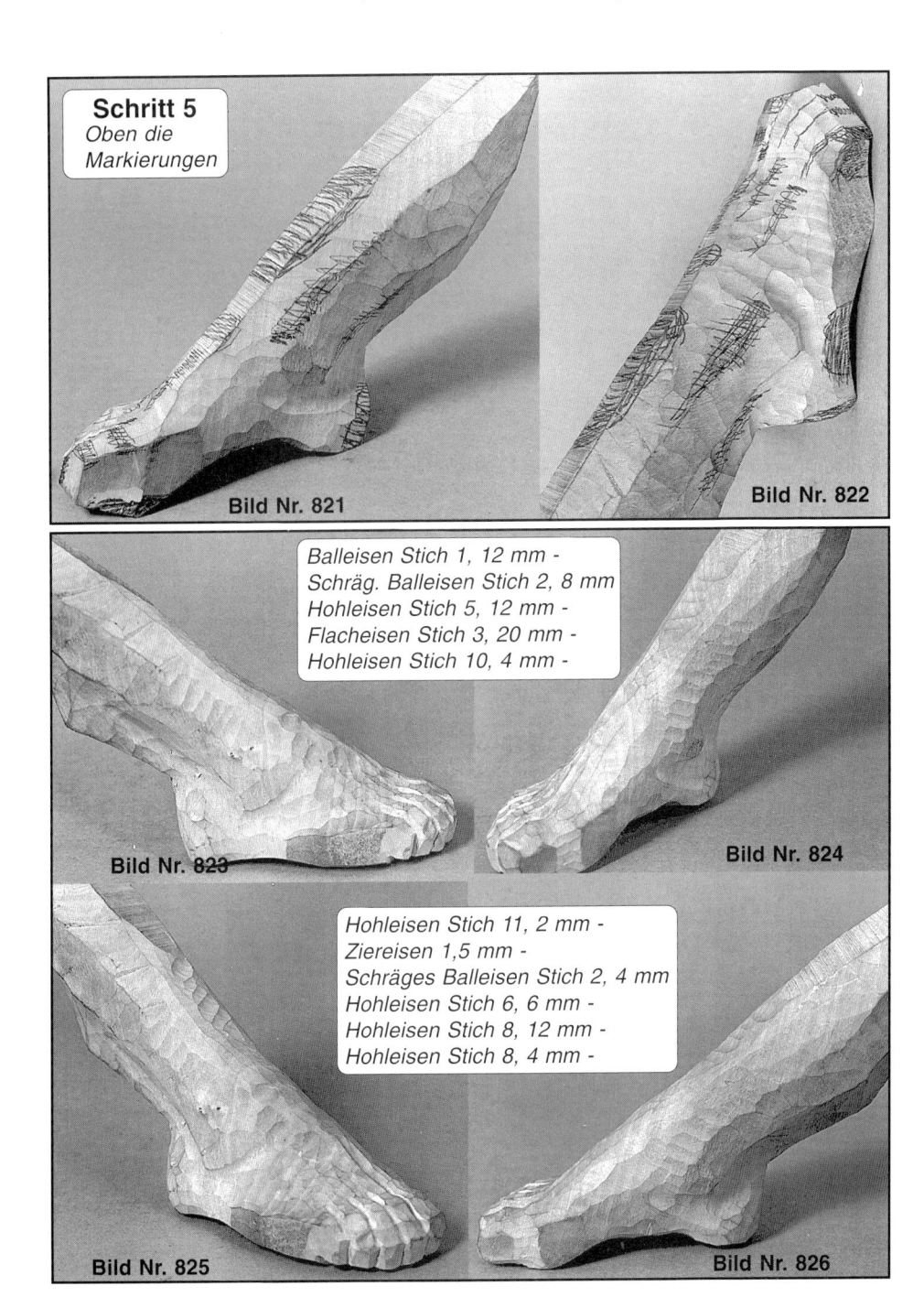

Bild Nr. 821

Bild Nr. 822

Balleisen Stich 1, 12 mm -
Schräg. Balleisen Stich 2, 8 mm
Hohleisen Stich 5, 12 mm -
Flacheisen Stich 3, 20 mm -
Hohleisen Stich 10, 4 mm -

Bild Nr. 823

Bild Nr. 824

Hohleisen Stich 11, 2 mm -
Ziereisen 1,5 mm -
Schräges Balleisen Stich 2, 4 mm
Hohleisen Stich 6, 6 mm -
Hohleisen Stich 8, 12 mm -
Hohleisen Stich 8, 4 mm -

Bild Nr. 825

Bild Nr. 826

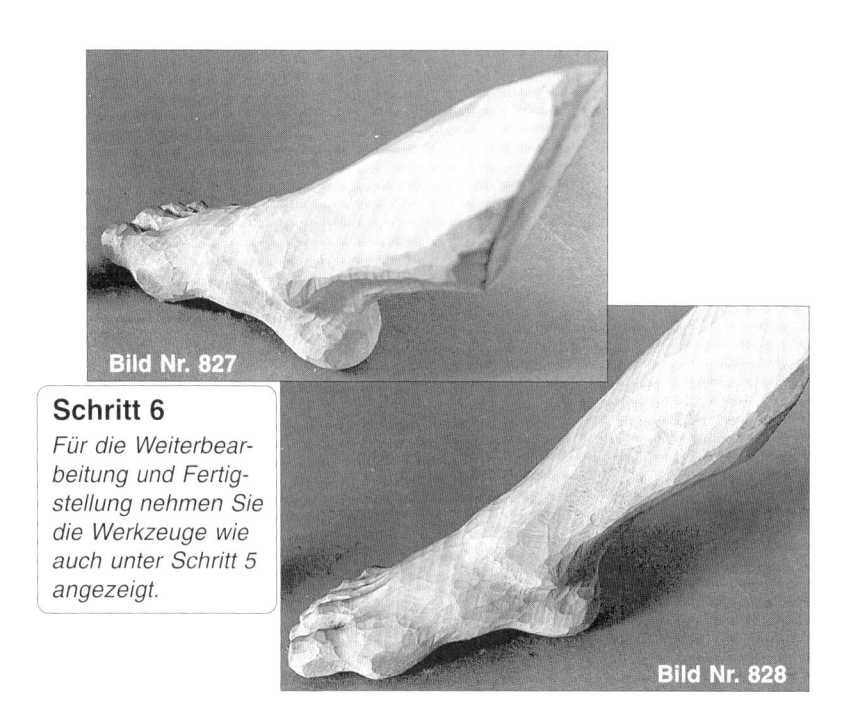

Bild Nr. 827

Schritt 6
Für die Weiterbearbeitung und Fertigstellung nehmen Sie die Werkzeuge wie auch unter Schritt 5 angezeigt.

Bild Nr. 828

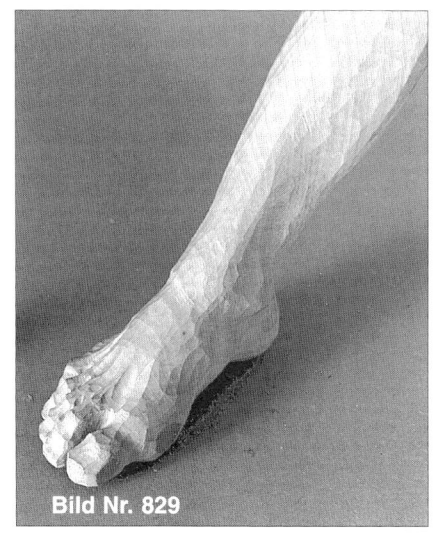

Bild Nr. 829

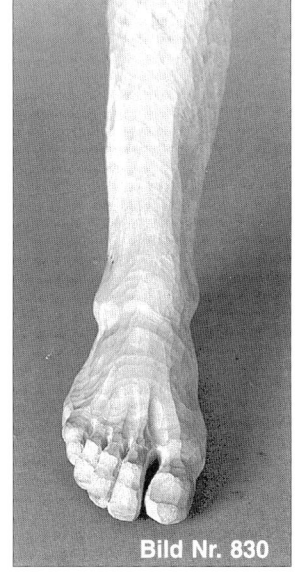

Bild Nr. 830

Weitere Ansichten aus Schritt 6

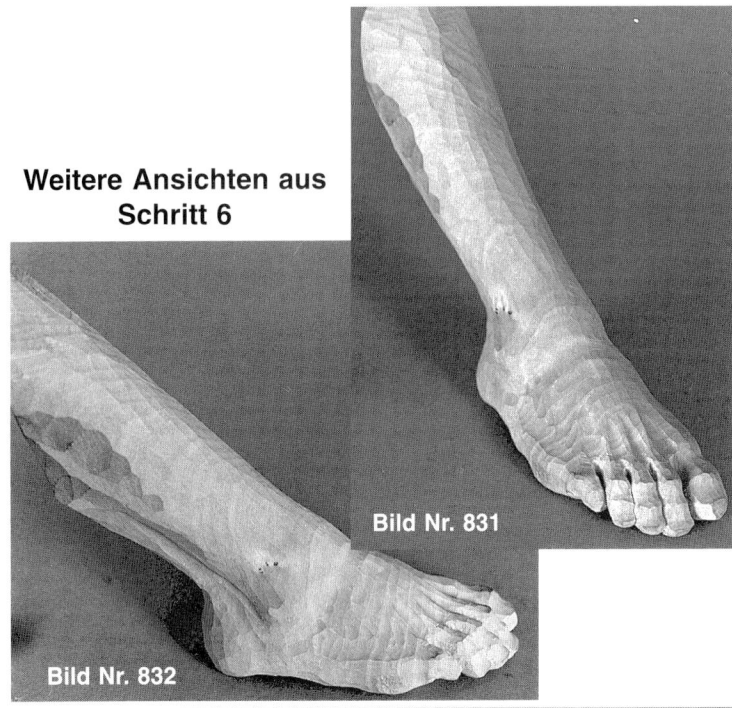

Bild Nr. 831

Bild Nr. 832

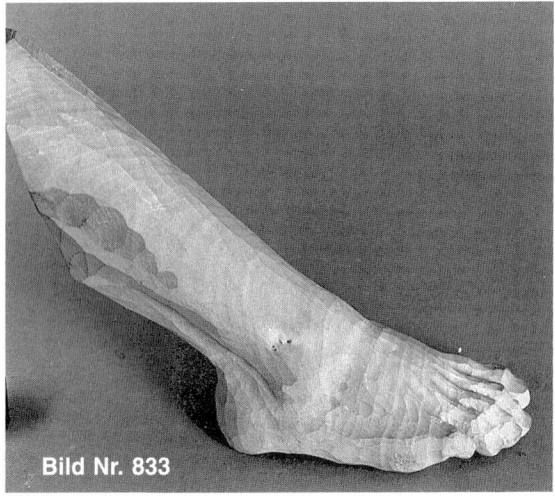

Bild Nr. 833

Bild Nr. 834

Von Bild Nr. 834 bis Bild Nr. 849 der fertig geschnitzte Fuß mit Detailansichten.

Bild Nr. 835

Bild Nr. 836

Bild Nr. 837

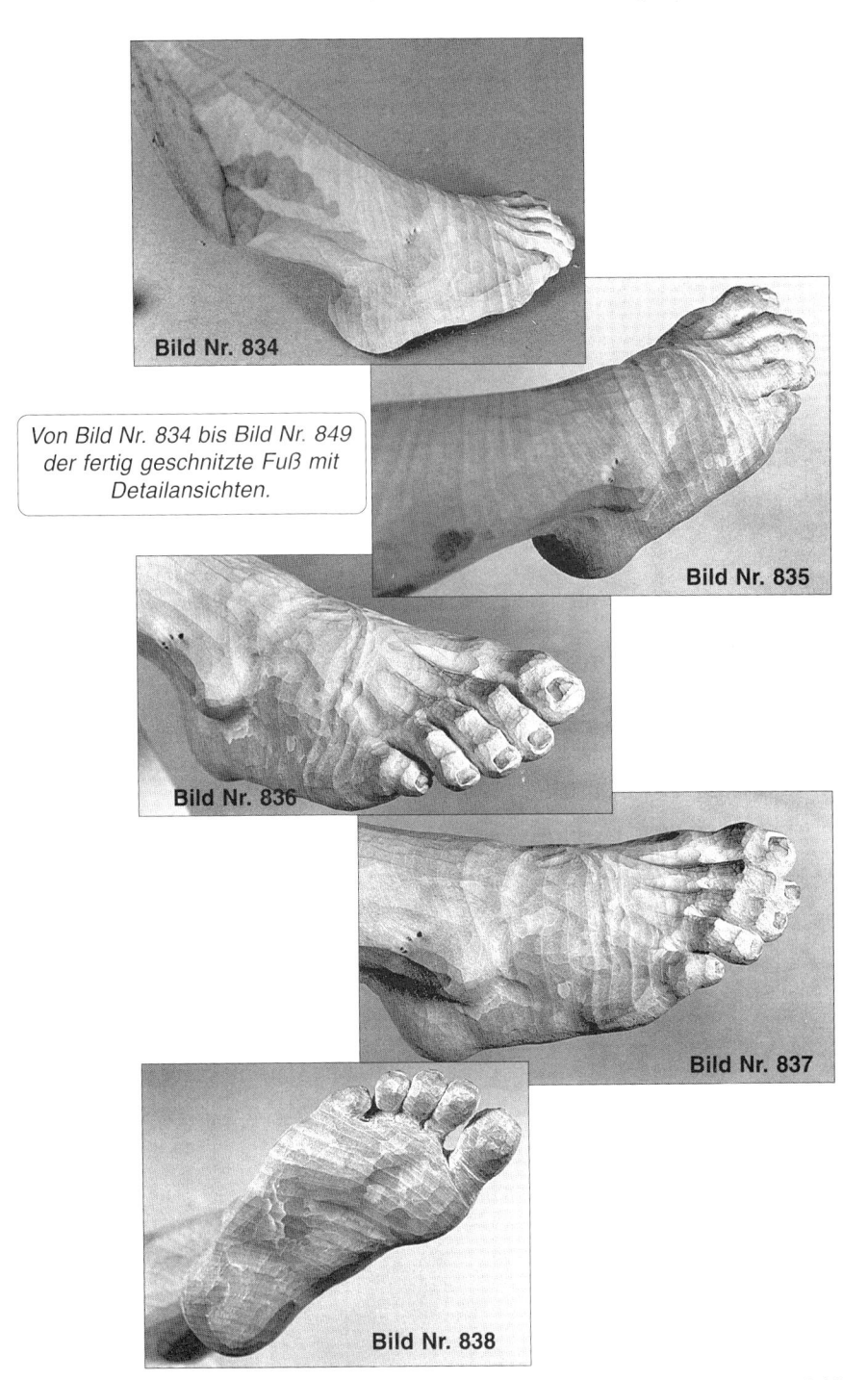

Bild Nr. 838

Bild Nr. 839

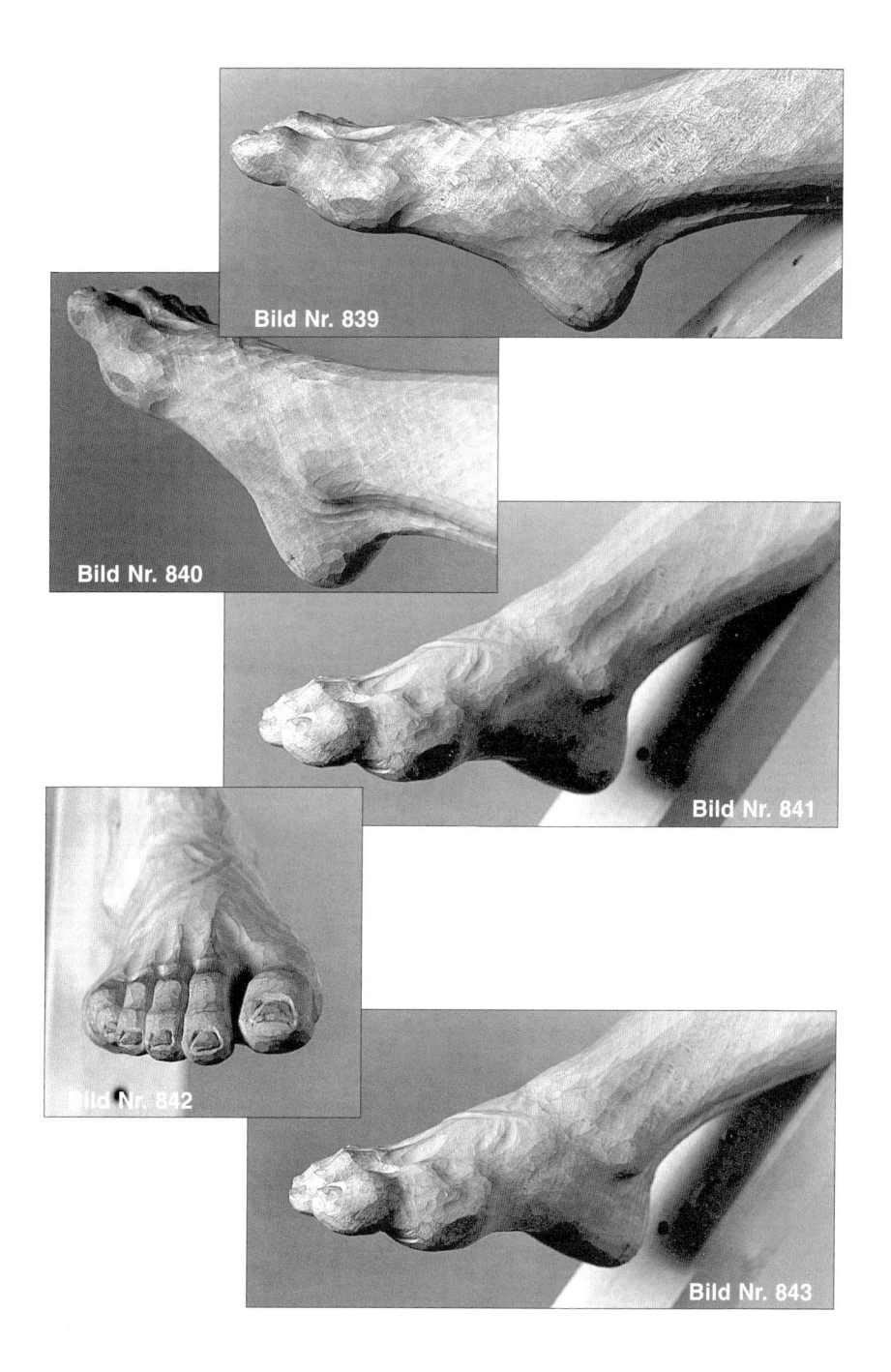

Bild Nr. 840

Bild Nr. 841

Bild Nr. 842

Bild Nr. 843

Bild Nr. 844

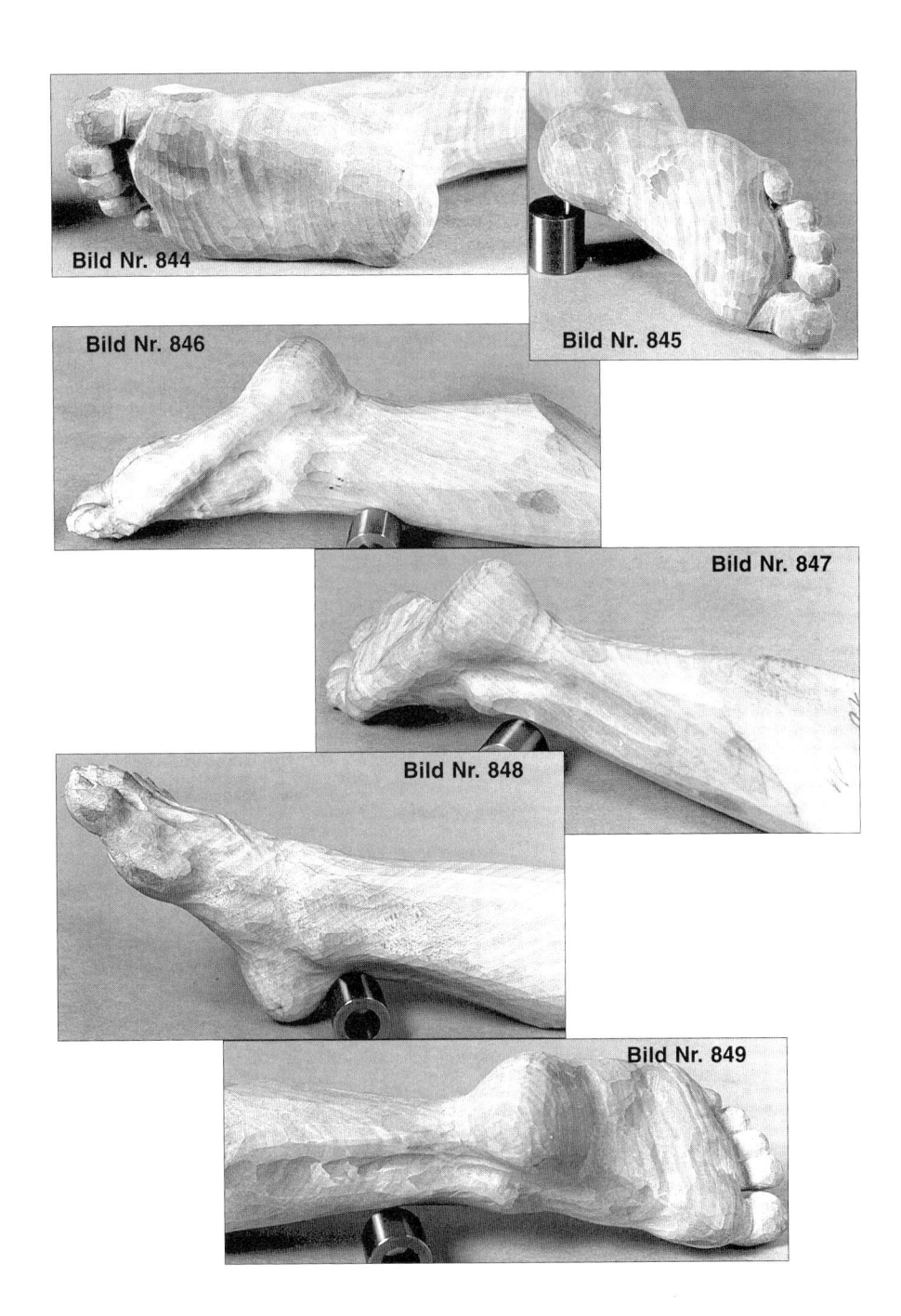

Bild Nr. 845

Bild Nr. 846

Bild Nr. 847

Bild Nr. 848

Bild Nr. 849

Teil 27
Das Ornament
Übungsbeispiel : *<Eine freigestellte Eckverzierung>*.

Das Ornamente- und Verzierungenschnitzen, das Ausarbeiten reiner Verschönerungselemente, will ich im vorliegenden Buch nur anhand von zwei Beispielen aufzeigen. Diese Fachrichtung ist einem eigenen, künstlerischen Berufsbild zugehörig.

Ein gelernter und auch erfahrener Holzbildhauer ist nicht automatisch auch ein guter Ornamenteschnitzer. Umgekehrt kann einem künstlerisch erfahrenen Ornamenteschnitzer das figürlich-bildhauerische recht fremd sein.

Gar mancher hat sich schon getäuscht. Ornamentschnitzerei sieht wesentlich einfacher aus als sie wirklich ist. Zudem können bei der Werkzeugauswahl im Vergleich zum figürlichen Schnitzen nur wenig Kompromisse geschlossen werden. Für eine einwandfreie Arbeit brauchen Sie in höherem Maße in Form und Abmessungen den Erfordernissen folgend bestangepaßte Werkzeuge.

Während Sie beispielsweise zum Polieren von Schnittkanten und Übergängen bei einer Skulptur entsprechend Ihrer Übung unter verschiedenen Schnittmethoden und Schneidwerkzeugen wählen können, stoßen Sie bei Arbeiten am Ornament sehr schnell an Grenzen. Übergänge sind entweder mit den bestgeeigneten Beiteln sauber ausgeschnitzt oder Sie haben minderwertige Arbeit geleistet - Pfusch.

Ein Ornament besteht in höchstem Maße aus Rundungen und Höhlungen. Sie bewegen sich aufeinander zu, sie verzweigen sich, laufen ineinander, wechseln die äußere Form von konkav (gehöhlt) zu konvex (Wölbung), sie können aus einer vorbedachten Horizontalen nach unten oder oben auslaufen, sich dabei verzweigend usw. **Das Ornament lebt von der ständigen Bewegung aller seiner Elemente.** Integrierte Flächen sind in der Regel nicht bretteben, sondern wölben sich, sind gehöhlt oder geschwungen. Die Schnittbreite sowie Schnittiefe einer Höhlung wechseln beispielsweise meist ständig. Das hört sich so einfach an. Die Wirklichkeit hat für Sie an diesen Stellen die Fallen aufgestellt.

Kurz und tief verläuft beispielsweise eine Höhlung und geht dann mit Schwung in einen flacheren und schmaleren Ausschnitt über, um danach in einer eleganten, gegenläufigen Kurve aus der Höhlung in eine buckelartige Ausarbeitung überzugehen. Die ersten Probleme könnten insofern auftreten, daß Sie nur von einer Seite in die kurze, tiefe Höhlung einschneiden können - und ausgerechnet kommt Ihnen da die Holzfaser entgegen. Kaum haben Sie diese Hürde mit Fingerspitzengefühl und sehr scharfem Beitel gemeistert, paßt die Beitelform nicht mehr in den Ausschnitt. Ein schmalerer Beitel hilft weiter - er ist nur geringfügig schmaler, das Stichbild nicht nur dadurch verändert, aber ein sauberer, fließender Übergang ist ohne weiteres zu erzielen. Der aber ist wichtig.

Gleich darauf wird der Ausschnitt flacher, ein anderer, besser angepaßter Beitel muß her. Wieder tauchen deutlich sichtbare Übergänge auf. Schließlich wird die Ausarbeitung sehr schnell ganz flach und geht ohne größere Ankündigung in eine Rundung über. Sie ist am Ende so ausgeprägt, daß man von einer Art Schneckenhaus oder Kugelkopf sprechen könnte. Die gesamte Strecke, die Sie eventuell gerade bearbeitet haben ist nur einige lausige Zentimeter lang, aber Sie haben fortlaufend das Schneidwerkzeug wechseln müssen. Letztendlich haben Sie sogar ein Hohleisen gewendet und haben die kugelförmige Verzierung mit der Innenseite schneiden können.

Trotzdem sind an allen Stellen, wo Sie den Beitel gewechselt haben, unruhige, holprige Übergänge im Holz sichtbar geblieben. Die müssen ausgeglichen, bereinigt werden. Mit Aufmerksamkeit, Geschick durch Übung und Geduld schneiden Sie alle diese Stellen sorgfältig so nach, daß am Ende schließlich weder Sie, geschweige denn sonst wer die Stelle, wo Sie den Beitel wechseln mußten, wiederfinden würde. Buntholz mit lebhaften Strukturierungen erlaubt das Nachschleifen. Wenn Ihnen das gelungen ist, haben Sie gute Ornamentschnitzerei geleistet.

Zu den vielfältigen, fließenden und lebhaften Elementen können sich aus der Pflanzenwelt Blumen, Blättergebilde, Ranken und Stengel stilisiert angedeutet oder gut ausgebildet hinzugesellen. Dazwischen sind Kanten innen oder außen sauber und scharf ausbilden. Ein unregelmäßiger, ruppiger, schroff abgesetzter oder allgemein unruhiger Verlauf stört den Gesamtausdruck der Arbeit enorm. Harmonie sollte sich ausdrücken.

Um aber überall die erforderliche Sauberkeit zu erreichen, müssen Sie mit einem guten Sortiment Beitel oder Schneidwerkzeugen ausgestattet sein. Im Schnitt benötigen Sie verhältnismäßig mehr als bei der reinen Figurenbildhauerei - einmal von den großen und schweren Beiteln zum Grobausschlagen abgesehen. Bei bestimmten Breiten, vor allem zwischen 6 und 10 mm, sollten Sie mit den üblichen Stichbildern sortiert sein. Dazu kommt, daß einige Beitel auch in gekröpfter oder wenigstens gebogener Form gefordert sind.

Noch ein wichtiger Hinweis: Es geht durchweg daneben, wenn Sie - aus welchen Gründen auch immer - mit einem Beitel von einer Stelle zur anderen flatterhaft wechseln. Sie verlieren Ihr Ziel aus den Augen und machen sich das Leben enorm schwer, wenn Sie nicht zielstrebig systematisch eine begonnene Arbeitsstelle zu Ende oder wenigstens überschaubar voran bringen. Auch mit einer eventuellen groben Vorarbeit sollten Sie sich auf eine Systematik, auf eine Ordnung festlegen. Wenn Sie die nicht befolgen, können Sie sich - gelinde ausgedrückt - aus der Fassung bringen.

Wenn Sie die Technik des Ornamentschnitzens erlernen oder das bereits Erlernte vertiefen wollen, biete ich Ihnen in meinen Schnitz-Schulungs-Kursen ausgefeilte, intensive Lehrmethoden an. Informationen erhalten Sie unverbindlich über meine Verlagsanschrift. In meinem Verlag ist zudem mein großes Ornamentenbuch mit über 300 Vorlagen-Zeichnungen in Originalgröße erschienen. Verlangen Sie Informationen.

Das Einspannen oder Versetzen eines freigestellten Ornamentes erfordert stets etwas Phantasie oder Erfindergeist. Man kann beispielsweise beim Ausschneiden einen größeren Teil zum Festzwingen stehen lassen. Interessanter sind auf einem Tisch oder festgespannter Platte Anschläge in Form von aufgenagelten Holzstückchen. Auch spezielle, vorgerichtete Nägel können strategisch angepaßt als Anschlag dienen. Am praktischsten ist das Aufleimen des Arbeitsstücks auf eine Holzunterlage. Man legt ein Blatt Zeitungspapier dazwischen. Auf diese Weise läßt sich die fertige Arbeit relativ problemlos von der Unterlage trennen. Ein so gesichertes Arbeitsstück mitsamt der Unterlage, einer Holzplatte - in meinen Kugelgelenk-Spannbock eingespannt, ergibt die Möglichkeit, stets in der günstigsten Arbeitsstellung zu schnitzen.

Bei nicht freigestellten, ausgeschnittenen Arbeitsstücken, wird das dekorative Stück direkt in die Einspannvorrichtung festgesetzt. Fordern Sie über meine Verlagsadresse weitere Informationen dazu an.

Informieren Sie sich über mein zutreffendes **Kolleg-Angebot**.

Bild Nr. 850

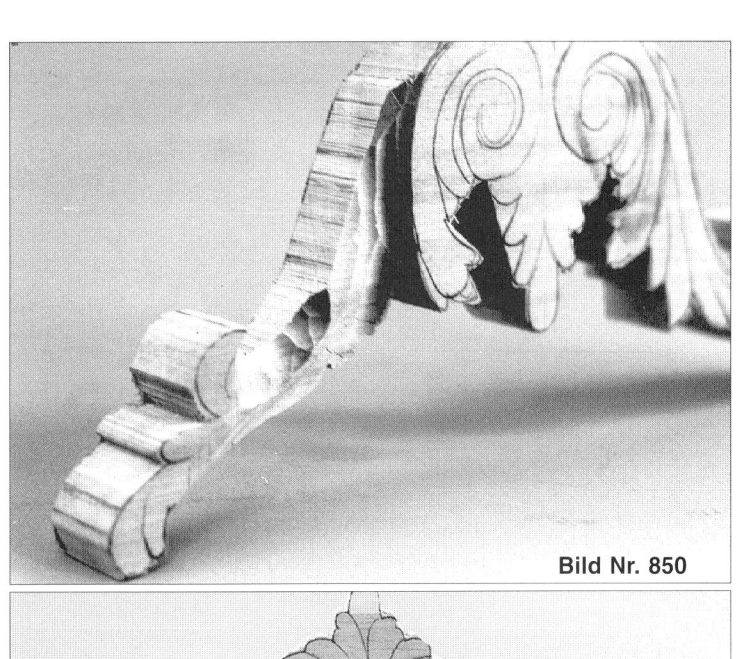

Bild Nr. 851

Bild Nr. 852

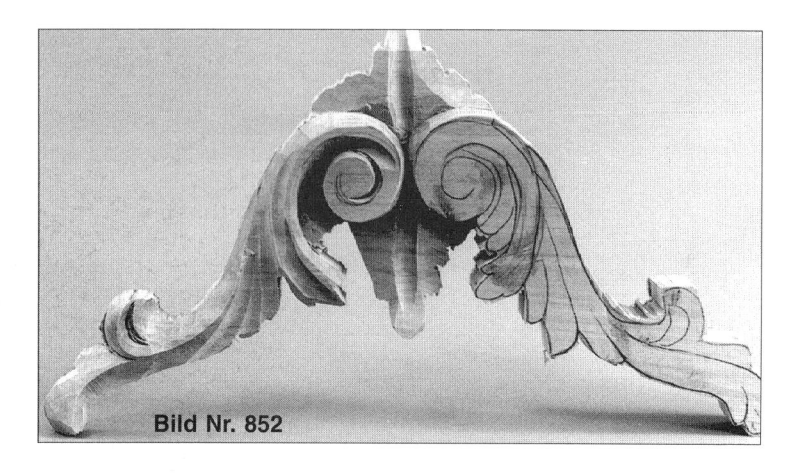

Bild Nr. 853

Bild Nr. 854

Bild Nr. 855

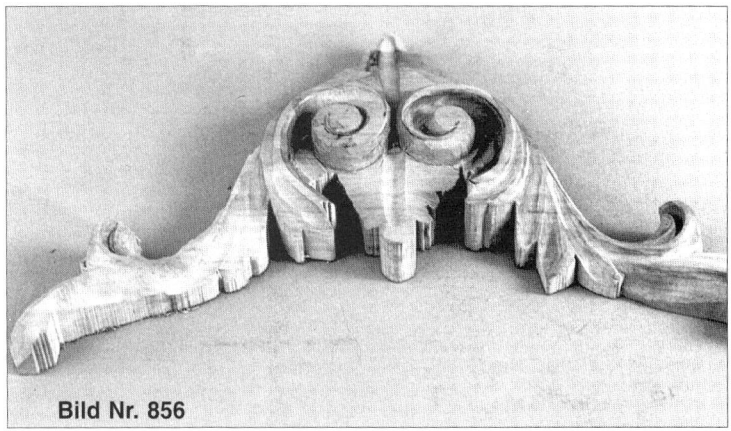

Bild Nr. 856

Bild Nr. 857

Ornament als Hochrelief auf Hintergrund.

Die Größe des Ornamententrägers, der Holzplatte, aus der das Ornament herausgearbeitet wird, hat die Abmessungen Länge 60 cm, Breite 18 cm, Dicke 3 cm. (Nächste Seiten)

Dieses Ornament ist nicht freigestellt, ist also keine Verzierung für sich selbst, sondern wird direkt in das zu verschönernde Objekt eingearbeitet. Der Hintergrund sollte jeweils ruhig und gleichmäßig strukturiert sein oder bei Hölzern mit lebhafter Eigenstruktur sauber ausgearbeitet sein. Er kann auch in diesem letzteren Falle geschliffen oder poliert werden.

Auf der vorliegenden Fotoserie ist der untere Rand wegeschnitten. Rechts und oben ist als alternative Möglichkeit ein einfacher Rand (Rahmen) belassen.

Um Details der fotografischen Darstellung besser zeigen zu können, ist lediglich die eine Hälfte des Ornamentes ausgearbeitet.

Nach dem Aufzeichnen gemäß dem Bild Nr. 858, sehen Sie auf dem Bild Nr. 859 den senkrechten Einstich am äußeren Rand des Ornamentes. Zu jeder Kurve und Form allgemein wird dazu ein bestens angepaßter Beitel benutzt. Schräg zu diesem Einstich wird in Keilform Material freigelegt. Siehe Bild Nr. 860. Auf der kompletten Ebene, in Richtung der vorgegebenen Tiefe , wird dann das umliegende Material des Ornamententrägers waagrecht abgetragen. Siehe Bild Nr. 861.

Auf den folgenden Bildern können Sie die Ausarbeitung einzelner Elemente der Verzierung, Zug um Zug ausgearbeitet, sehen. Teilweise vergrößerte Ausschnitte zeigen Ihnen in Klarheit den wirklichen Fortgang der Arbeit.

Bei Bild Nr. 869 und 870 handelt es sich um die gleichen Aufnahmen mit dem Unterschied, daß beim Bild Nr. 870 das Licht nicht senkrecht auf das Objekt fällt, sondern durch seitliche Anstrahlung eine wesentlich verstärkte Plastizität zeigt. Das Bild Nr. 871 zeigt schließlich noch einmal den kompletten Hintergrund mit der rechten Hälfte fertig ausgearbeitet.

Achten Sie darauf, daß bei allen Schwüngen , Höhlungen, Wölbungen, Kurven und Spitzen nur ganz einwandfrei angepaßte Beitel eine saubere Arbeit gewährleisten.

Zur Information:
Entsprechend vorbereitete Holzplatten oder Rahmen können Sie nach Ihren Maßvorgaben bei mir beziehen. Als Vorlage zum ausgearbeiteten Ornament diente die Originalzeichnung Nr. 115 aus meinem Vorlagen-Buch "ORNAMENTE UND VERZIERUNGEN" (300 Zeichnungen). Nutzen Sie meine garantiert erfolgreichen, intensiven Schulungskurse in meinen Werkstätten. Verlangen Sie weitergehende Informationen über meine Verlagsanschrift.

Für die perfekte Ausarbeitung von Ornamenten habe ich die bestgeeigneten Beitel ausgesucht und die komplette Ausstattung in drei Gruppen unterteilt:

1. **Die Grundausstattung**
18 Beitel und Messer. Sie kommen praktisch bei allen Arbeiten an Ornamenten zum Einsatz.

2. **1. Ergänzungsset**
18 Spezialbeitel; sie sind praktisch auch unentbehrlich bei jeder Ausarbeitung von Ornamenten.

3. **2. Ergänzungsset**
14 Spezialbeitel . Sie sind für saubere und einwandfreie Ausarbeitungen von Ornamenten praktisch ebenso unentbehrlich.

Jeder Set wird geschlossen in einer Rolltasche angeboten. Sie können alle Werkzeuge von mir beziehen, entweder so wie sie das Werk liefert oder mit einem superscharfen Anschliff aus meiner Spezialwerkstatt.

Auch zur speziellen Ausarbeitung von "**Buchstaben und Schriften**" habe ich für jeden die entsprechenden Werkzeugzusammenstellungen geschaffen. Die erste Ausstattung ist die **Grundausstattung** mit 12 verschiedenen Beiteln und Messern. **Der Ergänzungsset** umfaßt 13 Spezialbeitel mit z.T. speziellem Anschliff.

Verlangen Sie weitere unverbindliche Informationen über meine Verlagsanschrift.

Bild Nr. 858

Bild Nr. 859

Bild Nr. 860

Bild Nr. 861

Bild Nr. 862

Bild Nr. 863

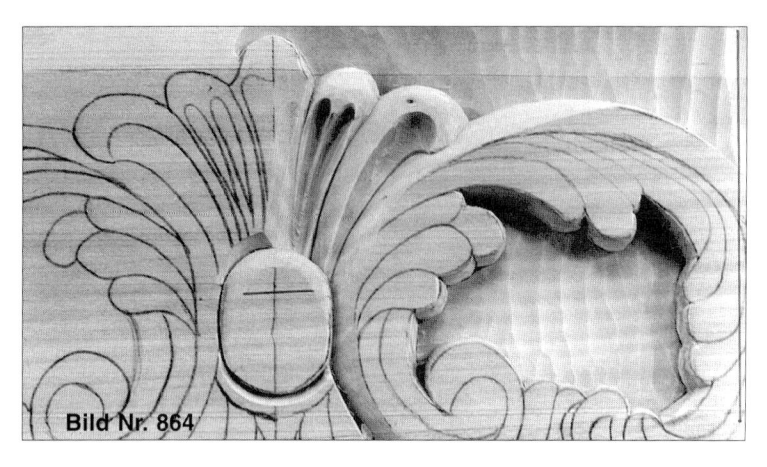

KOCH, Schnitzen, Meisterliche Übungen

Bild Nr. 864

Bild Nr. 865

Bild Nr. 866

Bild Nr. 867

Bild Nr. 868

Bild Nr. 869

Bild Nr. 870

Bild Nr. 871

Teil 28
Übungsbeispiel : <Madonna von Lourdes>.

Bei der vorliegenden Madonnenfigur ist die Ausarbeitung aus dem verleimten Lindenholzblock bis in kleinere Arbeitsschnitte fotografisch festgehalten.

Bitte achten Sie darauf, daß die Falten der natürlichen Ausbildung entsprechen und sauber mit den geeigneten Beiteln und feinen Schnitten ausgearbeitet werden. Stechen Sie nicht zu steil in spitze Faltenvertiefungen.

Bemerkenswert ist für die grobe Ausarbeitung die Verwendung von grundsätzlich nur drei verschieden großen Beiteln, nämlich das gerade Balleisen Nr. 3101 in 40 mm, das gerade Flacheisen Nr. 3165 in 35 mm und das gerade Hohleisen Nr. 3108 in 35 mm.

Nach Abschluß der groben Formgebung werden die weiterführenden Arbeiten nur noch in größeren "Sprüngen" angedeutet.

Zur Information:
Fachmännisch verleimte Holzblöcke in jeder gewünschten Größe und verschiedenen Holzarten können Sie von mir beziehen. Verlangen Sie über meine Verlagsadresse weitergehende Informationen.

Alle Beitelangaben beziehen sich in Größe und Schneidenform auf die Ausarbeitung der Madonna von Lourdes in ca. 50 cm Größe.

KOCH, Schnitzen, Meisterliche Übungen

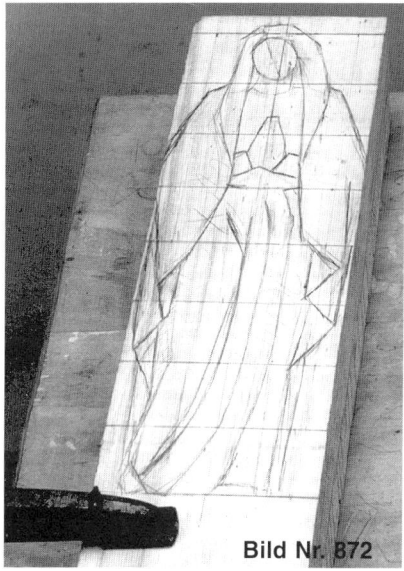

Bild Nr. 872
Die Vorderansicht der Madonna wird auf den Block aufgezeichnet.

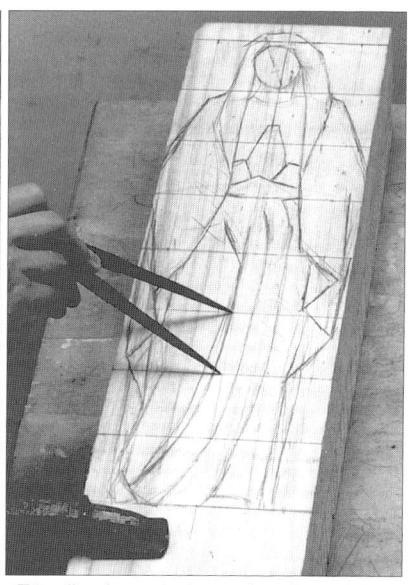

Für die Ausarbeitung ist die 8-Einteilung des Körpers gewählt.

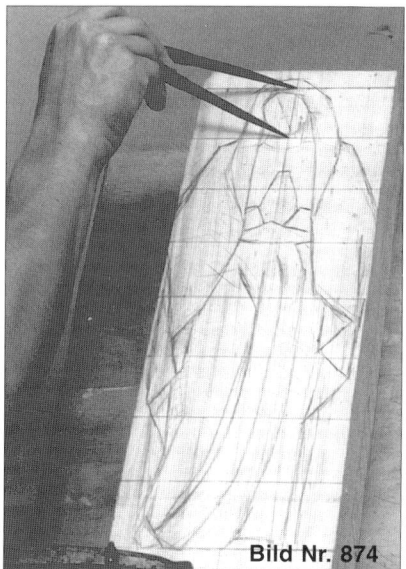

Bild Nr. 874
Die Kopfhöhe entspricht etwa 1/8 Körpergröße.

Bild Nr. 875
gerades Balleisen Nr. 3101-40 mm

Bild Nr. 876
Bild Nr. 877

gerades Balleisen
Nr. 3101-40 mm

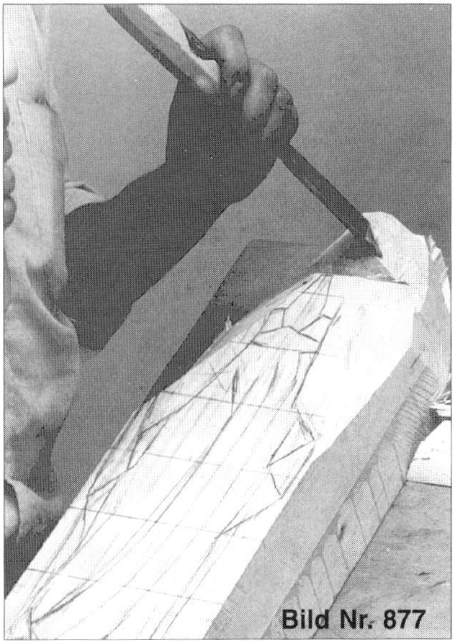

gerades Balleisen
Nr. 3101-40 mm

Bild Nr. 878
Bild Nr. 879

gerades Hohleisen
Nr. 3108-35 mm

gerades Balleisen
Nr. 3101-40 mm

Bild Nr. 880
gerades Balleisen
Nr. 3101-40 mm

Bild Nr. 881
gerades Balleisen
Nr. 3101-40 mm

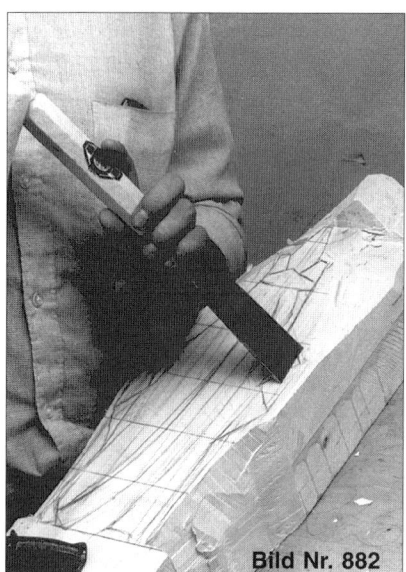

Bild Nr. 882
gerades Balleisen
Nr. 3101-40 mm

Bild Nr. 883
gerades Flacheisen
Nr. 3165-35 mm

Bild Nr. 884
gerades Balleisen
Nr. 3101-40 mm

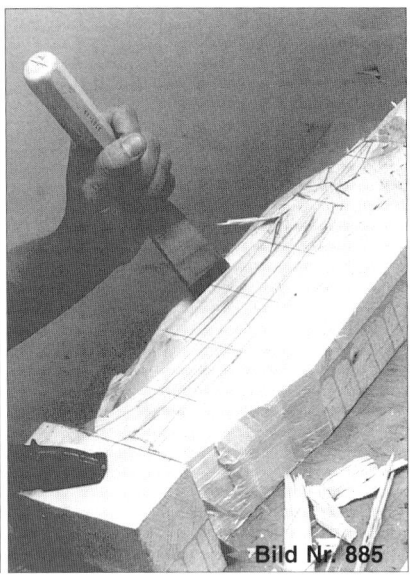

Bild Nr. 885
gerades Balleisen
Nr. 3101-40 mm

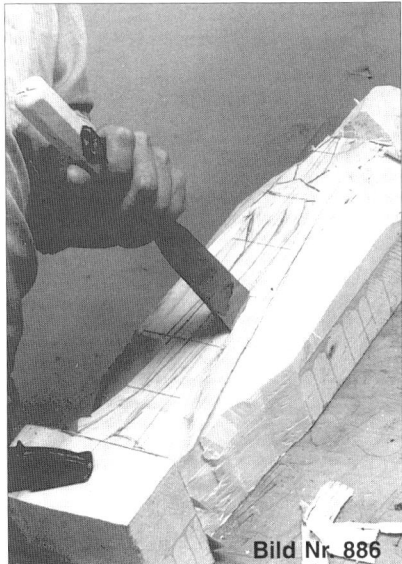

Bild Nr. 886
gerades Balleisen
Nr. 3101-40 mm

Bild Nr. 887
gerades Balleisen
Nr. 3101-40 mm

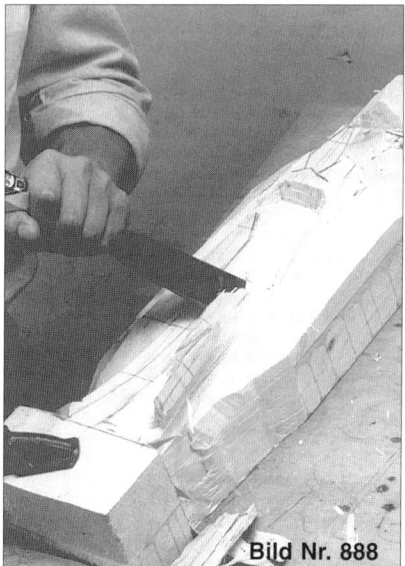

Bild Nr. 888
gerades Flacheisen
Nr. 3165-35 mm

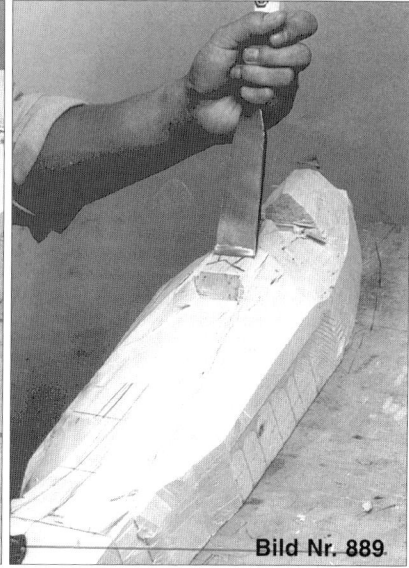

Bild Nr. 889
gerades Balleisen
Nr. 3101-40 mm

Bild Nr. 890
gerades Flacheisen
Nr. 3165-35 mm

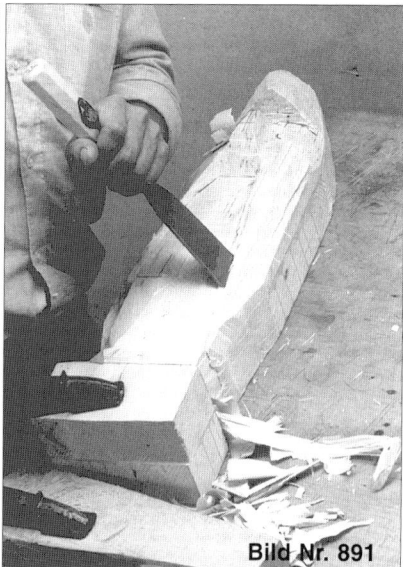

Bild Nr. 891
gerades Balleisen
Nr. 3101-40 mm

Bild Nr. 892
Bild Nr. 893

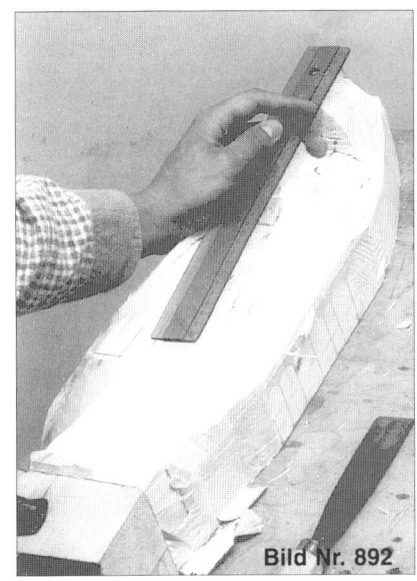

Maße für die Achtel-Einteilung werden überprüft.

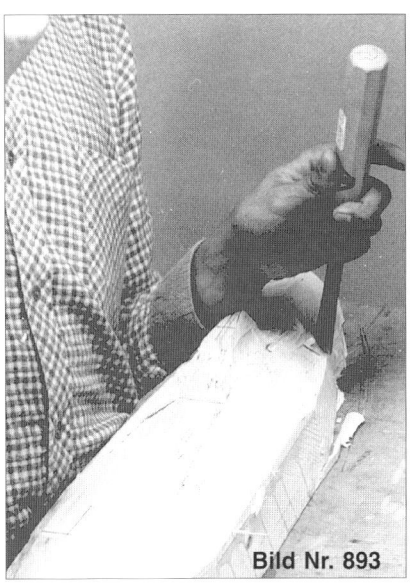

gerades Flacheisen
Nr. 3104-25 mm

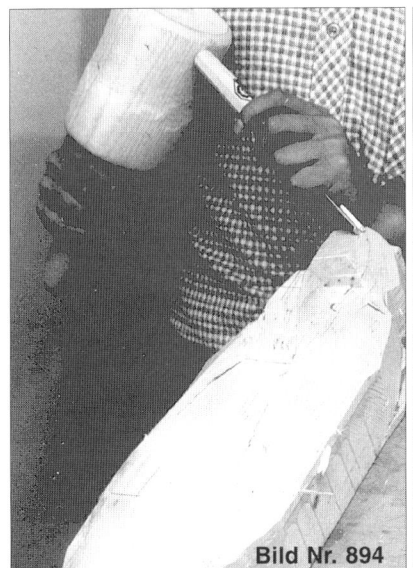

Bild Nr. 894
Bild Nr. 895

gerades Hohleisen
Nr. 3109-12 mm

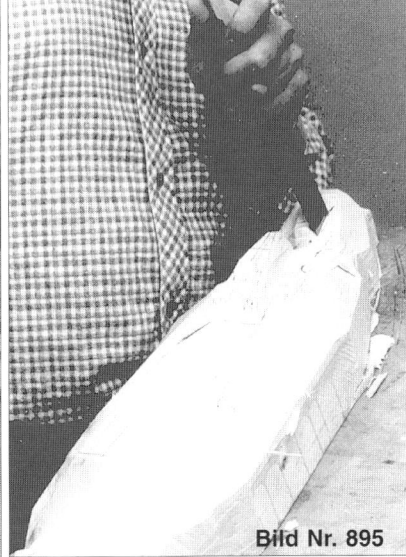

gerades Flacheisen
Nr. 3165- 20 mm

gerades Flacheisen
Nr. 3165-35 mm

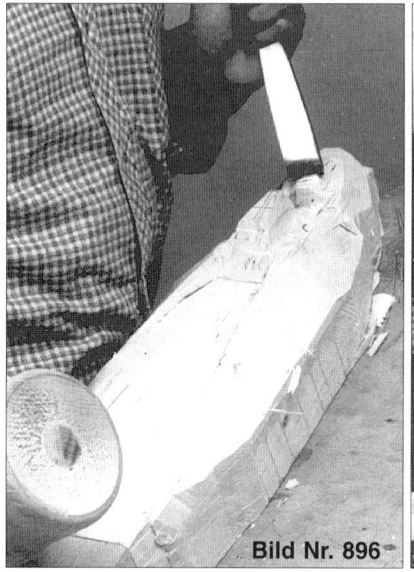

gerades Hohleisen
Nr. 3109-12 mm

gerades Balleisen
Nr. 3101-40 mm

Kerbschnitzbeitel, flache Höhlung
Nr. 3206-12 mm

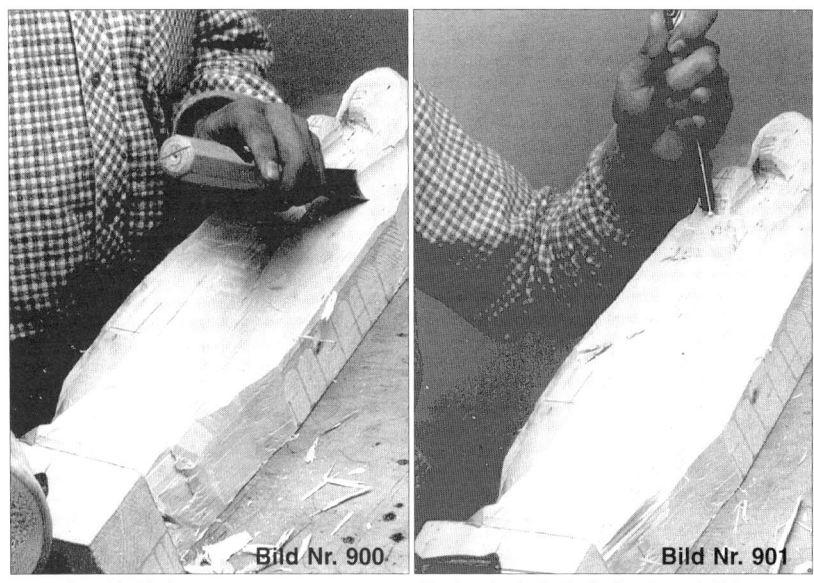

Bild Nr. 900
gerades Hohleisen
Nr. 3108-35 mm

Bild Nr. 901
Kerbschnitzbeitel, flach gehöhlt
Nr. 3206-12 mm

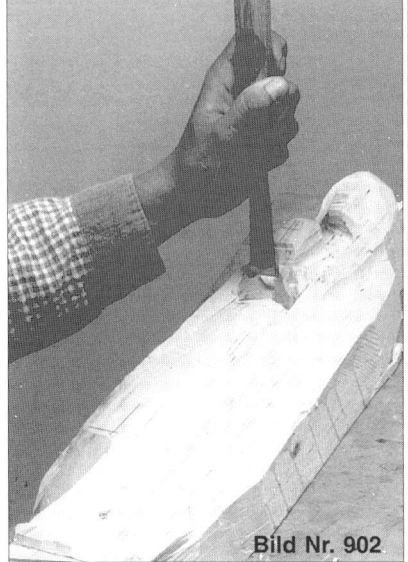

Bild Nr. 902
gerades Balleisen
Nr. 3101-20 mm

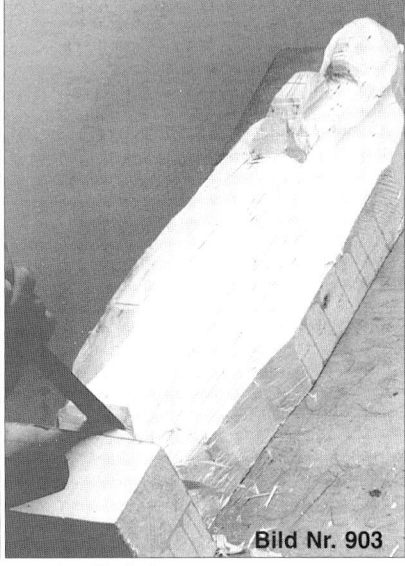

Bild Nr. 903
gerades Balleisen
Nr. 3101-40 mm

KOCH, Schnitzen, Meisterliche Übungen

Bild Nr. 903
gerades Balleisen
Nr. 3101-40 mm

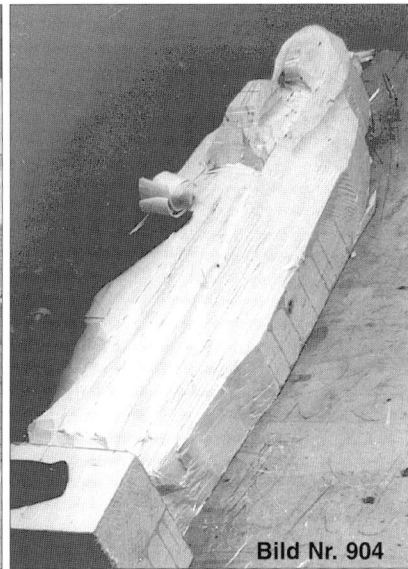

Bild Nr. 904
gerades Balleisen
Nr. 3101-25 mm

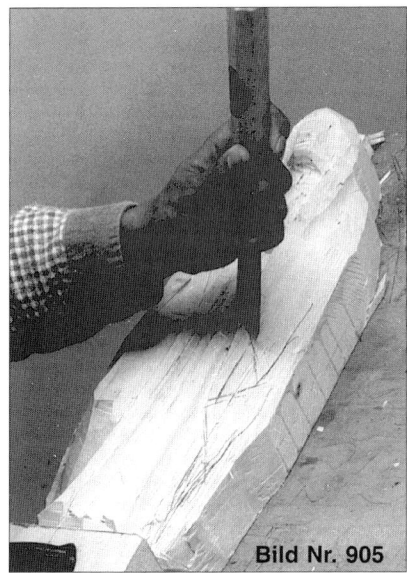

Bild Nr. 905
gerades Balleisen
Nr. 3101-25 mm

Bild Nr. 906
gerades Balleisen
Nr. 3101-25 mm

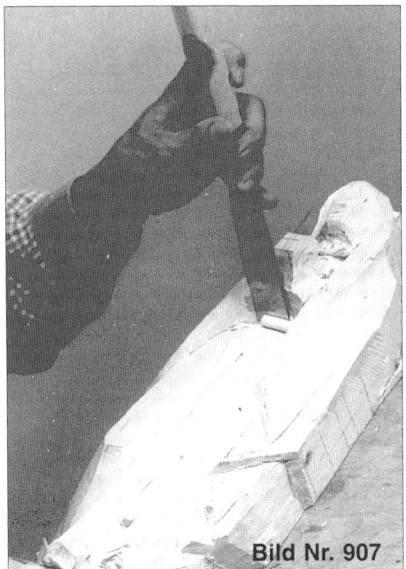

Bild Nr. 907
gerades Balleisen
Nr. 3101-25 mm

Bild Nr. 908
gerades Flacheisen
Nr. 3165-35 mm

Bild Nr. 909
gerades Flacheisen
Nr. 3165-35 mm

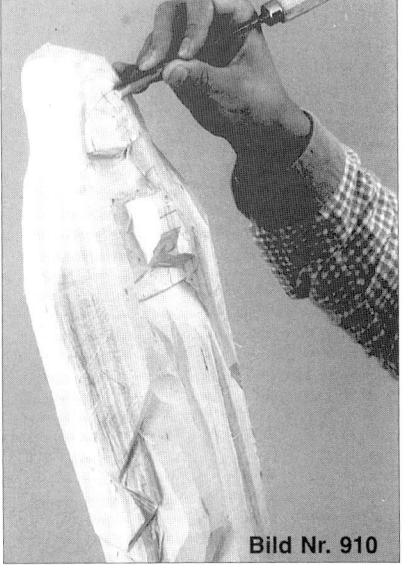

Bild Nr. 910
Blumeneisen
Nr. 3177-10 mm

Bild Nr. 911
Bild Nr. 912
Blumeneisen
Nr. 3173-14 mm

Blumeneisen
Nr. 3174-10 mm

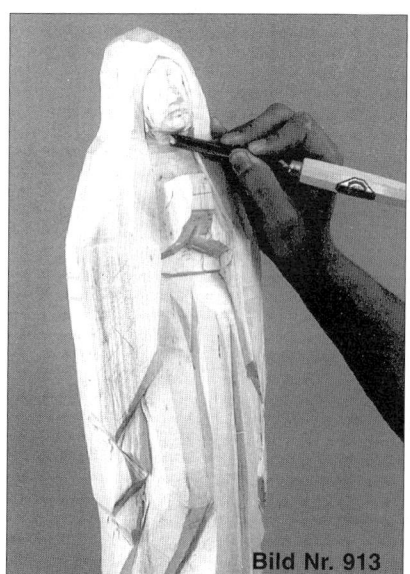

Bild Nr. 913
Bild Nr. 914
gerades Hohleisen
Nr. 3109-08 mm

gerades Hohleisen
Nr. 3108-08 mm

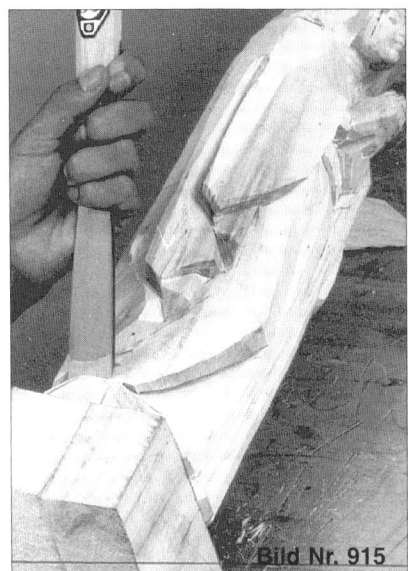

Bild Nr. 915
gerades Blumeneisen
Nr. 3101-25 mm

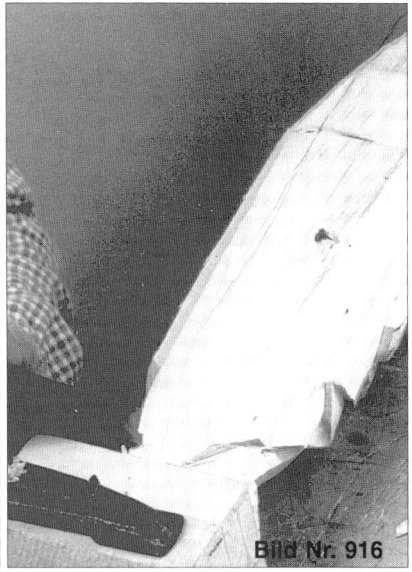

Bild Nr. 916
gerades Flacheisen
Nr. 3165-35 mm

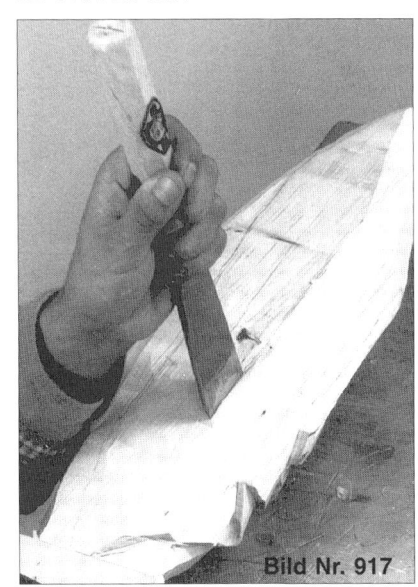

Bild Nr. 917
gerades Flacheisen
Nr. 3165-35 mm

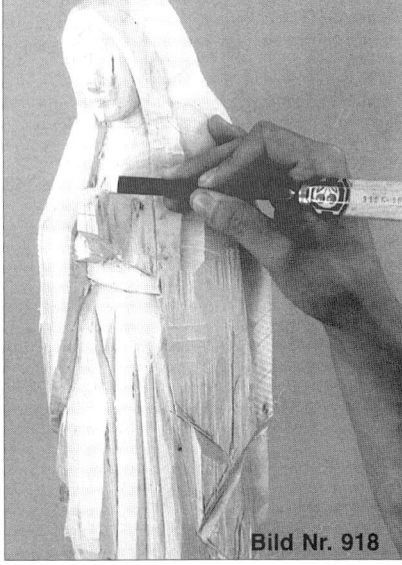

Bild Nr. 918
gerades Balleisen
Nr. 3101-10 mm

KOCH, Schnitzen, Meisterliche Übungen

Bild Nr. 919
gerades Hohleisen
Nr. 3109-14 mm

Bild Nr. 920
Kerbschnitzbeitel, tief gehöhlt
Nr. 3247-02 mm

Bild Nr. 921
gerades Balleisen, schräg
angeschliffen, Nr. 3102-10 mm

Bild Nr. 922
Kerbschnitzbeitel, mittlere
Höhlung, Nr. 3208-06 mm

278

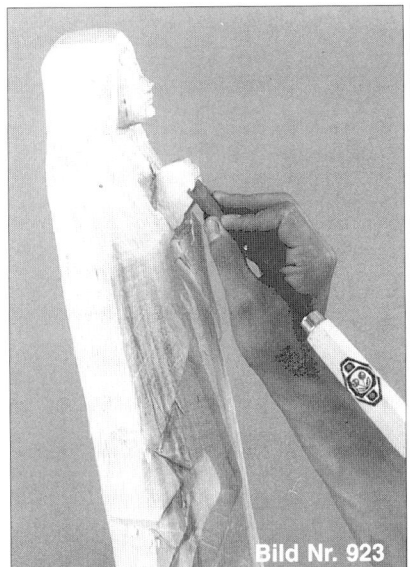

Bild Nr. 923
Bild Nr. 924

Blumeneisen
Nr. 3177-10 mm

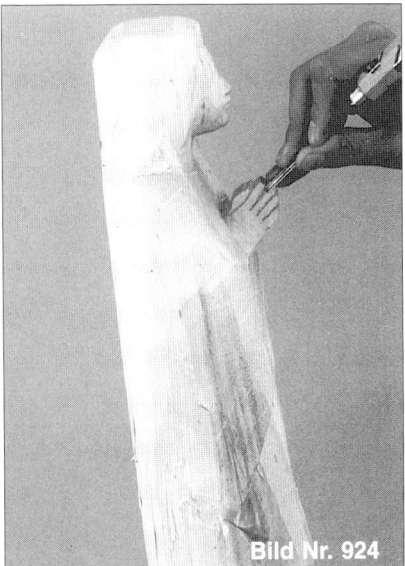

Kerbschnitzbeitel, tief gehöhlt
Nr. 3247-02 mm

Teil 29

Übungsbeispiel : <Christus auferstanden>.

Kurzbeschreibung des Arbeitsablaufes.
Nach dem Aufzeichnen sind die seitlichen Konturen mit der Bandsäge ausgeschnitten. Sie können diese Silhouette auch mit den geeigneten Beiteln ausarbeiten.

Als religiöse Figur ist sie geeignet, sich besonders in der Ausarbeitung von Faltenwürfen zu üben. Die gesamte Ausarbeitung sollte mit feinen gleichmäßigen Schnitten bei bestangepaßten Beitelformen gestaltet werden. Grobe, rustikale Schnitte bekommen dem Stil nicht.

Auch das ebenmäßige, ruhige, triumphierende Gesicht, das wallende Haar und die Barttracht stellen besonders feine Übungsaufgaben dar.

Zunächst ist die Gestalt ohne Hände, nur bis etwa zur Hälfte der gesamten Armlänge gestaltet. Die Bilder Nr. 947 und 948 zeigen die aufgeleimten Zusatzstücke für die vorgesehene Armlänge. Selbstverständlich kann man diesen Materialbedarf bereits bei der Vorbereitung des rohen Holzblockes berücksichtigen.

Nach der groben Ausarbeitung der großzügig wallenden Ärmel, gemäß Bilder Nr. 949 und 950, und der Fertigstellung nach Bild Nr. 952, werden die Hände als selbständige Einheiten frei ausgearbeitet. Siehe Bilderserie Nr. 957 bis 965.

Die eigenständige Ausarbeitung der Hände bringt bei der gesamten Ausarbeitung der Figur Erleichterung und Materialersparnis. Zudem ist durch den Holzfaserverlauf keine Bruchgefahr gegeben. Das Einsetzen ist ein relativ einfacher Vorgang.

Zur Erklärung:
Bis zu Bild Nr. 950 hat die Figur noch einen Kopf-Aufsatz. Er ist vorsorglich für das Einspannen in eine Kopierfräse belassen worden und hat bei der Modellfertigung keine weitere Bedeutung.
Bezugsquelle:
Entsprechend vorbereitete Holzblöcke in Linde oder Eiche können Sie über meine Verlagsanschrift beziehen. Eine Zusammenstellung der erforderlichen Beitel und Schnitzmesser gebe ich Ihnen gerne auf Anfrage und gemäß Ihrer Angabe zur Größe der auszuarbeitenden Figur.

Bild Nr. 925

Bild Nr. 926

Bild Nr. 927

Bild Nr. 928

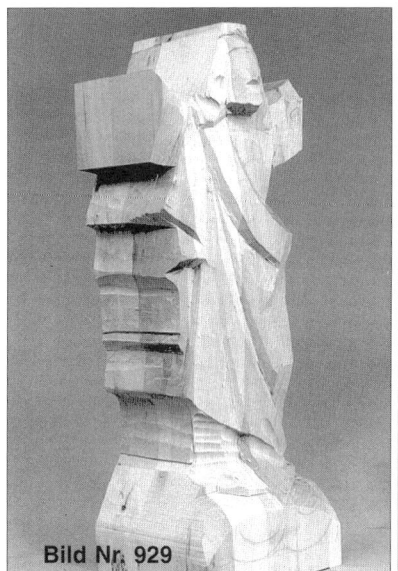

Bild Nr. 929

Bild Nr. 930

Bild Nr. 931

Bild Nr. 932

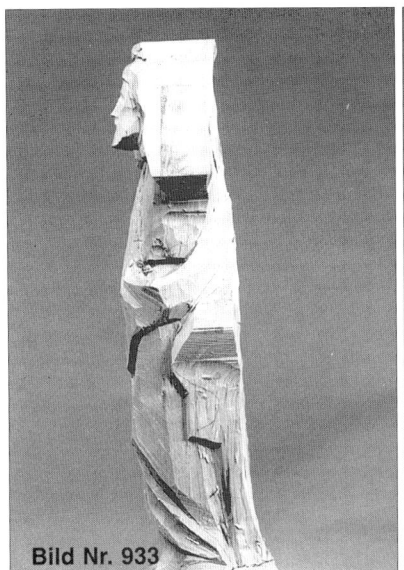

Bild Nr. 933

Bild Nr. 934

Bild Nr. 935

Bild Nr. 936

Bild Nr. 937

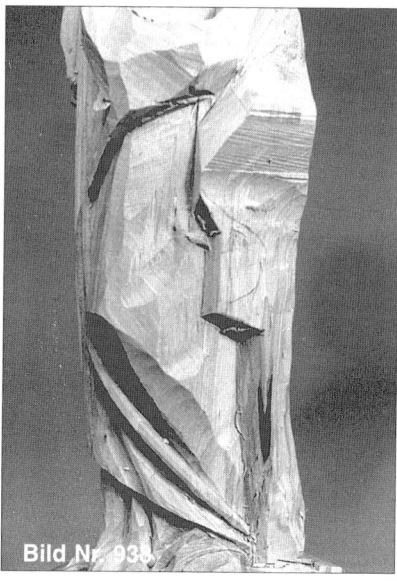

Bild Nr. 938

Bild Nr. 939

Bild Nr. 940

Bild Nr. 941

Bild Nr. 942

Bild Nr. 943

Bild Nr. 944

Bild Nr. 945

Bild Nr. 946

Bild Nr. 947

Bild Nr. 948

KOCH, Schnitzen, Meisterliche Übungen

Bild Nr. 949

Bild Nr. 950

Bild Nr. 951

Bild Nr. 952

Bild Nr. 953

Bild Nr. 954

Bild Nr. 955

Bild Nr. 956

Bild Nr. 957

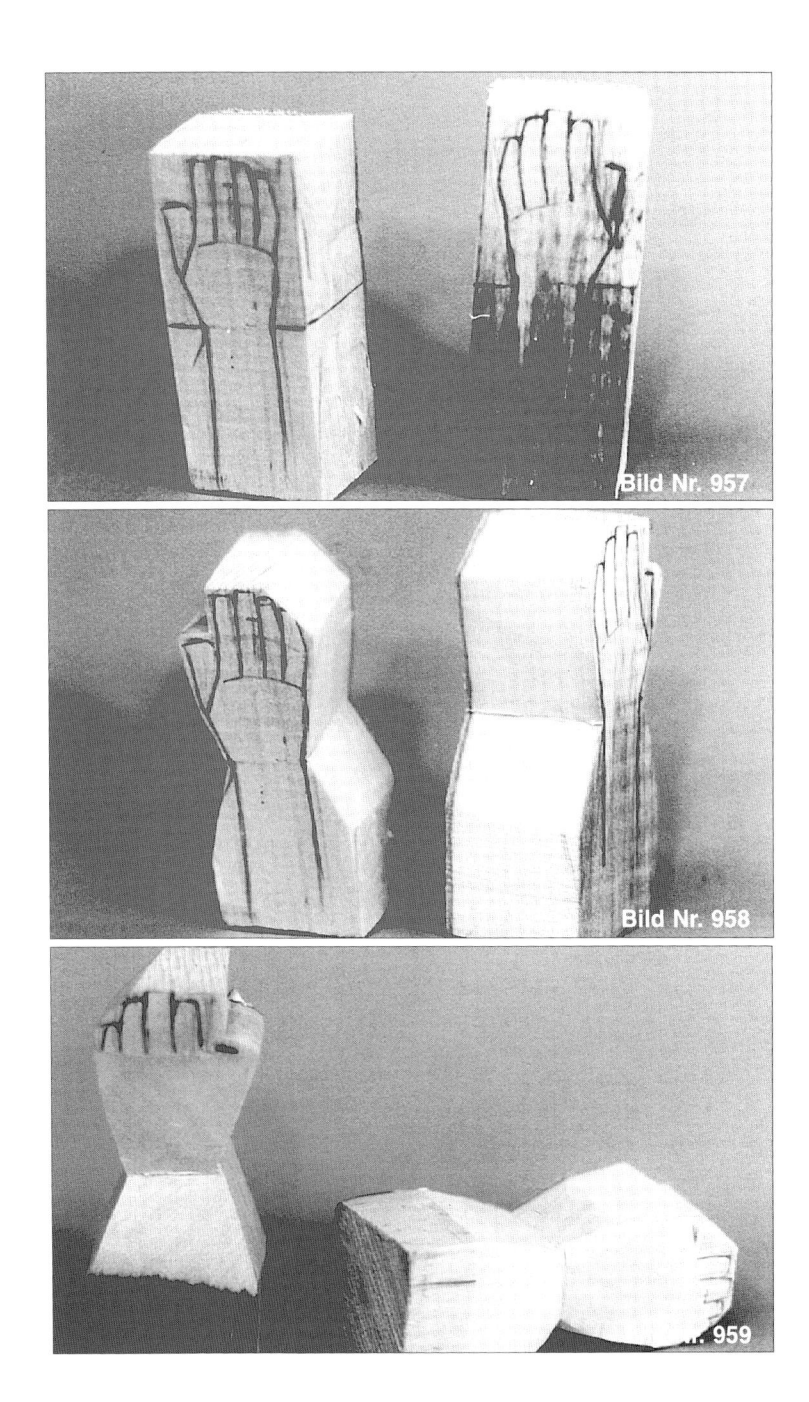

Bild Nr. 958

Bild Nr. 959

Bild Nr. 960

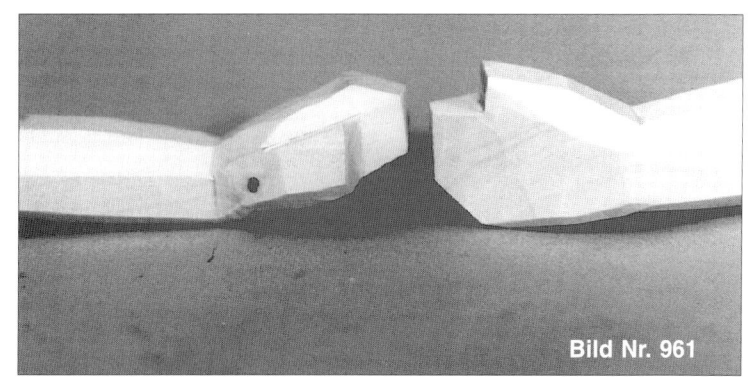

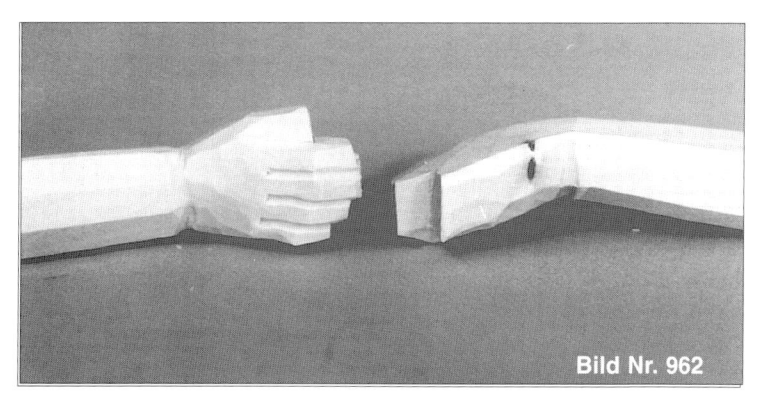

Bild Nr. 961

Bild Nr. 962

Bild Nr. 963

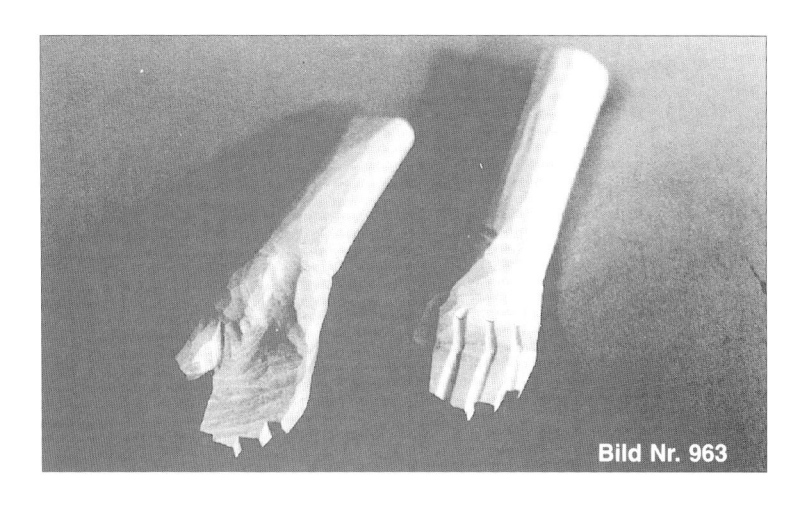

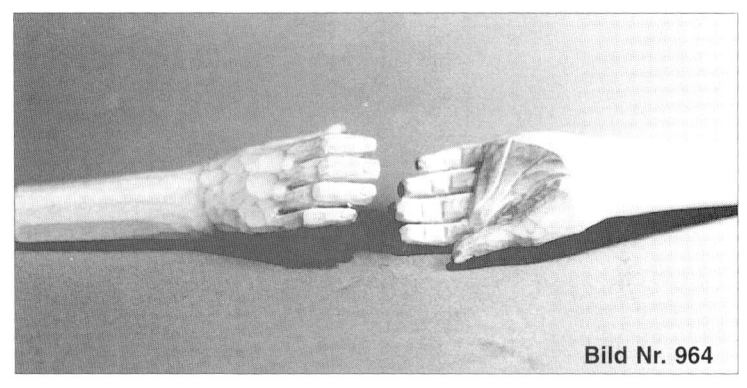

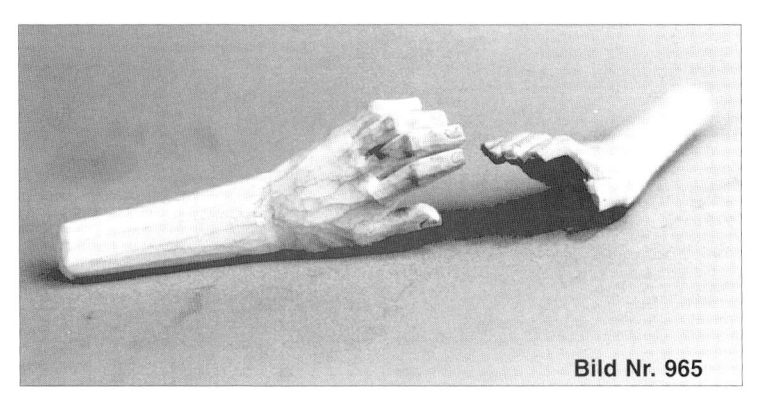

Bild Nr. 964

Bild Nr. 965

Teil 30
Übungsbeispiel : <Hlge. Elisabeth, eine Büste>.

Die Übungsvorlage ist in einer Fotoserie von 18 Abbildungen in verschiedenen Stationen der Ausarbeitung aus einem Lindenholzblock, lebensgroß dargestellt. In ähnlicher Form nachempfunden, vermittelt sie Ihnen ein Gefühl für eine bis ins letzte Detail gehende Ausführung von Gesicht, Haaren und Händen.

Auf Bild Nr. 967 wird die grobe Vorarbeit mit einer Motorsäge gezeigt. Gezielte Einschnitte damit können eine Menge Muskelkraft bei der Arbeit mit großen Beiteln ersparen.

Zum Charakter des Gesichtes: Gemäß der Überlieferung soll die Heilige Elisabeth eine recht lebensfrohe Dame gewesen sein. Dementsprechend wurde bei der Ausarbeitung des Gesamtausdruckes Rücksicht genommen, die Züge nicht so streng schematisch, sondern beachtlich aufgelockert, auf diese Lebenseinstellung hinweisend, ausgearbeitet. Die sakrale Bedeutung trotzdem unterstreichend wurden - obwohl etwas Schelmisches nicht hinweggedeutet werden soll - die Augen demutsvoll, halb geschlossen, nach unten gerichtet.

Bei Hölzern mit lebhafter Eigenstruktur wird das Nachschleifen besonders der Gesichtspartie ausgeprägte Schönheit bringen.

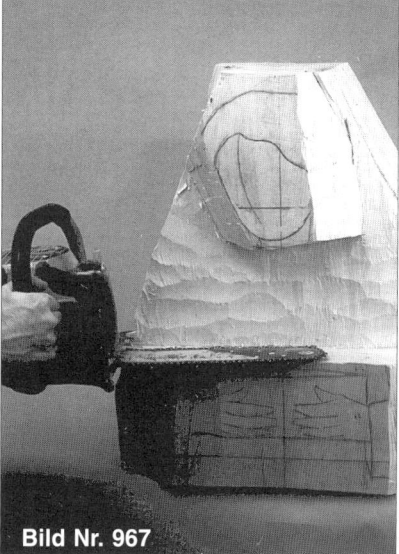

Bild Nr. 966   Bild Nr. 967

Zur Information:
Entsprechend vorbereitetes Holz können Sie von mir nach Ihren Maßangaben in verschiedenen Holzarten beziehen. Anfrage über meine Verlagsanschrift.

Bild Nr. 968

Bild Nr. 96

Bild Nr. 970

Bild Nr. 971

Bild Nr. 972

Bild Nr. 973

Bild Nr. 974

Bild Nr. 975

Bild Nr. 976

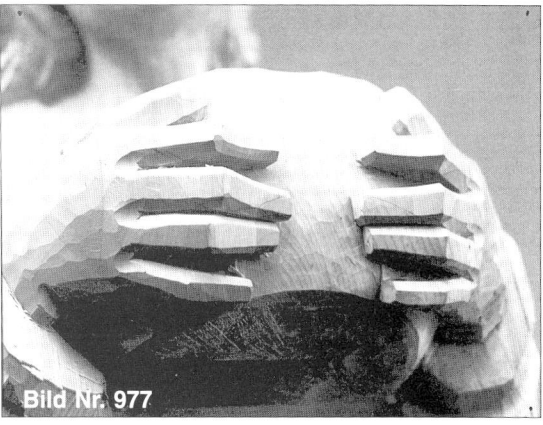

Bild Nr. 977

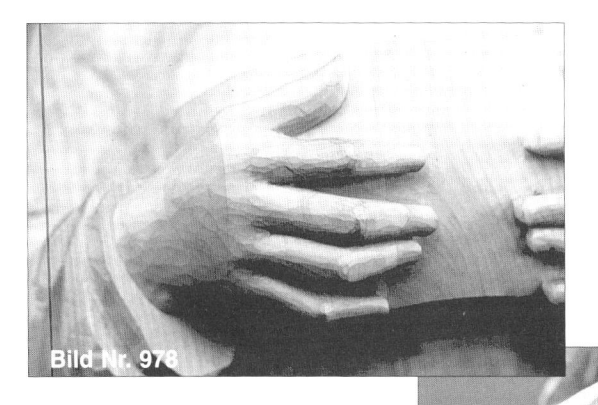

Bild Nr. 978

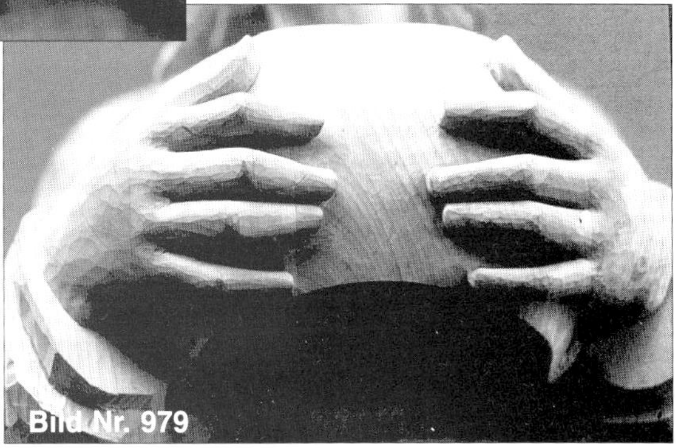

Bild Nr. 979

Bild Nr. 980

Bild Nr. 981

Bild Nr. 982

Bild Nr. 983

Teil 31
Übungsbeispiel : <David> nach M.Angelo.

Die Originalgröße, gemäß der Fotoserie von Bild Nr. 984 bis 1006 ist ca. 40 cm. Das Nacharbeiten ist als echte Übung für klassische Proportionen des menschlichen Körpers anzusehen.

Bei der Ausarbeitung gibt Ihnen meine "Einteilung des Körpers in Zehntelmaße" aus meinem Buch "EXPERTENKURS" beste Hilfestellungen.

Auch hier, wie bei den meisten anderen Übungsstücken, ist die Endphase der Ausarbeitung nur bis zu dem Stadium ausgearbeitet, wie es einem Rohling entsprechen würde.

Meine Hilfestellung:
Den entsprechend vorbereiteten, fachmännisch verleimten Holzblock zu der Skulptur können Sie von mir beziehen. Fragen Sie über meine Verlagsadresse nach weiteren Informationen.

Besonderer Hinweis:
Die Ausarbeitung erfolgt in einer recht traditionellen Metode Methode, nämlich zunächst von vorn nach hinten.

Erst, wenn Bewegung, Einteilung und Silhouette der Frontpartie stimmen, wird die Ausarbeitung zur Rückseite hin fortgesetzt. Die Rückenformgebung und die vergleichende Maßeinteilung zur Frontseite ist dann relativ leicht einzuhalten.

Wenn dort der gleiche Ausarbeitungsgrad erreicht ist, wird die Ausarbeitung rundum fortgesetzt, mit Schwerpunkt immer auf der <maßgebenden> Frontseite.

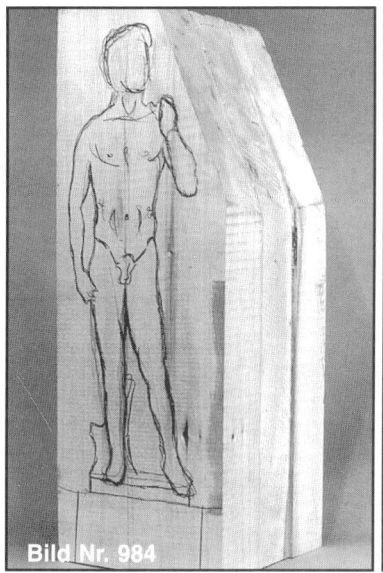

Bild Nr. 984

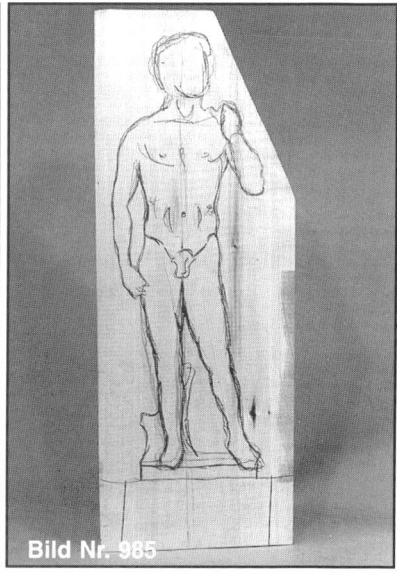

Bild Nr. 985

Bild Nr. 986

Bild Nr. 987

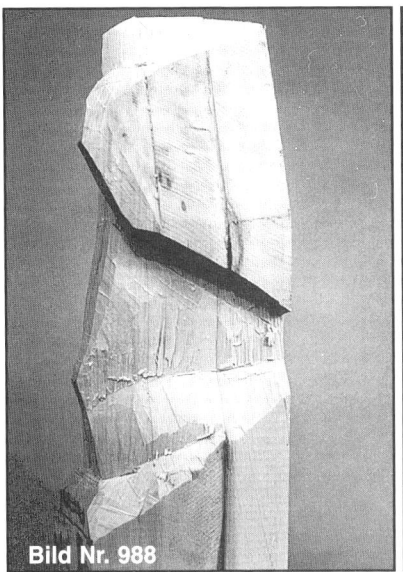

KOCH, Schnitzen, Meisterliche Übungen

Bild Nr. 988

Bild Nr. 989

Bild Nr. 990

Bild Nr. 991

Bild Nr. 992

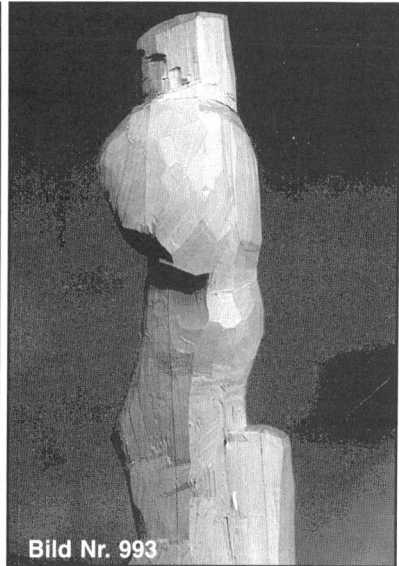

Bild Nr. 993

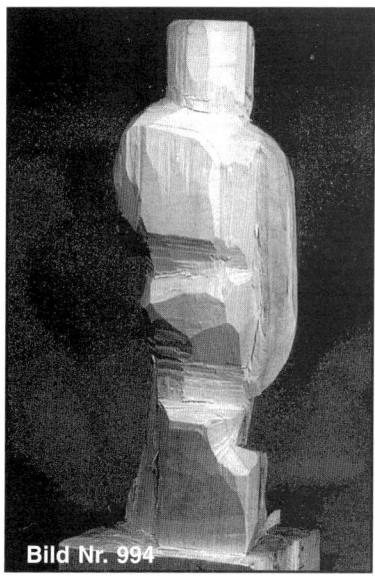

Bild Nr. 994

Bild Nr. 995

Bild Nr. 996

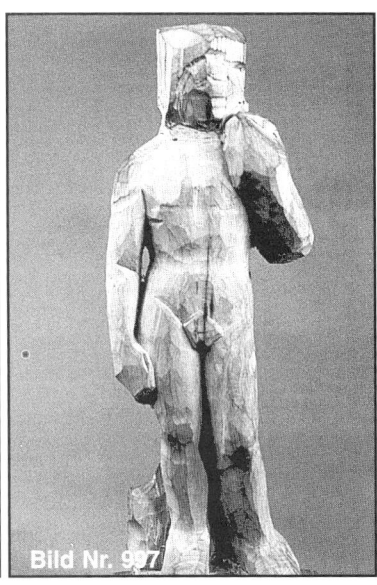

Bild Nr. 997

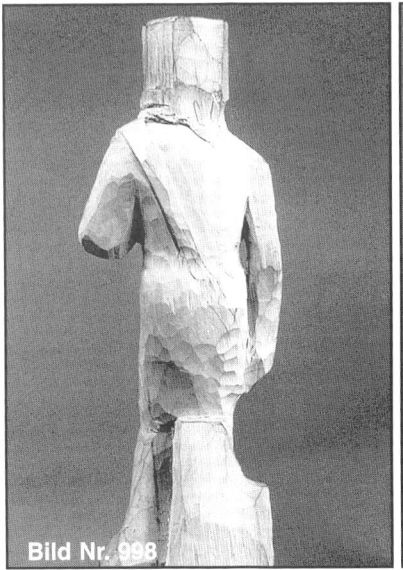

Bild Nr. 998

Bild Nr. 999

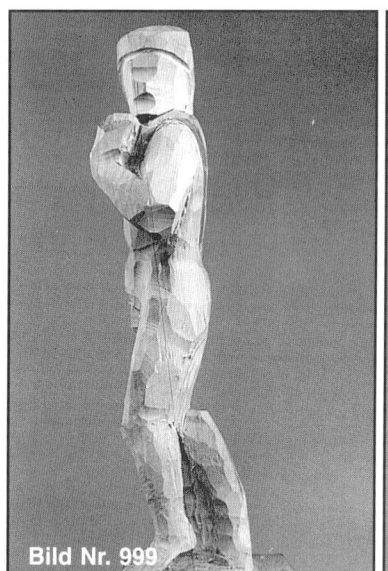

Bild Nr. 999

Bild Nr. 1000

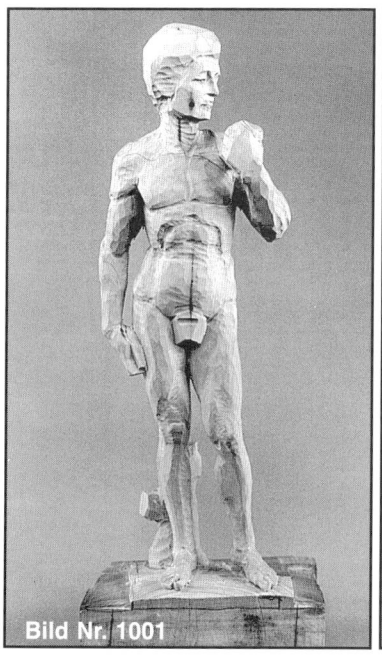

Bild Nr. 1001

Bild Nr. 1002

Bild Nr. 1003

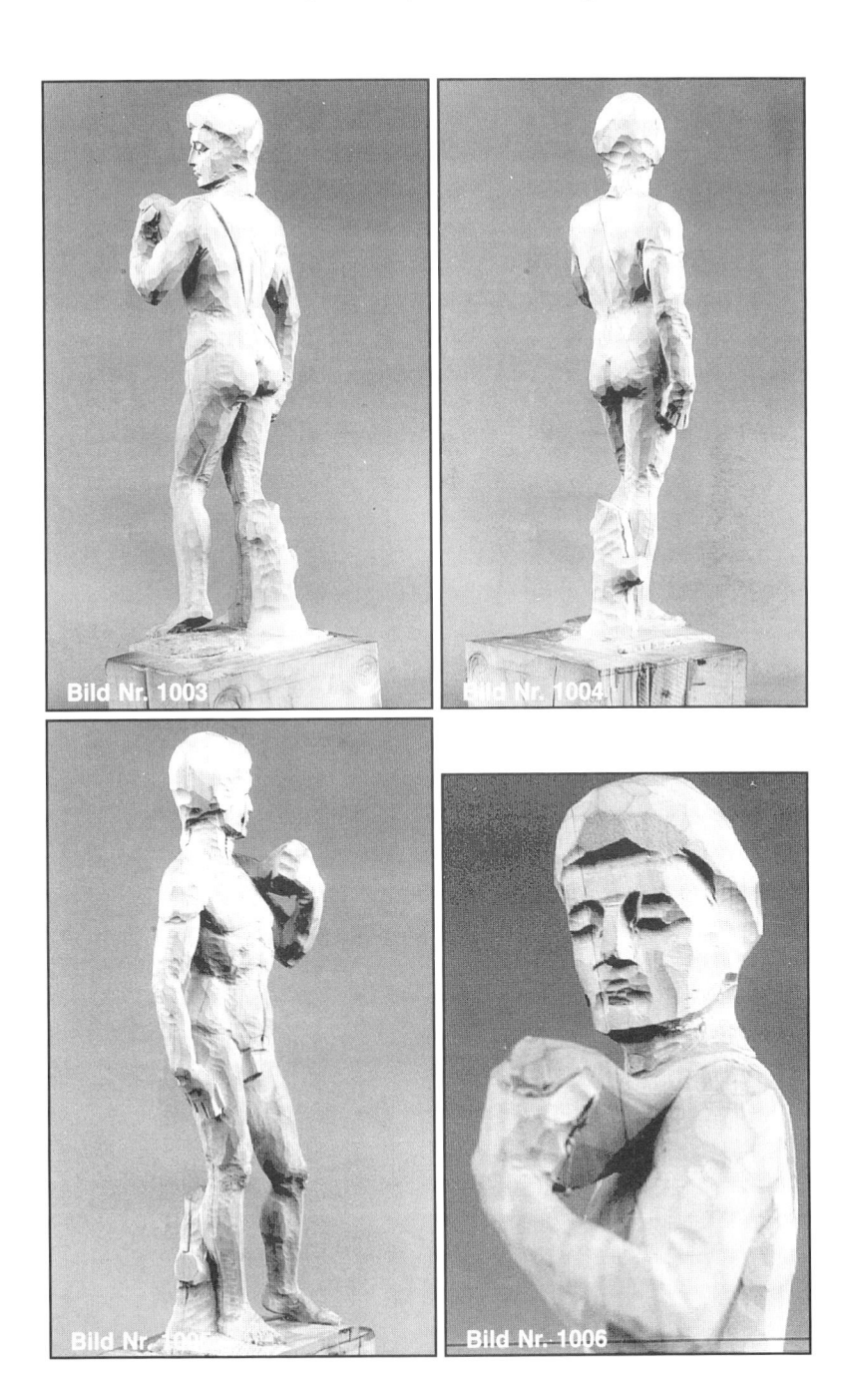

Bild Nr. 1004

Bild Nr. 1005

Bild Nr. 1006

Teil 32
Montageanleitung für Corpus mit ausgestreckten Armen.

Vorbereitungen:
Bringen Sie zunächst die Montageflächen, auf die die Arme am Corpus aufgesetzt werden, in eine möglichst saubere Ebene. Schnitzen Sie vorerst auf Augenmaß soweit wie möglich vor. Anschließend schaffen Sie sich für den einwandfreien Abschluß der Arbeit ein gutes und doch einfaches Hilfsmittel.

Sie brauchen dazu ein gehobeltes Brett, eine Sperrholzplatte oder eine glatte Spanplatte mit den Abmessungen etwa doppelt so groß wie die Montagefläche an der Schulter. Dieses Hilfsmittel schwärzen Sie mit einem weichen Bleistift - 4B bis 6B.

Reiben Sie nun einige Male die geschwärzte Fläche ohne zu schaukeln auf der vorgeschnitzten Montagefläche des Corpus. Dort wo Sie Erhebungen, Unregelmäßigkeiten in der geschnitzten Fläche hinterlassen haben, werden geschwärzte Flecken sichtbar zurückbleiben. Schneiden Sie diese sorgfältig und mit Bedacht nach. Wiederholen Sie diesen Vorgang solange erforderlich.

Erst wenn die gesamte Fläche möglichst gleichmäßig die aufgetragenen Bleistiftpartikel von Ihrer Reibeplatte auf die Armansatzfläche übernimmt und mehr oder weniger gleichmäßig verteilt sind, haben Sie die Gewähr, daß die Fläche eben ist. Der Arm kann später aufgepaßt werden.

Bild Nr. 1007

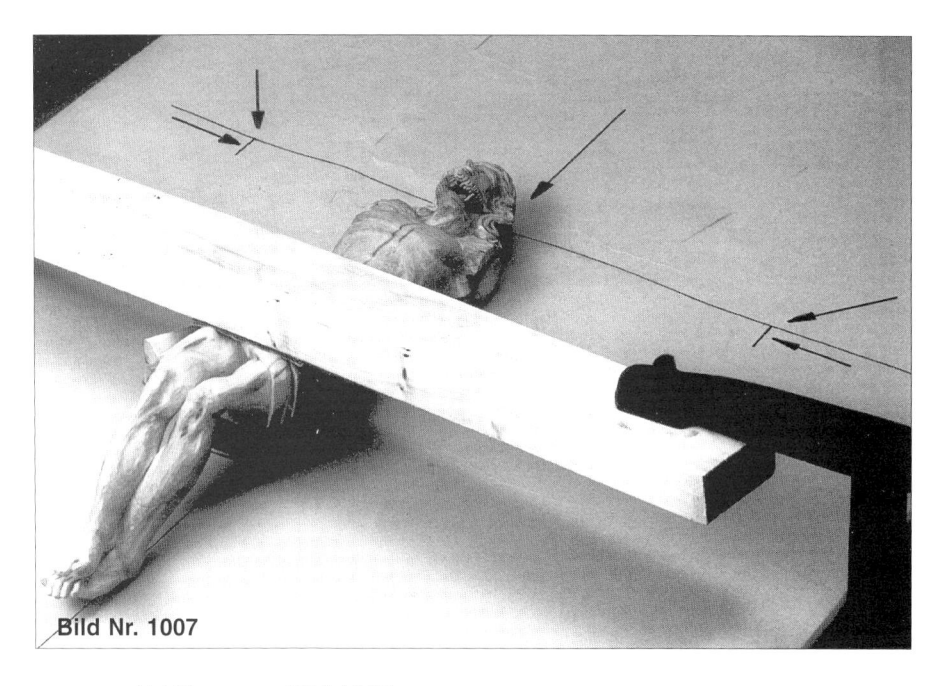

Erklärung zu Bild 1007

Der Corpus wird auf einer ebenen Tischfläche festgespannt. Er wird mit den vorher gezeichneten Linien und Maßen in Einklang gebracht und dergestalt markiert, daß bei Nacharbeiten oder Wiederaufspannen der Corpus an der gleichen Stelle zu liegen kommt. Bei stark nach vorne durchgebogenem Körper unterbauen Sie entsprechend an Rücken und Gesäß, damit es keine Beschädigungen durch den Andruck gibt. Um Druckstellen zu vermeiden, verwenden Sie zum Aufspannen ein weicheres Holz als das beim Corpus eingesetzte.

Bild Nr. 1008

Erklärung zu Bild 1008

Markierung und aufgespannter Corpus von der linken Seite gesehen. Die Lage der Arme ist genau vorausberechnet und markiert.

Bild Nr. 1009

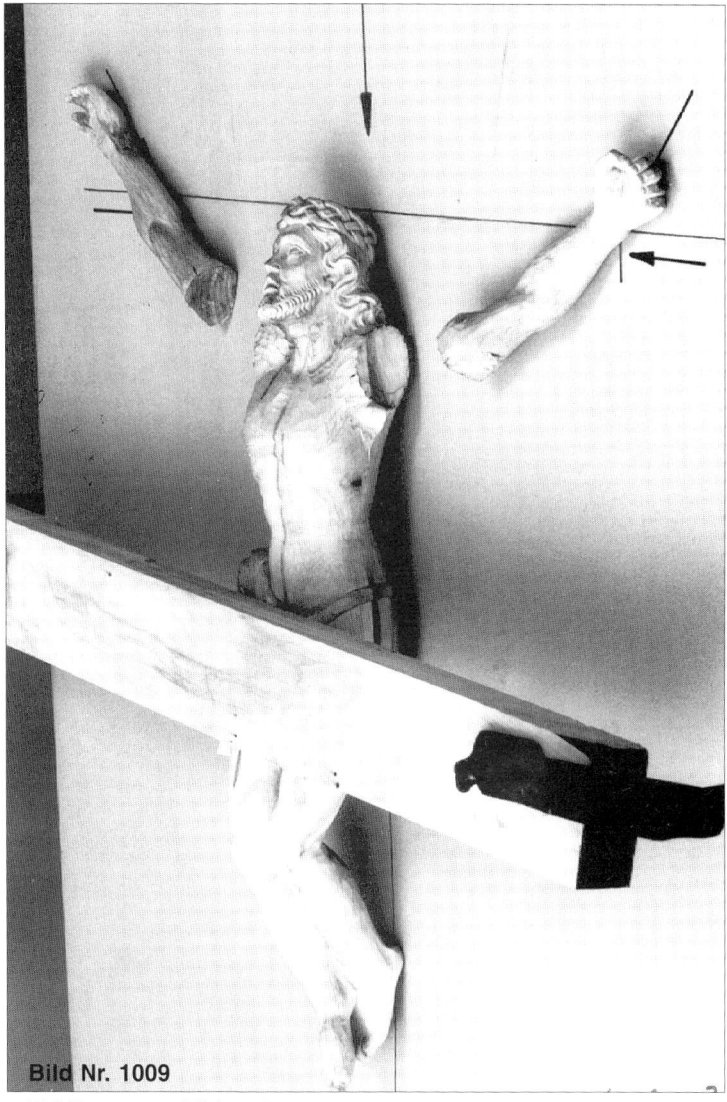

Erklärung zu Bild 1009

Die Arme werden gemäß den Abmessungen - linker und rechter waagrechter Pfeil - provisorisch abgelängt. Es bleibt eine geringe Längenzugabe, die wir zum Anpassen der Arme auf der Montagefläche benötigen.

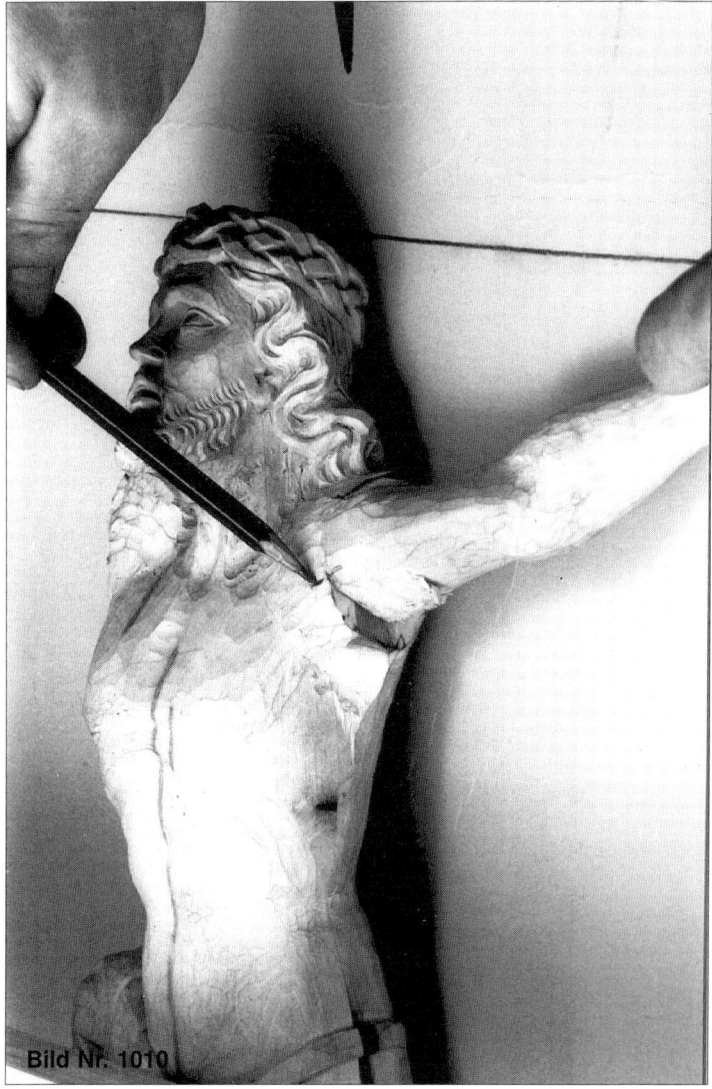

Erklärung zu Bild 1010

Durch Andrücken der Arme auf die Montagefläche wird darauf der genaue Sitz mit Bleistift markiert. Ebenso wird ein eventuell über die Schulterhöhe überstehender Armteil auf dessen Fläche markiert. Zusätzlich markieren Sie sich noch an mindestens einer Verbindungsstelle das Aufeinandertreffen von Arm und Corpus.

Die Armflächen werden im folgenden durch vorsichtiges Nachschnitzen genau angepaßt. Die Arme müssen dann in ihrem vorgesehenen und vorgezeichneten Raum genau eingepaßt werden. Die sauber geschnitzte Fläche auf dem Arm wird, ebenso wie beim Schulteransatz, von den Rändern nach innen leicht konkav geschnitzt. Dadurch ergibt sich ein genauerer Sitz. Der Arm kann beim Anziehen der entsprechenden Befestigungsschrauben fester unter Spannung aufsitzen.

Als Hilfsmittel für die saubere Ausarbeitung der Montagefläche nehmen Sie jetzt ein Stück Zeichenpapier mit rauher Oberfläche. Tragen Sie mit einem weichen Bleistift, zumindest auf einem Großteil des Papiers eine geschlossene, schwarze Fläche auf. Befestigen Sie dieses Papier an den Rändern auf einer sauberen, ebenen Tischfläche. Dies ist Ihr Hilfsmittel, damit durch eine Art "Kontaktmarkierung" eine saubere Anpassung der Arme auf den fertigen Montageflächen der Schultern möglich wird.

Reiben Sie die Fläche leicht und ohne zu schaukeln auf dieser schwarz markierten Bleistiftfläche. Alles was jetzt noch über eine Ebene hinaussteht, ist als schwarzer Flecken bzw. dunkles Feld markiert. Die vertieften Stellen sind noch im ursprünglichen Zustand. Das Ausschnitzen erfolgt im gleichen System wie vorher bei den Montageflächen am Corpus.

Schneiden Sie jetzt vorsichtig in kleine Spänen diese schwarz markierten Stellen ab und wiederholen Sie den Vorgang, bis ringsum der gesamte Rand am Corpus und am Arm gleichmäßig flach aufliegt. Anschließend können Sie die entstandene Montagefläche am Arm über ein Schmirgelpapier mit nicht zu grober Körnung leicht abziehen. So passen jetzt Arm und Schulter lückenlos zusammen.

Währen der gesamten Anpassungs-Arbeiten müssen Sie darauf achten, daß Ihr Arm bei den Händen stets flach auf der vormarkierten Unterlage aufliegt. Ihre Schnitzarbeiten haben also grundsätzlich verschiedene vorrangige Ziele.

    1. Genauer Sitz auf der Montagefläche.
    2. Genaue Lage der Armteile bei der Hand auf und inner halb der vorbestimmten Markierungen.
    3. Ein unnatürliches Verdrehen des Armes ist zu verhindern.
    4. Die Möglichkeit der nachträglich anatomisch einwandfrei auszuarbeitenden, fertigzuschnitzenden Schulterpartien offenzuhalten.

Bild Nr. 1011

Erklärung zu Bild 1011

Hier sind noch einmal die Lage-Markierungen zwischen Arm und Schulter gezeigt.

Bild Nr. 1012

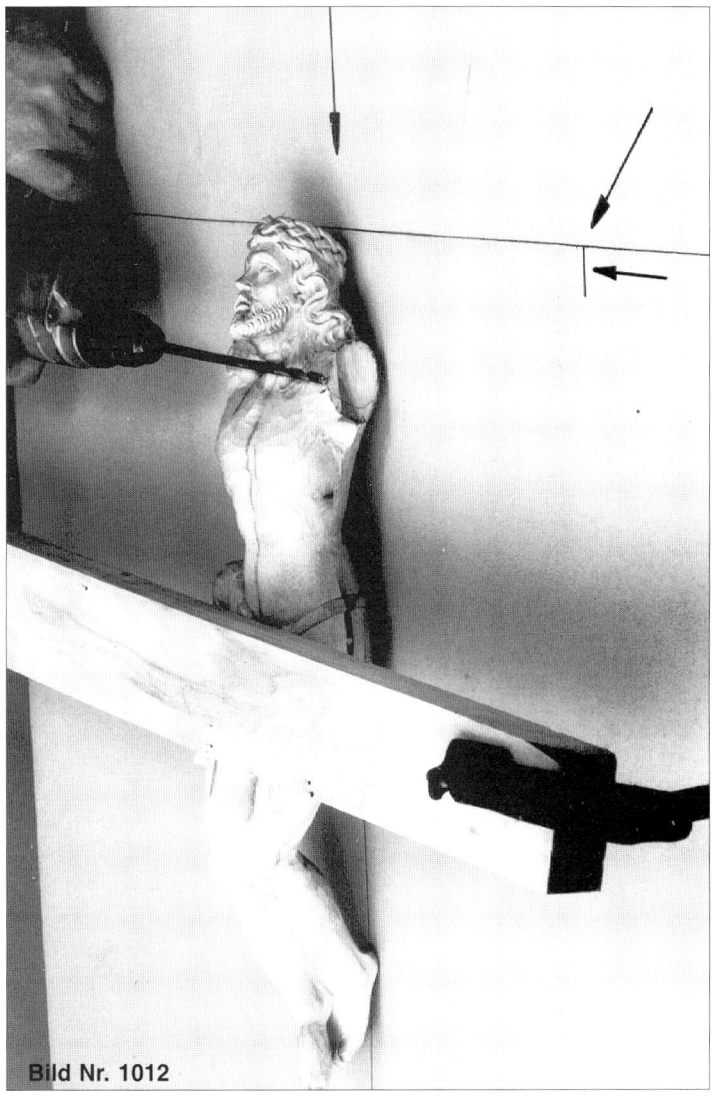

Erklärung zu Bild 1012

Zur Befestigung des rechten Armes ist eine waagrechte Bohrung durch beide Schulteransätze erforderlich. Durch sie wird später eine Holzschraube geführt.

Die Bohrung liegt sowohl auf ihrer Eintrittseite wie auch auf der Austrittseite außerhalb der Mitte im oberen Drittel auf der jeweiligen Montagefläche.

Bild Nr. 1013

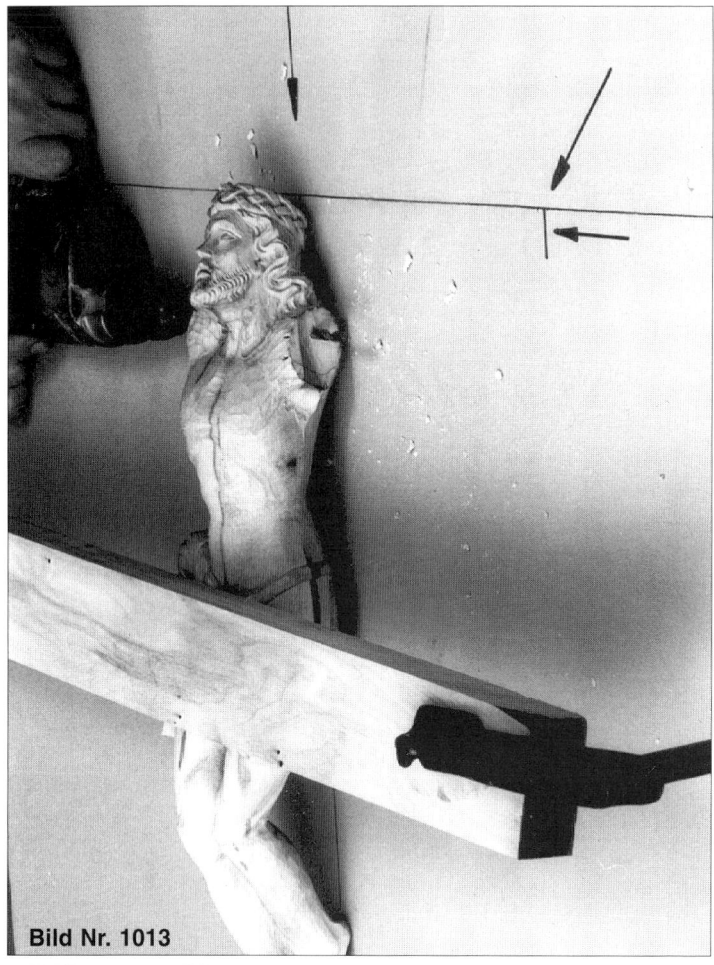

Erklärung zu Bild 1013
Schaffen Sie sich ggf. eine Hilfsvorrichtung, um die genaue Bohrrichtung einhalten zu können. Lassen Sie sich bestenfalls von jemandem, der die Bohrung von der Seite beobachtet, ihre horizontale Lage einweisen bzw. korrigieren. Die Bohrung soll ungefähr der Stärke Ihrer zur Verwendung kommenden Holzschraube entsprechen. Ihre Holzschraube kann sowohl einen versenkten Kopf haben als auch einen Rundkopf oder Linsenkopf. Jede Ausführung ist gleichermaßen gut geeignet.

Auf dem Bild ist der Durchbruch des Bohrers auf der linken Montagefläche gut zu erkennen.

Bild Nr. 1014

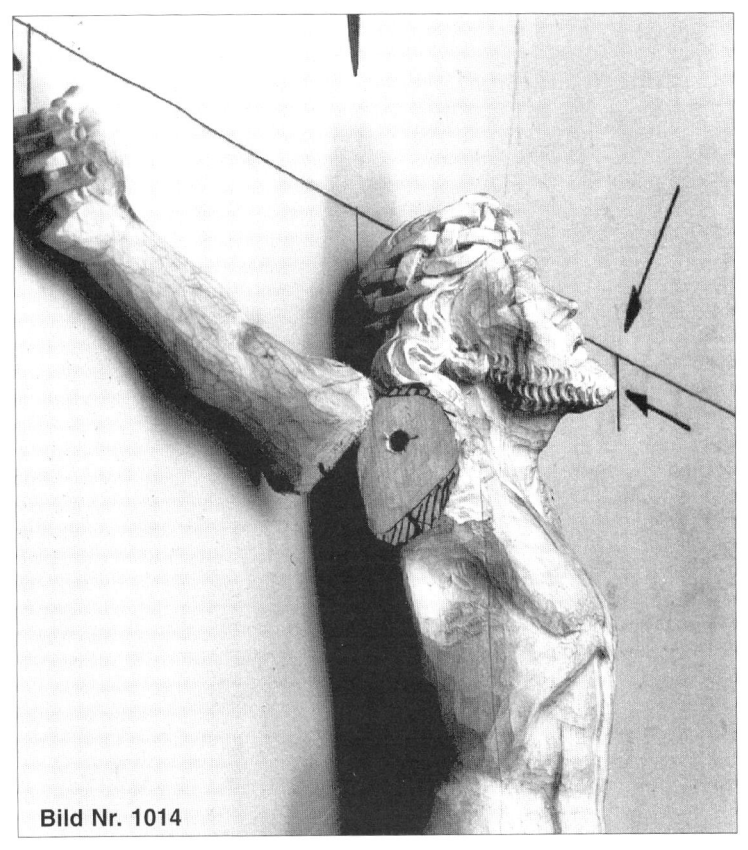

Erklärung zu den Bildern 1014 und 1015
Nun bringen Sie die Bohrung zur Befestigung des linken Armes an. Diese beginnt unter dem rechten Armansatz kurz vor dem Schulterblatt. (Auf Fotos nicht erkennbar.) Sie soll etwas unterhalb der Mitte der linken Montagefläche austreten. Ich betone noch einmal, daß Sie sich hierfür am besten Hilfsvorrichtungen machen, eventuell sogar auf der Bohrmaschine einen längeren, geraden Stab (Runddübel) befestigen, der Ihnen gewissermaßen als Zielvorrichtung für Ihre Bohrrichtung dient.

Bei Figuren über 60 cm Größe reichen in der Regel die Längen der gängigen Bohrer nicht mehr aus. Lassen Sie sich eventuell durch Anschweißen einen geeigneten Bohrer verlängern.

Auf Bild Nr. 1015 ist noch einmal die gut markierte Fläche zur Montageposition des rechten Armes zu erkennen.

Auf Bild Nr. 1015 ist der durch die untere Bohrung geführte Bohrer zu erkennen. Beachten Sie auf der linken Montagefläche die Lage der Bohrungen so wie sie beschrieben sind.

Bild Nr. 1016

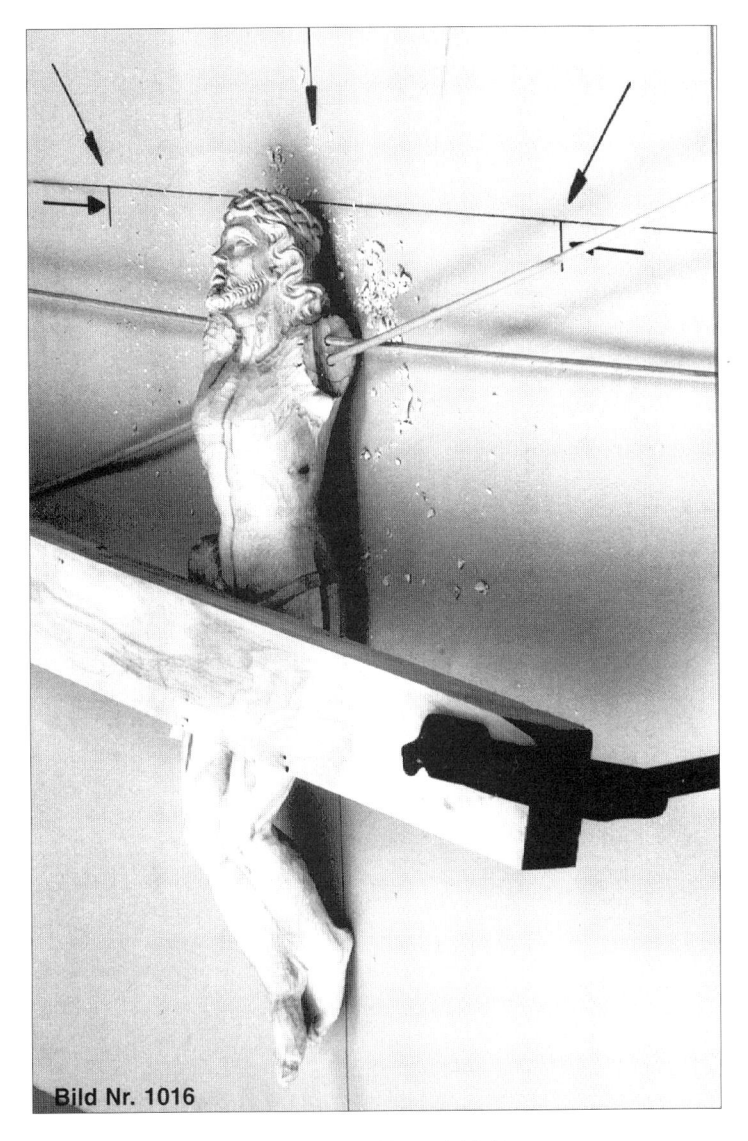

Erklärung zu den Bildern 1016 und 1017

Das Bild Nr. 1016 zeigt durch eingeführte Rundstäbe den Verlauf der fertiggestellten Bohrungen von der linken Seite aus betrachtet.

Bild Nr. 1017

Beim Bild Nr. 1017, von der rechten Seite gesehen und nun die mit Rundstäben markierten Bohrkanäle.

Bild Nr. 1018

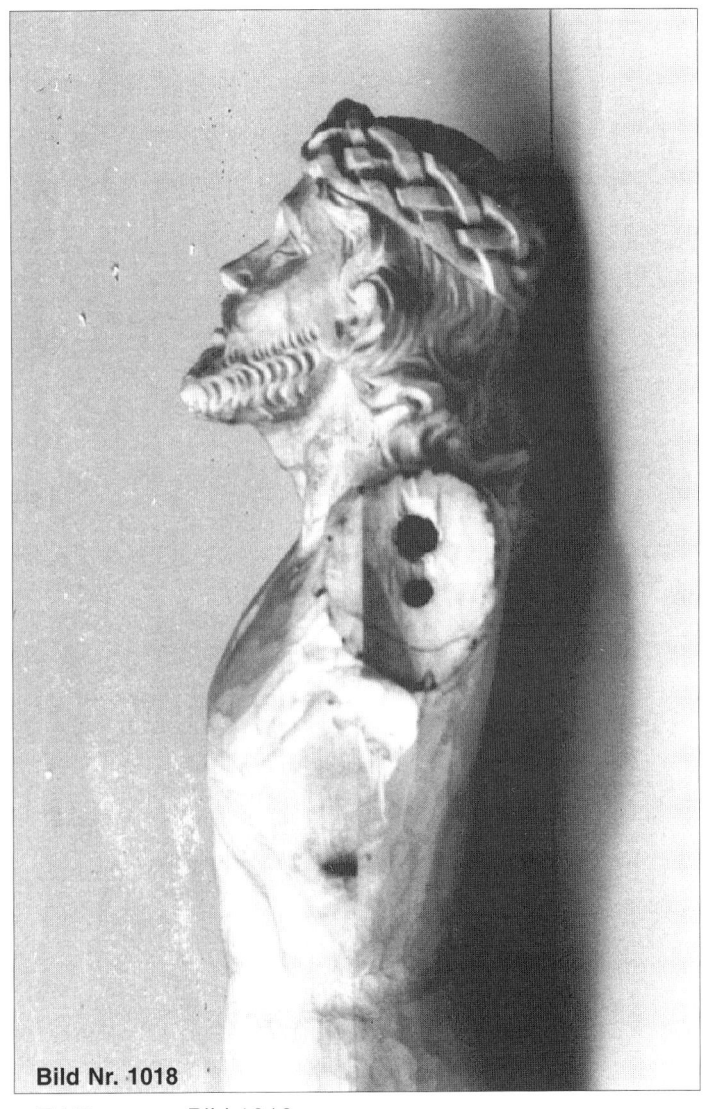

Erklärung zu Bild 1018

Die obere Bohrung zum Befestigen des rechten Armes wird auf der linken Montagefläche nun so ausgeweitet, damit der Schraubenkopf darin versinken kann und auf der anderen Seite genügend hervorschaut, um den aufzusetzenden Arm festzuziehen.

Bild Nr. 1019

Erklärung zu Bild 1019

Auf diesem Bild sehen Sie nun genau den Eingang der Bohrung für die Befestigungsschraube des linken Armes. Auch hier erweitern Sie die Bohrung gemäß dem Durchmesser des Schraubenkopfes. Vertiefen Sie auch hier derart damit auf der linken Seite noch genügend Gewindegänge zum Erfassen und Befestigen des Armes verbleiben.

Diese einzig sichtbare Bohrung wird nach definitivem Befestigen beider Arme nach Abschluß der Montagearbeiten mit einem Pfropfen der gleichen Holzart und etwas Leim verschlossen und überschnitzt.

Bild Nr. 1020

Erklärung zu Bild 1020

Sie sehen auf diesem Bild recht gut die Bleistiftmarkierung für den Sitz des rechten Armes. Die Befestigungsschraube ist mit ca. 10 Gewindegängen über der Montagefläche erkennbar.

Bild Nr. 1021

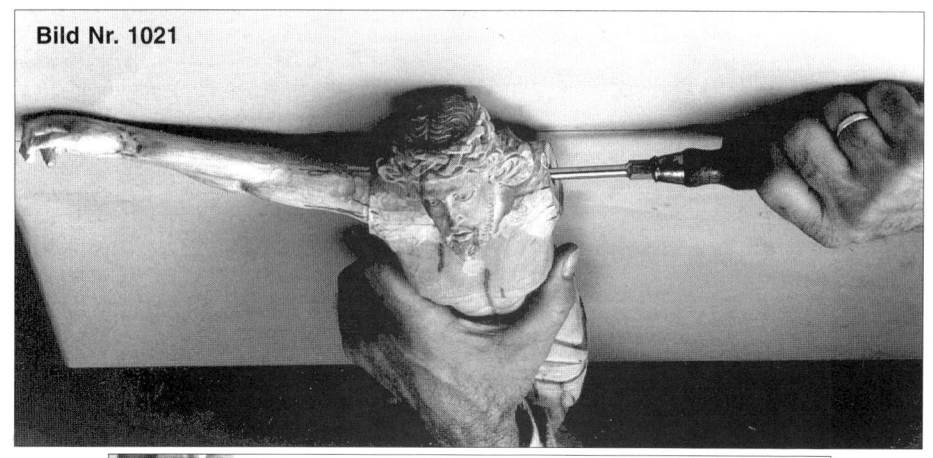

Bild Nr. 1022

Bild Nr. 1023

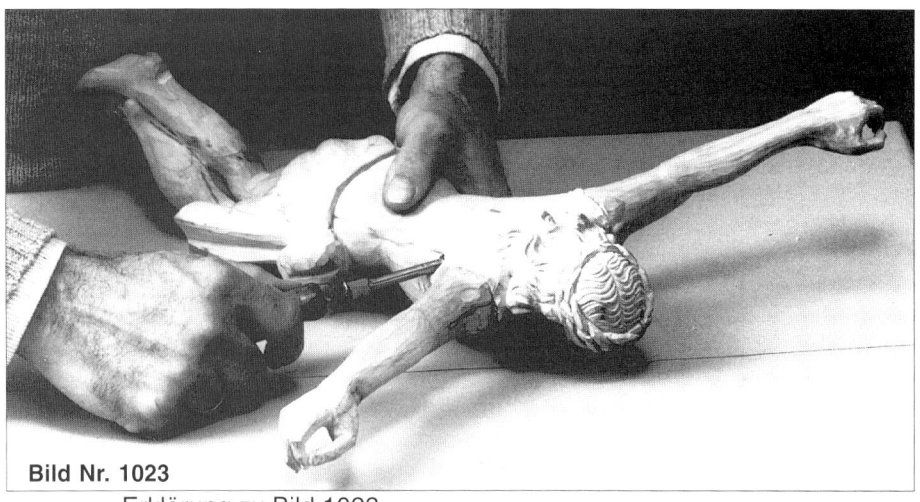

Erklärung zu Bild 1023

Gleichermaßen verfahren Sie mit dem Arm auf der linken Seite, indem Sie die Schraube in das vorgesehene Bohrloch von rechts durchdrehen. Achten Sie dabei, daß die vorher gemachten Markierungen auf ihrem Platz bleiben bzw. drehen Sie den Arm, kurz bevor er definitiv fest aufsitzt, in seine endgültige Position.

Erklärung zu den Bildern 1021 und 1022

Drücken Sie den rechten Arm auf seine genaue Position und markieren Sie durch die Bohrung mit einer Reißnadel, mit einem angespitzten Nagel oder einem Bleistift die Position, wo die Schraube in den rechten Arm eingedreht wird. Diese Stelle vertiefen Sie etwas mit einem Bohrer, damit die Schraube mit ihren Gewindegängen fassen kann.

Tragen Sie vor dem endgültigen Festschrauben eine satte Schicht Leim auf den Armansatz auf. Drehen Sie die Schraube solange fest an, bis sich der Leim rund um den Armansatz gleichmäßig herausdrückt und einen festen Ansitz anzeigt. Das allseitige Hervorquellen des Leimes deutet auf die fachgerechte Verleimung hin. Siehe Bild Nr. 1022.

Bild Nr. 1024

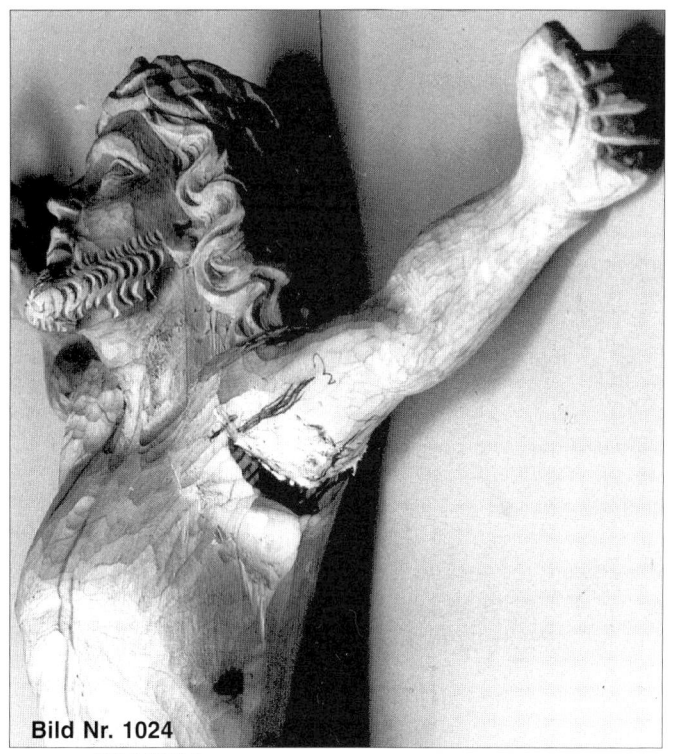

Erklärung zu Bild 1024
Sie sehen hier noch einmal die markierten Flächen sowie den Leim, der sich an der zusammengepreßten Fläche wie geplant herausgedrückt hat.

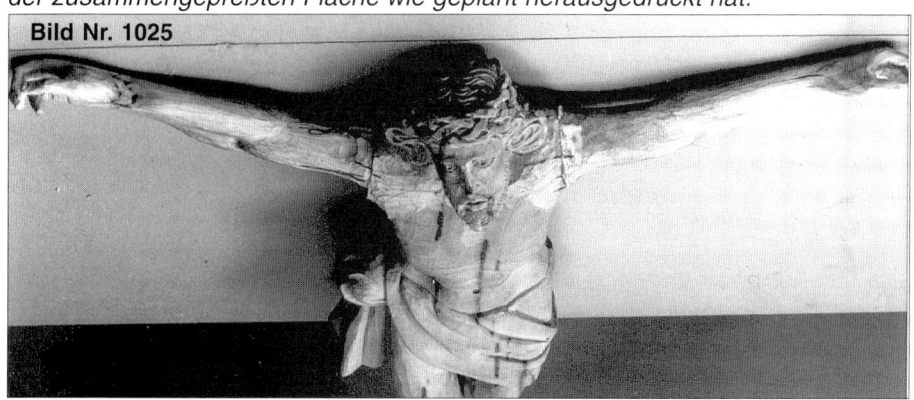

Bild Nr. 1025

Erklärung zu Bild 1025
Bei einer Kontrolle muß nun der Körper und die Arme in der vorher berechneten Position zu liegen kommen.

Bild Nr. 1026

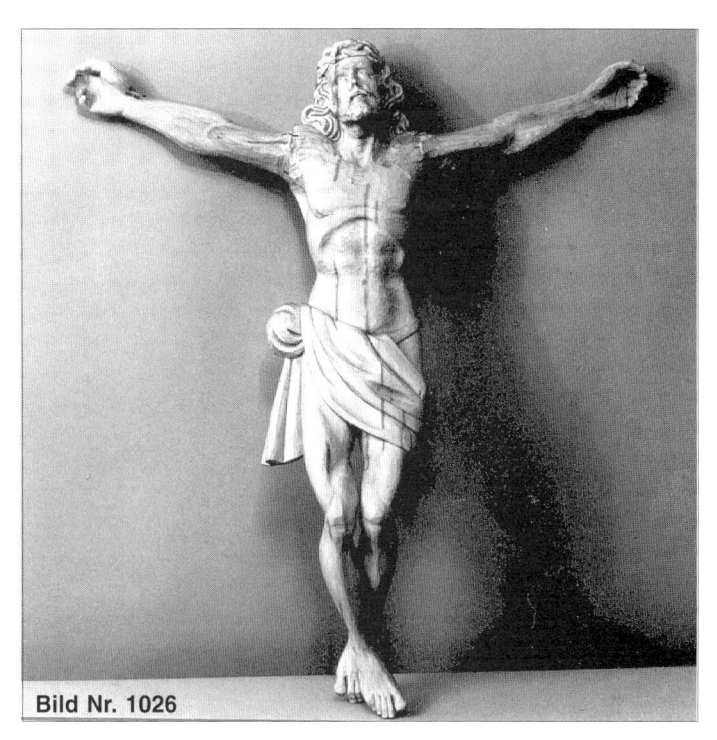

Erklärung zu Bild 1026

Die korrekte anatomische Form der Armansätze wird nun nachgeschnitzt, nachdem Sie auch die Hilfsbohrung unter dem rechten Schulterblatt durch einen entsprechenden Pfropfen und Leim verschlossen haben. Zum Trocknen des Leimes lassen Sie der Figur in jedem Falle mindestens zwölf Stunden Zeit. Setzen Sie diese bitte nicht Wärmequellen irgendwelcher Art aus.

Zum Befestigen des Korpus auf einem Kreuzbalken machen Sie das am besten unter dem Gesäß, der Schulter oder einer anderen Stelle, die in der Rückenpartie flach auf dem Kreuz zu liegen kommt.

Es ist ungefährlicher, wenn Sie die Nägel bei den Händen und den Füßen blind einsetzen, einfach als Dekoration, also damit keine direkte Befestigung auf dem Kreuz vornehmen. Allerdings sollten in diesem Falle die Hände und die Füße mit leichter Spannung auf dem Kreuz angedrückt sein.

Schreiben Sie oder telefonieren Sie mit uns, wenn Sie weitere Fragen hierzu haben.

Teil 33

Die Punktiermaschine.
Hinweise zum Arbeitsablauf auf der Fotoserie:
Punktiermaschine.

Um vorweg falschen Vorstellungen den Wind aus den Segeln zu nehmen: Die Punktiermaschine überträgt nicht so "mir nichts - dir nichts" Modelle. Es ist möglich, sie als Werkzeug zu handhaben, um über gefundene, gewünschte, festgelegte oder markierte Punkte bei Ihrer Übertragung vom Modell eine effektive Kontrolle auszuüben. Die Handhabung selbst ist relativ umständlich. Man spürt, daß es sich im Prinzip um eine Technik von gestern handelt. Dies soll keineswegs Respektlosigkeit vor unseren "Urgroßvätern" andeuten.

Zusammengefaßt das Funktionsprinzip: Strategisch günstige Punkte werden auf dem Modell ausgewählt. Die Punktiermaschine wird mit ihrer Tasternadel darauf justiert. Sie ist auf den Bildern Nr. 1028, 1029, 1030 und 1031 waagrecht in der Bildmitte zu sehen. Den einmal markierten Punkt in einem entsprechend vorbereiteten Holzblock an der gleichen Stelle aufzufinden - bei dieser Suche hilft die Punktiermaschine.

Die Betonung liegt auf: "hilft". Es besteht die Möglichkeit, sich an die genaue Lage des gesuchten Punktes heranzutasten. Ein Taster (Hinweis bei Bild Nr. 1031) mit einer verstellbaren Tiefenlehre dient als Sichtkontrolle. Viele solcher übertragenen Punkte ergeben ebenso viele Anhalts-"Punkte" oder Ausgangs-"Punkte" für die Nachgestaltung der Kopie.

Um aus dieser Vorrichtung Nutzen ziehen zu können, ist die Beherrschung der Bildhauerkunst Voraussetzung. Die Punktiermaschine kann niemals Ersatz sein oder gar die Arbeit einer Kopiermaschine allgemein bzw. Kopierfräse im speziellen übernehmen. Es entsteht keine Kopie eines Modelles. Es geht nur um eine Hilfestellung zur Kontrolle der vom Modell abgenommenen strategischen Punkte. Doch nun zur praktischen Seite.

Ausgangsposition:
Sie wollen von einem ausgewählten oder erstellten Modell eine Kopie anfertigen. Das Baumaterial des Modells kann vielfältiger Natur sein (Gips, Ton, Holz, Metall o.ä.). Auf dem Modell benötigen

Sie, entsprechend der Konstruktionsweise der Punktiermaschine, drei Haltepunkte für diese selbst. Für die Dauer Ihrer Arbeit mit diesem Modell müssen diese Punkte unverrückbar sein. Siehe Bild Nr. 1028, 1030 und 1029, der obere Punkt mit der Ziffer 1 markiert.

Das für die Kopie ausgewählte Holz, ggf. ein verleimter Holzblock, siehe Bild Nr. 1031, muß ausreichend dimensioniert sein, damit alle Einzelbestandteile des Modells daraus entstehen können. Auf diesem Block müssen Sie zwangsläufig in gleichen Abständen die Haltepunkte für die Punktiermaschine anbringen so wie sie auf dem Original festgelegt wurden. Oben Nr 1, unten die Nummern 2 und 3.

In der Regel sind das, je nach Konstruktionsprinzip, zwei Punkte auf der Vorderseite unten und ein dritter auf der höchsten Erhebung - z .B. auf dem Kopf. Durch die drei Haltepunkte sitzt die Punktiermaschine stets unverrückbar am gleichen Platz. Im Haltepunkt des Kopfes, generell im obersten Haltepunkt, wird die Punktiermaschine mit einer Art kleinem konischen Hütchen in eine ausgebildete Spitze eingehängt. Die Spitze im Kopf kann ein spitz ausgefeilter Nagel sein.

Die beiden anderen Punkte am unteren, vorderen Rand stehen soweit wie möglich auseinander. - Siehe Darstellung auf den ersten Bildern der Fotoserie. In der Regel ist der Abstand durch feste Stifte an der Punktiermaschine vorgegeben. Wenn der Platz auf dem Sockel des Modells dafür nicht ausreicht, dann kann durch Aufsetzen einer Art Blende - Latte oder ähnliches Stück Holz - die nötige Voraussetzung geschaffen werden.

Durch Andrücken der spitzen Stifte in diesen verbreiterten Sockel markieren Sie jeweils den Sitz für spezielle Holzschrauben. Diese sind - handelsüblich - mit Kreuzschlitz versehen. Im Mittelpunkt rasten die Stifte schließlich ein. Wenn die vorhandene zentrale, im Grunde spitz zulaufende Vertiefung in den Schraubenköpfen nicht vorhanden ist oder nur unzureichend, bohren Sie mit einem dünnen Spiralbohrer nach. Die Spitzen der Stifte müssen schließlich ohne zu wackeln darin einrasten.

Auf diese Art, oben eingehängt, unten eingerastet, haben Sie immer den unbedingt gleichen, erforderlichen Ausgangspunkt. Genauso ist die Einhängevorrichtung für die Punktiermaschine auf dem vorbereiteten Holzblock einzurichten. Mit auf dem Modell eingehängter Punktiermaschine erfassen Sie mit der Fühler- oder Tasterspitze durch Heranschieben bis zur Berührung einen Punkt. Siehe Bild Nr. 1029.

Ein Markierungsring (Stellring) wird in dieser festgehaltenen Position auf dem Taster in Richtung Spitze bis zum Anschlag vorgeschoben und mit der dafür vorgesehenen Schraube festgesetzt. Der Taste kann nun in seiner Führungung zurückgezogen werden. Siehe Bild Nr. 1030. Der festgeschraubte Markierungsring (Stellring) bewirkt, daß jederzeit durch das neuerliche Vorschieben des Tasters bis zum Anschlag die genaue Lage und Tiefe des vorausbedachten Punktes wiedergefunden werden kann.

Dieser Punkt wird nicht willkürlich gewählt. Vielmehr wird eine markante Erhebung oder Vertiefung festgelegt. Der Punkt sollte in der Regel wiederverwendbar sein, d.h. von da sich zu mindestens zwei oder mehr Punkten verbinden lassen. Dabei muß die gedachte oder nachvollziehbare, direkte, gerade Linie zwischen den gewählten Punkten frei sein. Kein Material darf auf dem Original berührt werden. Tritt dieser Fall ein, dann kommt möglicherweise die Berührungsstelle oder deren nächste Umgebung für einen neuen Markierungspunkt in Frage.

Diese Tasterspitze ist über dreifache Kugelgelenke mit Hebelgestänge großzügig frei beweglich und in allen benötigten Postionen arretierbar. Das ganze Gestänge wiederum ist am Rahmen der Punktiermaschine in gebräuchlichen Positionen festsetzbar.

Ohne im erwähnten Kugelgelenk-Mechanismus etwas zu verändern, wird die ganze Punktiermaschine vom Original ausgehängt und in gleicher Stellung bei der Kopie eingehängt. Der Tasterstift wird nun vorsichtig in seiner Führung gegen den Modellblock vorgedrückt. Den gefundenen Punkt können Sie jetzt gleichlautend mit dem auf dem Modell markieren bzw. numerieren. Siehe Bild Nr. 1031.

Der Tasterstift hat sich jetzt nicht bis zum Anschlag seines Markierungsringes (Stellringes) einschieben lassen. Der Abstand (siehe Bild Nr. 51031) - und darauf kommt es an - der Abstand zwischen diesem Ring bis zu seinem Anschlag zeigt Ihnen, wieviel Holz Sie wegzuarbeiten haben um in gleicher Position den gesuchten Punkt zu finden. Voraussetzung für das Auffinden des korrekten Maßes ist und bleibt, daß Sie diesen Anschlagring (Stellring) zuvor bei der Festlegung des zu übertragenden Punktes am Modell bis zu seinem Anschlag gerückt hatten und festschraubten. Siehe Bild Nr. 1028.

Markieren Sie auf der Kopie jetzt den gefundenen Punkt - siehe Bild Nr. 1033 - und hängen Sie die Punktiermaschine wieder in ihre Postion auf dem Modell. Nun können Sie bei unveränderter Tasterposition auch zwischen der Spitze des Tasters und dem vorher ausgemachten Punkt auf dem Modell anhand des nun sichtbaren Abstandes die Tiefer erkennen, die Sie auf Ihrer Kopie erreichen sollen. Sie ist nachmeßbar und für Ihre Ausarbeitung zu verwerten. Siehe Bild Nr. 1033 und Nr. 1034.

Mit einem Zirkel können Sie auch direkt auf der immer noch unveränderten Tasterstange zwischen dem Markierungsring und seinem Anschlag das Tiefenmaß abnehmen. Auf einem Maßstab erkennen Sie die benötigte Ausarbeitungstiefe. Diese können Sie mit einem Hohleisen oder mit der Bohrmaschine ausarbeiten.

Wenn Sie einen "überragenden" Punkt vorbestimmt haben, können Sie zwecks Erleichterung der folgenden Arbeitsgänge die gesuchte Tiefe kanalförmig ausarbeiten wie z.B. auf den Fotos Nr. 1036 und 1037 klar ersichtlich. Zwischendrin - je nach Ihrem Erfahrungsstand - kontrollieren Sie von Zeit zu Zeit den Fortgang der Arbeit. Sie stellen dann jeweils fest, wieviel an der vorgesehenen Ausarbeitung noch fehlt. Siehe Bild Nr. 1035.

Auf den Bildern bis zur Nummer 1043 ist zu erkennen, wie durch Einarbeiten von quer verlaufenden Kanälen bzw. Kerben die ersten groben Umrisse der zukünftigen Kopie ausgearbeitet sind. Letztendlich ist es sehr einfach, zwischen den tiefsten Punkten dieser Kerben das überstehende Material abzutragen. Auf dem Bild Nr. 1043 ist dieses schraffiert vormarkiert. In ähnlichen Arbeitsvorgängen können Sie nach und nach rundum die erste Form ausarbeiten.

Auf den entstandenen Flächen kontrollieren Sie die Maße mit dem Zirkel nach. Siehe Bild Nr. 1041. Einzelne weitere grobe Maßvorgaben können Sie von Fall zu Fall schon mit dem Zirkel vom Modell abnehmen und auf die Kopie übertragen. Bei manchen Vor-Arbeiten sparen Sie sich somit Zeit im Vergleich zur relativ umständlichen Übertragungsarbeit mit der Punktiermaschine.

Vor jeder Maßübertragung bedenken Sie sehr konzentriert die Folgen des nächsten Schrittes. Ein gefundener Punkt am Ende einer Strecke oder eine Linie muß stets von einem anderen Punkt aus überprüfbar bzw. als korrekt nachweisbar sein. Drei Punkte, die beispielsweise von Erhebungen des Modelles abgenommen wurden, können auf der Kopie die Ausarbeitung einer ebenso dreieckig geformten Fläche sicherstellen. Ein vierter hinzugenommener Punkt soll bedeuten, daß auf diesem unregelmäßigen Viereck im Verlauf einer Linie zwischen zwei sich gegenüberliegenden Punkten eine dachähnliche Erhebung oder kerbenähnliche Vertiefung ausgearbeitet werden kann. So entstehen zwei nebeneinander liegende dreieckige Fläche auf unterschiedlichen Ebenen. Vertiefungen, auch gewisse Falten, können damit grob vorgeformt werden.

Je mehr Übung beim Ausarbeiten aus dem vollen Holz vorhanden ist, um so weniger braucht man die kleineren Details mit der Punktiermaschine zu markieren. Ebenso können Einzelheiten oder auch mehr oder weniger größere Partien durch Augenmaß vom Modell übernommen werden. In jedem Fall muß eine gute Praxis zum Fertigstellen von Rohlingen oder allgemein grob vorgearbeiteten Skulpturen vorhanden sein. Da das Modell aber stets in Reichweite bzw. Sichtweite ist, können ohne nun durch Abmarkieren mit der Punktiermaschine auch gröbere Partien durch Augenmaß und unter Zuhilfenahme eines Zirkels übernommen werden.

Ergänzend zu den mit der Punktiermaschine und dem Zirkel gefundenen Markierungen können Sie Profile und Kurven mittels entsprechend markierten, ausgeschnittenen und geformten Kartons übertragen. Siehe Bilder Nr. 1083 und Nr. 1084. Das gewünschte Profil wird zweckmäßigerweise wieder zwischen zwei zuvor mit der Punktiermaschine übertragenen bzw. vorher festgelegten Punkten ausgeformt.

Des öfteren sollte es möglich sein, ergänzend zu zwei bereits festgelgten Punkten - einer Linie oder auch einer Strecke - aus einer vorangegangenen Arbeit einen neuen Punkt anzupeilen, schließlich hinzubringen und dadurch eine neue gezielte Materialabtragung möglich zu machen. Das wäre im übrigen eine konsequente und rationelle Art zu arbeiten, wenn Sie stets auf bestehende Markierungen aufbauen könnten bzw. die vorhandene Vorarbeit als Ausgangspunkt für Ihren nächsten Arbeitsschritt nutzbar wäre. Doch leider ist das nicht immer der Fall und je nach Modellvorlage einmal mehr und ein anderes Mal weniger erfolgversprechend.

Anstatt mit einem geeigneten Schnitzbeitel einen gesuchten Punkt auf der Kopie freizuschneiden, können Sie selbstverständlich auch eine Bohrmaschine benutzen. Meist ist es dabei vorteilhaft, wenn diese zur Tiefenbegrenzung einen Anschlag besitzt. Doch auch dann sind Sie gehalten, den Verlauf der Bohrung entsprechend zu kontrollieren, damit Sie auf keinen Fall zu tief kommen. Führen Sie in die fertige Bohrung eine Bleistiftspitze ein und markieren Sie gut erkennbar die tiefste Stelle. Das bringt Erleichterung beim Abtragen des umliegenden Materials. Achtung: Der Bohrer muß in der gleichen Richtung im gleichen Winkel geführt werden wie der Tasterstift zum Original.

Es kommt vor, daß bei entsprechender Ausarbeitung einer Dreiecksmarkierung am Rand nicht in die Markierung einbezogenes Material stehen bleibt. In diesem Falle kann man auf der gleichen Ebene die ausgearbeitete Fläche über den Rand hinaus fortsetzen. Voraussetzung ist wieder eine eingehende Kontrolle am Modell ob diese Arbeit keine Fehler provoziert.

Grundsätzlich darf überhaupt keine Ausarbeitung rein blindschematisch gemäß den nun einmal gefundenen Punkten und Linien durchgeführt werden. Machen Sie das nur unter ständiger Beachtung des ja stets gegenwärtigen Modells mit seinen Eigenarten.

Bei Vertiefungen wie Falten beispielsweise wird selbstverständlich nur mit Annäherungswerten gearbeitet. Schließlich bedeutet dies schon eine feinere Ausarbeitungstechnik in Richtung Fertiggstellung der Kopie. Mathematisch präzise Proportions- und genaue Formenübertragungen sind nicht anzustreben. Diese Arbeiten sollen mehr vom Schönheitsempfinden für das gefällige Aussehen geleitet sein.

Letztendlich können aber meine gesamten Beschreibungen, Empfehlungen und die Weitergabe von Erfahrungswerten nur Theorie sein. Nur die praktischen Arbeiten damit werden die eigenen Möglichkeiten und auch Grenzen aufzeigen.

Mein Ratschlag:
Kommen Sie zu einem einwöchigen intensiven Schnitzkurs zu mir in meine Werkstätten (Übernachtungen im gleichen Hause). In gemeinsamer Arbeit können im fortlaufenden, wertvollen Gedankenaustausch innerhalb kürzester Zeit die Grundlagen für ein zukünftiges und erfolgreiches Arbeiten mit diesem Gerät gelegt werden. Fragen Sie über meine Verlagsanschrift nach näheren Einzelheiten.

Bild Nr. 1027

Bild Nr. 1028

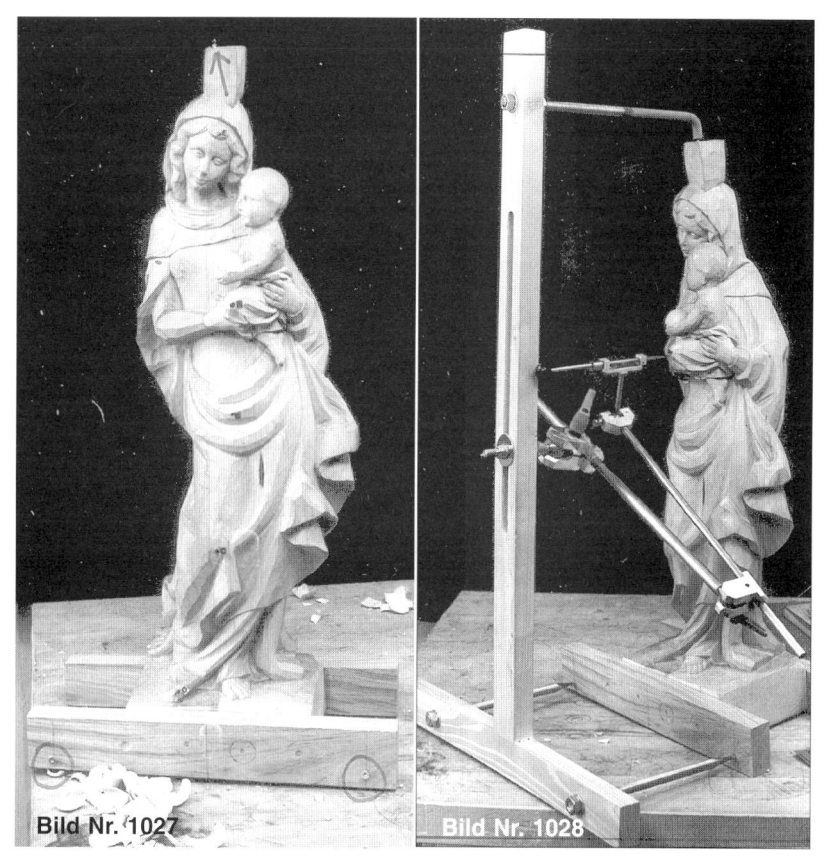

Zu Bild Nr. 1027
Im oberen Teil des Bildes ist die Stelle, an der die Punktiermaschine eingehängt wird, markiert.
Die beiden Kreise im unteren Teil des Bildes markieren die Schrauben, in denen die beiden Spitzen im Rahmen der Punktiermaschine einrasten.

Zu Bild Nr. 1028
Eine geeignete Stellung zur Festsetzung des Gestänges der Punktiermaschine über die Kugelgelenke wird gefunden. Die Tasternadel im mittleren Teil des Bildes annähernd waagrecht verlaufend - wird auf einen Punkt gedrückt, der am Modell vorne am weitesten überragt. In dieser Position wird der Stellring bis zum Anschlag herangeführt und festgeschraubt.

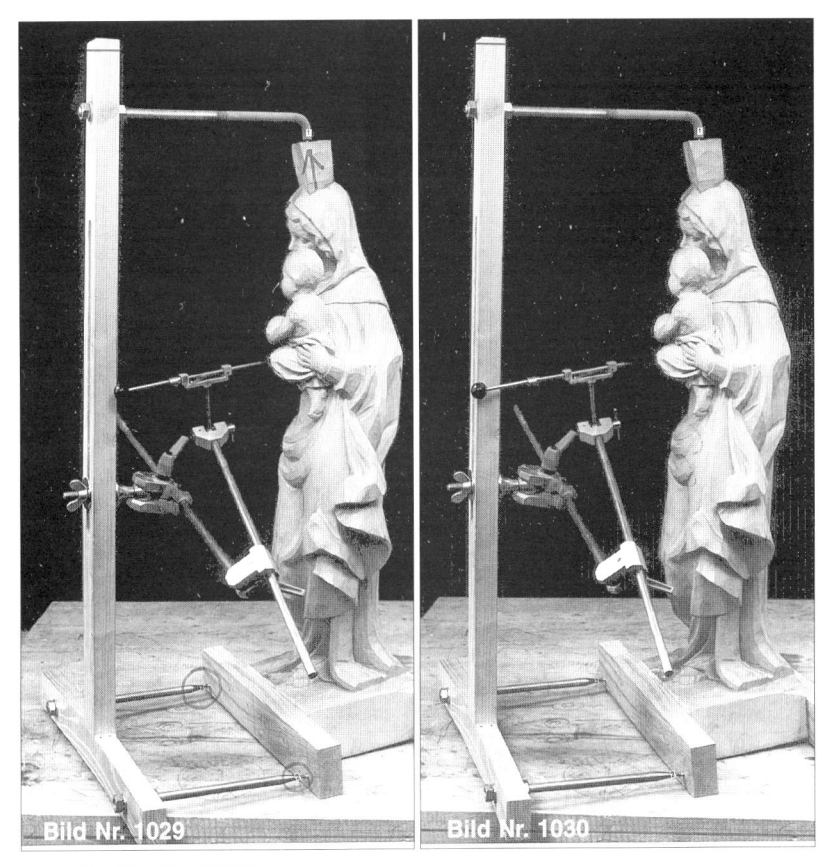

Zu Bild Nr. 1029
Die obere Stelle, an der die Punktiermaschine eingehängt ist, wird durch eine Nr. 1 kenntlich gemacht; ein Pfeil deutet darauf hin. Die unteren beiden Punkte, in denen Metallstifte einrasten, sind innerhalb von kleinen Kreisen mit den Ziffern 2 und 3 markiert.

Zu Bild Nr. 1030
Hier ist die Tasternadel - etwa in der Mitte des Bildes - soweit wie möglich zurückgezogen. Ein weiteres Herausziehen löst sie aus der Führung. Auf dem Bild ist klar erkennbar, daß zwischen dem Stellring und seinem vorherigen Anschlag ein Abstand entstanden ist, der gleich dem Abstand zwischen dem markierten Punkt auf dem Modell und der Spitze der Tasternadel ist. In dieser Position wird nun die gesamte Punktiermaschine auf den vorbereiteten Holzblock übertragen und auf ihm eingehängt.

Bild Nr. 1031

Bild Nr. 1032

Zu Bild Nr. 1031

Die Punktiermaschine ist nun auf dem vorbereiteten Holzblock in gleicher Weise wie beim Modell eingehängt. Durch einen Pfeil ist die obere Befestigung mit einer Nr. 1 markiert. In kleinen Kreisen sind die Rasterstellen am unteren Rande des Modelles mit der Nr. 2 und 3 markiert.

Der Tasterstift wird nun, bis zur Berührung mit dem Material der Kopie, vorgeschoben. Die Berührungsstelle selbst wird jetzt entsprechend mit dem Bleistift markiert und kann mit einer Nummer oder einem Buchstaben gekennzeichnet werden. Auf dem Foto ist dargestellt, wie ein Zeigestab den verbliebenen Abstand zwischen Stellring und Anschlag aufzeigt. Dieser Abstand kann nachgemessen werden. Er ist gleichlautend mit der Tiefe, die auf der Kopie ausgearbeitet werden muß, um auf die gleiche Höhe wie der vorher am Modell ausgemessene Punkt zu kommen.

Zu Bild Nr. 1032

Die vorgesehene kanalartige oder auch kerbenartige Vertiefung wird quer über die Kopie mit einem Anschlagwinkel markiert.

Zu Bild Nr. 1033

Auch in liegender Position kann auf der Kopie die Punktiermaschine eingehängt sein. Vorsicht gegen Verrutschen.

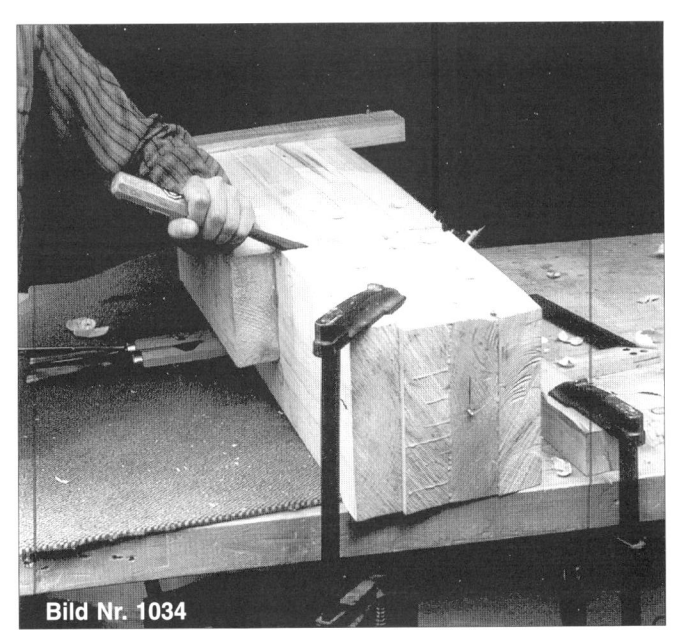

Bild Nr. 1033

Zu Bild Nr. 1034

Die Kerbe wird mit einem Hohleisen (Bohrer) gleichmäßig tief, quer zur Kopie ausgearbeitet.

Bild Nr. 1034

Zu Bild Nr. 1035

Die Ausarbeitung wird durch Einhängen der Punktiermaschine kontrolliert. Der Zeigestab weist auf den noch verbleibenden Abstand zwischen dem Stellring und Anschlag hin. Um diesen verbleibenden Abstand muß die Kerbe noch vertieft werden.

Bild Nr. 1035

Zu Bild Nr. 1036

Auf diesem Bild sind auf der Vorderseite des Modelles bereits mehrere Kerben und Vertiefungen ausgearbeitet. Sie entsprechen z.T. markanten Vertiefungen als auch am weitesten vorstehenden Teilen der Skulptur. Zwischen diesen Kerben wird nach der mit Bedacht aufgebrachten Schraffierung das Material mit einem breiten geraden Flacheisen abgetragen.

Bild Nr. 1036

Zu Bild Nr. 1037

Die Vertiefungen oder Kerben auf der Vorderseite sind auf ihrer gesamten Breite erkennbar.

Bild Nr. 1037

Zu Bild Nr. 1038
Ein breites Flacheisen bzw. Tiroler Eisen liegt für den Einsatz bereit.

Bild Nr. 1038

Zu Bild Nr. 1039

Das gerade, breite Flacheisen im Einsatz.

Bild Nr. 1039

Zu Bild Nr. 1040

Die Punkte, die zur Festlegung der quer über das Vorderteil der Kopie verlaufenden Kerben festgelegt wurde, werden überprüft. Das Maß wird mit dem Zirkel abgenommen und auf die Kopie übertragen.

Bild Nr. 1040

Zu Bild Nr. 1041

Das mit dem Zirkel auf dem Modell abgenommene Maß wird zwecks Kontrolle auf die Kopie übertragen.

Bild Nr. 1041

Zu Bild Nr. 1042

Herausragende Punkte auf der linken Seite der Skulptur werden auf die Kopie übertragen und ebenso wie auf der Frontpartie durch kerbenartige Ausarbeitungen eingestellt. So ist auf dem vorliegenden Bild der obere Punkt mit dem großen Buchstaben "G" und der zweite Punkt von oben mit dem großen Buchstaben "H" markiert.

Bild Nr. 1042

Zu Bild Nr. 1043

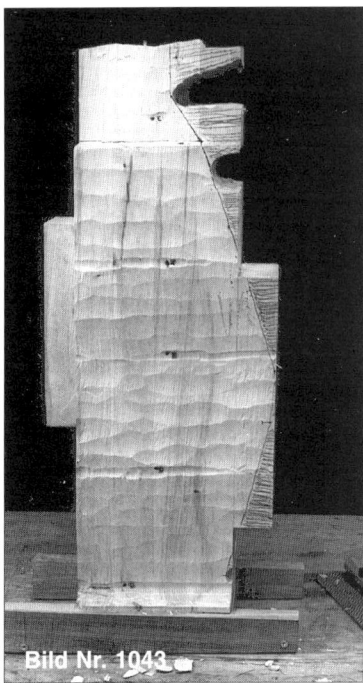

Die aufgefundenen und auf die Kopie übertragenen Punkte werden miteinander verbunden und ergeben so die grobe Silhouette der linken Modellseite.

Bild Nr. 1043

Zu Bild Nr. 1044
Wie die beiden vorangegangenen und größeren Arbeitsabschnitte werden auch auf der rechten Seite des Modelles markante Punkte auf die Kopie übertragen.

Bild Nr. 1044

Zu Bild Nr. 1045

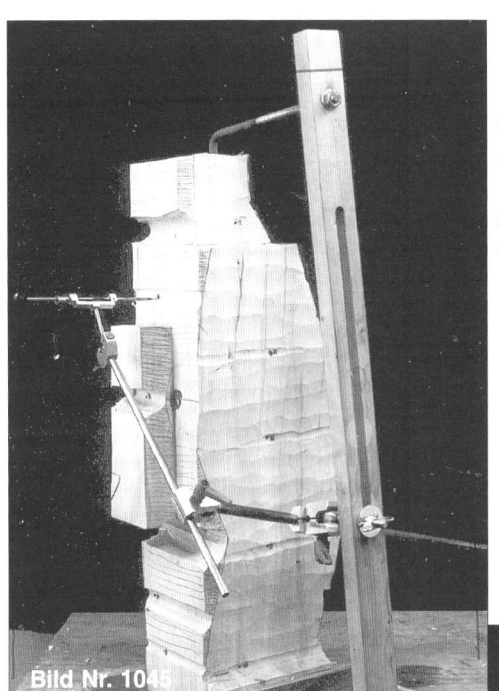

Die Punktiermaschine hat in der gleichen Position wie bei Bild Nr. 1044 den, von oben gesehen, zweiten Punkten markiert.

Bild Nr. 1045

Zu Bild Nr. 1046

Hier wird die Ausarbeitung einer geradlinigen Verbindung zwischen dem Punkt, der mit der Markierungsspitze angepeilt ist und der Kugel in den Händen des Kindes angedeutet.

Bild Nr. 1046

Zu Bild Nr. 1047

Eine Ausarbeitung gemäß der Vormarkierung auf Bild Nr. 20 hat stattgefunden. In ähnlicher Weise sind auf der rechten Seite von unten nach oben verschiedene Punkte festgelegt worden, die ein grobes, schräges Abtragen von Material erlauben. Das abzutragende Holz ist schwarz schraffiert. Achtung: Bevor mit dem Abtragen des Materials begonnen wird, mindestens eine zusätzliche Kontrolle machen, damit an keiner Stelle zuviel Material abgetragen werden kann.

Bild Nr. 1047

Zu Bild Nr.1048

Ein flaches, breites Tiroler Eisen im Einsatz.

Bild Nr. 1048

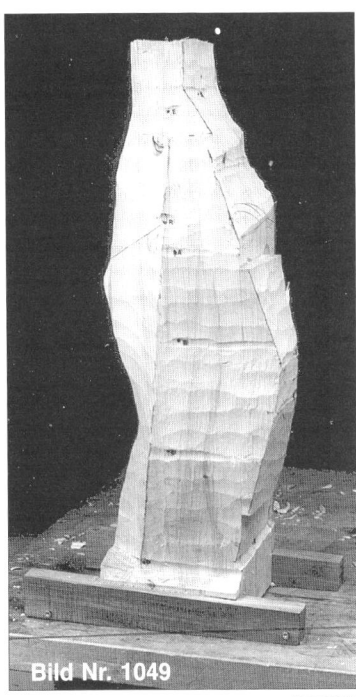

Zu Bild Nr. 1049

Der auf Bild Nr. 1048 schraffierte Teil ist entsprechend abgetragen.

Bild Nr. 1049

Zu Bild Nr. 1050

Wiederum werden zwei Punkte aufgesucht und übertragen zwischen denen schließlich eine kerbenähnliche Vertiefung ausgearbeitet wird. Auf dem Bild ist diese Verbindung mit dem Zeigestock zwischen einem weiß markierten Punkt und einem Platz Nr. 1 vorgeführt.

Bild Nr. 1050

Zu Bild Nr. 1051

Mit dem Zirkel wird die vorgesehene, auszuarbeitende Tiefe abgenommen.

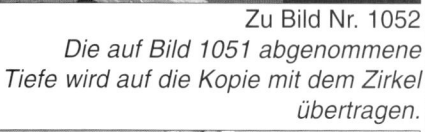

Zu Bild Nr. 1052
Die auf Bild 1051 abgenommene Tiefe wird auf die Kopie mit dem Zirkel übertragen.

Zu Bild Nr. 1053

Die auszuarbeitende dreieckige Form ist mit den Ziffern 1, 2 und 3 markiert.

Zu Bild Nr. 1054

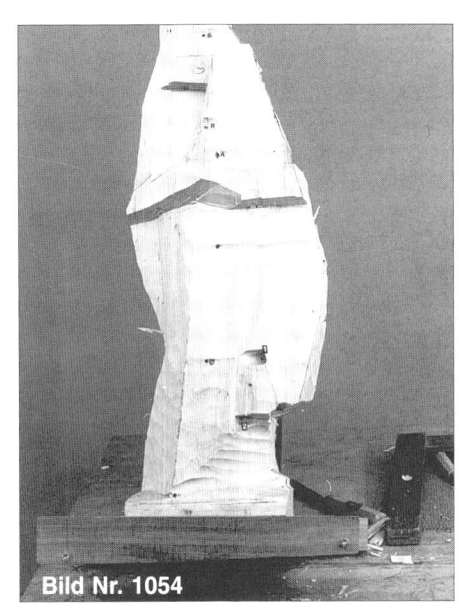

Die Ziffern 1 und 2 sind auf der Kopie klar erkennbar. Sie sind in ihrer Tiefe punktförmig ausgearbeitet und mit der Bleistiftspitze markiert.

Bild Nr. 1054

Zu Bild Nr. 1055-

Mit dem geeigneten Werkzeug, hier mit einem breiten Flacheisen, wird zwischen den drei übertragenen Punkten das Holz herausgearbeitet.

Bild Nr. 1055

343

Zu Bild Nr. 1056

Eine Tiefenmarkierung auf der Vorderseite der Skulptur ist festgelegt.

Bild Nr. 1056

Zu Bild Nr. 1057

Die auszuarbeitende Tiefe wird mit dem Zirkel abgenommen.

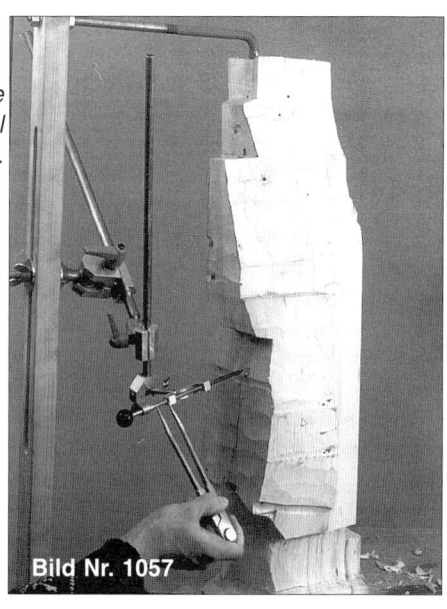

Bild Nr. 1057

Zu Bild Nr. 1058

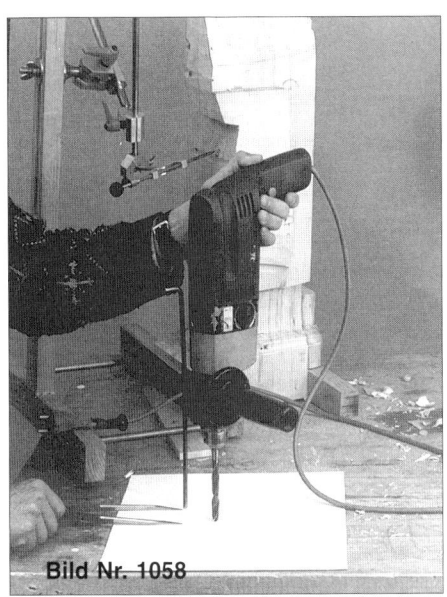

Eine Bohrmaschine wird senkrecht auf die Spitze eines eingespannten Bohrers festgestellt. Das vorher genommene Tiefenmaß wird auf den Tiefenbegrenzungsanschlag der Bohrmaschine übertragen. Der Abstand von der Tischplatte zu dieser Tiefenbegrenzung entspricht der auszuarbeitenden Tiefe des markierten Punktes.

Bild Nr. 1058

Zu Bild Nr. 1059

Die Bohrmaschine wird nun in gleicher Weise auf den markierten Punkt des Modells aufgesetzt. Das immer noch auf dem Zirkel eingestellte Tiefenmaß wird zwischen Anschlag der Bohrmaschine und der Oberfläche des Modells überprüft.

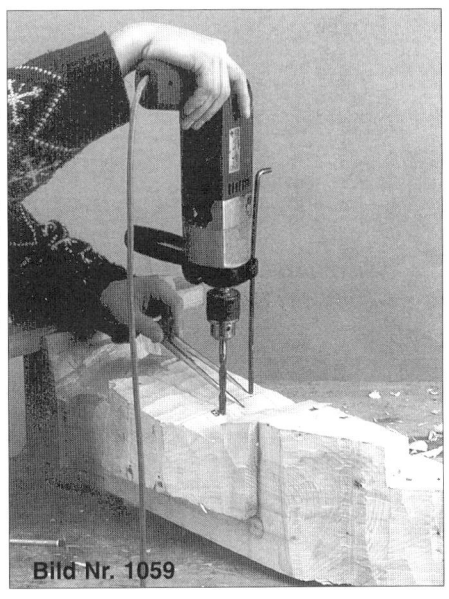

Bild Nr. 1059

Zu Bild Nr. 1060

Die Bohrmaschine muß in den gleichen Winkel gebracht werden wie der vorherige Verlauf der Markierungsnadel.

Bild Nr. 1060

Zu Bild Nr. 1061

Die Bohrmaschine bohrt in dem gefundenen Winkel. Eventuell dadurch entstehende Abweichungen in der Entfernung zum Anschlag müssen berücksichtigt werden.

Bild Nr. 1061

Zu Bild Nr. 1062

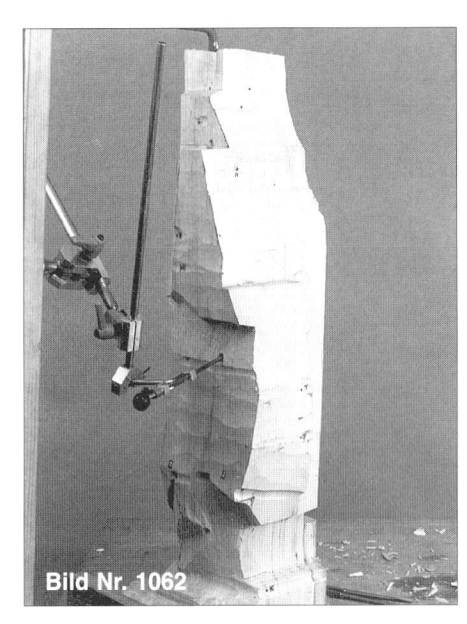

Die korrekte Lage und die einwandfreie Tiefe der ausgebohrten Markierungen gemäß den Bilden Nr. 1060 bis Nr. 1061 wird kontrolliert.

Bild Nr. 1062

Zu Bild Nr. 1063

Eine neue, dreieckförmige Vertiefung ist ausgewählt und wird mit den Ziffern 1,2, und 3 markiert.

Bild Nr. 1063

347

Zu Bild Nr. 1064

Die Punkte Nr. 1,2 und 3 sind gemäß der Markierung in ihrer Tiefe begrenzt ausgearbeitet. Die nun dazwischen auszuarbeitende Fläche ist schraffiert.

Bild Nr. 1064

Zu Bild Nr. 1065

Die auf diesem Bild vorgesehene Ausarbeitung wird zwischen den Ziffern 1,2 und 3 wieder markiert.

Bild Nr. 1065

Zu Bild Nr. 1066

Nach der Markierung auf Bild 1064 ist die abzutragende Holzfläche schraffiert.

Bild Nr. 1066

Zu Bild Nr. 1067

Hier werden vier Punkte übertragen. Der in der Mitte quer verlaufende Trennungsstrich trennt zwei ungleich große, unterschiedlich schraffierte Dreiecke und bedeutet gleichzeitig die tiefste Ausarbeitung zwischen den beiden Flächen.

Bild Nr. 1067

Zu Bild Nr. 1068

Die Ausarbeitung einer Gewandfalte wird zwischen den Nummern 1, 2 und 3 markiert.

Bild Nr. 1068

Zu Bild Nr. 1069

Bei der Nummer 1 ist bereits die erforderliche Tiefe durch Anbohren erreicht und markiert.

Bild Nr. 1069

Zu Bild Nr. 1070

Eine neue Markierung für die vorbereitenden Arbeiten zum Faltenwurf auf der linken Seite der Skulptur. Die vorausberechneten Tiefen wurden bei den Punkten 1, 2 und 3 ausgebohrt.

Zu Bild Nr. 1071

Die Bohrung wird angebracht.

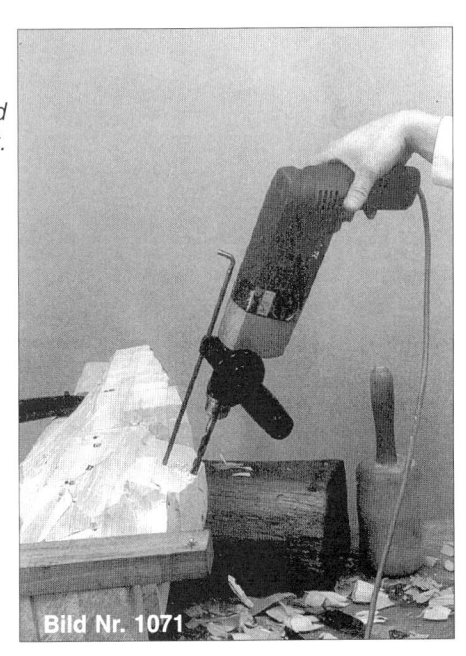

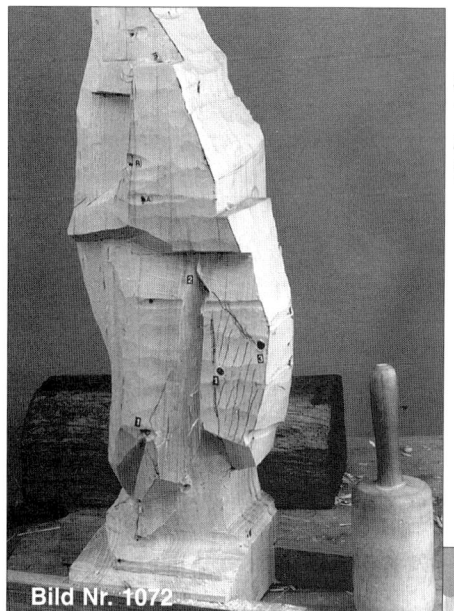

Zu Bild Nr. 1072
Der auszuarbeitende Teil ist schraffiert. Das über die Linie 1-3 überstehende Randmaterial wird in die Ausarbeitung mit einbezogen.

Bild Nr. 1072

Zu Bild Nr. 1073
Die Ausarbeitung des Faltenwurfes auf der linken Seite der Skulptur wird vorangebracht.

Bild Nr. 1073

Zu Bild Nr. 1074

Die Auffindung des markierten Punktes Nr. 2 erfordert die Anbringung einer Bohrung. Die Winkelstellung ist nun besonders empfindlich.

Bild Nr. 1074

Zu Bild Nr. 1075

Gemäß der Darstellung wird die tiefste Stelle einer Falte zwischen Punkt 2 und 3 gesucht. Die Bohrmaschine bringt schließlich wieder bis zur errechneten Tiefe eine Bohrung nieder.

Bild Nr. 1075

Zu Bild Nr. 1076
Die vorgesehene Kerbe, eine Vorbereitung für die Ausarbeitung des Faltenwurfes, wird in Richtung des Markierungspunktes Nr. 1 ausgearbeitet.

Bild Nr. 1076

Zu Bild Nr. 1077

Die Ausarbeitung der Falten auf der linken Seite der Skulptur wird fortgesetzt. Hier eine markierte Ausarbeitung zwischen den Ziffern 1, 2 und 3.

Bild Nr. 1077

Zu Bild Nr. 1078

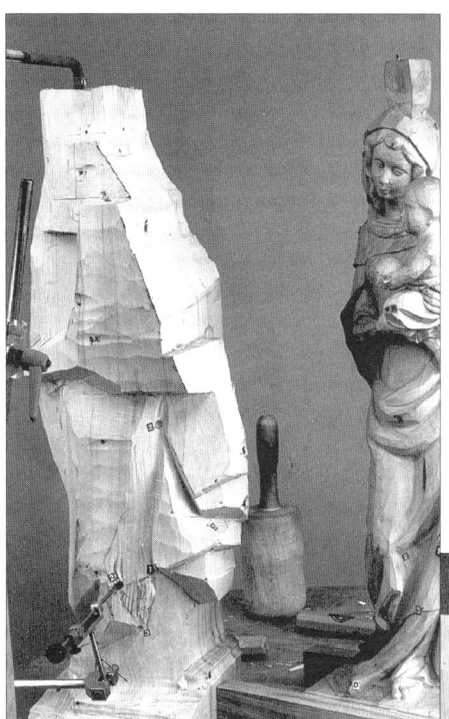

Auch bei diesem Bild wird eine weitere Ausarbeitung, diesmal auf der Vorderseite, für die Faltenwürfe gemacht.

Zu Bild Nr. 1079

Eine Vorarbeit für die weitere Ausarbeitung des Faltenwurfes auf der Vorderseite ist geleistet. Bei Punkt Nr. 1 wurde eine Tiefenbohrung angebracht.

355

Zu Bild Nr. 1080

Es haben sich bei der neuen Markierung zwei unterschiedlich große und geformte Dreiecke ausgebildet; einesteils zwischen den Ziffern 4,3 und 2 und andernteils zwischen 1, 4 und 3. Die Verbindungslinie zwischen der Ziffer 4 und 3 bedeutet gleichzeitig eine kerbenähnlich vertiefte Ausarbeitung. Die erforderliche Tiefe ist durch eine Bohrung bei Ziffer 4 bereits vormarkiert.

Bild Nr. 1080

Zu Bild Nr. 1081

Nun wird die Ausarbeitung einzelner Partien des Faltenwurfes auf der rechten Seite vorangebracht. Hier Tiefenbohrung zwischen den Nr. 1 und 2. Der Punkt 3 ist bereits bei den Vorbereitungsarbeiten festgelegt gewesen.

Bild Nr. 1081

Zu Bild Nr. 1082
Auch hier müssen wieder durch begrenzte Tiefenbohrungen Ausgangspunkte für die weitere vorbereitende Ausarbeitung des Faltenwurfes auf der rechten Seite der Skulptur gemacht werden.

Bild Nr. 1082

Zu Bild Nr. 1083

An präzis vormarkierten Punkten wird eine Schablone in Karton an die äußere Form des Gewandes auf der rechten Seite der Skulptur angepaßt.

Bild Nr. 1083

Zu Bild Nr. 1084

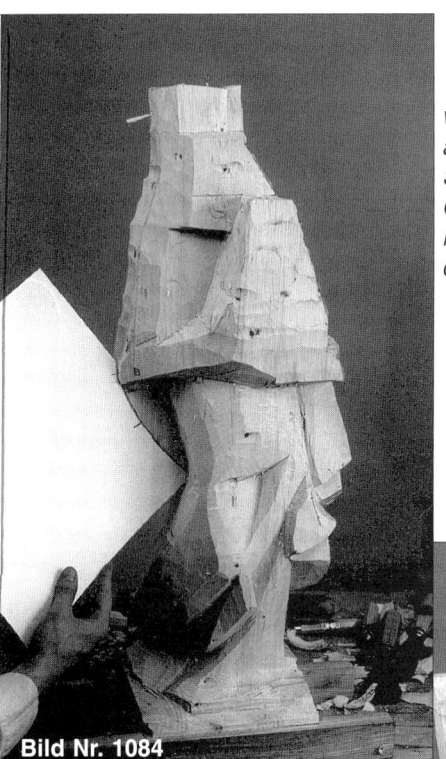

Die gleichen Bezugspunkte wie auf dem Modell werden auf der Kopie angebracht. Die Schablone mit der Form des Gewandes dient als Orientierungshilfe zur Ausarbeitung der zu übertragenden Form.

Bild Nr. 1084

Zu Bild Nr. 1085

Eine weitere großflächige, dreieckförmige Abtragung ist zwischen den Punkten 1 oben, 2 in der Mitte und 3 unten möglich. Die Tiefenbegrenzung wird bei Nr. 2 durch den Bohrer erreicht. Die Begrenzungen gemäß Ziffer 1 und 3 wurden bereits aufgefunden.

Bild Nr. 1085

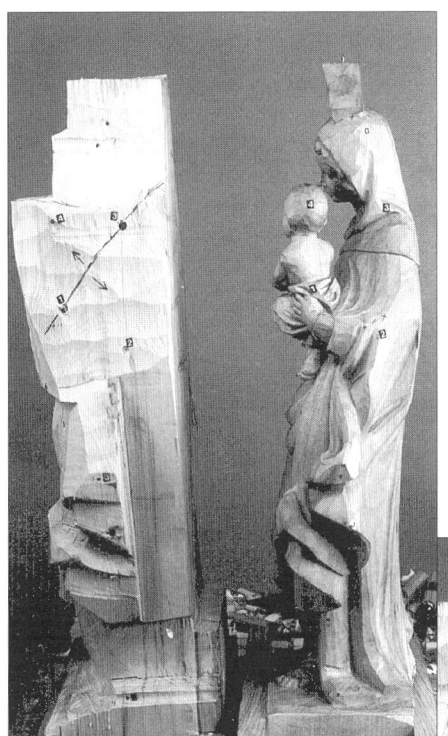

Zu Bild Nr. 1086

Auch hier haben wir zwei nebeneinanderliegende, dreieckige Flächen auszuarbeiten, die zwischen den Ziffern 1 und 3 gefunden sind. Auf dem Modell ist eine entsprechende Linie mit Richtungspfeilen angebracht. Die Linie zwischen 1 und 3 bedeutet die tiefste Ausarbeitung. Die Markierungspunkte 2 und 4 liegen dagegen wieder bedeutend höher.

Bild Nr. 1086

Zu Bild Nr. 1087

Eine markante Ausarbeitung ist zwischen den Ziffern 1,2 und 3 zwischen der rechten Brust, der Nase und der rechten Schulter vorgesehen. Die entsprechenden Tiefenmarkierungen werden mit der Maschine gebohrt.

Bild Nr. 1087

Zu Bild Nr. .1088

Das nächste Maß für die Weiterarbeit am Gesicht der Madonna wird mit dem Zirkel abgenommen. Es verläuft von der Nasenspitze zum Kinnrand.

Bild Nr. 1088

Zu Bild Nr. 1089

Das auf dem Bild 1088 mit dem Zirkel abgenommene Maß wird auf die Kopie übertragen.

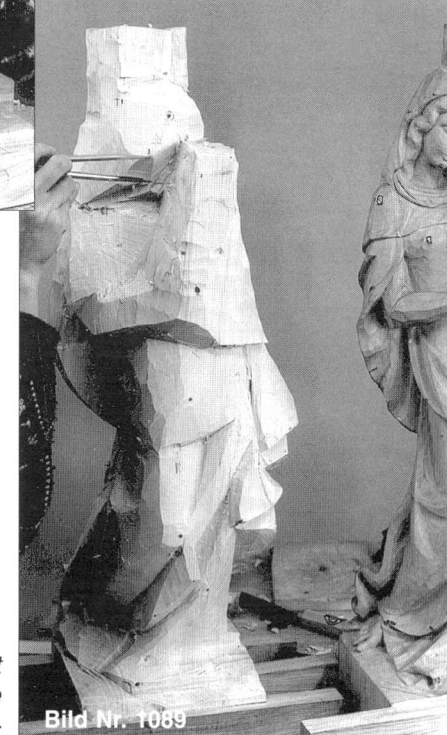

Bild Nr. 1089

Zu Bild Nr. 1090

Zur Vorbereitung der Ausarbeitung des Gesichtes für das Kind, werden zwischen den Ziffern 1, 2 und 3 Flächen angelegt. Sie entsprechen den markierten Punkten oberer Stirnansatz, Nasenspitze und Kinnspitze. Dadurch ist eine Art Silhouette des Gesichtsverlaufes ausgearbeitet.

Bild Nr. 1090

Zu Bild Nr. 1091

Der Durchbruch zwischen dem Kopf der Madonna und dem Kind wird vorbereitet. Dadurch werden z.T. von zwei Seiten die Markierungspunkte 1, 2 und 3 gefunden. Bei der Ziffer 3 ist eine Bohrung erforderlich.

Bild Nr. 1091

Zu Bild Nr. 1092

Die vormarkierten Trennungslinien zwischen den beiden Gesichtern werden ausgesägt. Zusätzliche Ausarbeitungen nach kleineren markierten Feldern sind im Brustbereich der Madonna und vor dem Kind erforderlich.

Zu Bild Nr. 1093

Die möglichen vorbereitenden und markierten Ausarbeitungen werden in immer kleineren Abschnitten erforderlich. Sie kommen immer näher an den Punkt, an dem Sie, gemäß Ihren Fähigkeiten ohne gezielte Flächenausarbeitungen die Skulptur mehr oder weniger frei gestalten können.

Zu Bild Nr. 1094

Bei der weiteren Ausgestaltung der Skulptur werden Sie nur noch von Fall zu Fall die kontrollierende Hilfe der übertragenden Tasternadel benötigen.

Teil 34

Die Modellgliederpuppe

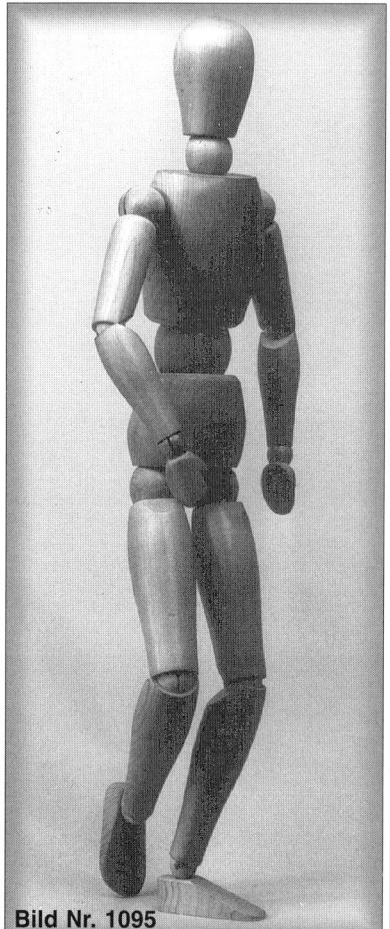

Die Modell-Glieder-Puppe ist eine wertvolle Hilfe für Studien, Planungen und während der Durchführung von Bildhauerarbeiten. Bewegungsstudien lassen sich in leicht faßbarer Weise vorgestalten. Die Proportionen sind einfach nachvollziehbar.

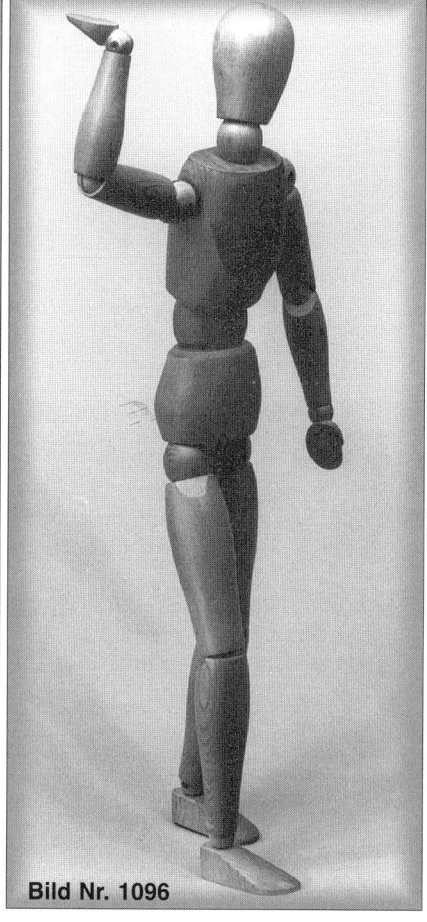

Bild Nr. 1095

Bild Nr. 1096

Bezugsquelle:
Über meine Verlagsanschrift.

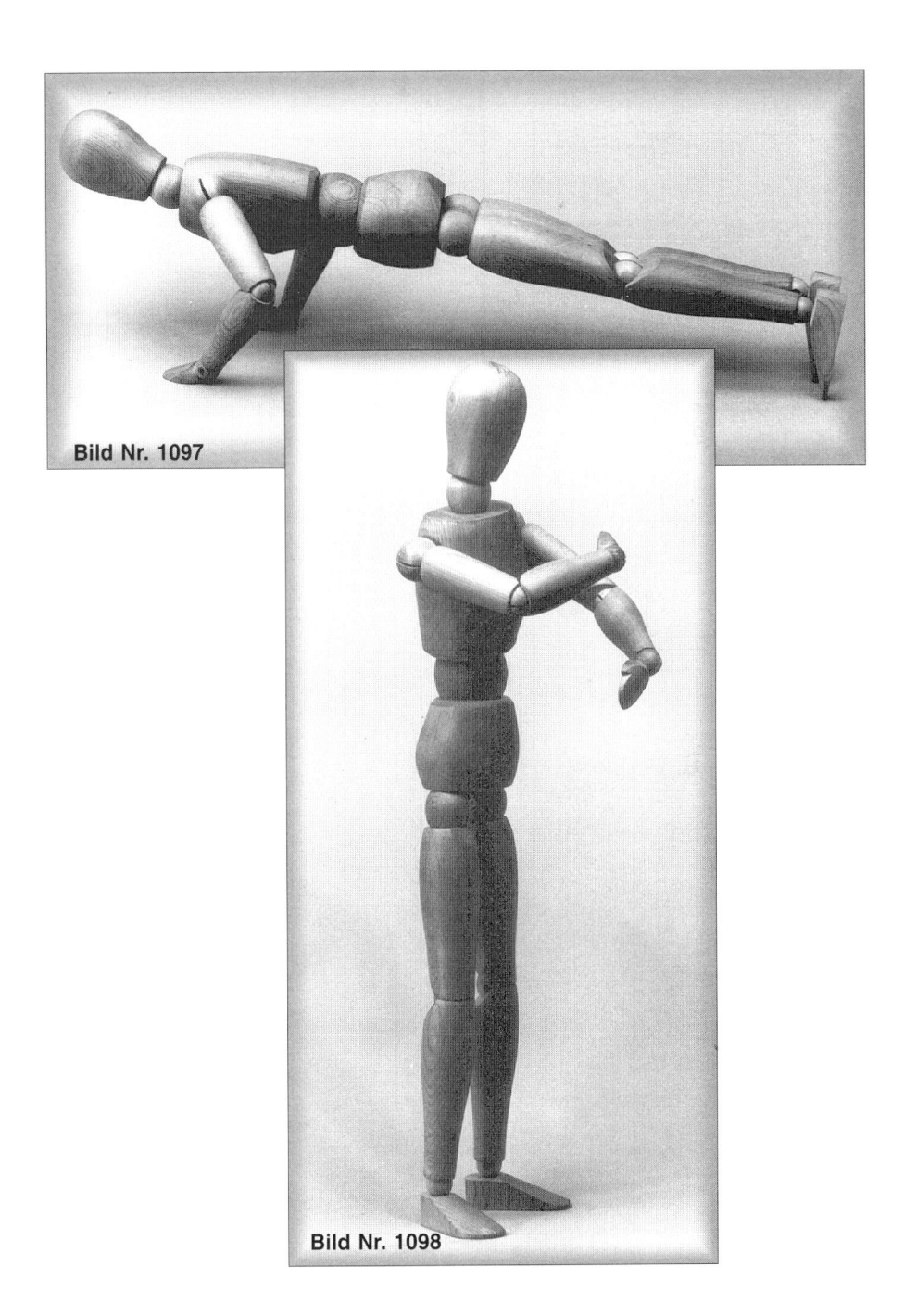

Bild Nr. 1097

Bild Nr. 1098

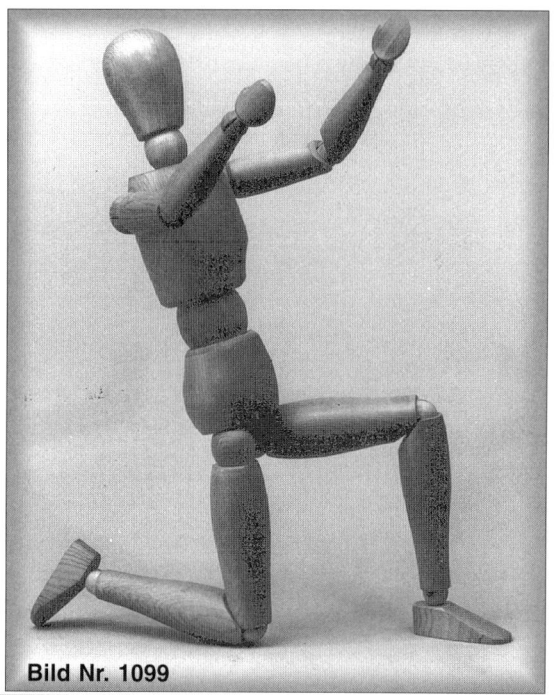

KOCH, Schnitzen, Meisterliche Übungen

Bild Nr. 1099

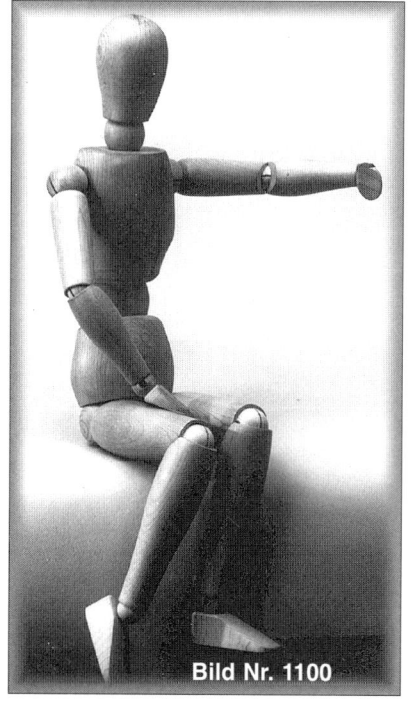

Bild Nr. 1100

Bild Nr. 1101

Bild Nr. 1102

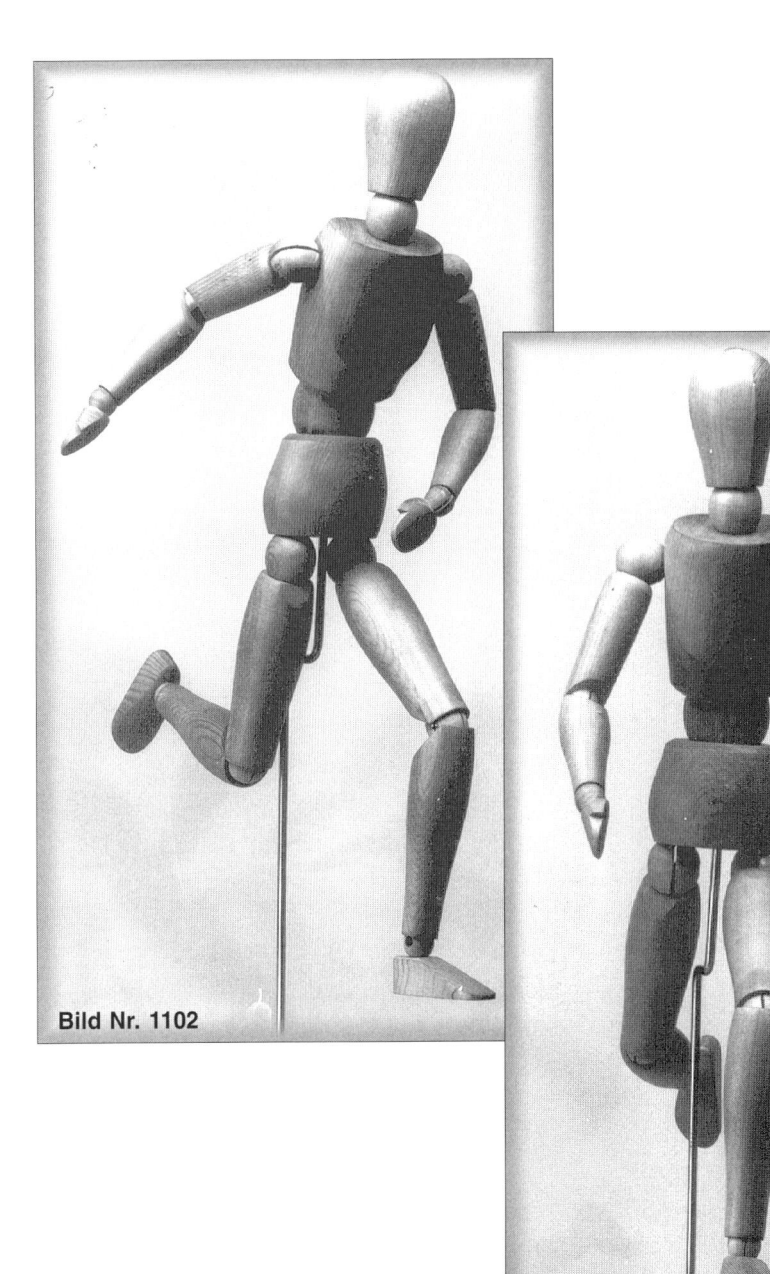

Bild Nr. 1103

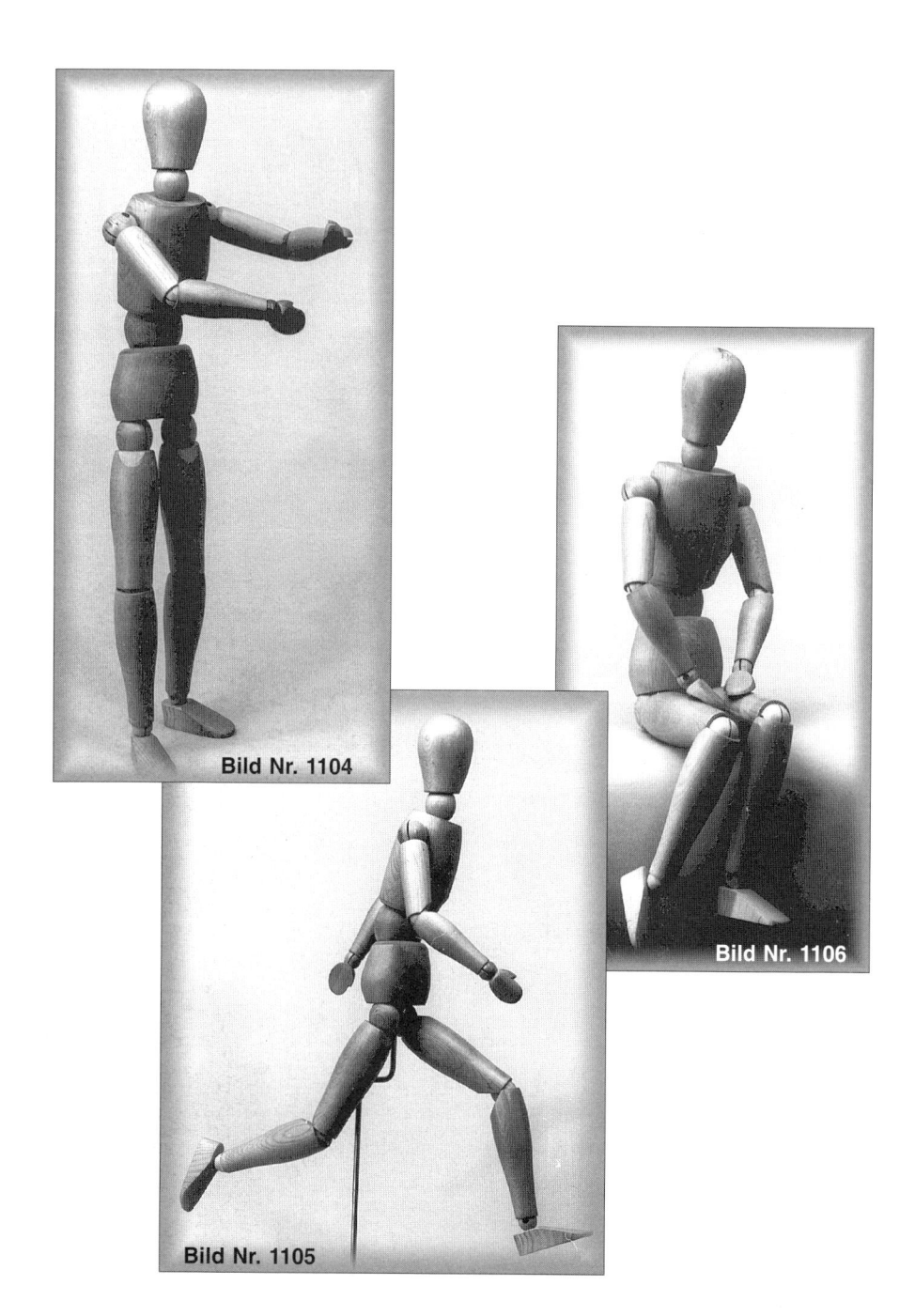

Bild Nr. 1104

Bild Nr. 1106

Bild Nr. 1105

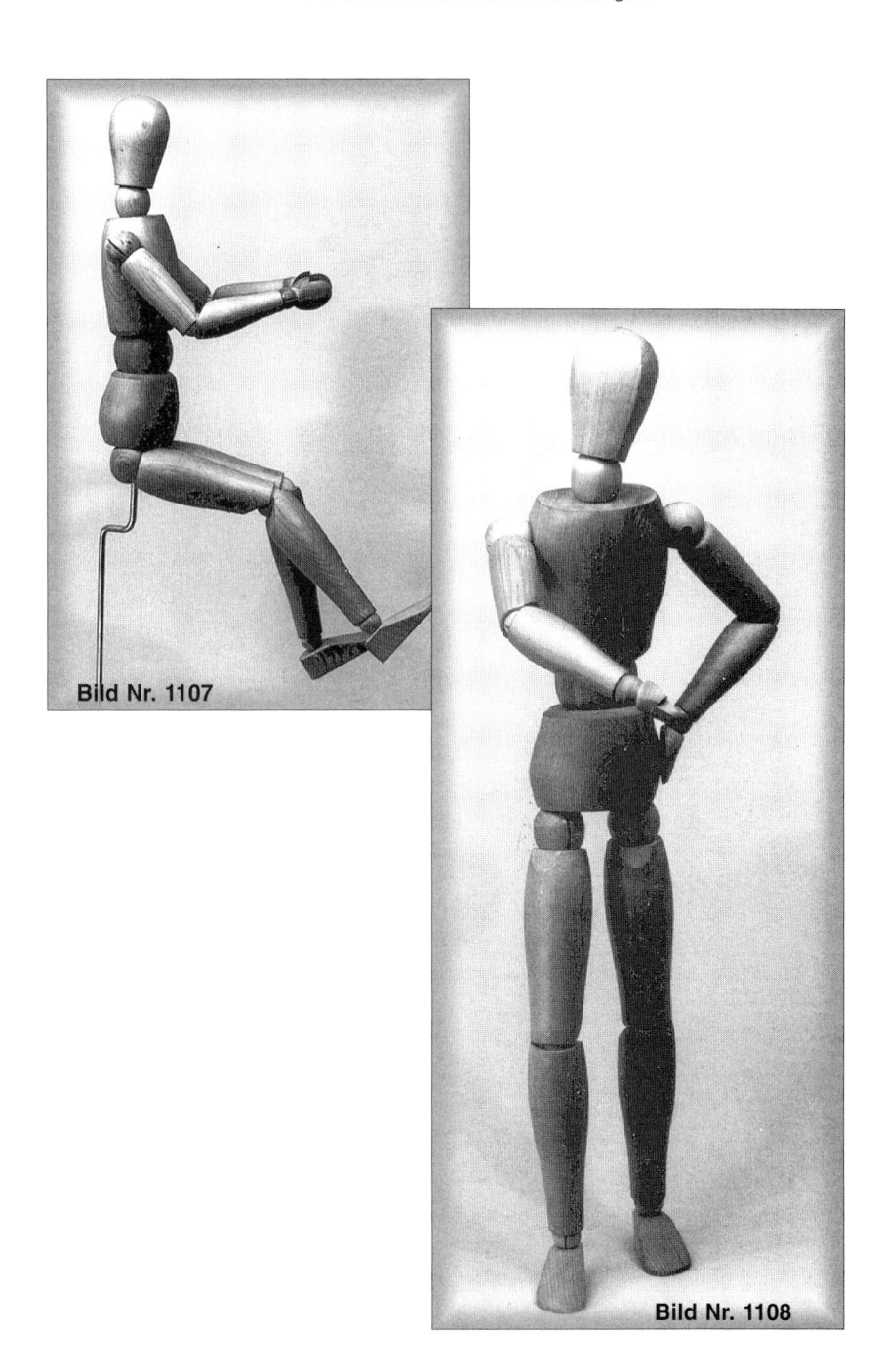

Bild Nr. 1107

Bild Nr. 1108

Teil 35

Eine Reliefarbeit <Der Holzschnitzer>

Reliefs schnitzen ist innerhalb der Holzschnitzerei ein Fachgebiet. Man sollte es sich nicht so einfach vorstellen, wie allgemein angenommen. Ich kann oft die Meinung hören, daß man ja mal mit <etwas Einfacherem>, nämlich dem Reliefschnitzen angefangen habe. Man wolle sich weiterbilden und mit Figurenschnitzen jetzt fortfahren.

Diese Methode ist ungeeignet systematisch solide und fundierte Schnitzkenntnisse aufzubauen. Wir sehen bei unseren Kursen immer mal wieder eine gewisse Frustration, wenn Kursteilnehmer im Glauben an die bereits erworbenen <Reliefschnitzkünste> nun <noch etwas verbessern oder zulegen> möchten. Fast immer muß ich raten zunächst einmal wieder von vorne anzufangen, die *Grundübungen* zu machen. Sicher, es geht dann schneller - meist schneller mit der Einarbeitung in das Figürliche. Gewisse, individuell unerwartete Schwierigkeiten bleiben aber fast immer.

Bei der Reliefschnitzerei müssen weitgehend andere Regeln eingehalten werden, wie sie bei der Figurenschnitzerei gelten. Sie ist auch nicht mit der Ornamentschnitzerei zu vergleichen, obwohl sich im Grenzbereich zwischen den beiden Fachrichtungen Überschneidungen ergeben. Diese können dann meist technischer Natur sein.

In meinen Ausgaben **<Das Schnitzer-Kolleg>** bringe ich eine Serie zum Einarbeiten und Üben von Reliefbildern. Zu Beginn sind Übungen in Geometrie, Zeichnungsübertragung und vor allem Übungen zur Perspektive und schließlich die richtigen Techniken angeboten. Ich rate Ihnen dringend zunächst die Grundbegriffe des Schnitzens im Figürlichen zu erwerben und dann zur Reliefschnitzerei überzugehen. Halten Sie sich dann an meine Vorgaben in den entsprechenden **<Schnitzer-Kollegs>**.

Verlangen Sie Informationen darüber von Ihrem Fachhändler oder direkt von meiner Verlagsanschrift.

Bild Nr. 1111 **Bild Nr. 1112**

Die Aufzeichnungen mit den Hilfslinien einmal von vorne und einmal leicht schräge Ansicht.

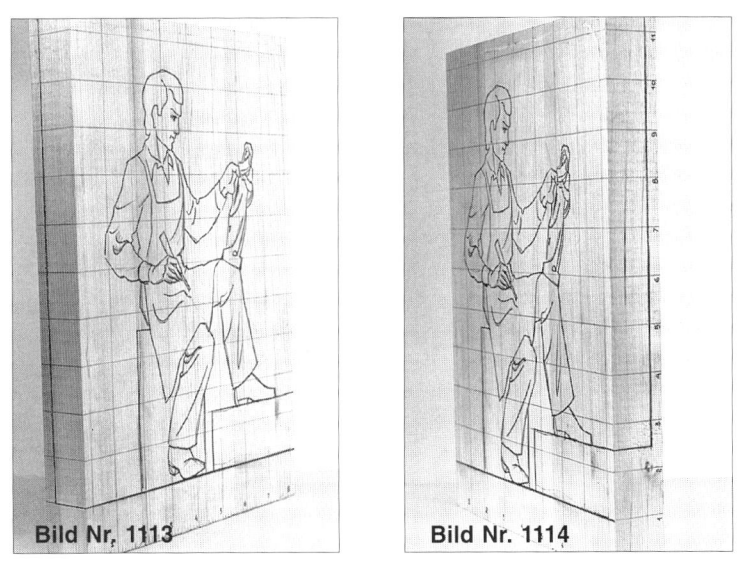

Bild Nr. 1113 **Bild Nr. 1114**

Die Hilfslinien werden auch auf dem seitlichen Rand zusammen mit der Tiefe der Ausarbeitungen aufgezeichnet.

Bild Nr. 1115

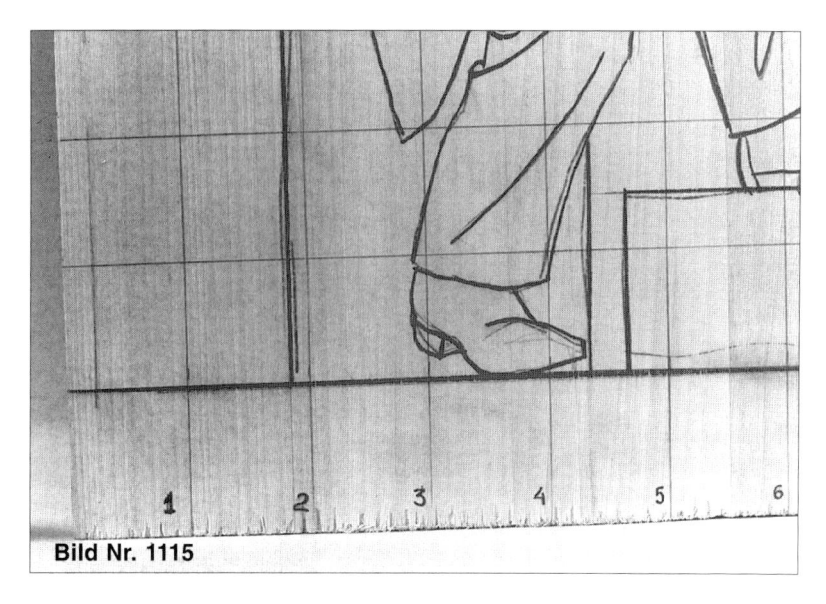

Eine Detailansicht mit den (hier horizontalen) numerierten Hilfslinien

Bild Nr. 1116

Die Tiefenmarkierungen und die über den Rand reichenden Hilfslinien sind klar erkennbar.

Bild Nr. 1117

Bild Nr. 1118

Verschiedene Ausarbeitungsschritte, wie sie Ihnen bereits aus dem **GRUNDKURS** bekannt sind.

Bild Nr. 1119

Bild Nr. 1120

Bild Nr. 1121

*Schritte der Ausarbeitung bis zur
Erreichung der Grundfläche*

Bild Nr. 1128
Bild Nr. 1129
Bild Nr. 1130

Die Umrandung des Motivs wird sauber, im rechten Winkel, bis auf die ebenfalls sauber strukturierte Grundfläche, ausgeschnitten.

Bild Nr. 1131
Bild Nr. 1132
Bild Nr. 1133

Markierungen der nächsten groben Ausarbeitungen.

Bild Nr. 1134
Bild Nr. 1135
Bild Nr. 1136

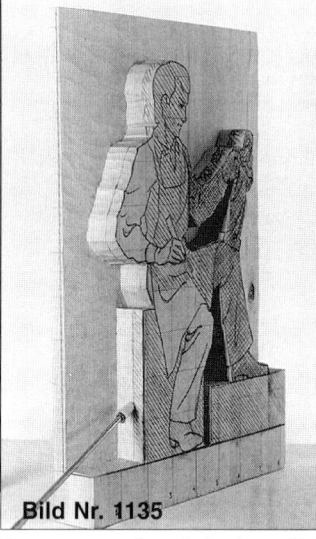

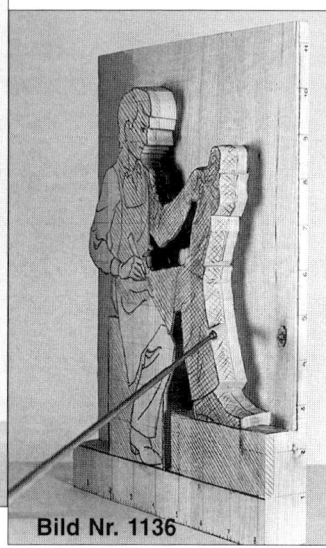

Die gleichen Markierungen nochmals in der seitlichen Ansicht. Zu sehen ist die genaue Tiefenmarkierung.

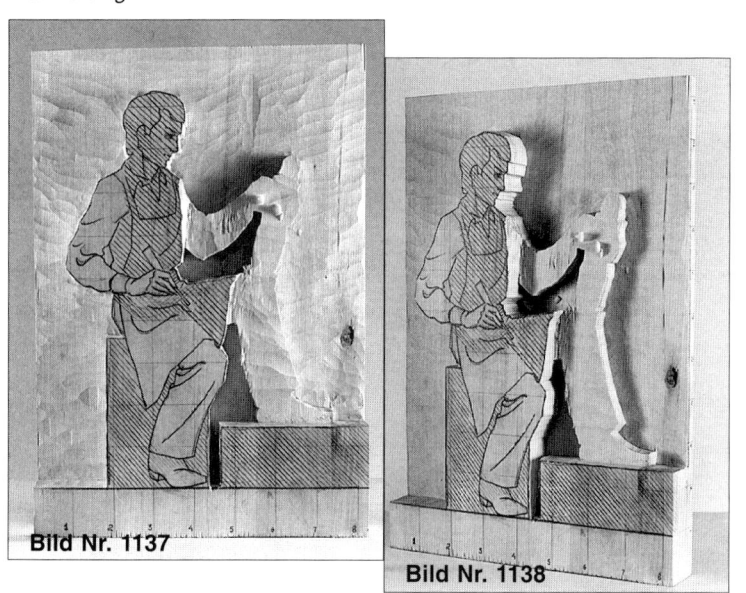

Bild Nr. 1137
Bild Nr. 1138

Eine Teilausarbeitung des vormarkierten Arbeitsschrittes.

Bild Nr. 1139   Bild Nr. 1140

Auf den vier Bildern ist die komplette Ausarbeitung des markierten Arbeitsschrittes zu sehen. Bemerkenswert ist die Ausarbeitung bis auf eine gleichmäßige Tiefe (der Ebene). Diese Technik ist Grundlage bei der Erstellung von Reliefs.

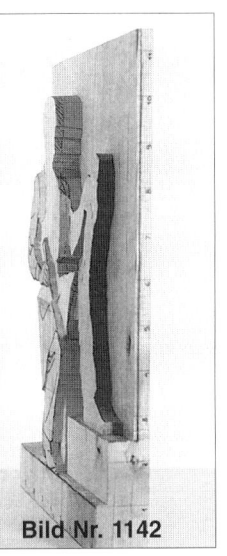

Bild Nr. 1141   Bild Nr. 1142

Bild Nr. 1143

Bild Nr. 1144

Die Markierungen der nächsten Arbeisschritte.

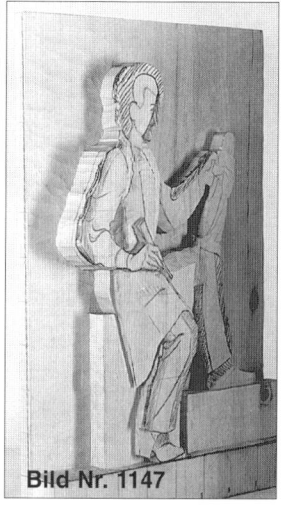

Bild Nr. 1145

Bild Nr. 1146

Bild Nr. 1147

Zusätzliche Einsicht auf die Tiefenmarkierung.

Bild Nr. 1148
Bild Nr. 1149
Bild Nr. 1150

Die Ausarbeitungen der einzelnen Markierungen.

Bild Nr. 1151

Die <Arbeit> des Holzbildhauers ist markiert.

Bild Nr. 1152
Bild Nr. 1153
Bild Nr. 1154

Die <Arbeit> ist grob geformt.

Bild Nr. 1155
Bild Nr. 1156

Die Schnitzerhand ist markiert.

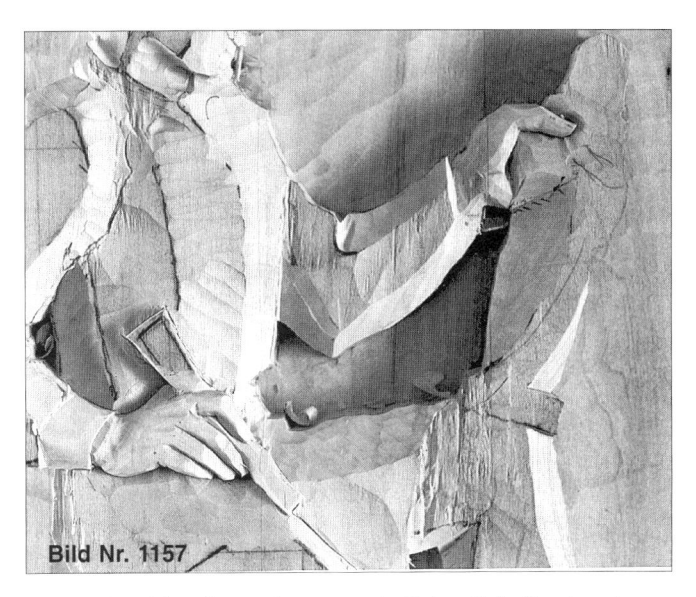

Detailansicht der grob ausgearbeiteten Schnitzerhand.

Markierung der Kopfpartie.

Bild Nr. 1159 Bild Nr. 1160

Grobe Vorarbeiten am Kopf.

Bild Nr. 1161

Markierungen an den Beinen.

Bild Nr. 1162

Ausarbeitungen und Detailansicht auf den Bildern 1162 und 1163.

Markierungen im Bereich der Körperbekleidung.

Bild Nr. 1165

Ansichten der Ausarbeitung bei der Körperbekleidung.

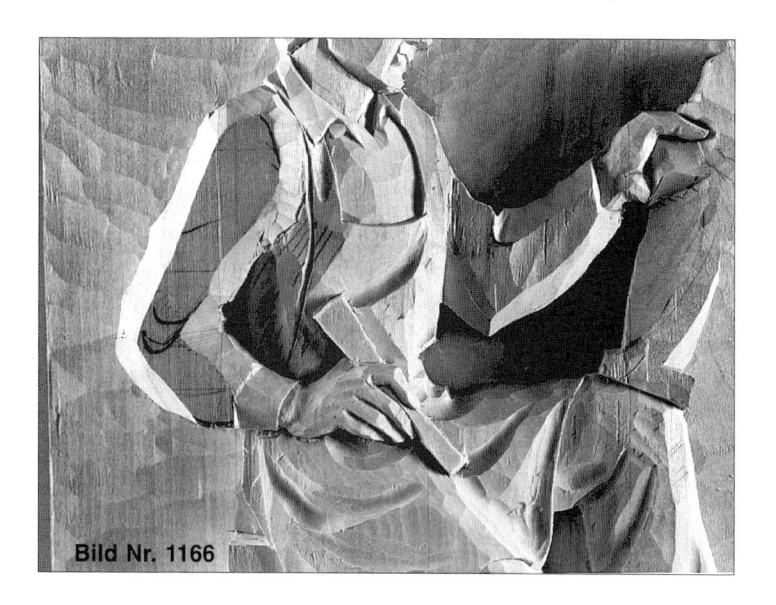

Bild Nr. 1166

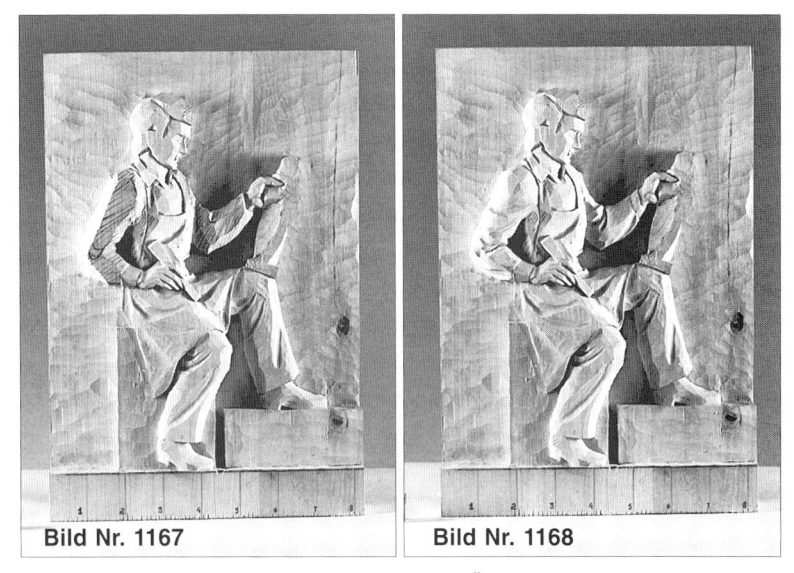

Bild Nr. 1167

Bild Nr. 1168

Markierung und Ausarbeitung bei den Ärmeln.

Bild Nr. 1169

Bild Nr. 1170

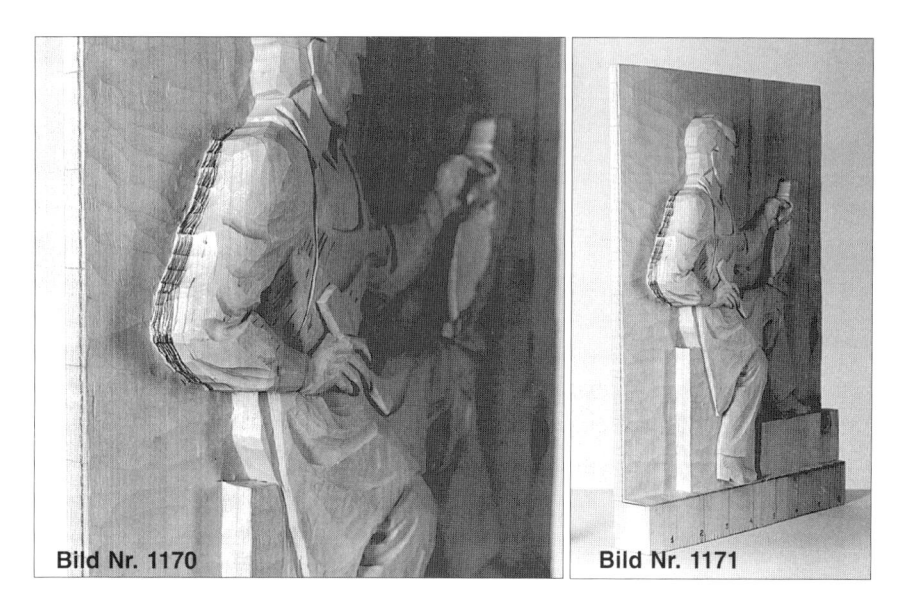

Bild Nr. 1171

*Eine Hinterschneidung ist auf 1170 und 1171 markiert.
Bei Bild 1172 ist die fertige Hinterschneidung erkennbar.*

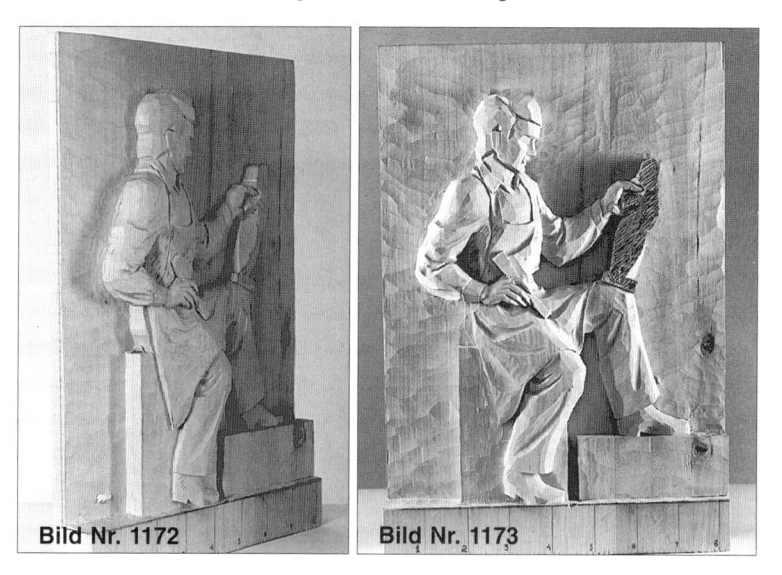

Bild Nr. 1172

Bild Nr. 1173

Bild Nr. 1174

Noch einmal wird die <ARBEIT> des Schnitzers in Details markiert und schließlich bis zum Zustand eines Rohlings fertiggestellt.

Bild Nr. 1175   Bild Nr. 1176

Jetzt steht das Fertigschnitzen in den Details an.

387

Teil 36
EINE REPARATUR WIRD FÄLLIG:

36.1 Methoden - Vor- und Nachteile.
Schäden an der Schnitzarbeit können vielfältige Ursachen haben. Ärgerlich sind sie allemal. Eine Beseitigung oder Reparatur durch Nacharbeiten wird angestrebt, aber selten absolut zufriedenstellend erreicht. Auch ein Restaurator als "alter Hase" kann da manchmal seine Probleme haben. Darüber hinaus behandelt so mancher unserer "lieben Kollegen" diese Kunst nach Art eines "Staatsgeheimnisses". Von hier aus einige Tips.

Zunächst kommt es auf die Natur des Schadens bzw. des Fehlers an und auf seine Lage. Entsprechend entscheiden Sie über Verwendung von Reparaturmitteln und die Anwendung der geeigneten Technik.

36.2 Schaden- und Fehlererkennung.
Zunächst sollten wir uns auf den Begriff "Fehler" einigen, obwohl oder gerade weil beispielsweise ein Ästchen nicht unbedingt ein Fehler sein muß. Dies kann an geeigneter Stelle regelrecht zu einer Wertsteigerung beitragen, wenn es als Garantie für die verwendete Holzart oder von der Verwendung von Holz als Grundstoff überhaupt Zeugnis ablegt. Andererseits kann das kleinste Ästchen nicht mehr als Bereicherung dienen, wenn es ausgerechnet im Auge sichtbar wird. So gesehen kann jedes natürliche Zeichen des Holzes "wie es gewachsen ist" zum Ärgernis werden, "taucht es an ungeeigneter Stelle" auf.

Gerade das "Auftauchen" gilt bei Lindenholz als recht treffender Vergleich. Schließlich kann man mit diesem schönen Holz tatsächlich seinen Kummer bekommen, wenn es darum geht, einen wahrscheinlichen Schaden frühzeitig zu erkennen oder gar nur vorauszuahnen. Über eine Vernarbung wächst in der Regel das neue Holz so gleichförmig weiter, als wäre nie eine Ursache zur Vernarbung gewesen. Nur direkt neben oder beim Schaden ist die Narbenstruktur erkennbar. Die Anzeichen als Hinweise auf einen möglicherweise zutage tretenden Schaden sind bescheiden bis unsichtbar.

Beim lebhaft strukturierten Holz mit Maserungen und Färbungen dagegen ist es relativ einfach, einen verborgenen Schaden zu erkennen. Die umliegende Gewebestruktur ist auch in einer Entfernung bis zu mehreren Zentimetern im Holz noch derart verändert, daß ein Rückschluß auf den "Inhalt" und das Ausmaß des Schadens zulässig, ja geradezu geboten und herausgefordert wird.

36.3 Der Ast: Ein Fehler?

Der häufigste vorkommende "Fehler" ist das Ästchen oder gar der Ast. Er ist eben natürlicher Bestandteil des Holzes. Ohne Zweige, Ästchen und Äste hätte das Holz ja gar nicht entstehen können. Doch zweierlei ist dabei zu unterscheiden: 1. der ausgetrocknete, bereits abgestorbene Asteinschluß und 2. jener, der im Augenblick des Fällens des Baumes noch Saft führend, noch frisch - lebendig mit dem Baum verbunden war. Der ausgetrocknete Asteinschluß ist immer ein Ärgernis. Er ist deutlich verfärbt und hat sich durchweg von seiner Umgebung gelöst bzw. wird dies mit Sicherheit tun.

Beim Ast - Ästchen oder Zweig - gibt es große Unterschiede. Das Unangenehme das alle verbindet, ist oft eine vergrößerte und verfärbte Markröhre. Ein größerer, dickerer Asteinschluß gibt Anlaß zur Sorge, da er sich im Laufe der Zeit im fortschreitenden Trocknungsprozeß bzw. durch das Arbeiten des Holzes allgemein, teilweise oder gar ganz in seinem Sitz löst. Eine Reparatur ist durchweg erforderlich. Beim kleineren "Gebilde" wird oftmals die Entscheidung: Reparatur oder belassen - schwer.

Weitere Fehlerquellen - die nun tatsächliche Fehler sind und daher regelmäßig der Ausbesserung bedürfen - können u.a. sein: Geschosse, Granatsplitter, Nägel, Steinchen, Holzwurmkanäle , Risse u.a. Bei den Rissen werden Sie hauptsächlich, ihrer Entstehungsgeschichte nach, zwei unterscheiden. Der Spannungsabhängige stellt sich nach dem Verleimen und nach der Verarbeitung ein.

Der andere ist vor dem Zuschneiden meist erkennbar; aber eben nur meist und nicht immer erkennbar. Er verdankt seine Entstehung mangelnder Sachkenntnis oder Aufmerksamkeit der Holzfäller. Der Stamm fällt mit seiner ganzen Wucht beispielsweise auf eine Bodenunebenheit oder quer auf bereits liegende Stämme. Dies hat in der Regel zur Folge, daß er sprungfederhafte Bewegungen durchmacht, bevor er in ruhige Lage kommt. Der Länge nach in unberechenbarem und unbestimmtem Ausmaß erfährt er innerliche Verletzungen in der Art von Rissen. Bei den anschließenden Bewegungen durch Transport oder Sägewerkarbeiten können solche Risse vergrößert werden oder zusätzliche Feuchtigkeit mit Pilzbefall aufnehmen. Dann werden sie durchweg beim Zuschneiden erkennbar. Solche Stücke werden ausgesondert. Andere derartige Risse können unsichtbar und dadurch so lange unerkannt bleiben, bis sie im Verbund der verleimten Stücke irgendwann ihr wahres Gesicht zeigen und eine Reparatur erforderlich machen.

36.4 Das Einpassen eines Ersatzholzes.

Beim nachstehend beschriebenen Reparatur-Beispiel gehen wir zunächst von einem Schaden aus, der durch Einpassen eines Ersatzstückes Holz behoben werden soll. Die Frage nach der Art und Weise wie ein Teil Holz ersetzt werden soll, entscheidet der zur Lösung anstehende Fall selbst vorrangig. Da ist zunächst die besondere Lage der auszubessernden Stelle, der Holzverlauf, die nachträglich zu leistende Anpassungsarbeit u.ä. mit vorentscheidend. In jedem Falle muß der Holzfaserverlauf streng beachtet werden. In Frage kommen zudem nur Ersatzstücke, die in Farbe, Dichte, Feuchtigkeitsgrad und in der Dicke der Jahresringe möglichst identisch mit der zukünftigen Umgebung sind. Jede - absolut jede Abweichung wird sichtbar werden und bleiben. Dies nicht zuletzt auch deshalb, weil der Faserverlauf besonders in der näheren Umgebung eines Astes unregelmäßig und dichter verläuft. Ein eingepaßtes Stück hebt sich schon durch seine vergleichsweise Regelmäßigkeit ab.

Eine Möglichkeit wäre, durch einen Astlochbohrer die schadhafte Stelle anzubohren und durch eine Art Pfropfen wieder zu verschließen. Der Vorteil dieser Methode ist, daß man auch - nach Austrocknen der jeweiligen Leimstelle - mehrere Löcher nebeneinander oder auch ineinandergreifend setzen kann, um eine größere Fläche abzudecken als der Astlochbohrer ausbohren kann. Der Nachteil ist, daß das Ersatzstück, ganz gleich wie geschickt Sie es auch anstellen, mehr oder weniger auffällig ist, aber immer als Ausbesserung markant sichtbar bleibt.

Um zunächst aber einmal eine saubere Bohrung zu erhalten, müssen Sie sich, angepaßt an die Örtlichkeit der vorgesehenen Bohrung, eine Führungs-Schablone für den Bohrer machen. Diese muß über dem vorgesehenen Platz unverrückbar festgespannt sein, damit beim Bohreransatz kein Verrutschen bzw. Verschieben stattfindet und dadurch das Umfeld beschädigt werden kann.

Ein zweiter Bohrer entnimmt dann dem ausgesuchten, gleichartigen Holz eine Art Pfropfen. Er muß mit festem Sitz in das ausgebohrte Loch passen. Nach der Leimauftragung wird er unter Druck eingetrieben. Wegen einer tiefergehenden Beschädigung der Holzstruktur schlagen Sie nicht mit dem Metallhammer auf; legen Sie zumindest ein Stück Holz dazwischen.

Nachträglich weniger auffällig ist die Einpassung eines geometrisch ausgeformten Ersatzstückes. Es kann zunächst die Form einer stumpfen Pyramide mit dreieckigem oder viereckigem Grundriß haben. Entsprechend der Form der ausgeschnitzten Schadstelle wird das Ersatzstück geschnitzt eingepaßt. Die Neigungswinkel der Pyramidenflanken sind dabei leicht stumpfer als der Einschnitt an der Reparaturstelle. Dadurch ist sichergestellt, daß die Ränder dicht werden, keine offen sichtbaren Fugen übrigbleiben.

Freilich wird man mit diesem System ausgebesserte Stellen nur unter Aufbietung allergrößter Sorgfalt in allen relevanten Phasen der Reparatur unsichtbar gestalten können. Doch auch bei praktisch identischem Ersatz-Holz-Stück kann eine unterschiedliche Beiztönung den "Flicken" verraten. Durch den Eindruck der "Pyramide" verdichtet sich die Holzstruktur und kann dann nicht hundertprozentig genauso reagieren wie das Umfeld.

Das Einleimen kann oft ebenso Schwierigkeiten durch die besondere Lage der auszubessernden Stelle hervorbringen. Daher eingangs mein Hinweis, daß auch gerade die Lage eine Vorentscheidung über die Reparaturart mitbestimmt. Oft sehen Sie sich innerhalb Ihrer technisch-räumlichen Möglichkeiten gezwungen, eine besondere Vorrichtung zum Halten, Führen, Pressen und Einzwingen zu bauen. Der Druck muß beim Einleimen in jedem Fall konstant, entsprechend der Reparaturstellengröße kräftig, unverrückbar und gezielt wirken.

An dafür geeigneten Stellen können Sie eine Art Schiebekeil einpassen. Am Beispiel eines Beines ist es deutlich zu machen. Sägen Sie außerhalb des zu beseitigenden Schadens bis zur Schadenstiefe quer zum Bein, beispielsweise mit einer Gehrungssäge, ein. Schneiden Sie anschließend mit einem Balleisen oder dem geraden Stechbeitel schräg den Schaden in Richtung getätigtem Einschnitt aus. Die Fläche wird sauber, eben, bis zum Auftreffen auf den Einschnitt, ausgeschnitzt. Eine leichte Konkavität der Fläche ist qualitätsverbessernd.

Zur Größe der ausgearbeiteten Stelle passend - selbstredend auch in gleichrangigem Holz - wird ein rechteckiger, gleichmäßig dicker Streifen oder ein Plättchen vorbereitet, aufgelegt und aufgedrückt. Durch kleine Hammerschläge wird nun der Teil gegen die senkrecht eingesägte Stelle getrieben. Um darum herum einen sauberen, dichten Abschluß zu bekommen, sägt man wieder mit aller Vorsicht an der gleichen Stelle ein. Anschließend treibt man wieder mit angepaßten Hammerschlägen das Reparaturstück in Kontakt zum Einschnitt. Sie können diese Vorgänge mehrer Male wiederholen bis rundum ein sauberer, zufriedenstellender Abschluß erreicht ist. Markieren Sie den Sitz zur Sicherung gegen seitliches Verschieben und leimen Sie anschließend, indem Sie den Aufsatz - den Schiebekeil - fest an seinen Platz treiben.

Leimspuren und Leimreste müssen immer sehr sorgfältig beseitigt werden. Durch Anfeuchten, wie dies bei einem anschließenden Beizvorgang geschieht, erfährt der handelsübliche Kaltleim oder Weißleim eine milchig-weißliche Einfärbung. Häßliche Flecken bleiben zurück. Um auch diese Fehlerquelle möglichst auszuschalten oder so gering wie möglich zu halten, ist die Verwendung von traditionellen Knochenleimen ein großer Vorteil. Dieser Leim hat nämlich nach dem Aushärten einen unverändert braunen Farbton, der sich mit einer Beizung in Nußbaumtönen deckt.

36.5 Das Eintreiben von Keilen.
Aufgetretene Risse könne Sie durch Eintreiben von entsprechend angepaßten, verleimten Keilchen verschließen. In Risse, die über eine längere Strecke verlaufen, können Sie fortlaufend

Keilchen neben Keilchen so lange setzen, bis die ganze Länge abgedeckt ist. Zu enge Risse bzw. sehr spitz zulaufende, weiten Sie zweckmäßigerweise mit einem spitzen Schnitzmesser vor dem Verfüllen entsprechend aus. Die Keilchen sollen immer größer und länger sein als nach dem vorgegebenen Maß erforderlich. Sie müssen nach dem Eintreiben überstehen. Sie werden sofort überschnitzt und die Reparaturstelle peinlich genau von Leimresten befreit.

Eine wichtige Voraussetzung für den Erfolg ist wiederum die Auswahl und Anpassung des infrage kommenden Holzes. Die Keilchen müssen nach dem Einschlagen im Holzfaserverlauf mit der Umgebung harmonieren. Das ergibt natürlich bei waagrecht verlaufenden Fasern Probleme beim Eintreiben. Es ist schwierig, einen guten, festen Sitz zu erzielen. Dieser ist aber im Interesse einer fachgerechten Verleimung unverzichtbar. Die Alternative wäre kleben, pappen o.ä. Die Ausbesserung ist dann die Mühe nicht wert.

36.6 Ersatz-"TEILE".
Beim kompletten Ersatz oder auch Wiedereinsetzung von gebrochenen Teilen ist wiederum ein perfekter Sitz an der Verbindungsstelle unbedingte Voraussetzung für gute Arbeit. Ggf. sind Sie wieder auf die Montage von Hilfsvorrichtungen angewiesen.

Sauber ausgebrochene Stellen lassen sich in der Regel auch wieder sauber einpassen; häßlich sichtbare Ränder bleiben dann nur bei unsachgemäßer Handhabung der Wiedereinpassung zurück.

Aufzusetzende Reparaturstücke, die dann nach Aushärten des Leimes nachgeschnitten werden, müssen vor dem Leimen sauber angepaßt werden. Im Regelfalle ist die Montage von Hilfsvorrichtungen erforderlich. Die Holzauswahl ist auch hier wieder enorm vorrangig.

36.7 Das Ausfüllen mit Füllmaterialien.
Von Füllmaterialien gibt es ein fast unüberschaubares Angebot. Die Möglichkeit sie untereinander zu vermischen, verschiedene Systeme miteinander zu kombinieren, macht die jeweils

richtige Auswahl nicht gerade einfacher. Bei Füllmaterialien muß zudem unterschieden werden zwischen jenen die vor, und den anderen, die nach der Beizung oder Oberflächenbehandlung anzuwenden sind.

Das Ausbessern von Schäden nach der Beizung geschieht in der Regel mit plastisch verformbaren Materialien. Sie sind entweder temperaturabhängig, härten an der Luft oder durch Zugabe von Härtern chemisch aus. Man kann die Einfärbung teilweise selbst entsprechend der Reparaturstelle vornehmen oder z.B. Wachs (Paraffin) einfärben und auftragen.

Ein gängiger Reparaturfüller ist ein im leicht angewärmten Zustand knetbarer, elastischer Stoff, der bei Zimmertemperatur eine recht feste Oberfläche erhält. Er bleibt aber zudem noch soweit elastisch, daß er sich geringen Veränderungen im Holz anpaßt. Der Füller ist in allen denkbaren Farbtönen erhältlich. Er läßt sich in kleinsten Portionen mit einer Nadel- oder der Messerspitze auftragen bzw. verteilen. Jede Mischung untereinander ist möglich. Dadurch erhöht sich auch die Chance, besonders lebhaftes Holz in seiner Struktur und Maserung gut nachzubilden. Die Oberfläche ist nicht kratzfest. Ein Nachfärben oder Überbeizen ist nicht möglich.

Es gibt ähnliche Materialien, bei denen man ergänzend und aufbessernd mit Filzstiften die Maserung und Struktur nachzeichnen kann. Eine Nachbehandlung mit Oberflächenschutz wird dann ebenso erforderlich. Vor der Beizung ist jedes Verfüllen von vorformbaren oder elastischen Mitteln ein enormes Risiko. Freilich werden auch "Stoffe" angeboten, die angeblich "voll beizfähig" sind. Bei allem aber was Sie bisher über Holz und sein Verhalten gelernt oder sich über Erfahrungen angeeignet haben, wissen Sie solche Anpreisungen abzublocken, zumindest ihnen tief mißtrauisch entgegenzutreten.

Kein künstlich geschaffenes Material kann originalgetreu Holz ersetzen. Bei chemischen Beizen werden immer Unterschiede im Verhalten sowohl sofort als auch auf mittlere und längere Sicht auftreten. Bei Wasserbeizen - bei ihnen wird wie in meinem Buch **"Schnitzen-GRUNDKURS"** ausgeführt im technischen Sinne nicht gebeizt, sondern gefärbt - ist eine Behauptung "voll beizbar" eingeschränkt annehmbar. Allerdings sollte es korrekterweise mehr " voll färbbar" heißen. Schließlich spielt sich dann eine farbliche Veränderung einer Holzoberfläche durch die Wirkung von Farbpigmenten ab.

Außer knetbarem, plastik- oder wachsähnlichem Material können Sie durchweg die meisten Angebote nutzen oder das Produkt auch auf einfachem Wege selbst herstellen. Die Wirkung ist fast immer gleich gut bzw. schlecht - vorausgesetzt, Sie behandeln Ihr Stück nur "farblich" nach. (Auch nicht mit Wachsbeizen.) Ein einfaches, auch nachschneid- oder schnitzbares Material, können Sie aus Holz-Schleifmehl, gemischt mit Leim, selbst herstellen.

36.8 Reparaturfüller für bemalte und gefaßte Arbeiten.
Figuren und Reliefs die bei der Nachbehandlung bemalt oder gefaßt werden, können mit all den vorgenannten Methoden verfüllt bzw. repariert werden. Ja, der Ersatz einzelner Partien mit "Fremdmitteln" ist ohne weiteres möglich. Der gebräuchlichste "Loch- und Rissefüller" aber auch "Formvollender" dürfte Gips sein.

Deshalb wäre es auch schon kaum wirtschaftlich vertretbar, weil nicht erforderlich, für solche Arbeiten erstklassiges Holz zu verwenden.

Teil 37
Merkmale zum Unterscheiden von Handschnitzarbeiten.

Die Anschaffung einer handgeschnitzten Arbeit ist stets eine relativ kostspielige Angelegenheit. Sie von der Maschinenarbeit oder teilweisen Maschinenarbeit unterscheiden zu können, ist daher von Bedeutung. Der Preisunterschied zwischen beiden kann 1:10 betragen. Die handgeschnitzte Arbeit kann also im Schnitt bis zu zehnmal teurer sein als die Maschinenarbeit. Deshalb sollte man unbedingt Vorsorge treffen, nicht eventuell doch eine Maschinenarbeit als Handarbeit bezahlen zu müssen. Der Preisunterschied ist praktisch wie ein Wuchergewinn, der irgendwo zwischen einem Kopierautomaten und Ihrem Portemonnaie hängen bleibt.

Wenn Sie sich zu all meinen Vorgaben und Hinweisen aus dem Buch "SCHNITZEN-EXPERTENKURS" noch eine weitere Erkennungssicherheit zulegen möchten, dann schaffen Sie sich eine kleine Lupe an bevor Sie auf die Suche gehen um sich Ihre Handschnitzarbeit zu kaufen. Diese Lupe macht sich mit ihren paar Mark Kosten absolut bezahlt.

Kontrollieren Sie mit dieser Lupe ganz besonders die Gesichtspartien, aber auch ganz allgemein Partien rund um Ihr vorgesehenes Kaufobjekt.

Wie schon in meinem Buch "EXPERTENKURS" beschrieben, sind in der Regel mit einem Messer geschnitzte Flächen oder Schneidflächen spiegelglatt. Sie sehen direkt wie ein kleiner oder größerer Schnitt neben dem anderen zu liegen kommt. Sie sehen an den Berührungsstellen der einzelnen Schnitte Schneidränder oder Kanten, da wo eben der Rand des einen Schnittes sich gegen den Rand des zweiten Schnittes abgrenzt. Auf keinen Fall ist die Oberfläche bzw. darf die Oberfläche aufgerauht oder zerkratzt oder allgemein stumpf sein.

Eine konturlose und strukturlose Oberfläche deutet auf eine Maschinenarbeit hin, genauso wie die aufgerauhte Fläche. Sie sehen dann unter der Lupe in den Kanten genau den Fräserverlauf, so wie der Computer oder die geschickte Hand den Fräser geführt hat. Um die nach der Maschinenarbeit aufgerauhten Flächen zu glätten benutzt der erfahrene Fabrikant verschiedene Hilfsmittel, diese stummen Zeugen zu beseitigen oder einer speziellen Behandlung zu unterziehen. Dazu stehen ihm feine Stahlwolle, das Abblasen mit Sandstrahl, das Ausbürsten mit feinen Messing- oder Stahlbürsten zu Diensten.

Die Oberfläche so nachbehandeln, daß keine verräterischen Spuren mehr zurückbleiben, das könnte er nur bei einem kompletten Überschnitzen. Die noch so feinen Spuren von Fräsern, Bürsten oder Sandstrahl können Sie allemal wiederfinden. Ihre Lupe vergrößert die Poren und Sie sehen die Unregelmäßigkeiten, das aufgerauhte Holz auch unter einer dick aufgetragenen Lack- oder Beizschicht. Lehnen Sie es ab, wenn man Ihnen diese Oberflächenstruktur als "rustikal" oder "antik" oder auch wie immer geartet anzubieten gewillt ist.

Beobachten Sie die ausgearbeiteten Rillen und Kanten und Sie werden bei Automatenarbeiten stets wenn auch nur leichte Rundungen finden; unverwechselbare Zeugen von Fräserspitzen. Nur mit dem Messer ausgearbeitete spitze Vertiefungen können "messerscharf" sein.

Es wird herstellerseits oft auch so verfahren, daß man im Gesichtsbereich mit einigen Schnitten Handschnitzarbeit vortäuscht. Man rechnet mit der Nachlässigkeit und Unaufmerksamkeit, mit der manche Käufer ihr Geld ausgeben. Sie finden offensichtlich genug davon. Beachten Sie die Art und Weise der Ausarbeitungen rund um die "Schnitzarbeit". **Alle** Partien müssen scharfkantig ausgeschnittene Innenkanten aufweisen. Genauso wie eingangs erwähnt, gehört jede sauber geschnitzte Fläche ebenso zu den unverwechselbaren Kennzeichen.

Mit einer Lupe bewaffnet, können Sie so einwandfrei "feinste Automatenarbeiten", die Handarbeiten vortäuschen sollen, im ersten Augenblick als Betrug entlarven.

Teil 38
Das geschnitzte Übungsstück - ein Andenken?

Wie sollten Sie Ihre geschnitzten Übungsstücke weiterbehandeln? Die Frage hat ihre Berechtigung: Im Naturzustand belassen und ggf. farblos nachbehandeln oder beizen? Mit dem Für und Wider möchte ich mich und Sie kurz beschäftigen.

Übungsstücke auf dem Weg zum Hobby-Schnitzer bedeuten auch - ja im besonderen - gesammelte und wiederholbare Erfahrung. Eine Beizung kann den Wert als solche mindern oder vergrößern.

Am Holz im Naturzustand, in der Originalfarbe, hat der angehende Hobby-Schnitzer Stunde um Stunde zugebracht und sich mit allen Details, jeder Einzelheit auseinandergesetzt. Er kennt praktisch das Holz und seine feinsten Abweichungen von der idealen Strukturierung. Er weiß inwieweit dieses Stück Holz unverwechselbare Kennzeichen hat, ähnlich einem Fingerabdruck, den es nur einmal in dieser Ausführung geben kann.

Wird nun ein solches Übungsstück nach dem Fertigschnitzen gebeizt, dann kann dies u.U. für den Hobby-Schnitzer einen gewissen Identitätsverlust, den Verlust seiner besonderen Beziehung zu seiner erarbeiteten Leistung bedeuten. Er kann enttäuscht sein, wenn er sein Übungsstück nicht mehr in der Form wiederfindet, wie er es in tagelanger Detailarbeit geschaffen hatte. In diesen Fällen und speziell in diesen Fällen, ohne Verallgemeinerung, sollte sich der Hobby-Schnitzer überlegen, ob er nicht das Stück in seiner natürlichen Holzfarbe beläßt. Es kann psychologisch weitaus mehr "sein" Stück sein und bleiben, wenn es ungebeizt, ungefärbt, unverändert im Aussehen seine Leistung verkörpert.

Ein farbloses Wachsen schützt das Holz und beläßt es im übrigen annähernd in seinem natürlichen Zustand.

Will der angehende oder übende Hobby-Schnitzer allerdings sein Übungsstück, seine Arbeit mehr von Außenstehenden bewertet wissen - bewundert haben -, dann ist eine Nichtbeizung, eine Nichteinfärbung nachteilig. Es ist für jeden Hobby-Schnitzer schon lange kein Geheimnis mehr, daß ein geschnitzter Ausdruck durch die Beizung seine Darstellungskraft oder Ausstrahlung, seine Wirkung auf den Betrachter, im Unterschied zu dem naturbelassenen Holz, beträchtlich steigert.

Jeder Hobby-Schnitzer wird sich also zu entscheiden haben: Ist das nun meine Arbeit, die ich für mich geschaffen habe oder möchte ich, daß mich damit ein Außenstehender identifiziert? Möchte ich, daß ich mich in "meiner" Arbeit wiedersehe oder ein anderer meine Fähigkeiten im Idealzustand des weiterbehandelten Übungsstückes wiederfindet?

Die Entscheidung liegt bei Ihnen. Sie wird von Ihrem Persönlichkeitsbild geprägt.

Teil 39
Qualität/Preis eines Rohlings.

Beim Erwerb eines Rohlings sollten Sie einige Punkte streng beachten:

- Das Produkt sollte so beschaffen sein wie im entsprechenden Angebot abgebildet.

- Kein Körperteil - Hand, Arm, Bein u.ä. - darf getrennt geliefert werden, abweichend von der Bebilderung oder sich abseits seiner natürlichen Position befinden.

- Ausnahme: Auf den bebilderten Angeboten ist dies klar dargestellt und zu erkennen. Ein schriftlicher Hinweis genügt in der Regel nicht. Er ließe sich allzuleicht im allgemeinen Text verstekken.

Ausnahmen können dort angenommen werden, wo aus wichtigen technischen Gründen eine anders geartete Arbeit unangebracht oder gar nachteilig wäre. Beispiele: ausgestreckte Arme beim Korpus, abweisende oder allgemein abstehende Finger u.ä. In diesen Fällen würde der Verlauf der Holzfaser (quer) eine beträchtliche Gefahr für die sichere Weiterbehandlung oder auch allgemein für die fertige Figur darstellen.

Unannehmbar ist das Produkt in jedem Fall wo ein oder mehrere Gliedmaßen nur aus Herstellungsgründen (Bequemlichkeit - Zeit- und Materialeinsparung) von ihrer natürlichen Position abgetrennt angeboten werden. Gleich ist dabei ob sich diese Gliedmaßen am gleichen Block abtrennbar befinden oder ganz und gar separat geliefert werden.

Erklärungen des Lieferanten sind vielfach von eigenen Interessen geleitete Schutzbehauptungen. Alle Montagenanleitungen sind dabei relativ wertlos. Oft ist damit noch die Absicht verbunden, als Zusatzgeschäft Leim, Zwingen u.ä. abzusetzen.

39.1 Die erworbene Figur muß in ihrer Gesamtdarstellung dem Angebot entsprechen.

Im Gegenteil ist das zustandegekommene Geschäft als unehrlich anzusehen und damit ungültig. Eine Rückgabe erfolgt zu Lasten und Kosten des Lieferanten. Weitere Geschäftsverbindungen sind dann nur noch schwerlich zu empfehlen. Die erforderliche Vertrauensbasis ist nachhaltig zerstört. Es darf davon ausgegangen werden, daß auch die weiteren Angebote nicht dem geforderten Sachverhalt entsprechen.

ZUBEHÖR

wie Lanzen für Nachtwächter, ein Schwert, Blumen, ein Amboß, die Axt wie beim Holzhacker, Handwerkzeuge allgemein u.ä. werden in der Regel getrennt geliefert. Sie sind veränderlich und gehören nicht zu einem menschlichen Körper.

39.2 Die Ausfräsung eines Rohlings.

Ein Rohling durchläuft in der Kopierfräse in regelrechten Arbeitsgängen verschiedene Stufen der Verfeinerung.

Zunächst wird mit einem ca. 22 mm Ø Fräser und grob eingestelltem Fühler oder Anschlag eine sehr grobe Vorform ausgefräst (geschruppt).

Im Anschluß daran erfolgt ein Arbeitsgang mit einem ca. 20 mm Ø Fräser. Mit ihm werden alle Oberflächen auf Maßgenauigkeit geglättet (geschlichtet).

Danach arbeitet ein ca. 14-12 mm Ø messender Fräser die ersten Einkerbungen, entsprechende Vertiefungen, Höhlungen u.ä. aus. Oberflächen werden damit nicht mehr berührt.

Ein ca. 10-8 mm Ø dicker Fräser vertieft und verfeinert soweit wie erforderlich und möglich. Auch er berührt nicht mehr Flächen.

Abschließend werden mit einem 5-3 mm Ø Fräser feinere Linien, Ränder, Kanten, Kerben, Abgrenzungen u.ä. nachgefahren.

Die bedingten Fräserwechsel und die beschriebenen Arbeiten sind zeitaufwendig, kostspielig. Leider werden in letzter Zeit mehr und mehr "Billigangebote" - Billigangebote aber nur für den Erzeuger oder den Verkäufer - an den Schnitzer gebracht. Für ihn bedeutet der nur konturenhafte Rohling ein überteuertes Produkt. Meine Empfehlungen zu Ihrem Schutz und Vorteil: Nehmen Sie keine Rohlinge an, bei denen in den Kanten und Vertiefungen erkennbar, ein Fräser mit einem größeren Durchmesser als 5 mm verwendet wurde. Die Ausarbeitung sollte unverwechselbare Spuren von systematisch angewandten, unterschiedlich dicken Fräsern aufweisen.

Schneiden Sie sich ggf. aus Karton eine Schablone mit einem Radius an der Spitze von ca. 2,5 mm, gleich einem Durchmesser von 5 mm. Kontrollieren Sie die ausgearbeiteten Kerben, Rillen, Innenkanten im Gesicht, den Haaren, auf den Kleidungsstücken, den Händen, in Falten oder dem Federkleid eines Vogels. Wenn der Radius allgemein größer ist, verlangen Sie kostenfreien, ordnungsgemäßen Ersatz.

Schließlich sind die Abbildungen der Angebote alle feiner ausgefräst oder gar fertiggeschnitzt.

Sie haben ein Recht auf einwandfreie, angebotsgetreue Ware. Nutzen Sie dieses Recht. Es ist unveräußerlich und steht Ihnen gesetzlich zu.

39.3 Holzbeschaffenheit beim Rohling.
Achten Sie darauf wie das Holz beschaffen ist, aus dem Ihr Rohling gefertigt wurde. Alle Rohlinge, die in ihrer größten Materialstärke etwa 8 cm übersteigen, müssen aus qualitätssichernden Gründen aus mehreren Teilen Holz verleimt sein. Schon ab 6 cm Materialstärke - unverleimt - wächst sehr rasch die Möglichkeit, daß das Holz irgendwann in der Zukunft aufreißt oder sich zumindest ungünstig verformt.

Bei Holzstärken aus einem Stück von mehr als 10 cm besteht schon eine an Sicherheit grenzende Wahrscheinlichkeit, daß es zu Rissen und sehr ungünstigen Verformungen kommt.

Wenn Sie also qualitätsmäßig einwandfreie Rohlinge wünschen, dann ist das ordnungsgemäße Verleimen ein herausragendes Qualitätsmerkmal.

Teil 40

Schnitzkurse

Als Teilnehmer an einem Schnitzkurs brauchen Sie persönliche Betreuung. Zuschauen und Zuhören hilft Ihnen recht wenig oder nichts.

Achten Sie bei der Buchung auf die Begrenzung der Teilnehmer. Vier Personen wären ideal; das entspräche 15 Minuten pro Stunde Aufmerksamkeit für Sie persönlich. Bei mehr als sieben Teilnehmern können Sie auf einen erfolgreichen Kurs keine Hoffnung haben. Der Ablauf des Kurses sollte in einer Werkstätte und nicht in einem sterilen Klassenzimmer stattfinden.

Sie sollten unbedingt mit eigenem Werkzeug arbeiten, aber versuchsweise Spezialwerkzeuge der Werkstatt mitbenutzen können. Die Anschaffung weiterer Schneidwerkzeuge ist Vertrauenssache. Wenn Sie das Gefühl haben, Sie sollen möglichst viele Beitel kaufen, schieben Sie Ihre Kaufentscheidung auf. Lassen Sie sich zuerst von Kollegen oder Fachleuten beraten.

Beginnen Sie nicht mit einem Kerbschnitzkurs. Steigen Sie in das reguläre Schnitzen ein - möglichst sofort mit Arbeiten aus dem vollen Holz. Sie benötigen Erfahrung mit dem Holz und die erzielen Sie kaum beim - relativ einfachen - Kerbschnitzen.

Das Fertigschnitzen von Rohlingen mag im schon fortgeschrittenen Stadium Teil zukünftiger Schnitzkurse sein. Beginnen Sie **niemals** Ihr Schnitzerhobby mit dem Fertigschnitzen von Rohlingen. Machen Sie keinen Schnitzkurs bei unbekanntem Lehrmeister wo der Bezug von Rohlingen für den Kursablauf vorausgesetzt wird.

Erkundigen Sie sich ggf. nach Referenzen. Suchen Sie nach Möglichkeit den Ort der Schulung und den/die Lehrgangsleiter auf. Lassen Sie sich den Ablauf der Kurse vor Ort erläutern bzw. zeigen.

Bedenken Sie, daß Schnitzen - Holzbildhauen eine außergewöhnliche Lebenserfahrung ist. Bewahren Sie sich selbst vor Enttäuschungen - abgesehen von unnötigen Kosten. Nur bei wirklich effektiver, intensiver und persönlicher Einführung werden Sie die Freude und Befriedigung finden, die Sie sich erhoffen.

Teil 41
Wissenswertes in Kurzfassung.

41.1 Schleifen - Abziehen!
Ölsteine, Abziehsteine, Stoffscheiben, Schwabbelscheiben, Lederriemen u.ä., z.T. jahrhundertealte Techik, aber auch gleichlange Quälerei, Zeitaufwand, Abrackern usw., können Sie endlich vergessen. Die Zukunft für diese Utensilien liegt im Museum. Mein Schärfsystem kann zu Recht in Hinsicht auf die Schärfgeschwindigkeit, Winkelhaltung, Schärfe, universelle Anwendbarkeit, Schneidenhaltigkeit und Einfachheit im Augenblick als führend angesehen werden. (Eigene Entwicklungen.)

Dadurch-
41.2 - garantiert fleckenfreies Beizen.
Eine der wichtigsten Ursachen für Flecken und unsaubere Stellen nach dem Beizen können Sie getrost bei Ihrem Schärf- oder Abziehsystem suchen. Ungenügend oder nur optisch (augenscheinlich) scharfe Beitel sind die beste Voraussetzung für unbefriedigende bis ärgerliche Beizergebnisse.

Vergessen Sie den bekannten Angstzustand: Nach vielen Mühen und Aufwand ist Ihr Werk geschnitzt und soll nun gebeizt werden. Es geht um "Alles oder Nichts". Entweder die Beizung gelingt und erfüllt ihren Zweck oder Sie würden alles am liebsten wegschmeißen. Befreien Sie sich von Ihrem Ärger! Er ist unnötig! Der Fehler liegt nur selten an der Beize selbst und nur zu oft an ungenügend scharfen Beiteln.

41.3 Wie kommen die Flecken?
Ein nicht wirklich scharfer Beitel drückt mehr Holzfasern um und quetscht sie ab als er sie schneidet. Nach einem Anfeuchten - Beizen ist auch eine Art Anfeuchten - stellen sich diese gequälten Holzfaser-Stummel wieder auf, saugen natürlich wie ein Filz oder Schwamm vielzuviel Beize auf und nach dem Trocknen haben Sie eine übersättigte Beizstelle. Im Vergleich zu anderen, mehr normalen Schnittstellen, sehen Sie nun sich dunkel abhebende Flecken.

Mit einem wirklich scharfen Beitel ist es mit diesem Übel vorbei. Nirgends werden die Holzfasern gedrückt, umgelegt, sondern gleichmäßig sauber geschnitten. Keine Chance für Pfusch!

41.4 Beizen! Hell oder dunkel?

Eine helle Beizung kann vorteilhaft sein für ein stark selbstdarstellerisches Holz, ein Holz also mit schöner Struktur, Maserung und Färbung. Eine dunkle Beizung würde die natürliche Schönheit zuviel überdecken. Eine helle Beizung soll diese natürliche Schönheit noch unterstreichen.

Eine Arbeit in hellem Holz wie Linde, dabei noch ohne Eigenstruktur, kommt mit heller Beizung nur ungenügend zur Geltung. Eine zu dunkle Beizung überdeckt wiederum zuviel die Ausdruckskraft. Mittlere, warme Tönungen bekommen solchem Holz am besten.

41.5 Der Eichenton ...

wird besonders in seinen mittleren und dunkleren Tönungen durchweg als unbefriedigend empfunden. Machen Sie Proben! Achten auch Sie darauf, ob Sie den vorherrschenden, alles überdeckenden Farbton mehr als unbefriedigend denn als belebend und verschönernd finden. Diese Erfahrung ist zu oft an mich herangetragen worden, als daß ich sie meinen Schnitzerfreunden vorenthalten könnte.

41.6 Beizung den Möbeln angepaßt?

Na ja, Sie haben bereits des Fragezeichen hinter der Überschrift bemerkt. Im Normalfall können Sie machen was Sie wollen, den "genau gleichen Beizton" wie Ihre Möbel werden Sie nicht treffen.

Warum sollten oder wollen Sie eigentlich? Ein geschnitztes Werk ist doch kein Möbelstück. Es soll doch den Raum, die Umgebung verschönern. Es ist eine eigenständige Dekoration. Lassen Sie sich und Ihrer Schnitzarbeit das Vergnügen sich darzustellen - sich vorteilhaft "nach vorne zu drängeln". Sie werden sich selbst für einen solchen Entschluß dankbar sein - wie mir viele Schnitzerfreunde bereits diesen meinen Ratschlag gedankt haben.

Ein Tisch oder Stuhl, eine Truhe oder Regal gehören zum Mobiliar. Aber Ihre Figur? In einem dunkel gehaltenen Möbel-Beizton wird Ihre heller gebeizt Arbeit "ein Lichtblick" sein. In einem hell gehaltenen Raum wird eine dunkler gebeizte Figur das berühmte "Tüpfelchen auf dem i" sein.

41.7 Schleifen anstatt Schnitzen?
Nein, nicht schleifen! Entweder schleifen und schmirgeln Sie oder Sie schnitzen ein Bildnis. Als Schnitzer gibt es überhaupt keine Überlegungen darüber - garantiert nicht bei Lindenholz! Hier werden, ähnlich wie beim Arbeiten mit einer nicht rasiermesserscharfen Schneide, Holzfasern abgerissen, ungleichmäßig umgelegt und ergeben Flecken und unsauberes Aussehen nach dem Beizen.

Anders bei Edelhölzern mit intensivem Eigenleben wie Nußbaum, Kirschbaum, auch Eiche u.ä. Da kann nach dem Schnitzen beispielsweise ein Madonnengesicht an Schönheit und Ausdruckkraft gewinnen.

41.8 Gebeizt und zu dunkel!
Was nun? Einwandfrei gebeizt und meiner Göttergattin gefällt das nicht! Zu dunkel! Undenkbar jahrelang diesen gleichen Kommentar ertragen zu müssen.

Greifen Sie zum Hausmittelchen. Duschen Sie Ihr Werk lauwarm ab und reiben Sie es mit einem Baumwoll-Lappen schön trocken. Eine anschließende zweite Dusche kann noch mehr "Aufklärung" des Hausfriedens und des Beiztones bringen. In hartnäckigen Fällen dürfen Sie zu einer nicht zu harten Bürste greifen und mit lauwarmem Seifenwasser abbürsten. Keine Angst!

Sie können nach beiden "Behandlungsmethoden" und nach gutem Trocknen der Figur (nicht durch Wärmequellen nachhelfen) wieder nachbeizen. Nehmen Sie dabei aber nur eine helle oder gar sehr helle Beize.

Freilich wird eine Arbeit nur durch ein Duschbad oder mit Seifenwasser nicht mehr blütenweiß. Aber das verlangt sicher auch Ihre allerwerteste bessere Hälfte nicht. Und ein "Aufklaren" gibt es allemal sowohl auf der gebeizten Oberfläche als auch im familiären Frieden.

41.9 Der Bildhauerfäustel.

Er hat einen kurzen Griff, ähnlich einem Schnitzbeitel. Der Kopf selbst ist aus konisch gedrehtem, oberflächenveredeltem Stahl.

Er ist nicht zum Grobvorarbeiten - dazu sind die verschieden gewichteten Klüpfel. Der Fäustel füllt vielmehr die Lücke zwischen dem Arbeiten mit dem Klüpfel und Schneiden bzw. Drükken von Hand.

Der Griff dient weniger um schlagkräftig ausholen zu können; er liegt vielmehr wie eine Art Führung in der Handfläche, während der Kopf selbst mindestens von Zeigefinger und Daumen umfaßt wird.

Rasch aufeinanderfolgende, in der Kraft genau dosierbare und zielgerichtete Schläge sind möglich. Besonders bei Arbeiten in Hartholz, dort, wo man ggf. mit dem Handballen nachhelfen müßte, auch dort, wo der einzelne Schnitt nur noch mit verhältnismäßig großem Kraftaufgebot durchgeführt werden könnte, dort füllt der Bildhauerfäustel eine wichtige Lücke. Sogar beim Ausarbeiten schwieriger Gesichtspartien mit sehr zielgenauen Schnitten ist er unersetzbar. (Anfrage über meine Verlagsanschrift.)

Wissenswertes und Überlegungen

Teil 42

Verwirklichung eines Kunstwerkes. Überlegungen zur "eigenen Bildhauer-Schöpfung".

Bevor Sie damit beginnen, Ihre eigenen Ideen und Gefühle in einer Holzplastik zu verwirklichen ist es ratsam sich einige Fragen zu stellen. Von der ehrlichen Beantwortung hängt ein Gutteil des Erfolges vor sich selbst und vor anderen ab. Ich empfehle Ihnen, sich damit auseinanderzusetzen: "Was will ich und was kann ich?"

"Was will ich" - das bezieht sich ganz konkret auf den Wunsch nach künstlerischer Gestaltung. Dabei ist es ganz gleich, ob diese Gestaltung nun in Auftrag gegeben wurde oder aus der Inspiration, quasi aus Spaß an der Freud zustandekommen soll. "Auftragskunst" kann sich aber nur als Rahmen verstehen für das, was der Einzelne daraus machen soll - für das, was der Einzelne darstellen soll. Auftragskunst kann lediglich auf die näheren Umstände und Beziehungen hinweisen, die der Auftrag ausfüllen soll. Der Künstler bzw. der Auftragnehmer muß sich schließlich bemühen, den vorgegebenen Rahmen auszufüllen, wobei er seine perönliche, besondere Ausdruckskraft, seine Empfindungen, eventuell auch seinen Stil genannt, einbringt.

Schließlich entscheidet der Auftraggeber darüber, ob er auch das wirklich will, was nun der Künstler als seinen Willen vermittelt. Er entscheidet, ob er seinen Willen durch das Werk des Künstlers ausreichend repräsentiert und verwirklicht sieht und ob seine Gefühle und seine Vorstellungen in das Werk einbezogen und durch es ausgedrückt sind. Der Auftraggeber wird bei mehreren "Angeboten" auch in seiner Entscheidung einbeziehen was ihm näher liegt, sei es nun der Preis, die Berühmtheit des Künstlers, die besondere Ausdruckskraft, das zur Verwendung kommende Material u.ä.

Der Künstler hat sich also in Verbindung mit der Frage nach dem Wollen des Auftraggebers und gemäß den gemachten Vorgaben sein "Wunschbild" aufgebaut und macht dieses zu seinem Willen und "Wollen". Dieses "Wollen" hat er selbstverständlich im "Zusammendenken" mit dem "Kann" entwickelt. Das "Wollen" entspricht mehr seinen künstlerischen Neigungen und Wunschvorstellungen, wobei das "Kann" sich durchweg auf die handwerklichen Fähigkeiten oder technischen Möglichkeiten, die ihm zu Gebote stehen, bezieht. Das "Kann" wäre in diesem Fall also nicht zu verwechseln mit den Vorgaben des Auftraggebers, sondern mit der technischen Realisierbarkeit. Der Wille, das "Wollen" ist demnach weitgehend vom Auftraggeber vorbestimmt, wobei das "Kann" den Willen des Künstlers und dadurch auch die Vorstellungen des Auftraggebers, zu Einschränkungen leitet.

Als einfaches Beispiel dazu kann der begnadete Künstler dienen, der mit bescheidenen Mitteln in einem räumlich eingeschränkten Atelier arbeitet. Er wird keine Skulptur aus einem Stein meißeln können, für die er in Größe und Ausstattung nicht gerüstet ist. Dieses "Kann" läßt sich letztendlich weiterentwickeln durch Kooperation mit handwerklichen Fachkräften, die, branchenfremd oder -verwandt, Hilfsdienste zu leisten in der Lage sind. Andererseits ist das "Wollen" des Künstlers strikt von seinen intim-künstlerischen Fähigkeiten abhängig, eng verbunden mit den Vorgaben eines Auftraggebers.

Das inspirative "Wollen" kann bei selbsttätiger schöpferischer Arbeit natürlich eng eingegrenzt werden durch das "Können" aus finanzieller oder technischer Sicht. Ein Künstler "will" gemeinhin Größeres und immer noch Größeres leisten, aber er "kann" es sich nicht leisten, weil Sachzwänge einengen.

Eine wahre "Kunst" liegt oft darin, WOLLEN und KÖNNEN in Einklang zu bringen.

35.2 Anmerkungen zum Bewegungsablauf einer Figur.
Eine Skulptur oder die Darstellung eines Menschen muß immer so ausgebildet sein, daß die Nachahmung des festgehaltenen Bewegungsablaufes ohne artistische Verrenkung möglich ist. Die Stellung darf nicht ermüdend wirken, der Körper nicht aus dem Gleichgewicht geraten.

Der Schwerpunkt einer Darstellung muß so gewählt werden, damit das Gesamtbild zumindest optisch nicht aus dem Gleichgewicht gerät, in losgelöstem Zustand zu stürzen droht. Ein ähnlich gebauter und ausgerüsteter Mensch muß in der Lage sein, die gleiche Stellung einzunehmen, ohne sich festhalten bzw. abstützen zu müssen. Eine Ausnahme bilden Szenen von Sportlern, Tänzern u.ä.

Einzelne Körperteile, Gliedmaßen, dürfen und sollen gleichwohl in ihrem Bewegungsablauf überzogen ausgebildet werden. Bei Faltenausarbeitungen und Wallungen von Kleidungsstücken wirkt es belebend, wenn sie überschwenglich (übertrieben !?) geschnitzt werden. Gekonnt zur Anwendung gebracht, betonen solche Ausarbeitungen insgesamt den gewünschten Ausdruck. Sie besitzen Bewegung.

Kein einzelner Bestandteil eines Körpers wirkt für sich allein. Das Zusammenwirken aller ergibt das harmonische Gesamtbild. Demzufolge sind alle durch Muskeln beweglichen Körperteile in das Gesamtbild mit einzubeziehen. Sie sind im gesteckten Rahmen einzuordnen, dem Ziel unterzuordnen. Gerade die Bewegung der "Kleinigkeiten" wie Mund, Finger und natürlich ganz besonders Augen, tragen zu dem Erfolg oder Mißerfolg einer Schnitzarbeit in hohem Maße bei.

Jede Steifheit ist zugleich Ausdruck mangelnder Erfahrung und ggf. zurückgebliebenes Können des Bildhauers.

Einiges über die Technik beim Schnitzen:

Doppelstöckiges Messerkarussell für 36 Beitel und Schnitzmesser.

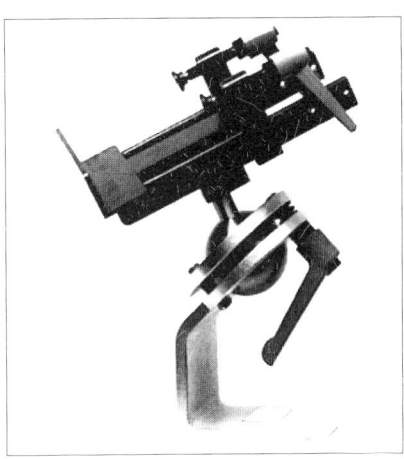

Meine Kugelgelenk-Einspannvorrichtung für Figuren und Reliefs.
Auf der Abbildung oben ist die Standardausführung gezeigt.

Damit können Figurensockel oder Werkstücke allgemein bis zu einer Breite bzw. Dicke von 20 cm eingespannt werden.

Mit Verlängerungen können Reliefs bis zu einer Breite von 50 cm festgesetzt werden.

Links mit Kleinteileaufsatz mit einer Krippenfigur.

Durch die robuste und schwere Stahlkonstruktion ist ein Bearbeiten der eingespannten Werkstücke mit dem Klüpfel einwandfrei möglich.

Gewicht der Einspannvorrichtung ca. 13 kg.

Das **KOCH-Schärfaggregat** für alle Werkzeuge - in Sekundenschnelle rasiermesserscharf.

Unten: Das kombinierte **KOCH-Feinschleif- und Schärfaggregat**. Schleifen ohne Funken, ohne Ausglühen und ohne Grat.

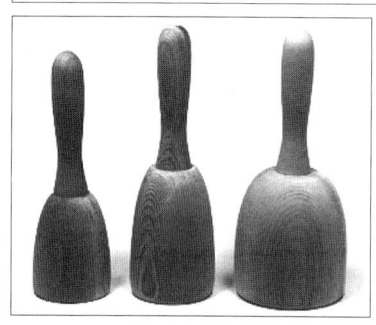

Drei verschiedne Klüpfel - leicht, mittel und schwer.

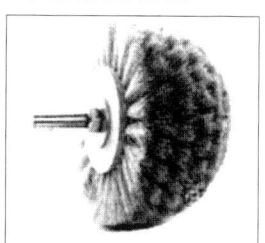

Oben: Die Kopfbürste

Ein einfacher und sehr robuster Schnitztisch von KOCH

Fordern Sie Infos von Ihrem Fachhändler oder direkt von mir.

Mein Fachbuchangebot
Das komplette KOCH-Schnitzsystem.

Das erste und einzige komplette Lernsystem zum Schnitzen lernen

Das Schnitzerbuch <GRUNDKURS>
Ca. 250 Seiten, mehr als 200 Bilder, 1 Beilage mit Zeichenvorlagen.
Themen: Einführung in das KOCH-Schnitzsystem, Holzkunde, Schnitzwerkkzeuge, Beitel und Messer schleifen und schärfen, grundsätzliche Beitelführungen, drei praktische Grundübungen für den Einstieg ins Schnitzen, Oberflächenbehandlung - Beizen.

Aus dem Inhalt: Genaue Anleitungen mit Begründungen zu: Die Erstausstattung mit Werkzeugen, Werkzeugformen und -größen, technische Ausrüstung, Unfallverhütung, unsere Betreuung - wie-wo-wann-wieviel, aus dem <Vollen> arbeiten, Modelle und Rohlinge erstellen - Ihre Kreativität. Holz: Begriffe und Fachausdrücke, Anatomie des Holzes, Holzlagerung und -trocknung, Stabilisierung der Holzform, Verleimen, Holzerkennung, Schneidwerkzeuge, Schleifwerkzeuge, die Einspannsysteme, der Werktisch, das richtige Licht. Wie werden Werkzeuge gemacht und gehärtet, mögliche und erforderliche Haltungen und Führungen der Werkzeuge, Arbeiten mit dem Klüpfel, Messerauswahl, die genaue Schnitt-für-Schnitt-Anleitung für die drei GRUND-Übungsstücke. Die Beize und ihre Wirkung, wir beizen mit Wachsbeize, Probleme und Qualitätseinbußen, Möglichkeiten, Ergänzungen und Risiken, ausbessern und reparieren, weitere Oberflächenbehandlungen. Originalgroße Zeichenvorlagen für Übungsstücke.

Das Schnitzerbuch <FORTGESCHRITTENENKURS>
272 Seiten, mehr als 207 Bilder
Themen: Grundbegriffe, historischer Hintergrund, Empfehlungen und Übungen zum Kerbschnitzen, Anleitungen zum Bilderschnitzen, Buchstaben und Schriften schnitzen - Regeln, Anleitungen und Beispiele, Ornamente und Verzierungen schnitzen, Reliefs schnitzen.

Aus dem Inhalt: *Kerbschnitzen* mit seinen Regeln, Eigenheiten, Holzauswahl, Aufrisse und Zeichnungen, Anwendungsbeispiele, Messerhaltungen und -führungen beim Kerbschnitzen, praktische Übungen, Organisation und Erweiterungshinweise. *Buchstaben und Schriften:* Technik und Planung, Raumeinteilung und Meßzahlen, Buchstabenabstände, Wortabstände und Zeilenabstände, Berechnungen der Größenverhältnisse, das Wortbild und das Schriftbild, die Bild-Rahmenbreite, Randberechnung, Proportionalschrift, die ineinandergeschobene Schrift, das Monogramm, Technik des Ausschneidens, vertiefte und erhabene Schrift. *Ornamente*: 9 praktische Übungen, Beispiele in dreidimensionierter Darstellung, die Wichtigkeit der Bewegung, Sonderformen für Beitel- und Messerschneiden, Holzauswahl und Behandlung, wo und wie soll eine Ornamentierung plaziert sein, das altbekannte und altbewährte Akathusmotiv, Erkennung und Unterscheidung. *Reliefs:* Einordnung der Reliefarbeit, Übungen "Weinranke", die natürliche Bewegung der Rebenblätter, "Herbst", "Rosen", "Wappen".

Das Schnitzerbuch <EXPERTENKURS>
256 Seiten, 351 Bilder

Themen: Voraussetzung zum Schnitzerfolg, "Holzgeschnitzt", Tradition der Bildhauerei, Größenverhältnisse des menschlichen Körpers unter besonderer Berücksichtigung der Ausbildung des Gesichtes, Übungsbeispiele mit Bildserien.

Aus dem Inhalt: Technische Voraussetzungen zum Schnitzerfolg. Fantasie-Garantiebezeichnungen z.b. "garantiert echtes Holz", spanlose Formgebung durch Pressen, Schäumen, Gießen, usw. Entstehung eines Modells, das Unikat, die vorgefräste Schnitzarbeit, die Kopierfräse - Technik und Arbeitsablauf, Schnitzautomaten, Erkennung der Maschinenarbeit, fassen und bemalen, Importe aus exotischen Holz, die großen Meister - ihre Technik. Traditionen der Holzbildhauerei, Arbeitsvergleiche Eiche/Linde, der Flügelaltar, Sinnlichkeit der Bilddarstellungen, Kunst und Markt, Zünfte, Rationalisierung in einer Holzbildhauerwerkstatt am Beispiel Riemenschneiders. Eine Schnitzanleitung. Größenverhältnisse des menschlichen Körpers, "Goldener Schnitt", der Kopf, das Gesicht/Größenverhältnisse, Gesichtseinteilung, Größenverhältnisse beim Körperaufbau, die Acht-Kopf-Teilung, Einteilung des Körpers in <Zehntelmaße>, Einteilung der Hand, des Fußes, "Auge in Auge" mit der Skulptur. Praktische Übungen mit Gesichtern, Händen und Füßen, der Faltenwurf. Übungsbeispiele mit Bilderserie: Beispiel Madonna und Beispiel Männergesicht.

Das Schnitzerbuch <MEISTERLICHE ÜBUNGEN>
432 Seiten, über 1170 Abbildungen.

Themen: Detaillierte Übungsbeispiele zum perfekten Ausarbeiten des Gesichtes, Einzelausarbeitungen ausdrucksvoller Augen, wie wird das Haar und die Barttracht geschnitzt, Fotoserien mit Schritt-für-Schritt-Ausarbeitung verschiedener charakteristischer Gesichter, wie entsteht das Ornament, das Ausarbeiten von Figuren aus dem "Vollen" am Beispiel von verschiedenen Modellen mit vielen Fotos zum Arbeitsablauf und allen technischen Angaben. Erstellung einer Maske, Funktionsbeschreibung mit über 60 Fotos für die Punktiermaschine, arbeiten mit der Modellpuppe, ein Relief und andere Übungen.

Aus dem Inhalt: "Übungselemente, Beispiele und Schritt-für-Schritt-Übungsvorlagen zur Ausarbeitung eines Gesichtes - Kopfes: Das lebendige Auge, das "Normauge", Bedeutungen und Veränderungen im Umfeld des Auges, die praktische Ausarbeitung, Techniken beim Darstellen von Iris und Pupille, die Lage beider Augen. Der Mund wird geschnitzt, der Mund im Gesichtsausdruck, Aufbau und Abweichungen. Die Nase entsteht. Das Ohr entsteht. Das Gesicht entsteht. Die Haartracht entsteht. Die Ausarbeitung der Haare mit Hohlbeiteln. Der Vollbart entsteht. Übungsstücke mit Vorgaben: Wo starte ich die Arbeit bei einem Rohling. Die Schnittführung zur sauberen Kante. Übungsprogramm GHF: Kindergesicht, Büste Mann ca. 50 Jahre, Mann mit Bart, zorniger junger Mann, freundlicher Herr, traurig-erschöpft, Kinderhand, geöffnete Hand, verschlungene Hände, Kinderfuß, Fuß Erwachsener. Das Ornament: freigestellte Eckverzierung, Ornament in Hochrelief auf Hintergrund. Übungsstücke: <Madonna Lourdes>, <Christus auferstanden>, <Heilige Elisabeth>, <David mit der Schleuder>. Übertragungs- und Montagetechniken, die Punktiermaschine, Arbeitsablauf mit der Punktiermaschine im Detail, Montageanleitung für Corpus mit ausgestreckten Armen, die Modell-Gliederpuppe. Grundbegriffe zur Entwicklung und Entstehung eines Reliefs. Wissenswertes und Anregungen: Verwirklichung eines Kunstwerkes, der Bewegungsablauf einer Figur, die Reparatur: verschiedene Methoden - Vor- und Nachteile. Merkmale zum Unterscheiden von Handschnitzarbeit, Qualität eines Rohlings. Wissenswertes aus der Technik: Zusammenfassung.

Das Schnitzerbuch <ORNAMENTE UND VERZIERUNGEN>
Vorlagen in Großformat, 40 x 60 cm, mit mehr als **300** in dreidimensionalem Effekt gezeichneten Vorlagen, direkt zum Aufpausen oder Übertragen, Abbildungen in Originalgröße verwendbar. Die Vorlagen geben Hilfestellungen, jedes Motiv mit Querschnittzeichnungen.
   Aus dem Inhalt: Runde Rosetten, ovale Rosetten, Viereckige Rosetten, Türverzierungen, Füllungen, symmetrische Eckenverzierungen, asymmetrische Eckenverzierungen, Zierstäbe, geschnitzte Auflagen für Schubladen, Muscheln, Kapitäle, Sprossen, Nischen, Blenden, Lisenen, Kleinornamente einzeln und kontinuierlich, Kombinationen für Bilderrahmen und Verzierungen aller Anwendungsbereiche.

Das Schnitzerbuch < BUCHSTABEN UND SCHRIFTEN>
25 verschiedene Schriftvorlagen mit Groß- und Kleinbuchstaben, Zahlen und Zeichen (ca. 8 000), alle in zwei gebräuchlichen kopierfähigen Größen - ca. 35 mm und ca. 50 mm groß - mit technischen Angaben für das Ausarbeiten von Schriften in Holz und Stein.
   Aus dem Inhalt: Einführung in die Technik der Schrift: Das Schriftbild, Betonungen u.Hervorhebungen im Schriftbild, Versalien und Minuskeln, Schrifteneigenschaften und Buchstabenformen, Schriftentwicklung und Stil, Begriffe, Bezeichnungen und Erläuterungen, Praxis und Technik beim Ausarbeiten von Schriften, Hilfslinien, Abstände, Platzbedarf, vertiefte und erhabene Schrift. Zu allen Schriftenmustern gibt es eine tabellarische Auflistung mit folgenden Angaben: Abstand zwischen Buchstaben - größer/kleiner, Abstand zwischen Wörtern, Abstand zwischen den Zeilen, Lesbarkeit der Kleinbuchstaben, Lesbarkeit nur Versalien, Einzelbuchstaben und Monogramme, Möglichkeiten bei der Bildhauerarbeit, Platzeinteilung.

Das Schnitzerbuch <TECHNIK UND KUNST FÜR SCHRIFTEN IN HOLZ>
98 Seiten, 85 Abbildungen
   Themen: Das Buch vermittelt bis in Einzelheiten Kenntnisse, Erfahrungen und Techniken, wie eine geschnitzte Schrift eindrucksvoll und ausdruckskräftig dargestellt wird. Anhand von Beispielen und Anleitungen können Sie es spielend zur technischen Perfektion bringen; die künstlerische Präsentation gelingt Ihnen zweifelsfrei, wenn Sie die ausführlichen Anleitungen und Betrachtungen befolgen. Alles gelingt Ihnen dann künstlerisch/profihaft.
   Aus dem Inhalt: Wenn alles so einfach wäre wie das Schriften schnitzen - hat sich schon so mancher gedacht. Die Ergebnisse kann man allenthalben an vielen Ortseingängen, auf öffentlichen Plätzen wie im Wald und Feld, in der Kirche und auf dem Friedhof, an öffentlichen Gebäuden ebenso wie bei stolzen Privatbesitzern nicht gerade selten bemitleiden. UND Sie dachten ich würde schreiben: "bewundern". Hätte ich gerne, aber die Wirklichkeit ist eher trist und nicht erfreulich. Schriften schnitzen erfordert die Beachtung vieler kleiner technisch/künstlerischer Details. Wenn nicht alles harmonisch zusammenpaßt, dann ergibt das Ganze kein BILD KEIN Schriftenbild. Damit alles stimmt gibt es Regeln die ausführlich bebildert und beschrieben sind. Wegen der Nichtbeachtung von ein paar Bruch-

teilen von Zentimetern hier und da und schon haben Sie sich Widersprüchlichkeiten aufgebaut und das Ganze <läuft nicht mehr>. Dem hilft das Buch ab. Alles was wichtig ist, ist da, wird gezeigt, erklärt, bebildert usw. Jeder Platzbedarf, jeder Buchstabenabstand, der Zeilenabstand, die flatternden oder festen Ränder, die Aufteilung, die Wahl vertieft oder erhaben, kursiv wie und wann, Schattenschrift, die Schnittkantenverbindungen, Ableitungen aus der Hauptschreibbreite, Oberlängen und Unterlängen, Begrenzungen, Strukturieren usw., alles ist beschrieben und bebildert. Jedes Schriftbild gelingt Ihnen, wenn Sie sich nur an die klaren und einfachen Vorgaben/Regeln halten.

Das Schnitzerbuch
<MODELLE UND ROHLINGE SELBST GEMACHT>

120 Seiten, 167 Fotos und Abbildungen

Themen: Anleitungen und Beispiele derart, daß Sie sich selbst Ihre Modelle erstellen können. Sie brauchen keine größeren Fertigkeiten - schon nach einigen Übungen gelingt es Ihnen selbst, Figuren <aus dem Vollen> auszuarbeiten. Sie brauchen keinen großen Maschinenpark - ja Sie können es geradezu mit "Hausmittelchen" schaffen. Die dargestellte Technik ist leicht nachvollziehbar vom Entwurf bis zum maßstabgerechten Modell. Ein Weg zum Erfolg für jeden mit dem <KOCH-Lehrpfad>.

Aus dem Inhalt: Ein neuer Schnitz-Lehrpfad von KOCH, zwei prinzipielle technische Verfahren, die zum gleichen Ziel - dem eigenen Modell führen. Das Rundum-Ausschneiden des Rohlings mit der Bandsäge. Die Variante nach dem KOCH-Lehrpfad: der KOCH-ROHSCHNITT. Grafische Darstellungen mit verschiedenen Modellen zum Lehrpfad KOCH. 1. Übungsbeispiel: <Unser Junge, der Eislutscher>, 2. Übungsbeispiel <Der Gendarm>, 3. Übungsbeispiel < Madonna Barock>, 4. Übungsbeispiel < Nachtwächter>, 5. Übungsbeispiel < Hans im Glück>, 6. Übungsbeispiel < Madonna Lourdes>. Alle Übungsbeispiele sind so ausgelegt, daß Sie Schritt-für-Schritt auch von Ihnen nachvollzogen werden können. Das Ganze ist ein hervorragendes System um auf dem kürzesten Weg zur Eigengestaltung von Modellen zu gelangen. Mein SCHNITZERZENTRUM steht Ihnen mit allen erforderlichen Hilfs-Möglichkeiten jederzeit zur Seite. Zum Buch gehören auf Anforderung Serien von Zeichnungen, Fotos, Abdrücke, usw.

Beachten Sie in diesem Zusammenhang auch mein Fach-Angebot
<Das Schnitzer-Kolleg>.

Das Schnitzerbuch <ANFÄNGERKURS>

88 Seiten, 53 Fotos, 72 Zeichnungen, 1 Originalvorlage

Themen: Eine neue, eine alternative Startmethode im KOCH-SCHNITZSYSTEM, für alle, die gern mit sämtlichen technisch-organisatorischen Mitteln versorgt an´s Schnitzen gehen. Nichts ist dem Zufall überlassen, alles ist für Sie vorgeplant, durchdacht und verwirklicht. Sie vollziehen nach!

Aus dem Inhalt: Programmübersicht zum Schnitzenlernen, Übungsstücke aus dem Schnitzkoffer Nr.<1>, Werkzeuge, Werkzeugqualität, Werkzeugschärfe, die <Eule> als Übungsstück - der Arbeitsablauf Schritt für Schritt und Schnitt für Schnitt. Werkzeugführungen, Grundhaltungen zum Beitelführen, das Ausschnitzen der vorgearbeiteten EULE, das Ausschnitzen der EULE aus dem Massivholzblock und viele andere Details.

Das Schnitzerbuch -
Meisterliche Übungen II

In der außergewöhnlichen Serie der KOCH-Schnitz-Lehrbücher ein außergewöhnliches Buch.

Es ist:
1. Ein Lehrbuch
2. Ein Vorlagenbuch zum Lernen
3. Ein hochmoderner Katalog
4. Gutschrift zur Rückerstattung des Kaufpreises

Eine Erklärung:
1. Das Lehrbuch *erklärt, wie Sie die unterschiedlichsten Gesichter ausschnitzen können.*
2. Das Vorlagenbuch *gibt Ihnen 100 verschiedene Gesichter mit mehr als 2000 Fotos.*
3. Der Katalog *informiert über 100 verschiedene Schnitzmodelle zwischen 18 cm und 100 cm Größe.*
4. Gutscheine *im Wert von DM 100,oo garantieren Ihnen mehr Geld zurück als Sie für den Katalog zahlen.*

Das Lehrbuch:
Sie erfahren intime Details zum Ausschnitzen so unterschiedlichster Charaktergesichter wie "das Jesuskind in der Krippe" (mit einem wirklichen Kindergesicht und keinem vorzeitig gealterten Knaben), Nachtwächter bis 100 cm Größe, den konzentriert arbeitenden Handwerker, ein leidendes und ein triumphierendes Gesicht des Gekreuzigten, fröhliche Kindergesichter im schönsten Alter, ernste und sorgenvolle Gesichter aus dem harten Leben, Engel und Putten wie sie wirklich sein sollen und selbstverständlich Madonnen mit und ohne Kind und vieles andere mehr.

Das Vorlagenbuch:
Keines gibt so viel, vergessen Sie alles was Sie bisher kennengelernt haben. Jedes Gesicht wird auf bis zu 21 (einundzwanzig) Fotos gezeigt, 21 Mal aus verschiedenen

Blickwinkeln, kein Detail ist versteckt, klar und deutlich zu erkennen auch die intimste Falte, das Gesicht wird so wie Sie es sich vorstellen - wie wir es Ihnen zeigen, jedes für sich ein Meisterstück. Alle Gesichter mit glasklarem Blick, wie es nur bei KOCH so üblich ist.

Der Katalog:

Er zeigt Ihnen jeweils auf einer Doppelseite die geschnitzte Skulptur in der Hauptansicht. Eine Preisliste gibt über die Preise als Rohling und fertiggeschnitzt Auskunft. Die Größe wird nicht vergessen und auch nicht die bekannten "Schwierigkeitsgrade nach KOCH zum selbst fertig schnitzen", damit Sie sich selbst einschätzen können. Eine eigene Rubrik informiert Sie über Besonderheiten, sowohl der Skulptur, als auch über das besondere Schnitzerlebnis.

Die Gutscheine:

Sie sind ein besonderer Leckerbissen! 10 Gutscheine zu je DM 10,oo können Sie beim Einkauf bei KOCH einlösen und nicht nur sparen, sondern sogar bis zu DM 20,oo gewinnen. Denn: Das Buch kostet DM 80,oo und für DM 100,oo liegen jedem Buch Gutscheine bei.

Ein Buch der Superlative, es ist:

***Ein Katalog mit 240 Seiten
***Ein Buch mit Lernvorgaben zum Schnitzen
***Ein Buch mit anatomischen Studien
***Ein Buch mit ca. 2000 (zweitausend) scharfen Klassefotos mit stets unterschiedlichen Ansichten zu Gesichtern
***Ein Buch zum Preis von DM 80,oo, und Sie erhalten DM 100,oo wieder zurück - also mehr als Sie dafür ausgeben.

Bestellen Sie es bei Ihrem Fachhändler oder Ihrem Buchladen.

Sie können auch direkt bei mir im Verlag bestellen - telefonisch, per Telefax, schriftlich, oder Sie kommen bei uns im Hause vorbei, um sich ein Musterbuch einmal in aller Ruhe anzusehen, sich zu begeistern (wie andere auch), und Sie können es sofort mitnehmen. Nebenbei zeigen wir Ihnen alles, was wir für Schnitzerfreunde noch bieten.

Mein Video-Angebot
Das komplette KOCH-Schnitzsystem
auf über 30 Stunden Film

Das erste und einzigartige komplette Lernsystem zum
Schnitzen lernen

Schnitzen <GRUNDKURS>
Laufzeit ca. 180 Minuten
Themen: Einführung in die Schnitzkunst, Wissenswertes über Holz - Schneidwerkzeuge - Technik und Zubehör - Beitel und Messer schleifen und schärfen - Grundsätzliche Beitel- und Messerhaltungen bzw. -führungen, Beizen, Wachsen und die Bearbeitung der drei ausgeklügelten <Grundübungsstücke>.
Aus dem Inhalt: Einführung und Hinführung zum Schnitzen, Betrachtungen zum Holz, seine Möglichkeiten, Fähigkeiten und sein Charakter. Werkzeugausstattungen, Erklärungen zu den Werkzeugen, Bezeichnungen und technische Kriterien, die Ausrüstung allgemein, Schnittvorführungen, Erläuterungen und Möglichkeiten, Anatomie des Holzes, Schädliches und Nützliches fürs Holz, Lagerung und Trocknung, Verleimen. Schneidwerkzeuge - die Pflege, Lagerung und Transport, schleifen und schärfen - mit was und wie: genaue und zeitgleiche Demonstrationen, Tricks und Kniffe wie sie nur im Video-Film bei 10-facher Vergrößerung gezeigt werden können. Das Arbeiten mit dem Klüpfel, Werkzeugauswahl und Behandlung. Schließlich genaue Schnitt-für-Schnitt-Vorführungen der drei GRUND-Übungsstücke und in Großaufnahmen. Kein wichtiges Detail ist ausgelassen, alle Details sind erläutert und kommentiert. Die Beize und ihre Behandlung bzw. richtige Mischung. Wirkung, Probleme, Möglichkeiten, Ergänzungen und mögliche Qualitätseinbußen und die Ursachen. An alles ist gedacht, damit Sie einen erstklassigen Start zum Schnitzen erreichen. Ein Schnitzkurs nach Ihrem Geschmack und erfolgreich.

Schnitzen <FORTGESCHRITTENEN-KURS 1>
Laufzeit ca. 180 Minuten
Themen: Kompletter Schnitzkurs zum Erlernen der Ornament-Schnitzerei für Türen, Möbel, Rahmen, Konsolen, Friesen, Kapitäle usw.
Aus dem Inhalt: Von Grund auf - mit Basisübungen wird in "die Welt der Ornamentschnitzerei" gestartet. Ausgeklügelte Übungsstücke erleichtern den Einstieg und bereiten immer schwierigere und kompliziertere Arbeitszusammenhänge vor, so daß diese wie eine einfache logische Fortsetzung des bereits Erlernten empfunden und erkannt werden. Schnitt-für-Schnitt und Schritt-für-Schritt wird die Entwicklung jeder Arbeit bis in die Einzelheiten in Großaufnahme - ca.. 10-fache Vergrößerung auf Ihrem Bildschirm - aufgezeigt. Vor- und Nachteile bei verschiedenen Hölzern werden demonstriert. Gerade was beim Ornamentenschnitzen so immens wichtig ist, nämlich der Einsatz unterschiedlichster Werkzeuge, wird be-

sonders geübt. Auf die evtl. erforderlichen Unterschiede bei der anzuschleifenden Form wird verwiesen. Auf- und Einspannmöglichkeiten praktisch vorgeführt. Besondere Schwerpunkte sind der <Bewegung> der einzelnen Elemente sowie dem Gesamtzusammenhang des <Bildes> gewidmet. Viele andere Details erfahren Sie in den über 2 Std. Kommentaren und Erklärungen. Eine immense Anstrengung ergab schließlich dieses erstklassige Audio-Visuelle Lernmittel.

Schnitzen <FORTGESCHRITTENEN-KURS 2>
Laufzeit ca. 180 Minuten
Themen: Der erste Teil dieses Films ist auch eine Fortsetzung des Films <FORTGESCHRITTENEN-KURS 1>, eine kunstvolle Vollendung mit höchstem Schwierigkeitsgrad im Bereich der ORNAMENTSCHNITZEREI. Der zweite Teil des Films ist eine Einführung in die Kunst der Schnitzerei mit Reliefs und Bildern.

Aus dem Inhalt: Am Beispiel eines durchbrochenen Ornaments in Eichenholz wird das gezeigt und vorgeführt was Sie brauchen um die kunstvollsten Bilderrahmen schnitzen zu können. Auch die kleinsten Einzelheiten sind auf Ihrem Bildschirm in sehr stark vergößerter Arbeitsweise klar zu erkennen. Sie sehen den Ablauf der praktischen Arbeit in Wirklichkeit besser als der Schnitzer selbst. Kein Detail kann Ihnen entgehen. Sie kommen nicht umhin: Sie müssen es lernen, weil es so perfekt vorgeführt, dokumentiert und erklärt ist. Im zweiten Teil des Films werden die Grundlagen für die Reliefschnitzerei gelegt. In einem weiteren Film (er wird die Bezeichnung FORTGESCHRITTENEN-KURS 4 tragen) wird eine neue vollendete Technik dieser Schnitzerlinie gezeigt und für jedermann nachvollziehbar gemacht.

Schnitzen <FORTGESCHRITTENEN-KURS 3>
Laufzeit ca. 180 Minuten
Themen: Alle Bereiche des Kerbschnitzens im ersten Teil des Films und im zweiten Teil die hohe Kunst der Buchstaben und Schriften schnitzen in Holz. Künstlerisch eindrucksvoll und technisch perfekt werden Übungsbeispiele aus den altdeutschen bis zu modernen Schriften in allen Variationen vorgeführt.

Aus dem Inhalt: Kerbschnitzen ist für sich ja ebenfalls eine komplette Disziplin auf dem weiten Künstlergebiet des Schnitzens. Ich zeige Ihnen wie Sie die vielfältigsten Variationen, Möglichkeiten, traditionell begründeten Motive und Vorlagen systematisch einordnen und untereinander kombinieren können. Selbstverständlich kommt die Technik der Aus- oder Einarbeitung nicht zu kurz. Empfehlungen aus der Erfahrung stehen zu Ihrer Verfügung und können zeitsparend und qualitätssteigernd genutzt werden. Praktisch - mit kleiner Überleitung - kommen Sie in den zweiten Teil des Films und zu den Buchstaben und Schriften. Ein sehr faszinierender Teil, gerade weil man ohne die entsprechende Ausbildung und Erfahrung nur unzulängliche Schriftenbilder erstellen kann. Hier erfahren Sie in Theorie und Praxis alles was Sie brauchen, um künstlerisch und technisch einwandfreie Werke schaffen zu können. Es sind oft nur Kleinigkeiten, die den Pfuscher vom Profi und Künstler trennen und in diesem Film können Sie alles erfahren und verwerten, um vollendet in allen Belangen jeder Kritik standhalten zu können. Schriften<bilder> zu schnitzen kann man erst lieben und schätzen lernen, wenn man die gesamte Technik und Kunst zur Ausführung beherrscht. Der Film gibt Ihnen alle Möglichkeiten.

Schnitzen <EXPERTENKURS 1>

Laufzeit ca. 180 Minuten

Themen: Einzig und allein das menschliche Gesicht mit allen Details - Augen, Nase, Ohren, Mund, Haare, gezeigt.

Aus dem Inhalt: Das menschliche Auge ist das erste und wichtigste Thema und die nobelste Aufgabe beim Schnitzen von Figuren. Dementsprechend wird es in vielen Variationen gezeigt und einmal in der wirklich anfallenden Zeit, die man zum Schnitzen eines Auges benötigt, mit allen Schnitten und Kunstgriffen vorgeführt. Wirklich Schnitt-für-Schnitt können Sie mehr als <hautnah>, nämlich in weit überlebensgroß mitverfolgen und nachvollziehen, wie ein ausdruckskräftiges Auge (das Fenster zur Seele) in Holz geschnitzt wird. Das gleiche läuft dann nochmals in beschleunigter Form aber immer in didaktisch erstklassiger Art ab. Alles was in Theorie und Praxis zum Ausschnitzen eines Auges gehört, erfahren Sie über die Kommentare und sehen Sie in bewegenden Bildern. In der gleichen Art und Weise können Sie die Ausbildung des Mundes und vielfältige Möglichkeiten der Gestaltung erfahren-sehen-nachahmen. Die Nase ist gar nicht so einfach wie man das sich auf den ersten Blick <selbst erklärt> - doch im Film sieht das alles ganz einfach aus und ist es auch schließlich für Sie, wenn Sie die richtigen Schnitte zur rechten Zeit am rechten Platz kennen. Und das erfahren Sie perfekt ebenfalls in diesem Film. Schließlich ist auch das Ohr noch in der gleichen Technik ausgeschnitzt. Zuletzt aber kommt die große Stunde (die letzten 60 Minuten) dann wird nämlich alles was wir bisher in Einzelheiten aus dem Gesicht behandelt haben <*zusammengesetzt*>. Das Gesicht entsteht und Sie können es wieder in allen Detailbereichen mitverfolgen und lernen. Alles was gezeigt wird in diesem Film wird aus dem vollen (nicht vorgefrästen) Holz und Übungsleisten herausgearbeitet - also von der <Anlage> bis zum letzten Stich eine echte kreative Schnitzarbeit mit allen Schwierigkeitsgraden.

Schnitzen <EXPERTENKURS 2>

Laufzeit ca. 180 Minuten

Themen: In diesem Film zeige ich Ihnen achtmal wie Gesichter fertig geschnitzt werden. Achtmal aber nicht nur solche, bei denen nur noch <der Staub abzublasen ist> Viermal sind die Herren der Schöpfung und viermal die besseren Hälften die Objekte.

Aus dem Inhalt: Von der Anlage bis zum jeweils fertigen und ausdruckskräftigen Gesicht können Sie acht Mal verfolgen wie *DAS* gemacht wird. Die Gesichter sind aus allen Altersgruppen sowohl bei <Männlein> als auch <Weiblein> ausgewählt. Wieder können Sie im KOCH-Schnitzsystem Schnitt-für-Schnitt verfolgen, wie in logischer Abfolge schließlich *DAS* Gesicht entsteht, dem man in die Augen schauen kann, mit dem man sich (beinahe) unterhalten kann - also ein "lebendiges" Gesicht. Sie erhalten wieder alle Informationen zu den gebräuchlichen und tatsächlich benötigten Beiteln. Sie können wieder in Großaufnahmen mitverfolgen, wie die Schnitte und Stiche gesichert und gesteuert werden. Alle Bereiche des Films sind kommentiert und erklärt, jetzt bedarf es noch Ihrer Aufmerksamkeit. Und wieder ist Ihr <Lehrmeister> vor der Kamera unermüdlich bereit - zu jeder Tages- und Nachtzeit - für Sie da zu sein. Alles was Sie brauchen ist ein Video-Gerät und einen Fernseher. (Na ja, Strom brauchen Sie ja auch noch.) Und das Video-Band zum Gesichter-schnitzen-lernen. Das bekommen Sie von mir oder über Ihren Fachhändler.

Schnitzen <EXPERTENKURS 3>
Laufzeit ca. 180 Minuten
Themen: Maßstabgerechte Modellübertragung mittels Punktiermaschine, Entwurf und Herstellung eines eigenen Rohlings - eines eigenen Modells. Anatomie allgemein.
Aus dem Inhalt: Das Arbeiten mit der Punktiermaschine gibt dem Unerfahrenen noch viele Rätsel auf. Zumal der Arbeitsablauf nicht unbedingt identisch ist mit dem des Steinmetzen. Der benutzt viel öfter dieses althergebrachte Hilfsmittel. Ich zeige Ihnen in dem Film in allen Einzelheiten wie Sie das Modell einer großen und kompliziert gestalteten Madonna übertragen können. Alle weiteren technischen Hilfsmittel lernen Sie dabei kennen. Ein Mythos wird zur Routine, wenn Sie die Anleitungen befolgen. Ebenso zeige ich Ihnen, wie Sie sich ohne große Hilfsmittel ein eigenes Modell erstellen können. Das Ausarbeiten muß kein unüberwindliches Hindernis sein, Sie können sich wirklich, einfachen Regeln folgend, Ihr Modell nach eigenen oder fremden Vorlagen erstellen - wem das Nachschnitzen der Rohlinge keine Erfüllung mehr bringt, nun gut, der erstellt sie sich nach diesem KOCH-Lehrpfad selbst.

Schnitzen <WERKZEUGE SCHÄRFEN>
Laufzeit ca.120 Minuten
Themen: Das korrekte Anschleifen und Schärfen (Abziehen) der Schneidwerkzeuge aller zum Schnitzen benötigten Schneidwerkzeuge. Und auch anderer Schneidwerkzeuge.
Aus dem Inhalt: Es gibt zwar mehr als 1000 in Form und Abmessung verschiedene Schnitzwerkzeuge und alle kann ich Ihnen in 2 Stunden nicht vorführen. Aber alle die es ankommt, *DIE* sind in dem Film vorgeführt. Sie sind in der wirklich benötigten Zeit - ohne Unterbrechung vorgeführt, sowohl der Schleifvorgang als auch der anschließende Schärfvorgang. (Das was man mit vergangenen Methoden als Abziehen bezeichnet hat.) Sie werden mitverfolgen und erlernen, wie man auch die kompliziertest geformten Werkzeugformen in nur Sekunden wirklich rasiermesserscharf bekommt, ohne <*wenn*> und <*aber*> und vor allem ohne **JEDE GEFAHR** des Ausglühens und ohne jemals auf der Innenseite der Schneide nachzuarbeiten, einen Grat zu entfernen oder sonstwie daran zu "kratzen". Alle Abläufe sind komplett und verständlich kommentiert - jedermann kann mit diesem KOCH-System leichtes, sekundenschnelles, rasiermesserscharfes und sicheres Schärfen aller Schnitzwerkzeuge erlernen. Ich garantiere es Ihnen!

Schnitzen <BEIZEN>
Laufzeit ca. 60 Minuten
Themen: Das Beizen von geschnitzen Figuren und Reliefs.
Aus dem Inhalt: Wir zeigen Ihnen zunächst wie die Beize behandelt wird, welche Eigenschaften sie besitzt die für den Holzbildhauer wichtig sind, Mischungsmöglichkeiten, die Wichtigkeit der Beizprobe, das Auftragen der Beize bei kleineren und bei großen Figuren, schließlich das Beizen von Reliefs und Bildern, das Verteilen der Beize, den wichtigen Trockenvorgang, die Erzielung von plastischen Effekten, die Wirkung für den Lichteinfall, Fleckenbeseitigung bzw. Vermeidung ist ein wichtiges Thema und die Nachbehandlung mit Wachsen oder wasserabweisenden Schutzmitteln.

Schnitzen <ANFÄNGERKURS>
Laufzeit ca. 120 Minuten
Thema: Den Inhalt des gleichnamigen Buches begleiten. Sie erhalten darin die ersten Anleitungen zum freien, künstlerischen Schaffen.
Aus dem Inhalt: Grundsätze werden festgezurrt, Fundamente zur Schnitzerei allgemein gelegt. Da geht es zunächst um die richtige Führung und Handhabung der Werkzeuge und die Erkennung bzw. die Unterscheidung. Der winkelgenaue Schliff und das folgende Schärfen ist in den Grundsätzen vorgeführt. Regeln zur Schnittführung und zu den wichtigsten Grundelementen der Schnitzerei sind in die praktischen Übungsarbeiten eingebaut. Die Übungsstücke selbst sind in allen Phasen übersichtlich vorgeführt. Kein wichtiger Schnitt ist ausgelassen, das <Warum> und <Wieso> wird ausführlich kommentiert und besprochen. Das doppelte Übungsstück EULE wird zunächst als vorgefertigtes Stück und dann in Form und Umfang gleich aus dem <Vollen> ausgearbeitet. Hinweise auf die perfekte Oberflächenbeschaffenheit fehlen ebensowenig wie auf den vorsorgenden Unfallschutz.

Drechseln <GRUNDKURS>
Laufzeit ca. 120 Minuten
Thema: Die Grundbegriffe des Drechselns vermitteln.
Aus dem Inhalt: Nach dem KOCH-Schnitzsystem wird hier ein DRECHSEL-System aufgebaut. Nicht daß dies alles auch noch von mir wäre - nein für diese kunsthandwerkliche Richtung habe ich mich mit einem der namhaftesten Künstler aus Frankreich zusammengetan. Dies ist der erste von mehreren vorgesehenen Lernfilmen und er gibt nach der Methode wie Sie bei und mit KOCH schnitzen lernen können realistische Chancen ohne Angst und in logischer Abfolge das Drechseln zu lernen. Grundbegriffe stehen voran so wie die Grundhaltungen bei den verschiedenen Arbeitsabläufen. Es wird nicht nur gezeigt wie es gemacht wird sondern auch warum es so gemacht wird. Werkzeugerkennung und -unterscheidung gehört ebenso dazu wie die korrekte Führung und Anschleifen mit Abziehen. Die Behandlung der Maschine mit ihren Möglichkeiten, das Ausmessen des Holzes vor Arbeitsbeginn, das richtige Einspannen, die korrekten Justierungen von Auflagen und Führungen werden neben vielen <Kleinigkeiten> ernsthaft und zweifelsfrei gezeigt und selbstverständlich auch erklärt. Ein bestimmtes Grundübungsprogramm ist bis in Einzelheiten durchdacht und bildet die Grundlage für weiterführende Kurse. So werden alle auf der Welle vorkommenden Formen derart durchgeübt, daß Sie, ohne es zu merken, schließlich gar keinen Fehler mehr machen sollten. Einhaken oder Einreißen steht dann überhaupt nicht mehr zur Debatte, die Oberfläche präsentiert sich nach der Methode auch ohne Schleifen spiegelglatt und sauber. Sie können schließlich selbst nur noch von einem Erfolgserlebnis sprechen, wenn Sie ernsthaft dieses lehrreiche Video-Band durchgearbeitet haben.

Selbstverständlich stehen meine Mitarbeiter und ich Ihnen jederzeit für weitere Auskünfte zur Verfügung. Verlangen Sie jedes Jahr unsere neuesten technischen Unterlagen.

Das Schnitzer-Kolleg
Exklusiv aus dem Schnitzer-Zentrum KOCH.

In der außergewöhnlichen Serie der KOCH-Schnitz-Lernmethoden ein außergewöhnliches System.

Das *Schnitzer-Kolleg* ist in Zeitschriftenformat.

Jede *Schnitzer-Kolleg* Ausgabe ist für sich abgeschlossen eine komplette Lernmethode.

In jeder *Schnitzer-Kolleg*-Ausgabe wird ein komplettes Thema oder zusammenhängend mehrere Themen aus der Holzbildhauerei behandelt.

Jedes Thema wird bis in kleinste Arbeitsschritte unterteilt.

Jeder Arbeitsschritt ist im *Schnitzer-Kolleg* fortlaufend auf professionellen Fotos dargestellt, dazu ausreichend beschrieben und kommentiert.

Zu jedem Arbeitsschritt werden im *Schnitzer-Kolleg* die bestgeeigneten Werkzeuge aufgelistet.

Zu dem Motiv - dem Thema - jeder Ausgabe werden die Zeichnungen sowie alle möglichen Hilfsmittel angeboten.

Je nach Thema können im *Schnitzer-Kolleg* auf bis über 400 Fotos (z.B. Ausgabe Nr. 8) die einzelnen Arbeitsschritte dargestellt werden.

Jede *Schnitzer-Kolleg*-Ausgabe ist mit Ringheftung versehen derart, daß sie als Vorlage auch hängend verwendet werden kann.

Jede *Schnitzer-Kolleg*-Ausgabe wird auf extra dickem, festem und strapazierfähigem Papier gedruckt. - Praxisgerecht!

Sie finden weiter im *Schnitzer-Kolleg:* Informationen zu den neuesten technischen Entwicklungen rund um das Schnitzen.

Die *Schnitzer-Kolleg*-Ausgaben sind in der Regel nicht gleich im Umfang. Im Schnitt werden Sie zwischen 28 und 42 Seiten aufweisen. Dem Umfang entsprechend errechnet sich der Verkaufspreis. Damit kommen wir praktisch mit jeweils einem kompletten Schnitzkurs zu Ihnen nach Hause.

Sie können das *Schnitzer-Kolleg* abonnieren.

Sie können sich jede bereits erschienene *Schnitzer-Kolleg* -Ausgabe ab unserem Lager jederzeit nachschicken lassen.

Fordern Sie von uns Infos über die *erschienenen* *Schnitzer-Kolleg*-Ausgaben.

16 Seiten
68 Abbildungen
ca. 30 x 22 x 8 cm

Nr. 1

Pferdekopf - Halbplastik

Preise:
DM 15,oo - sfr 15,oo
fFs. 55,oo - öS 105,oo
£ 6,50 - US$ 6,7o

32 Seiten
130 Abbildungen
ca. 45 cm

Nr. 2

Zimmermann beim Richtspruch

Preise:
DM 28,oo - sfr 28,oo
fFs. 105,oo - öS 195,oo
£ 12,15 - US$ 20,oo

28 Seiten
145 Abbildungen
ca. 28 cm

Nr. 3

Der kleine Wanderer

Preise:
DM 28,oo - sfr 28,oo
fFs. 105,oo - öS 195,oo
£ 12,15 - US$ 20,oo

36 Seiten
188 Abbildungen
ca. 55 cm

Nr. 4

Barockmadonna mit Kind

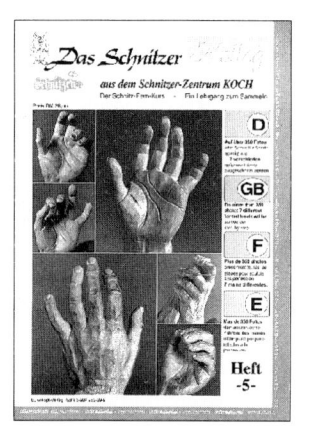

Preise:
DM 28,oo - sfr 28,oo
ffs. 105,oo - öS 198,oo
£ 12,15 - US$ 20,oo

44 Seiten
350 Abbildungen

Nr. 5

Übungsprogramm 7 verschieden geformte Hände

Preise:
DM 36,oo - sfr 36,oo
ffs. 135,oo - öS 250,oo
£ 15,60 - US$ 25,70

32 Seiten
66 Abbildungen

Nr. 6

Lernprogramm für Anfänger

Preise:
DM 28,oo - sfr 28,oo
ffs. 98,oo - öS 195,oo
£ 11,15 - US$ 20,oo

Nr. 7

44 Seiten
106 Abbildungen

Lernprogramm für Anfänger

Preise:
DM 36,oo - sfr 36,oo
fFs. 126,oo - öS 250,oo
£ 15,50 - US$ 24,70

Nr. 8

48 Seiten
425 Abbildungen
ca. 20 cm

6 x der kleine Clown

Preise:
DM 36,oo - sfr 36,oo
fFs. 130,oo - öS 260,oo
£ 14,50 - US$ 24,oo

Nr. 10

40 Seiten
370 Abbildungen
ca. 15 - 18 cm

*Übungsprogramm
3 verschiedene Gesichter*

Preise:
DM 32,oo - sfr 32,oo
fFs. 118,oo - öS 225,oo
£ 13,90 - US$ 22,oo

36 Seiten Nr. 11
251 Abbildungen
ca. 55, 70 oder 100 cm

Die Wasserträgerin

Preise:
DM 32,oo - sfr 32,oo
ffs. 118,oo - öS 225,oo
£ 13,90 - US$ 22,oo

44 Seiten Nr. 12
500 Abbildungen
verschiedene Größen

Übungsprogramm
4 verschiedene Gesichter

Preise:
DM 36,oo - sfr 36,oo
ffs. 126,oo - öS 250,oo
£ 15,50 - US$ 24,oo

Bisher sind die nachstehend aufgeführten Ausgaben des <Schnitzer-Kollegs> erschienen: (Stand 5/96)

Vorschau auf weitere internationale <Schnitzer-Kolleg> Ausgaben:

Anatomisch einwandfrei und wirklichkeitsnah werden in kleinsten Arbeitsschritten detailliert **7** verschiedene Füße gezeigt, ca. **350** Bilder, ca. **40** Seiten.

Reservieren bzw. bestellen Sie sich die *<Schnitzer-Kolleg>* Ausgaben direkt beim Verlag oder bei Ihrem Fachhändler bzw. Buchfachhandel. Lassen Sie sich bei Ihrem Buchhändler auch mal im Computer zeigen, was **KOCH** noch so alles an Lernmittel zum Thema Schnitzen bietet.

Jede *<Schnitzer-Kolleg>* Ausgabe wird wieder so gestaltet sein, daß Sie in horizontaler Aufmachung den Aufbau der einzelnen Arbeitsschritte mitverfolgen können. Klare und eindeutige Angaben zu den erforderlichen Werkzeugen, sowie die Beschreibungen zu den ablaufenden Arbeitsschritten, sind stets dem Bildlauf beigeordnet.

Ein Abonnement für das *"Schnitzer-Kolleg"*
Sicher können Sie nur sein, jede Ausgabe, jede Nummer des *"Schnitzer-Kollegs"* zu erhalten, wenn Sie ein Abonnement mit mir vereinbaren. Sie erhalten dann jede Nummer mit Rechnung unaufgefordert frei Haus. Sie bezahlen also keinen Pfennig im voraus, sondern erst, wenn Sie die jeweilige Ausgabe tatsächlich erhalten haben.

Es ist allerdings auch so, daß die einzelnen Erscheinungsdaten nicht festgelegt sind. So wie ich die jeweiligen Schnitzarbeiten in meinem Atelier und die Bearbeitungen in meinen Studios fertigstellen kann, werden die Veröffentlichungen erfolgen. Mindestens **5** sollen es pro Jahr sein. Mein Bestreben ist es, alle **2** Monate eine Ausgabe liefern zu können. In Anbetracht der Arbeit, die logischerweise dahinter steckt, haben Sie sicher Verständnis.

Wenn Sie ein Abonnement wünschen, schreiben Sie mir dies formlos auf einer Postkarte oder im Brief.

Abonnement für **"Schnitz-Club-Mitglieder"**: Wenn Sie ein Abonnement mit uns vereinbaren, erhalten Sie automatisch drei Ausgaben pro Jahr kostenlos. Alle anderen weiteren Hefte, die in dem gleichen Jahr zusätzlich erscheinen, schicken wir Ihnen mit Rechnung zu.

Bild Nr. 1109

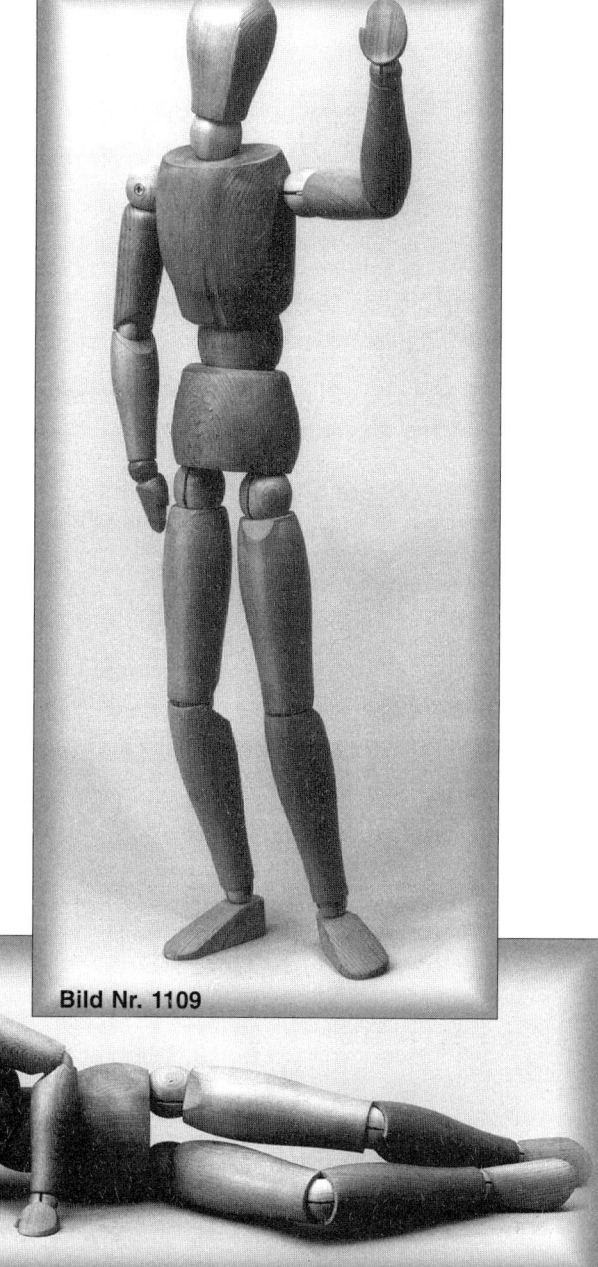

Bild Nr. 1110

Für Ihre Notizen

Für Ihre Notizen